中国人民大学科学研究基金（中央高校基本科研业务费专项资金资助）项目成果

北方考古
Northern Archaeology

第17辑

中国人民大学北方考古研究所
中国人民大学历史学院考古文博系

 编

文物出版社

图书在版编目（CIP）数据

北方考古. 第 17 辑／中国人民大学北方考古研究所，
中国人民大学历史学院考古文博系编. －－北京：文物出
版社，2024.9. －－ ISBN 978－7－5010－8538－5

Ⅰ. K78－53

中国国家版本馆 CIP 数据核字第 2024ZW6226 号

北方考古（第 17 辑）

编　　者：中国人民大学北方考古研究所
　　　　　中国人民大学历史学院考古文博系

责任编辑：彭家宇
封面设计：王文娴
责任印制：王　芳

出版发行：文物出版社
社　　址：北京市东城区东直门内北小街 2 号楼
邮　　编：100007
网　　址：http：//www.wenwu.com
邮　　箱：wenwu1957@126.com
经　　销：新华书店
印　　刷：宝蕾元仁浩（天津）印刷有限公司
开　　本：787mm×1092mm　1/16
印　　张：21.25
版　　次：2024 年 9 月第 1 版
印　　次：2024 年 9 月第 1 次印刷
书　　号：ISBN 978－7－5010－8538－5
定　　价：220.00 元

《北方考古》编辑委员会

目　录

新疆霍城县切德克苏墓地发掘简报

新疆维吾尔自治区文物考古研究所

摘要： 2021 年 8～10 月与 2022 年 11 月，因切德克苏水库项目建设，新疆维吾尔自治区文物考古研究所对项目涉及区域进行考古发掘，共计清理墓葬 33 座。墓葬地表有圆形石堆，墓室以竖穴土坑为主。葬式为仰身直肢，单人葬为主。墓室内随葬羊骨，殉葬马匹。出土器物有陶、铜、铁、骨、石器共计 36 件。这是首次对伊犁河中游霍城县石堆墓进行考古发掘。

关键词： 石堆墓　单耳罐　陶盆　铜鲽鎏带具

一　墓地概况

切德克苏墓地位于伊犁州霍城县大西沟乡切德克苏河西岸一级和二级台地上，东南约 39 千米处为霍城县县城，往东北越过天山支脉博罗科努山即赛里木湖，往西 30 多千米处为中国—哈萨克斯坦边境（图一）。切德克苏即"易发事端的河"之意，因夏季水流湍急经常导致下游村庄和农田被淹而得名。河谷内气候较干燥，近河两岸有榆树、白杨，在周围沟壑和山梁上有野生的山楂、杏子、李子以及低矮灌木，草木稀疏，沟内已经形成牧民村落，古墓葬多数遭到破坏。

2021 年 8～10 月与 2022 年 11 月，因切德克苏水库项目建设，新疆维吾尔自治区文物考古研究所对项目涉及区域进行考古发掘，共计清理墓葬 33 座。

墓葬整体呈大分散小聚集的布局，均位于河西岸，M1～M25、M27～M28 位于二级台地上，其余 6 座墓葬在一级台地。墓葬埋葬地都是相对平坦的台地边缘，面积小。其中 M10～M25 所处台地稍大，地势南高北低（图二）。

墓葬地表有圆形石堆，直径 3～10、高 0.3～0.8 米，多数被草木和风积土覆盖。墓葬形制以竖穴土坑为主，有一座二层台墓（M16）和一座偏室墓（M2）。墓室内不见葬具，单人葬为主，有一座双人合葬墓（M14）。葬式均为仰身直肢，头向偏东或西，偏西为主。墓葬中出土陶、铜、铁、骨、石器共计 36 件，普遍随葬羊骨，殉葬有马匹。

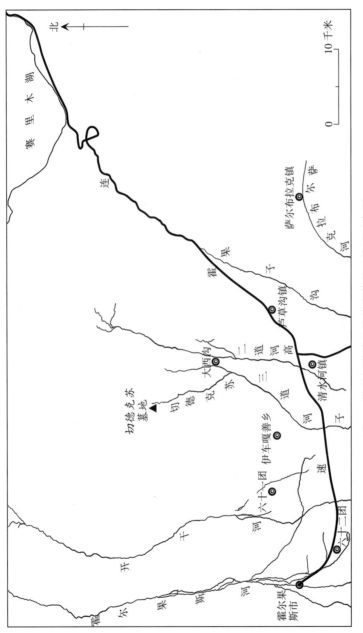

图一 伊犁州霍城县切德克苏墓地位置示意图

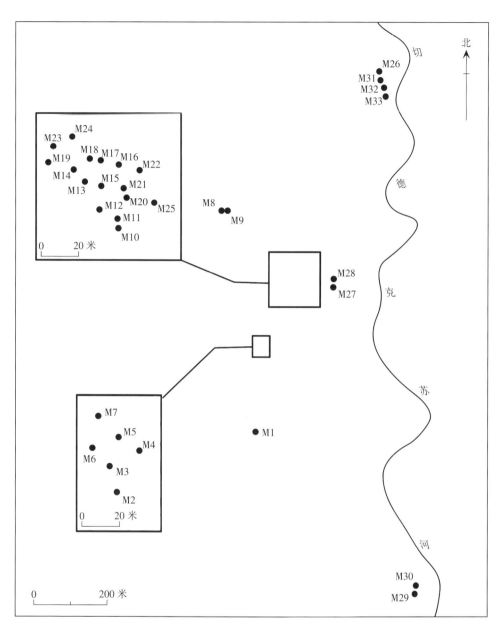

图二 伊犁州霍城县切德克苏墓地墓葬分布示意图

二 墓葬概述

M2 位于墓地中部,北邻 M3。地表有圆形石堆,直径约 3.5、高约 0.4 米。墓室位于封堆中部下,竖穴偏室墓,开口平面呈长方形,近东西向,竖穴长 2.3、宽 0.7、深 1.6 米,墓向 75°。偏室位于竖穴北侧,已坍塌。偏室内长 2.3、进深 0.7 米,高度不明,底部高出竖穴底约 0.2 米。墓室内填石,土质致密。墓室内葬 1 人 1 马。人埋葬于偏室内二层台上，中年男性，仰身直肢，头朝东，手趾骨和胸骨被扰乱，左手臂处出土 1 把铁刀。竖穴内埋葬 1 匹马，骨殖完整且在原始生理解剖位置，呈右侧身俯卧状，头西尾东。马前腿处出土 1 件铜带饰，下肢两侧出土 1 对铁马镫，另外还出土 1 件铜带銙（图三）。

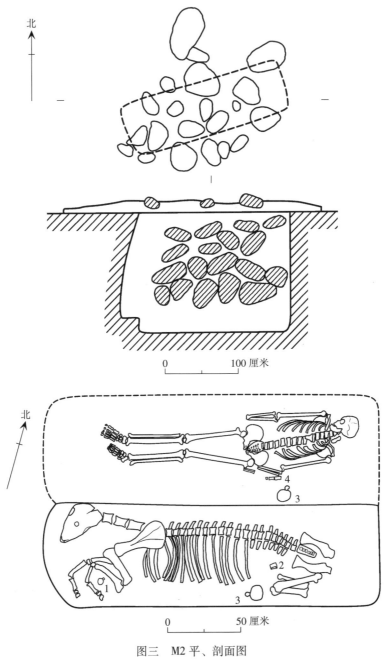

图三　M2 平、剖面图
1. 铜带饰　2. 铜带銙　3. 铁马镫　4. 铁刀

M3 位于墓地中部，南邻 M2，北邻 M4~M6。地表有圆形石堆，直径约9、高约0.4 米。墓室位于封堆北部下，竖穴土坑墓，开口平面呈圆角梯形，西南宽东北窄，西南—东北向。竖穴长2.48、最宽1.34、深1.45 米，墓向235°。墓室内填黄土，土质较致密。墓室内葬1人，中年男性，仰身直肢，头朝西南。墓主头右侧出土1把铁刀、1块羊髋骨和1件陶壶（图四）。

M4 位于墓地中部，西邻 M3 和 M5。地表有圆形石堆，直径6~7、高约0.55 米。墓室位于封堆中部下，竖穴土坑墓，开口平面呈长方形，近东西向，竖穴长2.7、宽1.7、深1.3 米，墓向80°。墓口有少量砾石，墓室内填黄土，土质较致密。墓室内葬1人1马。人埋葬于墓底北侧，中年男性，仰身直肢，头朝东，手和脚趾骨被扰乱，其余部位保存完好。墓主腰部佩戴1套皮鞓铜带具，腰带左侧挂荷包、右侧挂短刀，另在墓主腰部右侧出土2枚铁箭镞、左侧出土骨刀鞘。墓底南部葬有1匹马，保存完整，呈俯卧状，头西尾东，嘴部有铁马衔，腹部两侧出土铁马镫（图五）。

M5 位于墓地中部，南邻 M3、M4、M6，西北邻 M7。地表有近圆形石堆，直径约8.5、高约0.4 米，封堆西南部被扰乱。墓室位于封堆中部下，竖穴土坑墓，开口平面呈圆角梯形，西南宽东北窄，西南—东北向，竖穴长1.82、宽0.9、深1.4 米，墓向215°。墓室内填黄土，土质较致密。墓底葬1名幼儿，仰身直肢，头朝西南。墓主左肩外侧出土1件陶钵和1件陶单耳杯，陶钵内有羊骨（图六）。

M6 位于墓地中部，东邻 M3 和 M5，北邻 M7。地表有圆形石堆，直径约8、高约0.5 米。墓室位于封堆偏西北部下，竖穴土坑墓，开口平面呈近长方形，西南—东北向，竖穴长2.22、宽1.1、深0.8 米，墓向237°。墓室内填黄土，土质较疏松。墓底葬1人，中年男性，仰身，右腿微上屈，左腿直肢，头向偏西。墓主右肩外侧出土1把铁刀和1件陶釜（图七）。

M12 位于墓地中部，东南邻 M11，北邻 M13 和 M15。地表有圆形石堆，直径5、高约0.4 米，随地势向北倾斜，封堆表面被风积土覆盖。墓室位于封堆中部下，竖穴土坑墓，开口平面呈圆角长方形，西北—东南向，依地势南高北低，竖穴长2.4、宽1.05、深1.15~1.5 米，墓向287°。墓室内填黄土，土质致密。墓底葬1人，老年女性，仰身直肢，头朝西北，桡骨不在原始生理位置，2块胸骨粘连在一起。墓主头端出土1件陶单耳罐和1件残铁发簪（图八）。

M14 位于墓地中部，东南邻 M13，西北邻 M19，东北邻 M18。地表有圆形石堆，直径约5.5、高约0.4 米，随地势向北倾斜，封堆表面被风积土覆盖。封堆中采集到黑陶筒形罐残片和红陶片。墓室位于封堆南部下，竖穴土坑墓，开口平面呈圆角长方形，西南—东北向，竖穴长2.5、宽约1.1、深1.0~1.2 米，墓向250°。墓室内填黄土，土质致密。墓底埋葬2人，1男1女，均为成年。男性葬于南侧，仰身直肢，头朝西，左脚趾骨质疏松，骨质增生腐化严重，应是生前左脚因病所致。男性头和脚趾基本在一条线上，位于墓底中轴线上，身体其余部位明显被往北推挤，且右手趾骨不在原始生理解

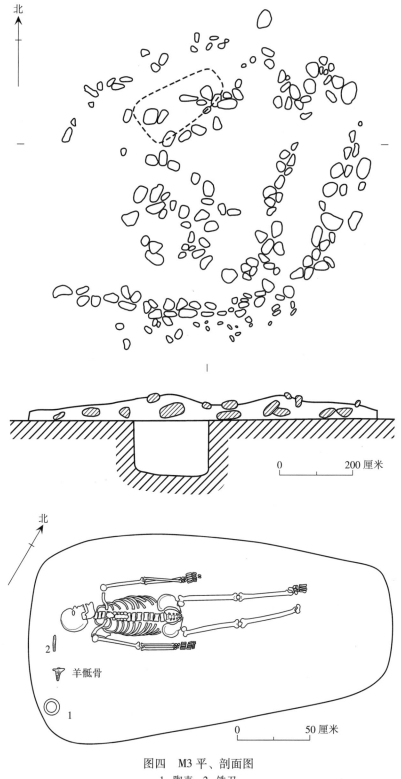

图四　M3 平、剖面图
1. 陶壶　2. 铁刀

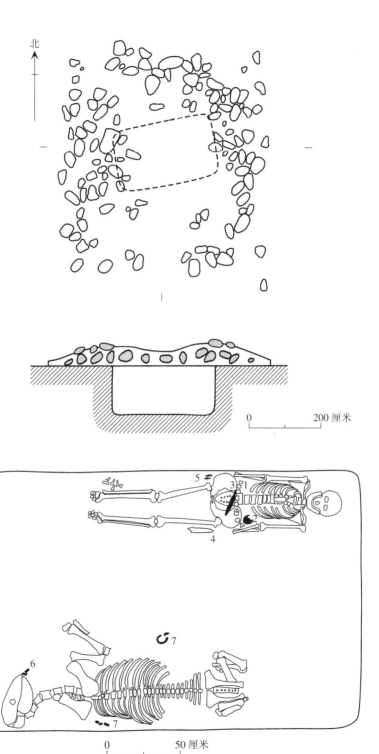

图五　M4 平、剖面图

1. 铜蹀躞带具　2. 铁荷包固件　3. 铁刀　4. 骨刀鞘　5. 铁箭镞　6. 铁马衔　7. 铁马镫

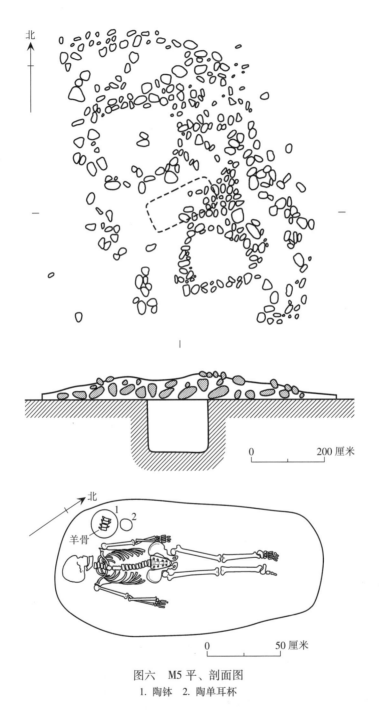

图六　M5 平、剖面图
1. 陶钵　2. 陶单耳杯

剖位置。女性葬于墓底北侧，骨骼完整且在原始生理位置，仰身直肢，头朝西。根据骨骼埋葬情况判断，男性被埋入之后，在其尸体完全腐烂白骨化之前埋葬了女性。在两具尸骨头端出土 1 件陶单耳罐、1 把铁刀和羊骶骨，二者上臂之间出土 1 件砺石（图九）。

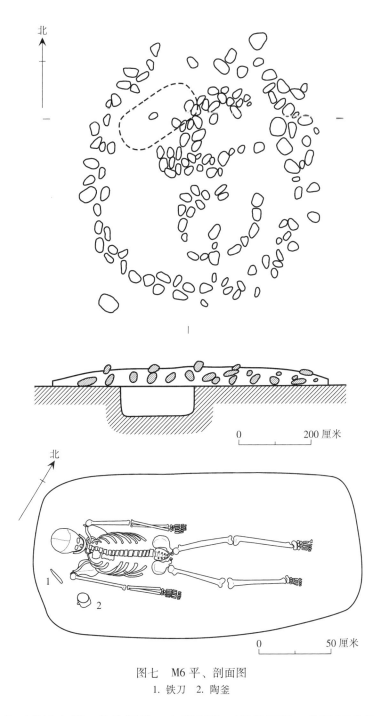

图七　M6 平、剖面图
1. 铁刀　2. 陶釜

M16　位于墓地中部，北临断崖，东邻 M22，西邻 M17，南邻 M15 和 M21。地表有圆形石堆，直径 8～9、高约 0.55 米，随地势向东北倾斜，封堆表面被风积土覆盖。墓室位于封堆中部下，竖穴土坑二层台墓，开口平面呈圆角梯形，东宽西窄，近东西向，竖穴长 2.8、宽 1.1～1.35、深 0.85～1.35 米，墓向 256°。墓室内填黄土，土质致密。

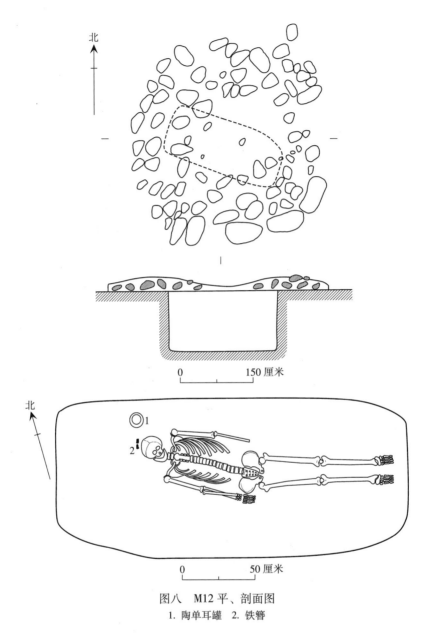

图八　M12 平、剖面图
1. 陶单耳罐　2. 铁簪

墓底南侧有二层台，宽约 0.4、高约 0.2 米。墓底竖穴内葬 1 人，中年女性，仰身直肢，头向偏西。墓主头端出土 1 件陶单耳罐、1 枚铜针，头顶出土 1 件铁簪（图一〇）。

M18　位于墓地中部，北临断崖，东邻 M17，西北邻 M24，南邻 M13 和 M14。地表有石堆，有被扰动痕迹，现呈椭圆形，长径约 7、短径约 5.5、高约 0.35 米，封堆表面被风积土覆盖。墓室位于石堆中部下，竖穴土坑墓，开口平面呈圆角长方形，近东北—西南向，竖穴长 2.5、宽 1.0、深 1.0 米，墓向 205°。墓室内填黄土，土质较致密。墓室上部有明显的东南西北向扰动痕迹。在墓室上部填土中出土 1 块人股骨和 1 件石杵。在墓底葬有 1 人，成年男性，骨骼完整，仰身直肢，头朝西南。墓主头端随葬 1

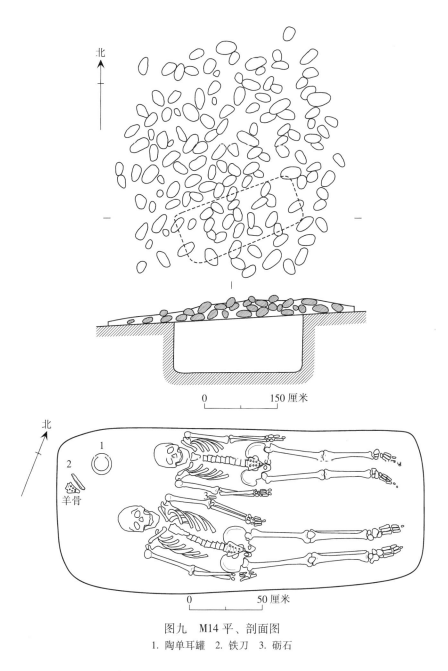

图九　M14 平、剖面图
1. 陶单耳罐　2. 铁刀　3. 砺石

件陶钵（图一一）。

　　M19 位于墓地中部，东邻 M14，北邻 M23。地表有圆形石堆，直径约 5.5、高约 0.6 米，随地势向北倾斜，封堆表面被风积土覆盖。墓室位于封堆偏北部下，竖穴土坑墓，开口平面呈圆角长方形，近东西向，竖穴长 2.4、宽 1.0、深 1.2 ~ 1.25 米，墓向 265°。墓室内填黄土，土质较致密。墓底葬 1 人，成年男性，仰身直肢，头朝西。墓主右肩处出土 1 件陶单耳罐（图一二）。

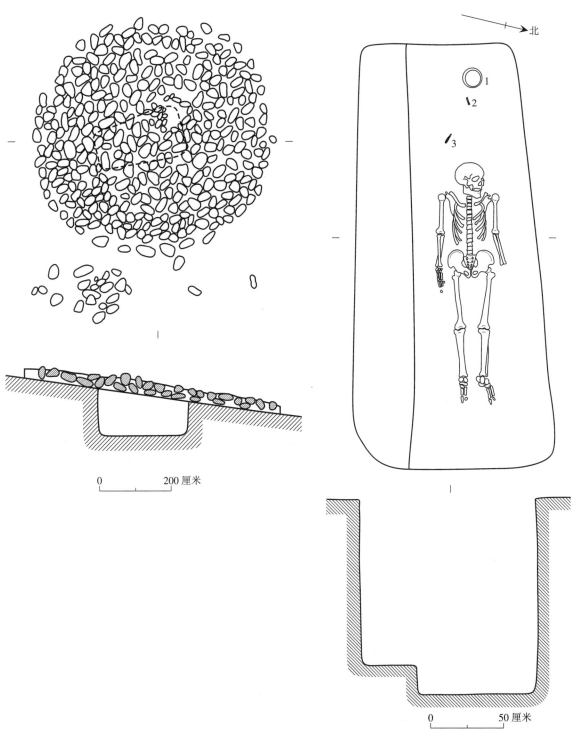

图一〇 M16 平、剖面图
1. 陶单耳罐 2. 铁簪 3. 铜针

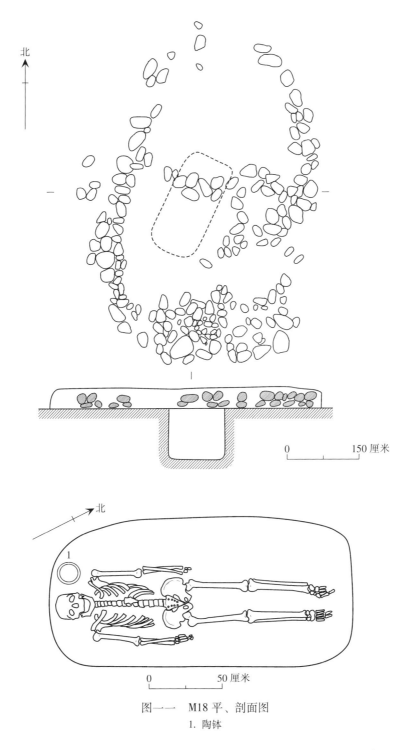

图一一　M18 平、剖面图
1. 陶钵

M20　位于墓地中部，北邻 M21，东邻 M25。地表有圆形石堆，直径约 7、高约
0.4 米，石堆略微覆盖 M21 石堆南部，随地势向东北倾斜，封堆表面被风积土覆盖。
墓室位于封堆中部下，竖穴土坑墓，开口平面呈圆角长方形，近东西向，土坑长

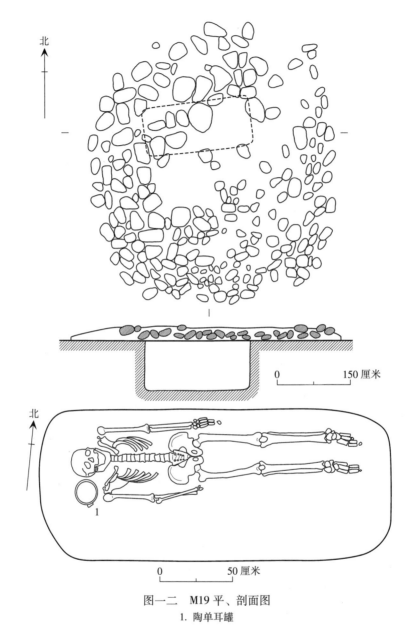

图一二　M19 平、剖面图

1. 陶单耳罐

2.2、宽1.2、深0.8～1.2米，墓向248°。墓室内填黄土，土质致密。墓底葬1人，成年个体，仰身直肢，头朝西。墓主左肩处出土1件陶单耳罐、1把铁刀和1块羊骶骨（图一三）。

　　M21　位于墓地中部，南邻 M20。地表有圆形石堆，直径约6、高约0.4米，石堆被 M20 石堆北部略微叠压覆盖，随地势向东北倾斜。墓室位于封堆中部下，竖穴土坑墓，开口平面呈圆角长方形，近西南东—北向，土坑长2.2、宽1.3、深1.3～1.8米，墓向255°。墓室内填黄土，土质较致密。墓底葬1人，成年男性，仰身直肢，头朝西。墓主

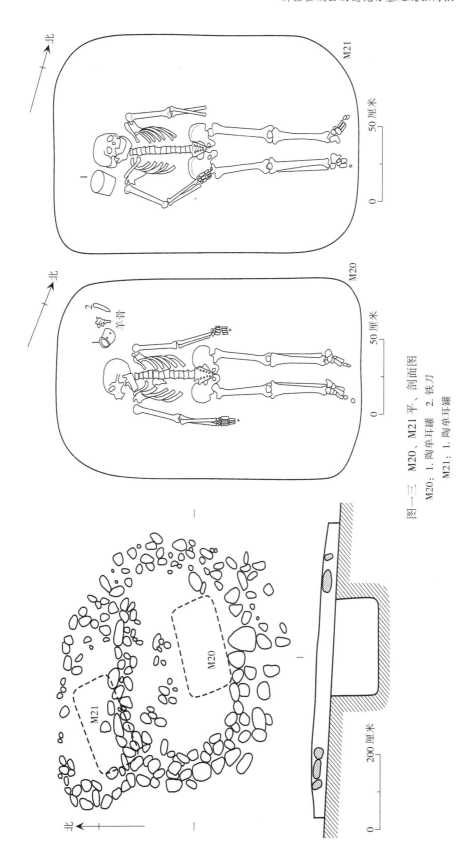

图一三　M20、M21 平、剖面图
M20: 1. 陶单耳罐　2. 铁刀
M21: 1. 陶单耳罐

右肩处出土 1 件单耳筒形罐（图一三）。

M22 位于墓地中部，西邻 M16，北邻断崖。地表有圆形石堆，直径 6～7、高约 0.55 米，随地势向北倾斜，封堆表面被风积土覆盖。墓室位于封堆中部下，竖穴土坑墓，开口平面呈圆角长方形，近西南—东北向，竖穴长 2、宽 1.1、深 1.4～1.55 米，墓向 240°。墓室内填黄土，土质较致密。墓底葬 1 人，成年男性，仰身直肢，头朝西南。墓主左肩外侧出土 1 把铁刀和 1 块羊骶骨（图一四）。

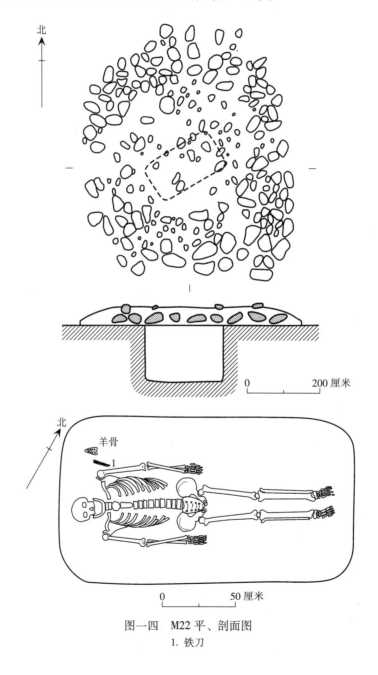

图一四　M22 平、剖面图

1. 铁刀

M23 位于墓地中部，西南邻 M19，东北邻 M24。地表有石堆，石堆遭破坏，尚存少量石块。墓室位于石堆下，竖穴土坑墓，开口平面呈圆角长方形，近东西向，竖穴长 2.5、宽 0.9、深 1.05～1.2 米，墓向 265°。墓室内填黄土，土质致密。墓底葬 1 人，成年男性，仰身直肢，头朝西。墓主左肩处出土 1 件陶单耳罐和 1 件陶盆，陶盆内出土 1 把铁刀和 1 块羊骶骨（图一五）。

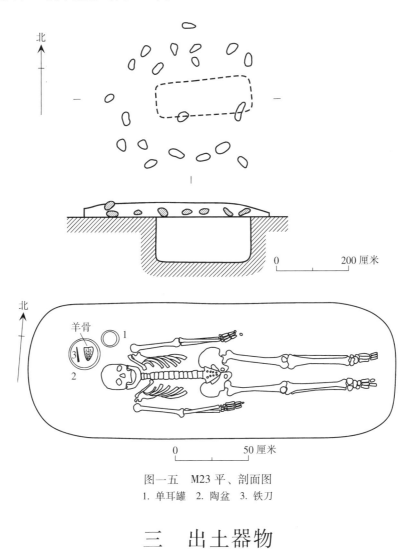

图一五　M23 平、剖面图
1. 单耳罐　2. 陶盆　3. 铁刀

三　出土器物

共出土器物 36 件（组），按照材质分述如下。

（一）陶器

14 件。单耳罐 8 件，陶钵 2 件，陶盆 1 件，陶釜 1 件，陶壶 1 件，单耳杯 1 件。夹砂陶质，素面，少数器物表面施陶衣，有一半是经过慢轮制陶、器表切削打磨加工，陶器耳在埋葬前已被毁。

M12：1 单耳罐，耳残。夹砂红陶，施红色陶衣，圆唇，直口，微鼓腹，圜底，手制。口径 7.7、最大腹径 10.7、高 14.1 厘米（图一六，1）。

M14：1 单耳罐，耳残。夹砂红陶，圆唇，敛口，斜肩，最大腹径靠下，平底，器形不太规整，手制，表面有烟炱。口径 9、最大腹径 12.7、底径 6.6、高 11.6 厘米（图一六，2）。

M15：1 单耳罐，耳残。夹细砂泥质褐陶，尖唇，直口，微鼓腹，下腹斜收，平底，轮制，器表有明显切削修整痕迹。口径 8.9、最大腹径 11、底径 5、高 11.5 厘米

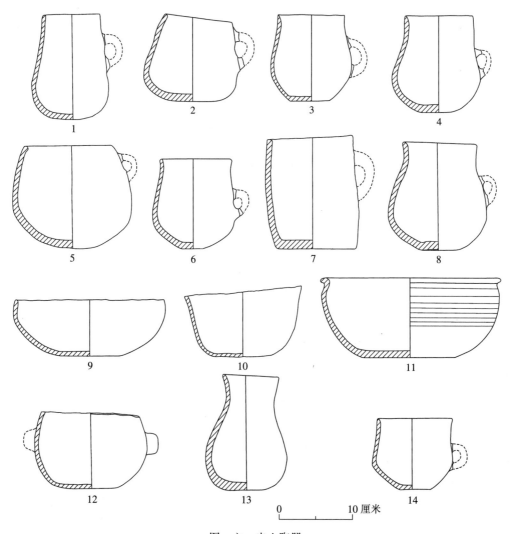

图一六 出土陶器

1~8. 单耳罐（M12：1、M14：1、M15：1、M16：1、M19：1、M20：1、M21：1、M23：1） 9、10. 陶钵（M5：1、M18：1） 11. 陶盆（M23：2） 12. 陶釜（M6：2） 13. 陶壶（M3：1） 14. 单耳杯（M5：2）

（图一六，3）。

M16：1　单耳罐，耳残。夹细砂泥质红陶，尖唇，直口，鼓腹，平底，轮制，器表有明显切削修整痕迹。口径9.4、最大腹径12、底径3、高12.8厘米（图一六，4）。

M19：1　单耳罐，耳残。夹砂红陶，圆唇，敛口，鼓腹，圜底，手制，表面有烟炱。口径11.8、最大腹径16.4、高13.8厘米（图一六，5）。

M20：1　单耳罐，耳残。夹细砂泥质红陶，施米黄色陶衣，圆唇，微束颈，下腹斜收，小平底，轮制，表面有烟炱。口径9、最大腹径11.3、底径3、高11.8厘米（图一六，6）。

M21：1　单耳罐，筒形，耳残。夹砂红陶，圆唇，下腹略内收，平底，手制。口径11.6、最大腹径12.6、底径10.8、高15.1厘米（图一六，7）。

M23：1　单耳罐，耳残。夹砂红陶，施米黄色陶衣，尖唇，敛口，微束颈，鼓腹，平底内收，轮制，表面有烟炱。口径9.5、最大腹径13.4、底径5.6、高14.4厘米（图一六，8）。

M5：1　陶钵。夹细砂泥质红陶，施红色陶衣，尖唇，敛口，腹斜收，平底，轮制，器表有明显切削修整痕迹。口径20.5、腹径21、底径8、高7.3厘米（图一六，9）。

M18：1　陶钵。夹砂红陶，平唇，侈口，腹斜收，平底，手制，表面有烟炱。口径16、底径8、高9.4厘米（图一六，10）。

M23：2　陶盆。夹细砂泥质红陶，平沿，尖唇，束颈，腹斜收，平底微鼓，轮制，器表上部刻划8~9条弦纹，器底刻划"↑"符号。口径24.3、底径12.4、高10.5厘米（图一六，11）。

M6：2　陶釜，双立錾耳，其一残。夹砂红陶，平唇，敛口，鼓腹，平底，手制。口径13、最大腹径15.5、底径5、高10.2厘米（图一六，12）。

M3：1　陶壶。夹砂红陶，施红色陶衣，尖唇，敞口，束颈，鼓腹，平底，手制。口径7、最大腹径11.1、底径6、高15.4厘米（图一六，13）。

M5：2　单耳杯，耳残。夹砂红陶，施米黄色陶衣，尖唇，直口，腹斜收，平底，轮制，器表有明显切削修整痕迹。口径10、最大腹径11、底径3.5、高9.5厘米（图一六，14）。

（二）铜器

共4件（套）。蹀躞带具1套、带銙1件、带饰1件、针1枚。

M2：1　铜带饰，1件。大体呈圆环状，一端略凸出。内径1.2~1.3、外径约2.5厘米（图一七，1）。

M2：2　铜带銙，1件。略呈方形，带长方形古眼，长2.6、宽2.7、厚0.5厘米（图一七，2）。

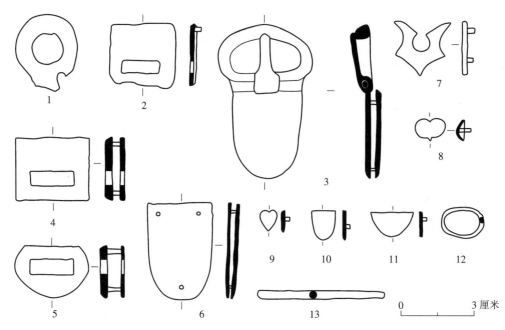

图一七　出土铜器

1. 铜带饰（M2∶1）　2. 铜带銙（M2∶2）　3. 铜带扣（M4∶1－1）　4. A 型铜带銙（M4∶1－2）　5. B 型铜带銙（M4∶1－2）　6. 铜铊尾（M4∶1－3）　7. A 型铜蹀躞带饰（M4∶1－4）　8. Ba 型铜蹀躞带饰（M4∶1－4）　9. Bb 型铜蹀躞带饰（M4∶1－4）　10. Ca 型铜蹀躞带饰（M4∶1－4）　11. Cb 型铜蹀躞带饰（M4∶1－4）　12. 铜蹀躞带环（M4∶1－4）　13. 铜针（M16∶3）

　　M4∶1　蹀躞带具，1 套，由 1 件铜带扣、17 件铜带銙、1 件铜铊尾、37 件铜蹀躞带饰和铜带环以及 1 条皮带鞓构成，皮带鞓已腐烂。M4∶1－1 铜带扣，扣环为半圆形，扣身为舌形，扣身横穿安装扣舌。长 6.0、宽 3.8、厚约 0.6 厘米（图一七，3）。M4∶1－2 铜带銙，分 A 和 B 两型。A 型带銙 6 件，略方形，带长方形古眼，长 3.0、宽 2.5、厚 0.9 厘米（图一七，4）。B 型带銙 11 件，半圆形，带长方形古眼，长 3.0、宽 2.0、厚约 1.0 厘米（图一七，5）。M4∶1－3 铜铊尾，舌形，长 3.8、宽 2.7、厚约 0.45 厘米（图一七，6）。M4∶1－4 蹀躞带饰和环。带饰根据其形状可分为 A、Ba、Bb、Ca、Cb 五型。A 型带饰共 6 件，大致呈五角星状，中间有圆孔，一边有缺口，通长和宽 2.1～2.3、孔径约 0.7、厚约 0.2 厘米（图一七，7）。Ba 型带饰 17 件，桃心形，较圆鼓宽短，通体长 0.85、宽 1.2、厚 0.3 厘米（图一七，8）。Bb 型带饰 3 件，桃心形，较扁平窄长，通体长 0.8、宽约 0.7、厚约 0.15 厘米（图一七，9）。Ca 型带饰 2 件，舌形，较窄，长 1.15、宽约 0.97、厚约 0.1 厘米（图一七，10）。Cb 型带饰 4 件，舌形，较宽，长 0.95、宽 1.75、厚 0.1 厘米（图一七，11）。带环仅 1 型共 5 件，椭圆形，长径 1.7、短径 1.25、厚约 0.2 厘米（图一七，12）。

　　M16∶3　铜针，残。头端较粗，长 5.1、厚约 0.2～0.3 厘米（图一七，13）。

（三）铁器

共 15 件（组）。刀 8 件，簪 2 件，马镫 2 对、马衔 1 件、箭镞 1 枚，荷包固件 1 件。

M2：3　马镫，残，无法修复。

M2：4　铁刀，残，无法修复。

M3：2　铁刀，残。锻造，单面刃。刀柄剖面呈长方形，直背。长 13.55、柄宽 1.25、厚约 0.5、背厚约 0.3 厘米（图一八，1）。

M4：3　铁刀。锻造，单面刃。由刀柄和刀刃构成。刀柄呈尖细状，略弧，剖面呈弧三角形。刀刃直背、尖锋、弧刃。通体长 20.25、宽 2.68、厚 0.7 厘米，其中柄长 5.8、最厚处约 2.06 厘米（图一八，2）。

M6：1　铁刀，残。锻造，单面刃。刀柄柄端剖面呈长方形，宽 1.7、厚 0.7 厘米，中部剖面呈圆形，直径 1.55 厘米，直背。残长 14.7 厘米（图一八，3）。

M14：2　铁刀、残。锻造，单面刃。刀柄剖面呈长方形。长 14.5、柄宽约 2.0、厚约 1.7、刃背厚约 0.4 厘米（图一八，4）。

M20：2　铁刀。锻造，单面刃。刀柄剖面呈方形，直背，弧锋。长 14.5、柄厚约 1.6、背厚 0.4 厘米（图一八，5）。

M22：1　铁刀，残。锻造，单面刃。残长 7.9、宽 1.63、刀背厚 0.45 厘米（图一八，6）。

M23：3　铁刀，残。锻造，单面刃。刀柄剖面呈长方形，直背。长 10.5、柄宽约 1.3、厚约 0.7 厘米（图一八，7）。

M4：2　荷包固件，残。出土时皮质荷包保存差，仅能提取内部铁质固件。大致呈桃形，中部有一凸纽，其上部两侧各有一圆孔，中间残。整体长 6.5、宽 9.0 厘米（图一八，8）。

M4：5　铁箭镞，残。三翼，带铤，锋部尖状，铤部锥形，铤部横切面为圆形。残长 7.5、宽 1.6 厘米（图一八，9）。

M4：6　铁马衔，残，无法修复。

M4：7　铁马镫，1 对，1 件残。镫柄圆形，镫环呈圆形，镫板扁平。通高 15.3、宽 13.5 厘米，镫板宽 4.6 厘米（图一八，10）。

M12：2　铁簪，残。簪杆锥形，横切面呈圆形，簪首圆珠状，头端残。通长 3.1、厚 0.95 厘米（图一八，11）。

M16：2　铁簪。簪杆锥形，横切面呈圆形，簪首圆珠状，头部尖细。通长 12.7、厚 0.6 厘米（图一八，12）。

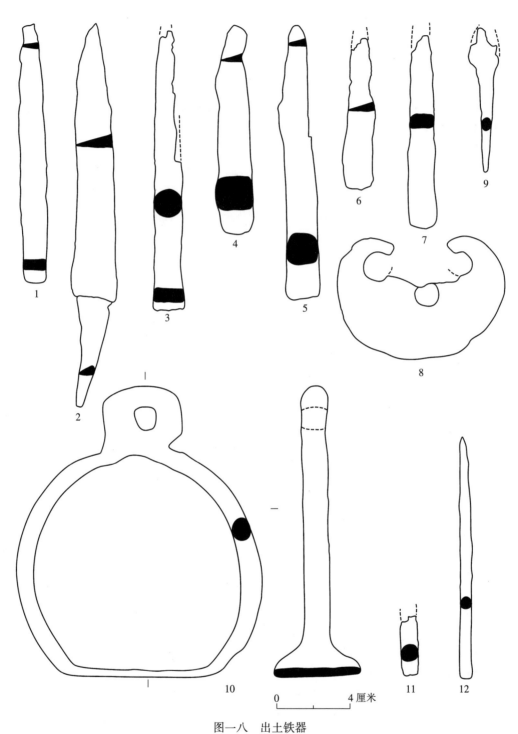

图一八　出土铁器

1～7. 铁刀（M3：2、M4：3、M6：1、M14：2、M20：2、M22：1、M23：3）　8. 荷包固件（M4：2）　9. 铁箭镞（M4：5）　10. 铁马镫（M4：7）　11、12. 铁簪（M12：2、M16：2）

（四）骨器

共 1 件。

M4∶4　骨刀鞘。由动物长骨切割打磨制成，尖端圆弧，另一端平一角突出。通体长 12.1、最宽处约 2.05 厘米（图一九，1）。

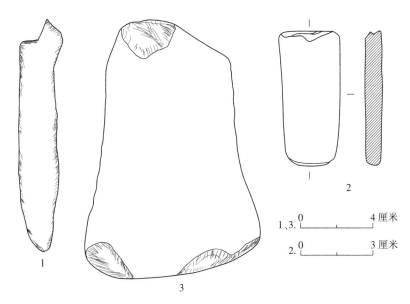

图一九　出土骨器、石器
1. 骨刀鞘（M4∶4）　2. 砺石（M14∶3）　3. 石杵（M18∶C1）

（五）石器

共 2 件。砺石 1 件，石杵 1 件。

M14∶3　砺石。青色泥质岩质，一端有断痕，其余部分被打磨光亮。长 5.36、最宽约 2.5、最厚 0.75 厘米（图一九，2）。

M18∶C1　石杵。青色砂岩质，横切面呈圆形，腰部往下较粗。通长 13.75、腰部厚约 7.5、底部最厚约 9.5 厘米（图一九，3）。

四　结语

切德克苏墓地墓葬可分为两类。第一类墓葬包括 M3、M5、M6、M12、M14、M16、M18、M19、M20、M21、M22、M23 等，属早期铁器时代，墓主仰身直肢、头朝西，随葬品以陶器、小铁刀、羊骨的组合形式出现。陶器以单耳罐为主，还有陶壶、陶盆、陶钵、陶釜，夹砂或泥质红陶，素面，表面施红色或米黄色陶衣，器底以小平底居多，有半数是经过慢轮制陶，器物表面有切削打磨处理痕迹，另一半器物为手制。羊骨以羊骶骨居多。第二类墓葬包括 M2 和 M4，属隋唐时期，墓主头向东，身上佩戴腰带具、铁刀，随葬铁箭镞等，墓室内殉葬一整匹马，马身上佩戴马具，包括马衔、马镫等（彩版一，1）。

　　第一类墓葬墓室形制、葬式、陶器形制等与伊犁河流域早期铁器时代发掘墓葬所出一致。巩留县山口水库墓地有同类墓葬，但陶器不见轮制痕迹，器底以圜底为主，发掘者认为该墓地年代大致在公元前后至公元 3、4 世纪①。察布查尔县索墩布拉克墓地同类墓葬，简报中结合碳 – 14 测年数据将该墓地年代推断在公元前 5 至前 3 世纪前后②。昭苏县萨尔霍布 M2 出土 1 件陶盆③，与切德克苏 M23 出土的陶盆几乎一模一样。这两件陶盆皆是夹细砂泥质陶、表面经过打磨、施陶衣，平沿、卷唇，自颈部至腹部饰 8 ~ 10 道弦纹，小平底微微向下鼓起。新源县铁木里克墓群 M2④也出土相似的陶盆。萨尔霍布 M2 是一座较大的土墩墓，竖穴土坑二层台木椁墓室，简报中推测该墓葬是《汉书·西域传》记载的古代乌孙民族或塞种的遗存。铁木里克墓群 M2 是双室木椁墓，发掘者认为可能是塞种遗民受乌孙文化影响的遗存。

　　我们对切德克苏墓地 M5、M14、M21、M23 出土人骨采用加速器质谱测试测年，校正后的碳 – 14 数据显示，这些墓葬年代集中在 396BC ~ 197BC（95.4%）。结合以上对比材料和测年数据，我们认为切德克苏墓地第一类墓葬年代大致在战国，晚至汉初。

　　第二类墓葬 M4 墓主腰部佩戴蹀躞带具，皮质带鞓，铜质带扣、带銙、铊尾、蹀躞带饰，素面（彩版一，2）。带銙有方形和半圆形。墓主右侧腰上挂铁刀，左侧出土荷包。同样的装束和腰带具表现在唐代乾陵蕃臣的石刻上⑤，蕃臣腰部两侧挂短刀和荷包，带銙同样是方形和半圆形。乾陵为唐高宗李治与武则天合葬墓，蕃臣石刻上的装束表现的是唐代边疆少数民族着装。新疆乌鲁木齐萨恩萨伊墓地⑥和木垒干沟墓地⑦也出土同样形制的铜蹀躞带具。另外，河南陕县姚懿墓出土玉带具⑧，也是带扣、方形和半圆形带銙、铊尾的组合，墓主人姚懿死于龙朔三年，即 663 年。山西临汾西赵村

① 新疆文物考古研究所：《2005 年度伊犁州巩留县山口水库墓地考古发掘报告》，《新疆文物》2006
　　年第 1 期。

② 新疆文物考古研究所：《新疆察布查尔县索墩布拉克古墓群》，《考古》1999 年第 8 期。

③ 中国科学院新疆分院民族研究所考古组：《昭苏县古代墓葬试掘简报》，《文物》1962 年第 7、8 期。

④ 新疆文物考古研究所：《新疆新源铁木里克古墓群》，《文物》1988 年第 8 期。

⑤ 綦高华：《隋唐时期带具的考古学研究》，西北大学文化遗产学院，2017 年硕士学位论文。

⑥ 新疆文物考古研究所、乌鲁木齐市文物管理所：《新疆乌鲁木齐萨恩萨依墓地发掘简报》，《文
　　物》2012 年第 5 期。

⑦ 新疆文物考古研究所：《新疆木垒干沟遗址发掘简报》，《文物》2013 年第 12 期。

⑧ 河南省文物研究所：《陕县唐代姚懿墓发掘报告》，《华夏考古》1987 年第 1 期。

唐墓 M45① 出土同类铜带具，墓主死于长安三年，即 703 年。

我们对 M2 和 M4 出土人骨采用加速器质谱测试测年，校正后碳－14 数据显示，墓葬年代集中在 594AD～774AD（95.4%）。根据测年数据结合对比材料可知，这一类墓葬遗存年代当属隋唐。

第一类墓葬中出土小铁刀、羊骨（骶骨）、陶器、铁发簪、砺石、铜针等，表明该人群生业形态中有一定的畜牧业成分，羊可能是主要的肉食来源，而墓室中流行随葬羊骶骨（羊尾）或许是因其有特殊的含义。从轮制和器底"↑"刻划符号来看，可能存在专门化的制陶作坊。根据史料、年代和相关考古资料推断，这些墓葬可能是战国至西汉时期塞种人墓葬。第二类墓葬内场景表现出明显的游牧人风格，人马同坑埋葬表明马在他们生活中的重要性，此类墓葬属于隋唐时期伊犁河流域游牧民墓葬。

此次是对伊犁河中游霍城县石堆墓的第一次考古发掘。此前，霍城县考古工作主要是围绕元明清时期城址如阿力麻里、惠远古城的调查和研究来展开，这一次发掘的战国至西汉和隋唐时期墓葬考古资料，有助于研究该地区族群和文化的变迁与交融、人群如何对环境适应以及对生业方式的选择等问题。

附记：参与田野考古发掘的人员有阿力木·阿卜杜、阿里甫江·尼亚孜、宁辛、朱永明。陶器修复哈里买买提·吾甫尔，资料整理由阿力木·阿卜杜完成。人骨碳－14 测年由兰州大学仇梦函博士完成。

执笔：阿力木·阿卜杜

附表　伊犁州霍城县切德克苏墓地人骨碳－14 测年数据

墓葬编号	样品	校正年代 BC/AD（68.3%）	校正年代 BC/AD（95.4%）
2021YHQM2	人骨	605AD（68.3%）642AD	594AD（95.4%）650AD
2021YHQM4	人骨	657AD（50.9%）680AD 748AD（17.4%）758AD	652AD（60.1%）691AD 696AD（1.9%）702AD 741AD（33.5%）774AD
2021YHQM5	人骨	391BC（47.2%）359BC 275BC（12.5%）262BC 244BC（8.5%）234BC	396BC（53.4%）352BC 288BC（40.3%）226BC 220BC（1.7%）210BC
2021YHQM14A	人骨	359BC（7.5%）349BC 310BC（26.2%）275BC 262BC（12.9%）244BC 234BC（21.7%）206BC	376BC（16.3%）342BC 322BC（79.2%）201BC

---

① 山西省考古研究所、临汾市文物考古工作站：《山西临汾市西赵村唐墓发掘简报》，《考古》2015 年第 6 期。

续表

墓葬编号	样品	校正年代 BC/AD（68.3%）	校正年代 BC/AD（95.4%）
2021YHQM21	人骨	356BC（8.6%）346BC 316BC（31.1%）280BC 255BC（4.3%）248BC 232BC（24.2%）204BC	370BC（95.4%）197BC
2021YHQM23	人骨	382BC（26.3%）356BC 280BC（41.9%）232BC	389BC（33.0%）350BC 304BC（62.4%）208BC

注：数据采用 OxCal 软件校正，校正曲线选择 Intcal 20.14c。

A Brief Report of the Archaeological Excavation of the Chataksu Cemetery in Huocheng County, Xinjiang

Institute of Cultural Relics and Archaeology of
Xinjiang Uygur Autonomous Region

Abstract: From August to October 2021 and November 2022, due to the construction of the Chataksu Reservoir project, Institute of Cultural Relics and Archaeology of Xinjiang Uygur Autonomous Region carried out archaeological excavations in the areas involved in the project, cleaning up a total of 33 tombs. There are round stone piles on the surface of the tomb, and mainly composed of vertical tomb pits. The burial style is to lie up and straight limbs, the single burial is the main, and the head is tilted towards the thing. Sheep bones and horses are buried in the tomb. There are a total of 36 pieces of pottery, copper, iron, bone and stone tools unearthed. This is the first archaeological excavation of the stone pile tomb in Huocheng County in the middle reaches of the Ili River.
Keywords: stone pile tombs; single-eared pot; pottery basin; copper belt

新疆和静县 G218 那巴公路沿线墓地 2022 年度考古发掘主要收获与初步认识

新疆维吾尔自治区文物考古研究所

摘要：2022 年 5～9 月，新疆维吾尔自治区文物考古研究所配合基本建设在国道 G218 线新源县那拉提镇至和静县巴伦台镇的公路施工段发掘古墓葬 147 座、居住遗址 2 处、祭祀遗址 2 处、马坑 1 座。其中墓室结构有竖穴土坑，葬具有石室、木椁等。葬式葬俗有仰身直肢葬、仰身屈肢葬、多人葬、二次葬等。此次发掘出土陶器、铜器、铁器、石器、骨角器、木器、金器、银器等遗物，对天山山脉中部沟谷与草原之间的文化交流和演变研究具有重要价值意义。

关键词：石室墓　仰身屈肢葬　二次葬　带流罐　三乐铜镜　察合台钱币

2022 年 5～9 月，新疆维吾尔自治区文物考古研究所配合基本建设在国道 G218 线新源县那拉提镇至和静县巴伦台镇的公路施工段发掘古墓葬 147 座、居住遗址 2 处、祭祀遗址 2 处、马坑 1 座。

一　墓地概况

国道 G218 线那拉提至巴仑台公路涉及的墓葬从东往西主要分布在巴音沟墓地、哈尔萨拉墓地、巩乃斯林场墓地等三处（图一）。其中，巴音沟墓地位于和静县北约 66 千米处的巴伦台镇包格丹村，老 G218 国道南侧台地上，四周被山环抱，北邻河流，海拔 2360 米左右。

哈尔萨拉墓地位于和静县西北约 157 千米处，额勒再特乌鲁乡阿冬库尔达坂东南，阿冬库尔萨拉河和哈尔萨拉河交汇处山间草原上，坐落在中天山山间，巴音布鲁克大草原北缘，三面环山，地势较平坦，海拔 2620 米左右，南距额勒再特乌鲁乡驻地约 6.5 千米，南距火巴线省道约 5.7 千米，东距老 G218 国道约 4 千米。

巩乃斯林场墓地位于和静县西北约 174 千米的巩乃斯镇巩乃斯林场，是白桦林和班禅沟两处墓地的统称。白桦林墓地位于巩乃斯林场巩乃斯河北岸二级台地上，墓地依山傍水，地势平坦、开阔，西距巩乃斯镇 10 千米，海拔 2120 米左右。班禅沟墓地位

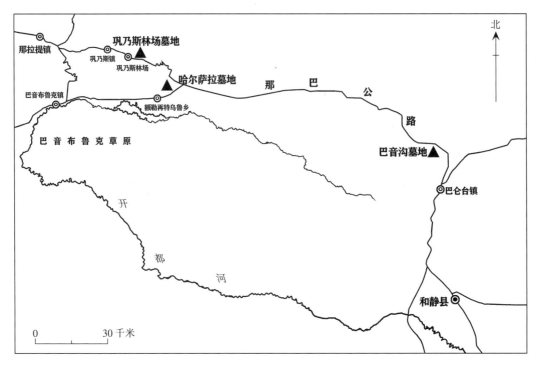

图一　国道 G218 那巴公路沿线墓地地理位置图

于白桦林墓地以东 8 千米处，班禅沟沟口擦汗乌苏萨拉河与巩乃斯河交汇处东岸向北
延伸的二级台地上，松林花草，风光十分秀丽。

二　发掘与收获

本次发掘墓葬比较分散，类型多样，年代跨度大。墓葬地表均可见明显的封堆标
识，依据墓葬地表封堆形制，可分为石堆墓、圆形石围墓、椭圆形石围墓、马镫形石
围墓、长方形石围墓、双层石围墓、石围石堆墓、土堆墓等；依据墓室结构差异，可
分为竖穴土坑墓、竖穴土坑石室墓、竖穴土坑穹隆顶石室墓、竖穴土坑木椁墓、偏室
墓等；有单人葬、二次葬、多人合葬等，其中单人葬占多数。葬式有仰身直肢葬、仰
身屈肢葬、侧身屈肢葬、俯身屈肢葬等，前者多见，后者较少，头多向西，有少量向
西北。部分墓室内外存在殉葬羊、马等现象。下面对三片墓地进行简介。

（一）巴音沟墓地

涉及墓葬 104 座、居住遗址 2 处、祭祀遗址 2 处、马坑 1 座，主要集中在东西长约
5 千米范围内的三个区域。Ⅰ区有 38 座墓葬、2 处居住遗址、2 处祭祀遗址，Ⅱ区有 58
座墓葬与 1 座马坑（彩版二，1），Ⅲ区有 10 座墓葬。根据墓葬特征与年代差异可分为

以下三类。

第一类：地表有圆形、椭圆形或马镫形石围；墓室为竖穴土坑或竖穴土坑石室；葬式以仰身屈肢葬或侧身屈肢葬较多，少有俯身葬，头向西，以单人葬为主。随葬器物有黑色陶釜、陶罐、铜刀、砺石、铜耳环、羊骨等。主要分布在Ⅰ区，M15、M18、M19、M29、M30、M36 为典型墓葬，年代为青铜时代晚期。如 M15 地表有马镫形石围，石围长约 5、宽约 4、高约 0.25 米。墓室位于石围内西部，竖穴土坑墓，开口平面呈近圆角长方形，墓坑内长 1.5、宽 1.25、深 0.7 米。墓室内葬 35 岁左右男性，右侧身屈肢，头向西北。墓主双耳戴铜耳环，胸前随葬一件黑色陶釜和羊骨，墓主右侧腰部见铜刀和砺石，铜刀表层有皮质刀鞘残留。

第二类：地表有椭圆形或马镫形石围；墓室为竖穴土坑石室；葬式为仰身直肢葬，头向西；单人葬占多数，也有少量多人葬。出土器物比较丰富，类型多样，随葬有陶釜、单耳杯、单耳高领罐、单耳带流罐、双耳罐、木盘、木碗、钻木取火器、木柄铜锥、箭镞、箭杆、砺石、铜刀（彩版二，2）、铜马衔、纺轮、马鞭、羊距骨等器物。主要分布在Ⅱ区东部，M39～M79 为典型墓葬，年代为战国时期。如 M56，地表有椭圆形石围，残长约 3.88、宽约 2.7、高约 0.3 米；墓室位于石围内中部偏南，为竖穴土坑石室墓，开口平面呈圆角长方形，墓口长约 2.83、宽 1.8、深 2 米，近东西向，墓向 260°。墓室内填石块、黄土和细砂砾。墓坑内有条状砾石横放或栽立合围而成的石室，尾端开口，石室上面有盖石，盖石为条状石块。石室内长 1.79、宽 0.83、深 0.5 米。石室内葬一名 25～30 岁左右的女性，仰身直肢葬，头西脚东，面向南。墓主人头骨顶端随葬陶罐 2 件，右肩处见木盘 1 件，墓主人左肩处有马鞭 1 根、带孔木器 1 件、箭杆若干、木柄铜锥 1 件、骨饰两件及钻木取火器 1 件，双腿之间有铜刀 1 把。

第三类：是一批墓葬同时从别处迁出，并同时在此处修建坟墓而埋葬，封堆为方形石围，互相并连；墓室为竖穴土坑穹隆顶石室墓；葬式葬俗为二次迁移的多人合葬，多数人骨凌乱，仅存 M83 一座墓为仰身直肢的双人合葬，推断墓主人死于修建这处墓地时间阶段。出土文物比较丰富，随葬有单耳杯、单耳罐、单耳高领罐、单耳带流罐（彩版二，3）、单耳钵、豆、陶纺轮、木盘、木碗、带柄木勺、钻木取火器（彩版二，4）、铁箭镞、铁刀、木柄铜锥、铜刀、铜扣、铜针、骨马镳、带孔骨吊坠、羊距骨、砺石、玛瑙珠等器物。主要分布在Ⅱ区西部，M81～M84、M86～M94 为典型墓葬，年代为战国时期。如 M88 地表有近长方形石围，四角各有一块立石，呈南北向，石围长约 5.4、宽约 5.2、高约 0.2 米。墓室位于石围内中部，为竖穴土坑石室墓，开口平面呈圆形，墓口直径约 3.7、墓深 1.6～1.83 米。墓室由片石垒砌而成的穹隆顶石室，石室由底部平垒 3 层石块后向中心攒成穹顶，石室平面略呈椭圆形，内长径约 2.12、短径约 1.7、高 1.23 米。石室内人骨较多且凌乱。据统计，有 8 个成年、3 个未成年个体。另外在石室底部近北壁处可见一具头西脚东未被扰动的个体，应是石室最早埋入的墓主。其余凌乱的尸骨是多人多次埋葬形成，似为迁葬。在石室内北侧有单耳杯、骨马镳、铁箭镞、铁刀、铜带箍各 1 件，东侧有木柄铜锥、铜刀、砺石各 1 件，中部则有铜刀、铁矛、残陶杯、铜带箍各 1 件，单耳带流罐 2 件、单耳杯 2 件及少量铁器残片。石围外侧东北角有一处祭祀坑，长约 0.73、宽约 0.51、深 0.3 米，坑内有两具马头和马蹄，应为头蹄葬。

（二）哈尔萨拉墓地

涉及墓葬共 14 座，因早期被盗扰严重，多数墓葬保存差，出土器物少，墓葬封堆以石堆为主，墓室以竖穴土坑为主，仅存一座竖穴土坑偏室，仰身直肢葬为主，共出土单耳钵 1 件、骨扣 1 件、铁刀 1 件，年代为战国至秦汉。

（三）巩乃斯林场墓地

班禅沟发掘 3 座、白桦林发掘 26 座墓，两片区相距 7.5 千米，都在通往伊犁河谷的巩乃斯河北岸台地上。

巩乃斯林场墓地文化面貌相对清晰，时间跨度较大，延续较长，上至春秋时期下至元明（察合台汗国）时期，分布态势早晚夹杂，各类型的墓葬又相对集中分布。下面以春秋战国、唐宋、元明（察合台）三个时期代表性墓葬为例，介绍该墓地的发掘情况。

1. 春秋战国时期墓葬

共 23 座。在发掘墓葬数量中占多数，这时期墓葬包括 M5 ~ M8、M10 ~ M15、M26、M27 等。

墓葬地表有圆丘状石堆，直径在 7 米左右，墓室结构分竖穴土坑和竖穴土坑二层台，平面形制呈圆角长方形、圆角梯形两类。圆角梯形墓坑中见木椁葬具。单人葬为主，仅存 1 座双人合葬，以仰身直肢葬为主，头西脚东。随葬品一般放置于墓主头端。出土随葬品有陶罐、铁刀、铁簪、绿松石珠、铜饰、骨扣、兽纹金饰（彩版三，1）、羊骨等。

2. 唐宋时期墓葬

共 5 座。其中 M1、M2、M3 位于班禅沟，其余 2 座墓 M16 和 M25 相互紧挨着位于白桦林墓地西中部。班禅沟 3 座墓皆为土堆墓，而白桦林的 M16 和 M25 为石堆墓。墓室结构有竖穴土坑和竖穴土坑二层台，平面呈圆角长方形，墓葬基本被盗掘扰乱，墓主一般头北脚南，仰身直肢。墓主随葬品较为丰富，有铜、铁、骨等不同材质随葬品，生活用具有刀；装饰品有铜镜、耳环、铃铛、带扣、金箔片、珍珠等；马具有马镫、马衔、马衔镳、各类带具等；兵器有箭镞、弓组件等。一般墓室内给墓主随葬有整匹马，马身上佩戴有马具，另外还随葬羊骨。如 M25，石堆墓，封堆平面呈圆形，直径约 8、高约 0.5 米。墓室位于封堆中部下，圆角长方形竖穴土坑二层台墓，偏南北向，墓坑长 2.4、宽 1.8、深 2.5 米，二层台位于竖穴西部，宽 1、高 0.25 米。墓室内埋葬 1 人和 1 匹马。西部二层台上葬人，墓主头骨、肩胛骨、肋骨、左手趾骨和脚趾骨被扰乱，其余骨骼在原始生理解剖位置，头向北，仰身直肢葬。东部竖穴内葬马，头骨和颈椎在原始生理解剖位置，头向北，其余骨骼被扰乱，一块盆骨被扰至头部，部分肢骨和肋骨见于二层台西南角。墓主头部出土 1 片心形铜饰、右耳处出土 1 件银耳环，头骨下出土 1 枚铜戒指和铜片饰，脖子处出土 1 件残铁器，左手臂处出土 5 件铜铃铛和 3 片心形铜饰，右手臂外侧出土 1 枚双叶铁箭镞和 4 枚心形铜带饰，墓主脚下侧出土 1 对铜马镫（彩版三，2）、1 组铜带具、1 块羊距骨。在填土中出土 1 枚"三乐"铜镜（彩版三，3）。在墓主头骨左侧还出土糜子和纺织品残留物。

3. 元明时期墓葬（察合台时期）

仅 1 座，M4。石堆墓，封堆平面呈近圆形，直径 4.5、高约 0.3 米。墓室位于封堆中部下，圆角长方形竖穴土坑，偏南北向，北壁呈圆弧形，墓坑长 2.4、宽 1.3 米、深 0.6 米。墓坑内填黄土。墓室内有长方形木椁葬具，锈蚀严重。木椁盖板表面中部和中西侧共出土 1 对铁马镫。盖板下木椁内葬有 1 人，30 岁左右男性，仰身直肢，头向东北，部分骨骼扰乱至墓室内多处。墓主头部右侧放置有 2 枚察合台钱币（彩版三，4），右胳膊外侧置 4 枚铁箭镞，左手腕处随葬 1 件铁带具，双腿之间出土 1 件残铁刀。

三　结语

和静县地处天山中段南麓，焉耆盆地西北部。有高山、盆地、平原、冰川峡谷、激流险滩、河流纵横、溪泉交织，构造了复杂的地势地貌格局。本次发掘区域属于山地峡谷与山前草原，沿着巴伦台北侧沟谷往北翻过察汗诺尔达坂可以到达巴音布鲁克草原，再往西北可达伊犁河流域乃至中亚地区。往北穿越准噶尔盆地可达阿勒泰及西伯利亚地区（欧亚草原），往东北可达现在的昌吉、乌鲁木齐市。往东过奎先达坂沿阿拉沟可达吐哈盆地，往南可达塔里木盆地东缘罗布泊地区，往西可达现在的阿克苏诸绿洲。现和静县地域自古以来为文化交流、商业往来、人群迁徙扩散的重要通道，地理位置十分重要。

本次考古发掘墓葬类型多样、出土文物数量多、时空跨度大、文化内涵丰富，为研究中天山河谷草原地带古代历史文化内涵提供了珍贵材料，具有重要价值和意义。

屈肢葬，随葬带流罐、铜刀等现象充分体现了察吾乎文化特征[①]。巩乃斯林场墓地出土的察合台钱币是新疆境内墓葬中的首次发现。值得一提的是巩乃斯林场墓地 M25

---

① 新疆文物考古研究所：《新疆察吾乎——大型氏族墓地发掘报告》，东方出版社，1999 年，第 282 页。

出土 1 件盛唐时期的铜镜，铜镜葵花形，圆纽，直径 13 厘米。纽一侧一人头戴冠，左手前指，右手持杖，另一侧一人戴冠着裘，左手持琴。纽上竖格中铭"荣启奇问曰答孔夫子" 9 字，纽下一棵树。此镜又称"三乐镜"，在新疆境内首次考古发现。其图案取材于《列子·天瑞》："孔子游于太山，见荣启期行乎郕之野，鹿裘带索，鼓琴而歌。"孔子问曰："先生所以乐，何也？"对曰："吾乐甚多。天生万物，唯人为贵，而吾得为人，是一乐也。男女之别，男尊女卑，故以男为贵，吾既得为男矣，是二乐也。人生有不见日月、不免襁褓者，吾既已行年九十矣，是三乐也。"三乐题材在唐代人物故事镜中广为流行，据冈崎敬《中西交涉的考古学》一书统计，苏联西伯利亚米努辛斯克和中亚哈萨克斯坦、吉尔吉斯斯坦、塔吉克斯坦、乌兹别克斯坦境内也有发现此类铜镜[1]。表明唐代经济文化高度繁荣。

执笔：阿里甫江·尼亚孜

The Main Harvest and Preliminary Understanding of the Archaeological Excavation of Cemeteries along the National Highway G218 in Hejing County, Xinjiang in 2022

Institute of Cultural Relics and Archaeology of
Xinjiang Uygur Autonomous Region

Abstract: From May to July 2022, due to the construction of the section of the G218 National Highway from Nalati to Baluntai, Xinjiang Institute of Cultural Relics and Archaeology conducted archaeological excavations in the areas involved in the project, cleaned 147 tombs, 2 settlement ruins, 2 sacrificial sites and 1 burial horses pit. Among them, the structure of the tomb chamber includes vertical cave pits, and the burial is composed of stone chambers, wooden coffin, etc. Burial customs include upright burial, upright limb burial, multi-person burial, secondary burial, etc. And unearthed pottery, bronze, iron, stone, bone and horn, wooden, gold, silver artefacts. This is of great value for the study of cultural exchanges and evolution between the valleys and grasslands in the middle of the Tianshan Mountains.

Keywords: Stone Chamber Tomb; Flexed Supine; Secondary Burial; Pottery Jar with Spout; Copper Mirror; Chagatai Coins

---

① 孔祥星、刘一曼：《中国古代铜镜》，文物出版社，1984 年，第 137~184 页。

山东省临淄区西孙村元明墓葬发掘简报

山东省文物考古研究院　临淄区文物考古研究所

摘要： 2022 年，山东省文物考古研究院联合临淄区文物考古研究所清理了淄博市临淄区西孙墓地 12 座元明时期墓葬，为一处家族墓地。均是土坑竖穴墓道洞室墓，出土瓷罐、碗、碟、缸等遗物，为临淄地区元代至明代出土瓷器、葬俗等研究提供了新资料。

关键词： 临淄区西孙村　元明时期　墓葬

淄博市临淄区西孙墓地位于临淄区稷下街道魏家庄村西南，临淄大道以北，齐正路以西，西邻齐鲁花卉大市场，南邻临淄区纪委监委，地属西孙村。东距淄河 1.9 千米，北距齐国故城 2.9 千米（图一）。

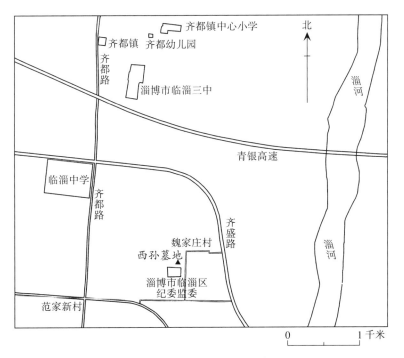

图一　临淄西孙墓地位置示意图

为配合临淄宙合万泰东城项目建设，2022 年 9 月至 2023 年 1 月山东省文物考古研究院联合临淄区文物考古研究所对项目占压区域进行考古发掘。发掘区分南、北两区，发掘面积 7700 平方米，发掘墓葬 472 座、井 9 口。主要为战国、汉代时期墓葬，其中元明时期墓葬 12 座，均分布于南发掘区，现予以简单介绍（图二）。受早年砖厂取土影响，南发掘区已低于原地表 2～4 米。

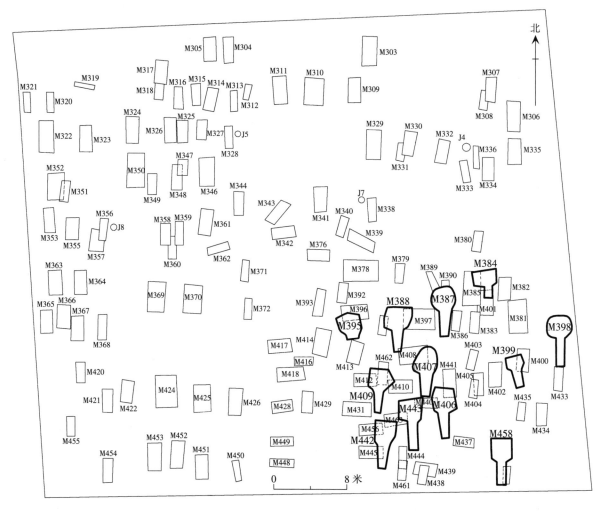

图二　西孙墓地墓葬分布示意图（粗线为元明墓葬）

一　墓葬概况

1. M384

开口于①层下，为土坑墓道洞室合葬墓，由墓道和墓室组成。墓室呈长方形，直壁，壁面粗糙，底部较为规整，东西长 2.7、南北宽 1.7、残深 0.4 米。墓道呈倒梯形，直壁，平底，长1.2、宽0.82~1、深0.4米。填土为浅黄色粉砂土，夹杂少量深棕色黏土块，含少量料礓石、瓷片，土质疏松，未发现夯打迹象。葬具为双棺，均长方形，保存较差，南棺长2.1、宽0.6~0.7、残高0.04米，北棺长2、宽0.5~0.6、残高0.04米。南侧人骨保存较差，葬式为仰身直肢，头朝西，仰面；北侧人骨保存差，葬式不明。

随葬器物7件。铜钱3枚，位于北棺人骨腰部，"天禧通宝""祥符元宝"各1枚，1枚辨识不清。瓷器4件，缸、罐各1件，位于南棺外西南角；碗1件，位于南棺内头骨南侧；灯盏1件，位于南棺内人骨左肩部（图三）。

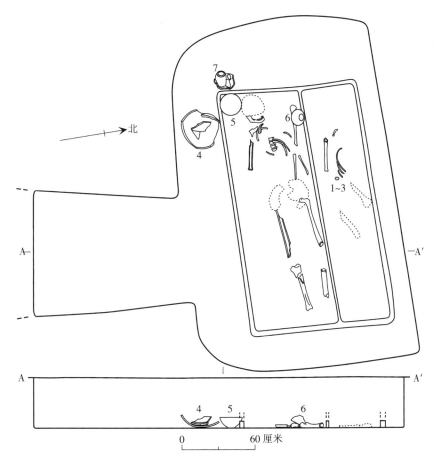

图三　M384平、剖面图
1~3. 铜钱　4. 瓷缸　5. 瓷碗　6. 瓷灯盏　7. 瓷罐

2. M387

土坑墓道洞室合葬墓，由墓道和墓室组成。墓室呈近圆形，直壁，壁面粗糙，东西长2.8、南北宽2.46、深1.26米。墓道呈倒梯形，直壁，平底，长3、宽1.1~1.2、深 1.26 米。填土为浅黄粉砂土，夹杂少量深棕色黏土块，含少量料礓石，土质疏松，未发现夯打迹象。葬具为双棺，长方形，保存差，残存棺灰，南棺长 2、宽 0.56、残高 0.06 米，北棺长 1.9、宽 0.42～0.52、残高 0.06 米。葬式均为仰身直肢，头朝西，仰面，人骨保存状况一般。

随葬品 12 件。瓷器 5 件、釉陶器 1 件，均位于墓室西部。铜钱 6 枚，其中"开元通宝" 2 枚、"皇宋通宝" 2 枚，辨识不清 2 枚，位于北棺人骨左手部（图四）。

3. M388

土坑墓道洞室合葬墓，由墓道和墓室组成。墓室呈方形，直壁，壁面粗糙，底部较为规整，长 2.98、宽 2.26、深 0.6 米。墓道呈梯形，直壁，平底，长 2.5、宽 0.76～1.16、深 0.6 米。填土为浅黄粉砂土，夹杂少量深棕色黏土块，含少量料礓石、瓷片，土质疏松。葬具为双棺，棺呈长方形，南棺长 2.3、宽 0.6～0.66、残 0.2 米，北棺长 2.3、宽 0.4～0.5、残高 0.2 米。人骨保存一般，葬式为仰身直肢，头朝西，南侧人骨面向不明，北侧面向北。

随葬品 7 件。铜钱 1 枚，为"太平通宝"，位于北棺人骨胸部。瓷器 6 件，双系罐、罐、碗各 1 件，位于北棺内头骨西侧；缸、罐各 1 件，位于南棺头骨西侧；缸 1 件，位于墓道东侧（图五）。

4. M395

土坑墓道洞室合葬墓，由墓道和墓室组成，墓道被现代扰坑破坏，墓室略呈圆形，直壁，壁面粗糙，底部较为规整，长 2.96、宽 2.84、深 0.3 米。填土为浅黄色粉砂土，夹杂少量深棕色黏土块，含少量料礓石，土质疏松。葬具为双棺，均为木棺，平面呈长方形，保存差，南棺长 2.1、宽 0.6～0.8、残高 0.3 米，北棺长 2.1、宽 0.55～0.8、残高 0.3 米。葬式均为仰身直肢，头朝西，南侧面向不明，北侧仰面。

随葬品 4 件，均为瓷器。四系罐 1 件，位于北棺内头北部；罐、碗各 1 件，位于南侧棺外西南角；缸 1 件，位于墓室东南部（图六）。

5. M398

土坑墓道洞室墓，由墓道和墓室组成。墓室平面呈圆角长方形，直壁，壁面粗糙，底部较为规整，长 2.6、宽 2.1、深 1.7 米。墓道呈梯形，直壁，长 3.2、宽 0.8～1.16、深 1.7 米。填土为浅黄色粉砂土，夹杂少量深棕色黏土块，含少量料礓石，土质疏松。葬具为双棺，均长方形，南棺长 1.84、宽 0.6、残高 0.06 米，北棺长 1.84、宽 0.5、残高 0.06 米。葬式均为仰身直肢，头朝西，面向不明。

随葬瓷器 6 件，碗 1 件，位于棺外西南部；碟 2 件、碗 2 件、罐 1 件，位于棺外西部（图七）。

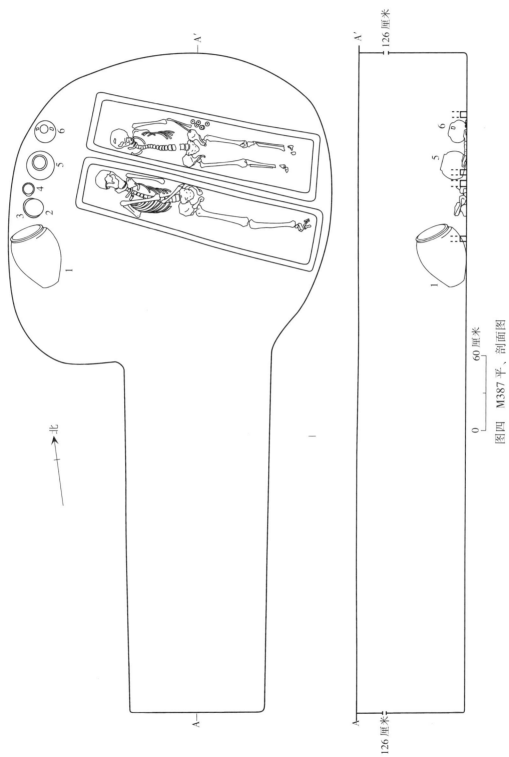

图四 M387 平、剖面图

1. 瓷缸 2、3. 瓷碗 4. 瓷灯盏 5. 釉陶壶 6. 双系瓷罐 7~12. 铜钱

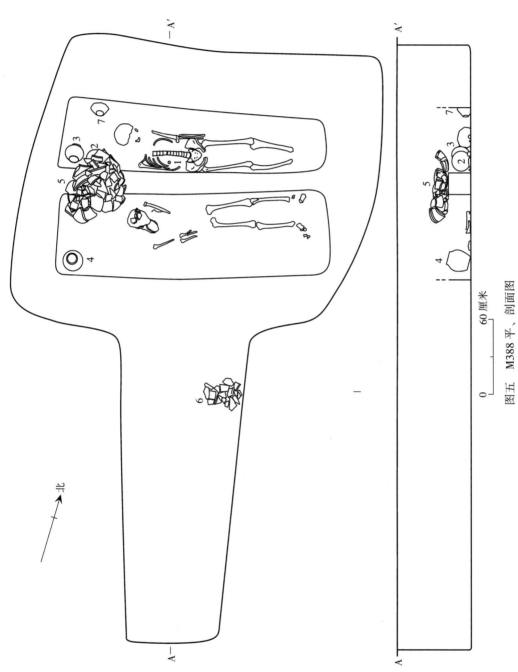

图五　M388 平、剖面图

1. 铜钱　2.双系瓷罐　3、4.瓷罐　5、6.瓷缸　7.瓷碗

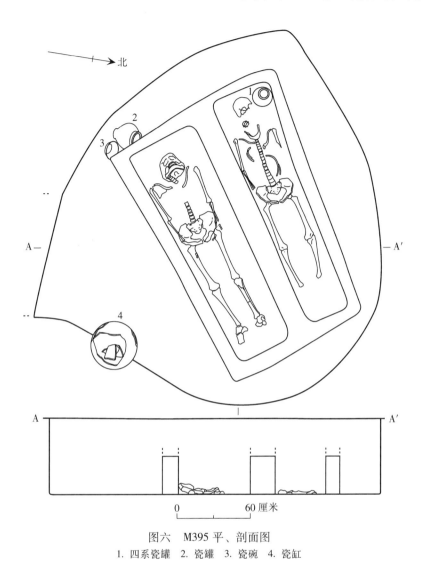

图六　M395 平、剖面图
1. 四系瓷罐　2. 瓷罐　3. 瓷碗　4. 瓷缸

6. M399

土坑墓道洞室合葬墓，由墓道和墓室组成。墓室平面呈长方形，直壁，底部较为规整，长 1.8、宽 1.6、深 0.4 米。墓道略呈梯形，直壁，平底，长 1.9、宽 0.88 ~ 0.96、深 0.4 米。填土为浅黄粉砂土，夹杂少量深棕色黏土块、料礓石，土质疏松。葬具为一棺，棺呈长方形，长 1.5、宽 0.7 ~ 0.8、残高 0.04 米。棺内葬 2 具人骨，均仰身叠肢，两臂与上躯平行，下肢骨折叠，头朝西，仰面。

随葬品 5 件，均为瓷器。灯盏 1 件、碗 2 件，位于棺外西侧；缸和罐各 1 件，位于棺外西南侧（图八）。

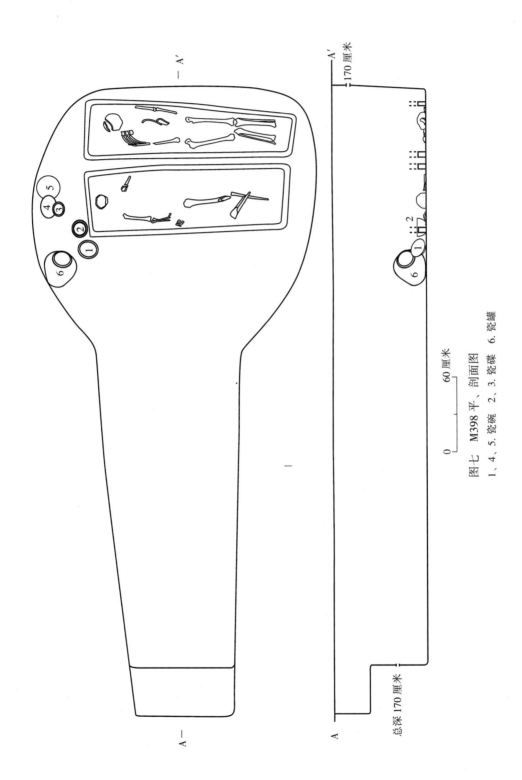

0 _____ 60 厘米

图七 M398 平、剖面图
1、4、5. 瓷碗 2、3. 瓷碟 6. 瓷罐

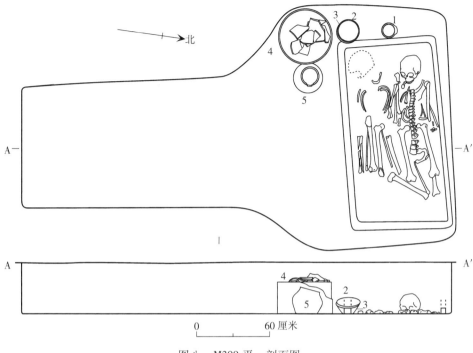

图八 M399 平、剖面图
1. 瓷灯盏 2、3. 瓷碗 4. 瓷缸 5. 瓷罐

7. M406

土坑墓道洞室墓，墓室呈不规则形，直壁，壁面粗糙，底部较为规整，长 2.7、宽 2.68、深 0.8 米。墓道呈梯形，直壁，平底，长 2.7、宽 0.8~1、深 0.8 米。填土为浅黄色粉砂土，夹杂少量深棕色黏土块、料礓石、瓷片，土质疏松。葬具为三棺，保存较差，均为长方形，中部棺压在东侧棺上，东侧棺长 1.78、宽 0.52~0.72、残高 0.4 米；中部棺长 1.94、宽 0.6~0.7、残高 0.4 米；西侧棺长 1.3、宽 0.34~0.5、残高 0.4 米。葬式均为仰身直肢，头朝南，东侧、中部面向不明，西侧为仰面，人骨保存较差。

随葬品 5 件。铜钱 4 枚，"熙平元宝""皇宋通宝""淳化元宝"各 1 枚，1 枚辨识不清，位于东侧棺内西南角。瓷缸 1 件，位于墓室西南角（图九）。

8. M407

土坑墓道洞室墓，墓室平面略呈圆形，直壁，平底，长 2.82、宽 2.58、深 0.7 米。墓道呈梯形，长 2.4、宽 0.9~1.40、深 0.7 米。填土为浅黄粉砂土，夹杂少量深棕色黏土块、料礓石、瓷片，土质疏松。葬具为双棺，均呈长方形，保存较差，南棺长 1.94~2、宽 0.6~0.8、残高 0.1 米，北棺长 2.1、宽 0.7、残高 0.1 米。人骨保存较差，葬式均为仰身直肢，头朝西，南侧为仰面，北侧面向不明。

随葬品 4 件。铜钱 1 枚，位于南棺人骨腰部。瓷缸、双系瓷罐、瓷灯盏各 1 件，位于墓室西南角（图一〇）。

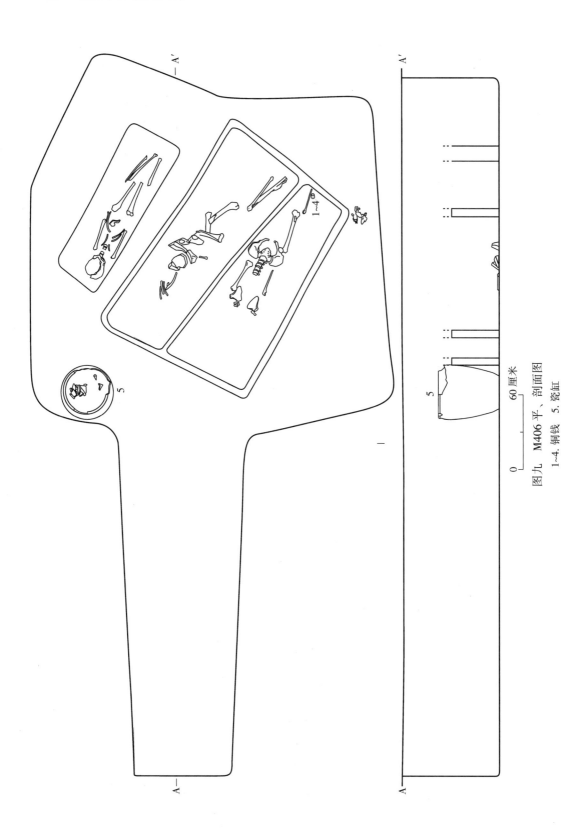

图九　M406 平、剖面图

1~4. 铜钱　5. 瓷缸

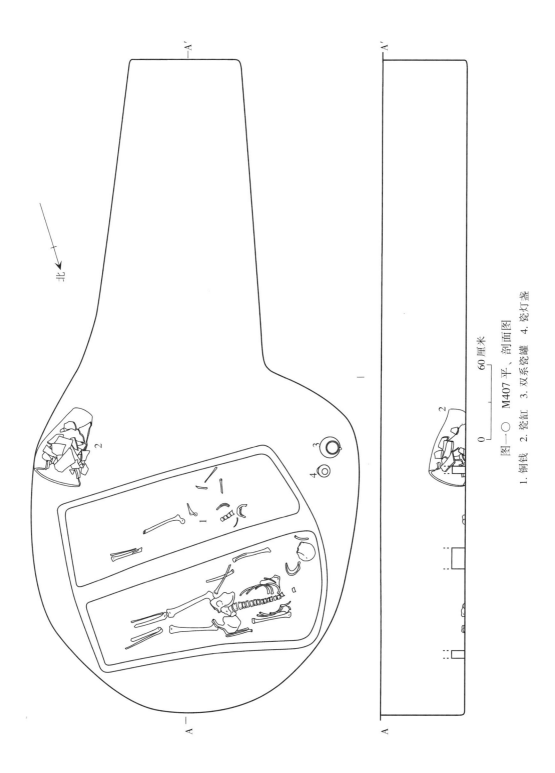

图一〇 M407 平、剖面图
1. 铜钱 2. 瓷缸 3. 双系瓷罐 4. 瓷灯盏

9. M409

土坑墓道洞室墓，洞室平面呈形状不规则五边形，直壁、平底，长 2.94、宽 2.44、深 0.4 米。墓道平面呈梯形，直壁，平底，长 2.4、宽 0.86~1、深 0.4 米。填土为浅黄色粉砂土，夹杂少量深棕色黏土块、料礓石、瓷片，土质疏松。葬具为三棺，均为长方形，保存较差，南侧棺长 1.7、宽 0.4~0.6、残高 0.1 米；中部棺长 1.8、宽 0.4~0.46、残高 0.1 米；北侧棺长 2~2.06、宽 0.5、残高 0.1 米。人骨保存一般，均为仰身直肢，头朝西，南侧面向北，中部和北侧面向不明。

随葬瓷缸 1 件，位于墓室西部（图一一）。

10. M442

土坑墓道洞室墓，墓室平面略呈方形，直壁，平底，长 2.7、宽 2.46、深 0.7 米。墓道平面呈梯形，直壁，平底，长 2.7、宽 0.86~1.12、深 0.7 米。墓道北端有封门石，呈长方形，宽 0.9、高 0.8、厚约 0.1 米。填土为浅黄色粉砂土，夹杂少量深棕色黏土块、料礓石，土质疏松。葬具为一棺，呈长方形，长 1.8、宽 0.7~0.84、残高 0.06 米。人骨保存差，葬式为仰身直肢，头朝北，面向西。

随葬品 4 件。铜钱 1 枚，辨识不清，位于棺内人腿骨处。四系瓷罐 2 件，位于棺外北部；瓷缸 1 件，位于墓室西南部（图一二）。

11. M443

土坑墓道洞室墓，洞室上部已被破坏，开口于①层下。墓室平面呈长方形，直壁、平底，长 2.8、宽 2.5、深 1 米。墓道平面呈梯形，直壁，平底，长 3.2、宽 1.02~1.1、深 1 米。墓道北端有封门石，宽 1.1、高 1、厚约 0.1 米。填土为浅黄色粉砂土夹杂少量深棕色黏土块、料礓石，土质疏松。葬具为双棺，均为长方形，保存较差，南棺长 1.9、宽 0.6~0.7、残高 0.06 米，北棺长 1.9、宽 0.7~0.8、残高 0.06 米。人骨保存一般，南侧葬式为仰身直肢，头朝西，面向不明。北侧葬式不明，头朝西，仰面。

随葬瓷器 4 件，缸 1 件，位于墓室西南角；四系罐、灯盏各 1 件位于墓室西侧；四系罐 1 件，位于北棺人骨北部（图一三）。

12. M458

土坑墓道洞室墓，洞室顶部被破坏，开口于①层下。墓室平面呈长方形，直壁，平底，长 2.4、宽 2.2、深 1 米。墓道平面呈梯形，直壁，平底，长 2.7、宽 0.84~1.3、深 1 米。填土为浅黄色粉砂土，夹杂少量深棕色黏土块、料礓石，土质疏松。葬具为一棺，呈长方形，长 2~2.1、宽 0.5~0.7、残高 0.1 米。葬式为仰身直肢，头朝西，面向南。

随葬瓷器 2 件，四系罐、缸各 1 件，均位于墓室西南角（图一四）。

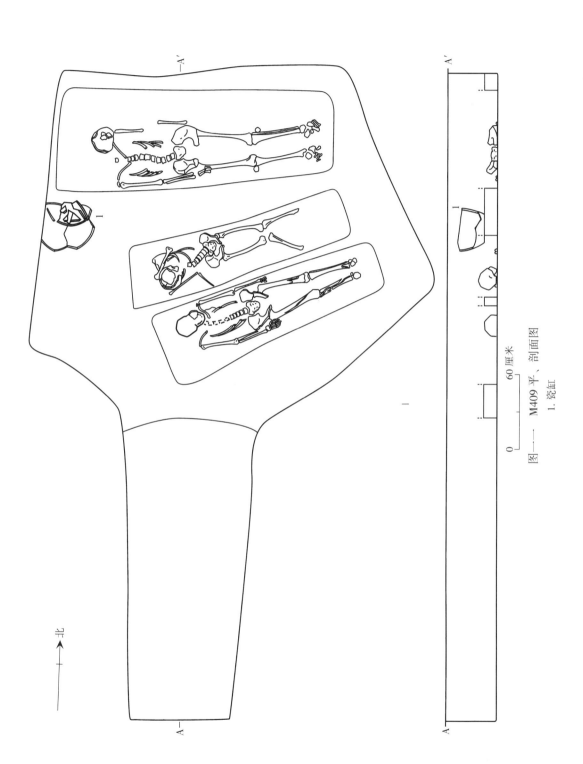

图一一　M409 平、剖面图
1. 瓷缸

北

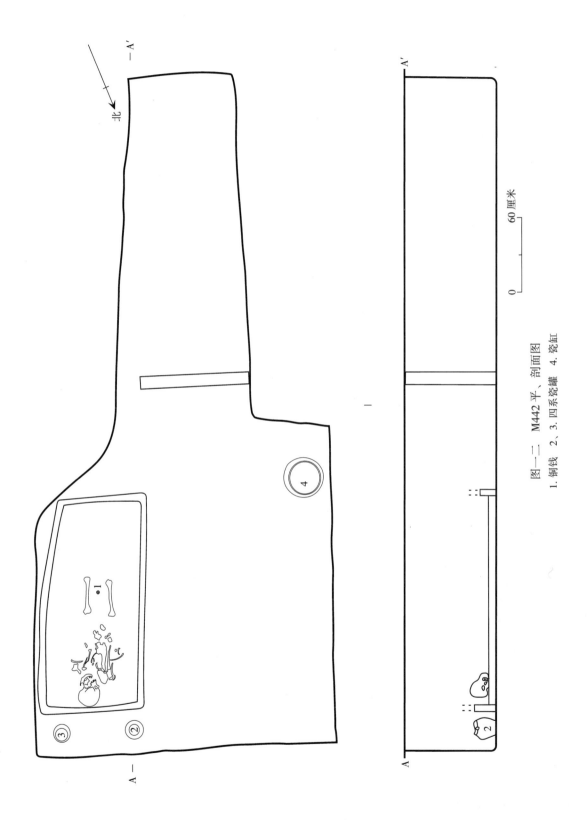

图一二 M442 平、剖面图

1. 铜钱 2、3. 四系瓷罐 4. 瓷缸

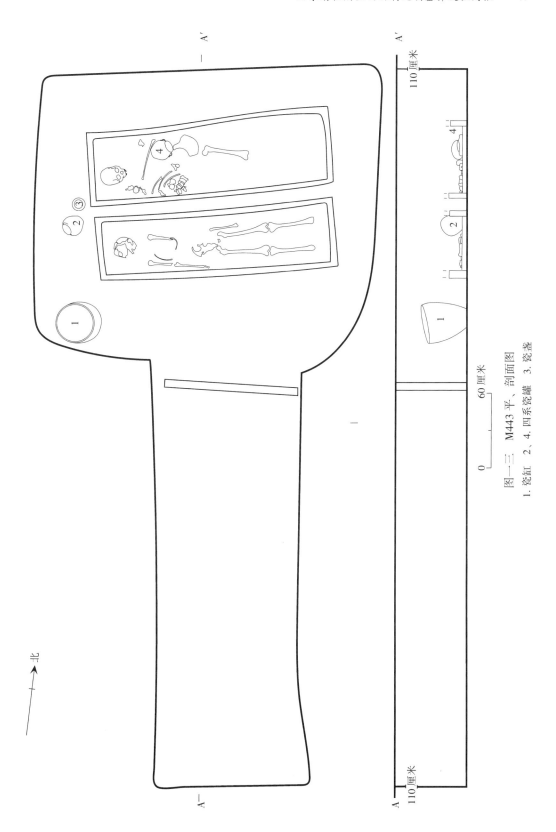

图一三 M443 平、剖面图

1. 瓷缸 2、4. 四系瓷罐 3. 瓷盏

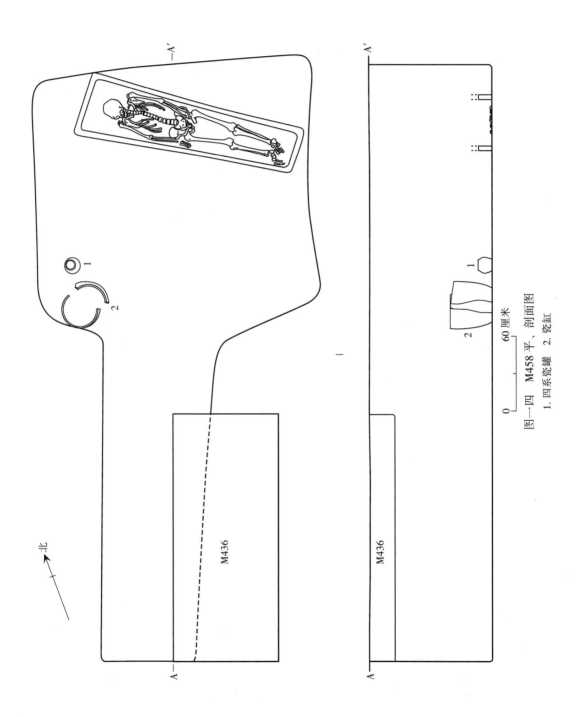

图—四　M458 平、剖面图
1. 四系瓷罐　2. 瓷缸

二　出土遗物

墓葬内随葬的器物主要为陶瓷器和铜钱等，共57件。

（一）瓷　器

43件。

瓷器有灯盏、缸、罐、碗、碟。

灯盏　5件。敞口，平底。分4式。

Ⅰ式　1件。口沿一侧突出呈舌形，斜壁。M384：6，素面，舌面不施釉，外表及内底施浅棕色釉。口径12.6、底径6、高4.8厘米（图一五，1）。

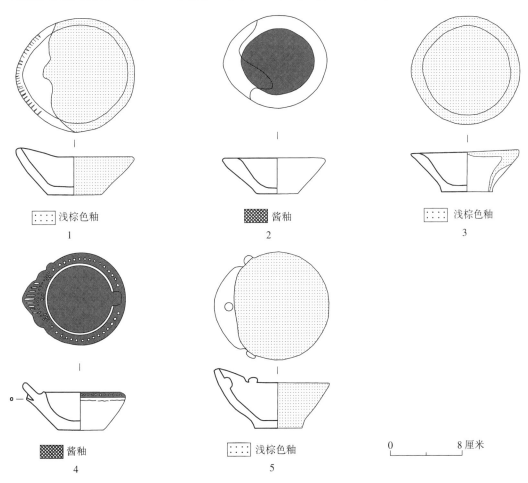

图一五　出土瓷灯盏

1. Ⅰ式（M384：6）　2. Ⅱ式（M387：4）　3. Ⅲ式（M399：1）　4. Ⅳ式（M407：4）　5. Ⅴ式（M443：3）

Ⅱ式　1件。口沿一侧略突出，斜壁。M387：4，素面，内底施酱釉，沿部及外部不施釉。口径 10、底径 4.2、高 3.8 厘米（图一五，2）。

Ⅲ式　1件。口沿一侧略突出，斜壁。M399：1，素面，内底及外部分施浅棕色釉。口径 11.6、底径 5.6、高 4 厘米（图一五，3）。

Ⅳ式　1件。口沿一侧凸起呈耳状，弧壁。M407：4，内部及口沿上施黑釉，外部无釉，口沿饰连珠纹。口径 9.2 ~ 11、底径 5、高 4 ~ 5 厘米（图一五，4）。

Ⅴ式　1件。口沿一侧凸起呈耳状，耳上及两边有乳突。M443：3，外表及内底施浅棕色釉，耳部不施釉。口径 12.8、底径 5、高 4.5 ~ 6 厘米（图一五，5）。

缸　11件。小卷沿，鼓腹。分 5 式。

Ⅰ式　2件。溜肩靠上，下腹斜收，平底内凹。M384：4，残，夹砂红褐陶。腹壁外侧饰凹弦纹。底径 22.6、高 16 厘米（图一六，1）。M387：1，外壁施绿釉，外壁上部饰模印团花纹，腹中部饰篮纹，腹下部饰四周凹弦纹。口径 26.8、底径 14、高 47.4 厘米（图一六，2）。

Ⅱ式　1件。下腹斜收。M388：5，平底。颈部施酱釉，外壁饰篮纹，腹部饰模印团花纹。口径 34.8、底径 17、高 54.4 厘米（图一六，3）。

Ⅲ式　5件。腹微鼓，肩部略显靠上，下腹斜收。M395：4，残，黄红色胎，平底内凹。外壁上部施酱釉，外壁饰篮纹，内壁饰模印团花纹。底径 17、高 36 厘米（图一六，4）。M407：2，平底。内壁饰模印团花纹，外壁饰篮纹，腹下部饰 15 周凹弦纹。口径 39、底径 17、高 54 厘米（图一六，5）。M409：1，残，颈部施酱釉，腹部饰篮纹。口径 34、残高 36 厘米（图一六，6）。M399：4，残，平底内凹。颈部施酱釉，内壁饰模印团花纹，外壁饰篮纹，腹下部饰 13 周凹弦纹。底径 19、高 42 厘米（图一六，7）。M458：2，平底。颈部施黑釉，内壁饰模印团花纹，外壁饰篮纹，腹下部饰 7 周凹弦纹。口径 34.6、底径 20、高 53.4 厘米（图一六，8）

Ⅳ式　2件。大口，肩部不明显，腹微鼓。M406：5，平底。外壁施酱釉，饰模印团花纹，内壁饰模印团花纹，腹下部饰 7 周凹弦纹。口径 34、底径 20、高 49 厘米（图一六，9）。M442：4，平底内凹。外壁施浅棕色釉，饰模印团花纹，腹下部饰 4 周凹弦纹。口径 30、底径 14.8、高 38.4 厘米（图一六，10）。

Ⅴ式　1件。大口，腹微鼓，M443：1，外壁施酱釉，腹下部饰 5 周凹弦纹。口径 31.2、底径 19.2、高 44.21 厘米（图一六，11）。

罐　15件。分两型。

A 型　3件。无系，束颈，鼓腹，矮圈足。分 2 式。

Ⅰ式　1件。器形小。M384：7，直口，小卷沿。外壁施白釉，肩部饰对称棕色花纹。口沿下及肩部施 3 周棕色釉。口径 11.4、底径 6.4、高 13 厘米（图一七，2）。

Ⅱ式　2件。器形大。M395：2，圈足微外撇。外壁施浅棕色釉。口径 11.6、底径 9、高 21.4 厘米（图一七，3）；M399：5，圈足微外撇，外壁施黑釉。口径 14.2、底径 9、

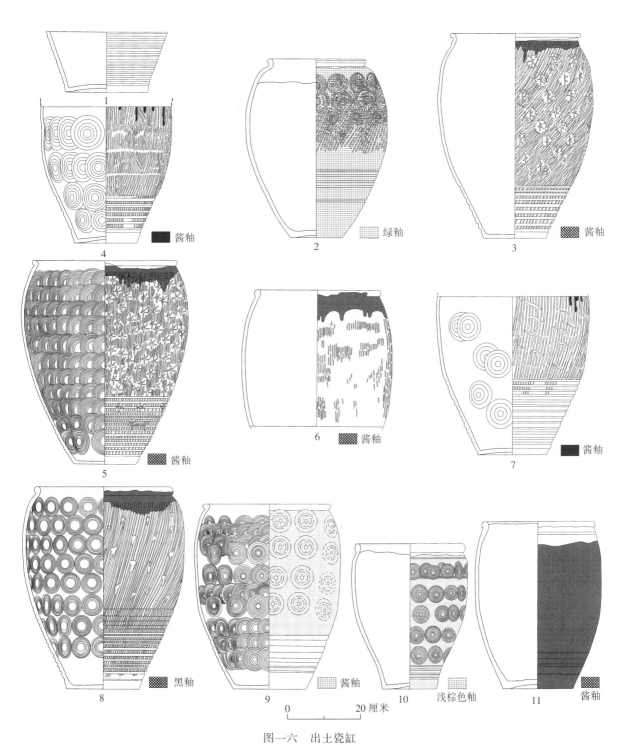

图一六 出土瓷缸

1、2. Ⅰ式（M384：4、M387：1） 3. Ⅱ式（M388：5） 4~8. Ⅲ式（M395：4、M407：2、M409：1、M399：4、
M458：2） 9、10. Ⅳ式（M406：5、M442：4） 11. Ⅴ式（M443：1）

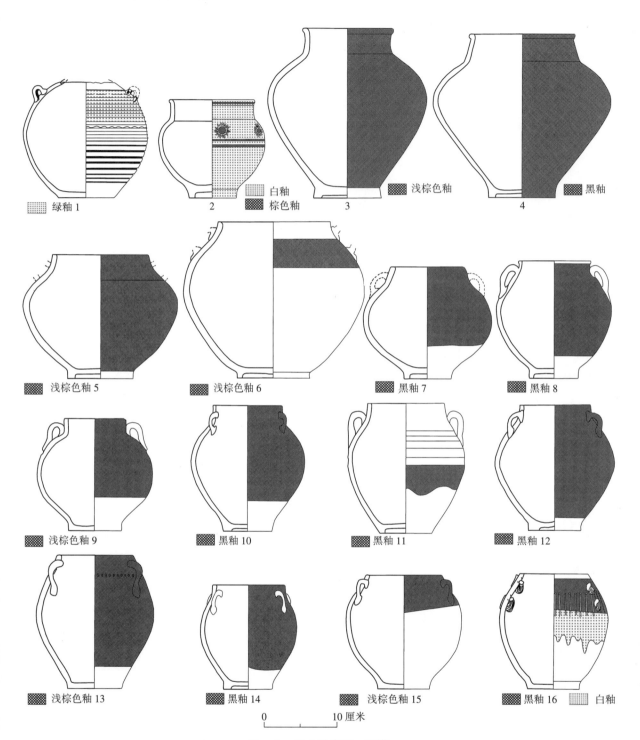

绿釉 1
白釉
棕色釉
2
浅棕色釉
3
黑釉
4
浅棕色釉 5
浅棕色釉 6
黑釉 7
黑釉 8
浅棕色釉 9
黑釉 10
黑釉 11
黑釉 12
浅棕色釉 13
黑釉 14
浅棕色釉 15
黑釉 16　白釉

0　　　　　10 厘米

图一七　出土釉陶壶、瓷罐

1. 釉陶壶（M387：5）　2. A 型 I 式瓷罐（M384：7）　3、4. A 型 II 式瓷罐（M395：2、M399：5）　5～7. B 型
I 式瓷罐（M387：6、M398：6、M388：4）　8、9. B 型 II 式瓷罐（M388：2、M388：3）　10～12. B 型 III 式瓷罐
（M395：1、M407：3、M443：2）　13～16. B 型 IV 式瓷罐（M443：4、M442：2、M442：3、M458：1）

高21.6厘米（图一七，4）。

B型　12件。分5式。有系，鼓腹，矮圈足。

Ⅰ式　3件。器形大。鼓腹明显，呈球状，溜肩矮圈足。M387：6，双系残，外壁施浅棕色釉。口径13、底径9、高16.4厘米（图一七，5）；M398：6，四系残，外壁肩部施浅棕色釉，腹部不施釉。口径15.4、底径10、高20.6厘米（图一七，6）；M388：4，双系，外壁施黑釉，腹下部不施釉。口径9.6、底径6.2、高14.8厘米（图一七，7）。

Ⅱ式　2件。腹微鼓，四系。M388：2，外壁施黑釉，腹下部不施釉。口径10、底径6.6、高15.6厘米（图一七，8）；M388：3，略束颈，平底。外壁施浅棕色釉，腹下部不施釉。口径9、底径7.2、高14.8厘米（图一七，9）。

Ⅲ式　3件。略为束颈，腹微鼓，整体器形显瘦长。M395：1，四系，外壁施黑釉，腹下部不施釉。口径9.8、底径6.8、高16.6厘米（图一七，10）；M407：3，双系，腹中部施黑釉。口径11、底径7、高17.2厘米（图一七，11）；M443：2，双系，外壁施黑釉。口径9.8、底径7.2、高16.6厘米（图一七，12）。

Ⅳ式　4件。敛口，颈不显，腹微鼓。M443：4，平底，四系。外壁施浅棕色釉。颈部饰连珠纹。口径10.6、底径7.2、高17.6厘米（图一七，13）；M442：2，矮圈足，四系。外壁施黑釉。口径10、底径7、高13.8厘米（图一七，14）；M442：3，平底，四系。外壁颈部施浅棕色釉。口径10、底径7、高15厘米（图一七，15）；M458：1，平底，四系残。外壁颈部施黑釉，腹部施白釉，颈部饰长条形凸棱。口径9.4、底径7、高15厘米（图一七，16）。

碗　10件。分两型。

A型　5件。敞口，卷沿外撇，矮圈足。分3式。

Ⅰ式　1件。斜壁略弧，腹较深。M384：5，外壁施黑釉。口径16.8、底径7.8、高7厘米（图一八，1）。

Ⅱ式　3件。弧壁稍外鼓。M398：1，外壁施酱釉。口径18.2、底径7.2、高7.8厘米（图一八，2）；M398：4，外壁施浅棕色釉。口径18.8、底径6.8、高6.2厘米（图一八，3）；M398：5，外壁施酱釉。口径18、底径6.3、高6.1厘米（图一八，4）。

Ⅲ式　1件。斜壁略弧。M395：3，外壁施黑釉。口径15.6、底径6、高5.6厘米（图一八，5）。

B型　5件。矮圈足，碗底内部饰一周凸棱。分3式。

Ⅰ式　2件。弧壁微外鼓，碗内靠上饰一周凹弦纹，外壁施白釉。M387：2，口径16.2、底径5.8、高6.8厘米（图一八，6）；M387：3，口径15、底径5.4、高5.6厘米（图一八，7）。

Ⅱ式　1件。碗内部靠上饰一周凸棱。M388：7，素面。口径15.8、底径6、高5

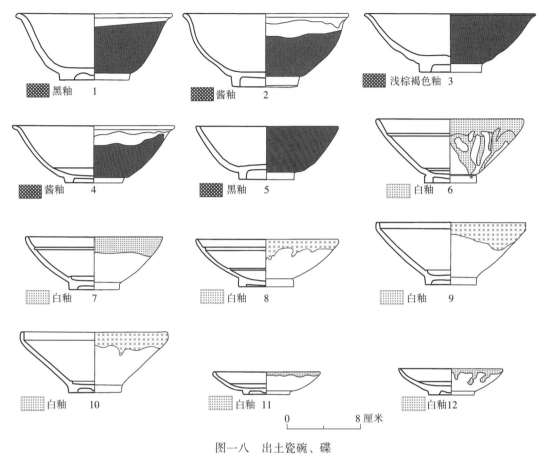

图一八　出土瓷碗、碟

1. A 型Ⅰ式碗（M384：5）　　2 ~4. A 型Ⅱ式碗（M398：1、M398：4、M398：5）　　5. A 型Ⅲ式碗（M395：3）　　6、7. B 型Ⅰ式碗（M387：2、M387：3）　　8. B 型Ⅱ式碗（M388：7）　　9、10. B 型Ⅲ式碗（M399：2、M399：3）　　11、12. 碟（M398：2、M398：3）

厘米（图一八，8）。

　　Ⅲ式　2件。敛口，斜壁，外壁施白釉。M399：2，口径15.8、底径5.6、高6.6厘米（图一八，9）；M399：3，口径15.8、底径5.8、高6.3厘米（图一八，10）。

　　碟　2件。弧壁，平底，矮圈足。M398：2，口径11.8、底径5、高2.4厘米（图一八，11）；M398：3，口径11.4、底径4.8、高2.8厘米（图一八，12）。

（二）陶器

　　陶器仅有釉陶壶1件。

　　釉陶壶　1件。

　　M387：5，口部残缺，腹部呈球形，肩部饰两对称小耳。腹部饰凹弦纹。腹上部施绿釉。底径9.6、残高15.2厘米（图一七，1）。

（三）铜钱

铜钱共13枚。可辨钱文者如下。

开元通宝　1枚，楷书（图一九，1）。

太平通宝　1枚，楷书（图一九，2）。

淳化元宝　1枚，行书（图一九，3）。

咸平元宝　1枚，楷书（图一九，4）。

祥符元宝　1枚，行书（图一九，5）。

天禧通宝　1枚，行书（图一九，6）。

皇宋通宝　2枚，楷书（图一九，7、8）。

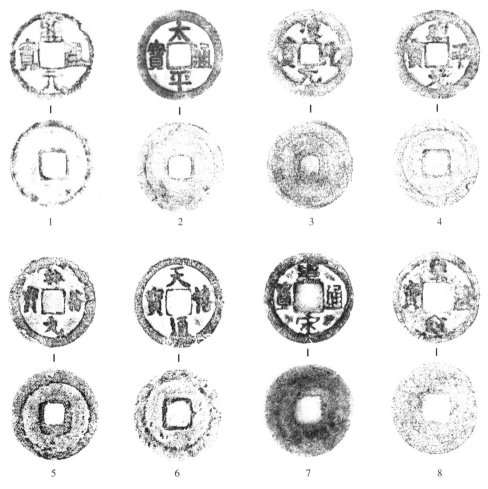

图一九　出土铜钱拓片

1. 开元通宝（M387：7）　2. 太平通宝（M388：1）　3. 淳化元宝（M406：3）　4. 咸平元宝（M406：1）
5. 祥符元宝（M384：2）　6. 天禧通宝（M384：1）　7. 皇宋通宝（M406：2）　8. 皇宋通宝（M387：8）

三　结语

（一）墓葬形制与年代

此次发掘的 12 座墓葬形制单一，均为土洞墓，排列较为整齐且具有一定规律，自北向南年代渐晚，随葬器物种类及形制较一致，初步推测这是一处元明时期家族墓地。

依据目前考古证据，元中期至明中期比较固定的随葬品组合多为碗、缸、罐，明中期以后随葬品组合为灯盏、缸、罐。西孙元明墓出土器物以淄博窑瓷器为主，包括罐、灯盏、缸、碗等。其中 M384 瓷罐花纹以及瓷碗与章丘刁镇茹庄 M3[①] 花纹与瓷碗相似，时代约为元代中期；M387 出土瓷缸（M387：1）与淄博周村汇龙湖（M4：5）[②] 形制基本一致，瓷罐（M387：6）与临淄区车站村（M4：5）[③] 形制相类，时代约为元代晚期到明代初期；M388 出土瓷罐（M388：4）与阳谷马庙瓷罐（M8：6）[④] 形制相似，时代约为明代早期；M442 出土瓷罐（M442：3）与临淄车站村瓷罐（M7：2）形制相似，时代约为明代晚期。随葬铜钱依据年号判别为唐宋时期，未见元明铜钱。

根据瓷缸、罐、碗形制，结合典型器物对比，分为 5 个阶段。

第 1 段，M384，有 I 式盏、I 式缸、A I 式罐、A I 式碗，时代约元代中期。

第 2 段，M387、M398，有 II 式盏、I 式缸、B I 式罐、A II 式碗、B I 式碗，约为元代晚期至明代初期。

第 3 段，M388，有 II 式缸、B II 式罐、B II 式碗，约为明代早期。

第 4 段，M395、M399、M407，有 III 式、IV 式盏、III 式缸、A II 式罐、B III 式罐、A III 式碗、B III 式碗，约为明代中期。

第 5 段，M406、M442、M443、M458，有 V 式盏、III 式缸、IV 式、V 式缸、B III 式、B IV 式罐，约为明代晚期。

---

① 济南市文化局、章丘县博物馆：《济南近年来发现的元代砖雕壁画墓》，《文物》1992 年第 2 期。

② 南开大学考古学与博物馆学系、淄博市文物事业管理局、周村区文物管理所：《山东淄博周村汇龙湖明代墓地发掘简报》，《中国国家博物馆馆刊》2015 年第 2 期。

③ 临淄区文物管理局：《淄博市临淄区车站村明代墓发掘简报》，《海岱考古》（第十二辑），科学出版社，2019 年。

④ 山东省文物考古研究所：《山东省阳谷县马庙元明墓地发掘简报》，《华夏考古》1998 年第 3 期。

（二）墓主身份、丧葬习俗及意义

墓道土洞墓为宋元至明清时期山东地区常见的墓葬形式，但西孙元明墓葬形制较为简单，随葬品较少，未出土墓志铭、买地券等表明墓主身份的遗物，也未出土铜镜、金银器等贵重遗物，可能受等级传统和地区差异影响，初步推测墓主可能为普通平民阶层。

本次发掘墓葬多见迁葬习俗，如 M388 南侧人骨、M398 南侧人骨、M399、M406 中间人骨、M407 南侧人骨、M442 等。这种迁葬习俗多为双棺葬，且位于靠近墓道一侧，属于后放。初步推测为去世后先厝于别处，待墓主（多位于洞室内靠内一侧）去世后再一同放入洞室内。另外，M399 南侧人骨的肱骨与股骨上下相叠，为蹲坐式，可能是捆绑后下葬，这种葬式内蒙古东部地区新石器时代[1][2]曾出现。

西孙元明墓葬群位于元明时期的临淄县城南部，整体排列有序，明显经过规划，墓葬时代从东北向西南依次渐晚，距该墓地约 2 千米曾发掘车站村明代墓地，故推测此处可能为元明临淄县城外的公共墓地。该墓葬群的发现为山东地区元明时期平民墓葬的相关研究提供了新的资料，有助于深入对临淄地区元明时期丧葬习俗、物质文化等的认识。

附记：本文系山东省文化和旅游厅 2023 年度文化和旅游研究课题 "近三年临淄地区考古前置的实践与思考" 阶段性研究成果。参加发掘的人员有赵国靖、陈魁、崔素云、袁蕊、黄亮亮、史凤光、许哲、郭帅、李鹏等。瓷器修复由陈魁、崔素云、臧玉霞、胡爱坤完成。器物绘图由臧玉霞、李怀京完成。山东省文物考古研究院临淄工作站、临淄区文物局等在发掘和整理工作中给予了很大帮助，在此表示感谢！

执笔：陈　魁　赵国靖　李宝军

---

① 郭治中、索秀芬、包青川：《内蒙古林西县白音长汗新石器时代遗址发掘简报》，《考古》1993 年第 7 期。

② 吉平：《哈民史前聚落遗址发掘记——内蒙古科尔沁史前考古新发现》，《大众考古》2015 年第 2 期。

A Brief Report of the Excavation of the Tombs from the Yuan and Ming Dynasties in Xisun Village, Linzi District, Shandong Province

Institute of Cultural Relics and Archaeology of Shandong Province

Institute of Cultural Relics and Archaeology of Linzi District

Abstract: In 2022, Shandong Institute of Cultural Relics and Archaeology, together with Linzi District Institute of Cultural Relics and Archaeology, cleared 12 tombs of the Yuan and Ming Dynasties in Xisun Cemetery in Linzi District, Zibo City, as a family cemetery. All are cave tombs, unearthed porcelain jars, bowls, dishes, jars and other relics, which provide new data for the research of unearthed porcelain and burial customs from the Yuan Dynasty to the Ming Dynasty.

Keywords: Xisun Village, Linzi; Yuan and Ming dynasties; Tomb

湖南醴陵沩山窑址群船形湾段调查简报

湖南省文物考古研究院

醴陵窑管理所

中国人民大学历史学院

湖南大学岳麓书院

科技考古与文物保护利用湖南省重点实验室

摘要： 沩山位于醴陵市北约 15 千米，是清代至民国时期醴陵烧青花土瓷的中心区域。2014 年湖南省文物考古研究所与醴陵窑管理所联合对沩山进行了一次系统的考古调查，共发现窑址 84 处，沿沩水等河流分布。其中在船形湾区域共发现了 9 处窑址。Y32 的青花产品发色暗淡，年代可能在清代中期。Y29 ~ Y31、Y33、Y35 的青花瓷发色艳丽，年代为清代中晚期至民国初年。

关键词： 青花窑址　醴陵窑　清代　民国

　　沩山位于醴陵市沩山镇东堡乡，距市区约 15 千米。沩山周围峰峦叠嶂，海拔多在两百至四百米。醴陵东北两乡的沩山、老鸦山等地盛产瓷土，据民国《醴陵县志》记载："东堡乡小沩山，地产白泥，溪流迅激，两岸多水碓以捣泥粉，声音交接，日夜不停，故瓷厂寝盛，今上下皆陶户，五方杂处"[①]。2014 年湖南省文物考古研究所与醴陵窑管理所联合对沩山进行了一次系统的考古调查，共发现窑址 84 处，沿沩水等河流分布，窑址周围多有相关的石板桥、采泥矿洞、民居、商店等遗迹（彩版四）。因窑址数量较多，计划根据窑址分布的特点分段公布。望仙桥水库修建于 1959 年，船形湾位于水库西北角，是水库周围窑址分布相对集中的一个区域（图一），现将船形湾段窑址的调查情况简报如下。

---

① （民国）陈锟修、刘谦纂：《醴陵县志》，《湖湘文库》341，湖南人民出版社，2009 年，第 447 页。

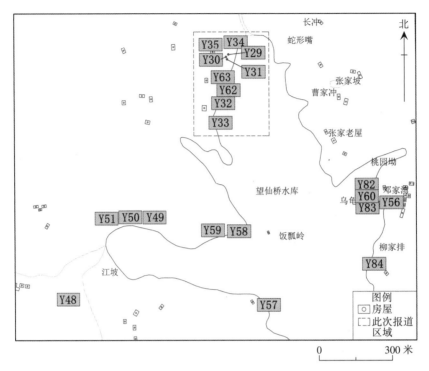

图一　船形湾窑址位置分布图

一　窑址位置

2014 年的调查在船形湾区域共发现了 9 处窑址，分别编号为 Y29、Y30、Y31、Y32、Y33、Y34、Y35、Y62、Y63，其中 Y62 和 Y63 仅发现了窑炉，似乎是砖窑，Y34 未采集到与之相关的产品，这里均不做介绍。为了反映出各个窑址的不同面貌，以下将其余 6 座窑址单独介绍。

二　采集标本

（一）Y29

Y29 位于沩山镇沩山村船形湾，GPS 坐标为北纬 27°44′53″，东经 113°29′36″，高程约 131.11 米。调查时发现窑床及其上排列整齐的垫饼。堆积在其上方（彩版五，1）。Y29 烧制的产品均为青花土瓷，器形有碗、罐、碟、盖、杯、汤勺等，以涩圈叠烧法烧成，故器物内壁都有一周涩圈或留圆形露胎，青花发色鲜艳，应是用"洋墨"烧制而成。产品为青白胎。青花纹样多为十分简化的缠枝或折枝花卉纹。窑具主要为垫饼，垫饼为瓷土烧制，制作规整。

青花敞口碟　标本 Y29 采：1，两碟子叠在一起，敞口，圆唇，斜弧腹，圈足。灰白胎。青白釉，口沿内外侧各绘一条青花单线纹，内底有青花花卉纹。内底涩圈一周，足沿刮釉露胎。口径 7.4、底径 3.6、高 2.7 厘米（图二，1；彩版六，1）。

青花侈口杯　标本 Y29 采：2，侈口，圆唇，斜弧腹，圈足，足底近平。白胎。青白釉，口沿内外及足部外侧各绘一条青花单线纹，内壁与外腹部绘青花花卉纹。足底露胎。口径 5.7、底径 2.5、高 3 厘米（图二，2；彩版六，2）。

青花瓷镇　标本 Y29 采：7，残长 13.9、宽 10、高 2.4 厘米（图二，3；彩版六，3）。

白釉罐盖　标本 Y29 采：5，圆形器盖，盖面微弧，宝珠纽，下设子口。灰白胎。白釉。盖径 8、高 5.4 厘米（图二，4；彩版六，4）。

白釉瓷罐　标本 Y29 采：6，口残，弧腹，卧足，外足沿斜削，足底有乳状突。青灰胎。白釉。外施釉不及底，足沿刮釉露胎。底径 12.8、残高 8.4 厘米（图二，5）。

垫饼　标本 Y29 采：3，两面平，腹壁弧。顶径 9.6、底径 8.6、高 1.7 厘米（图二，6；彩版六，5）。

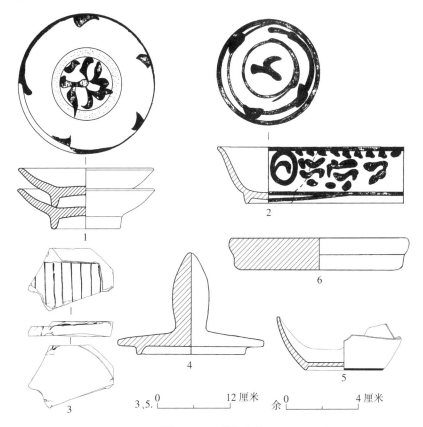

图二　Y29 采集遗物

1. 青花敞口碟（Y29 采：1）　2. 青花侈口杯（Y29 采：2）　3. 青花瓷镇（Y29 采：7）
4. 白釉罐盖（Y29 采：5）　5. 白釉瓷罐（Y29 采：6）　6. 垫饼（Y29 采：3）

（二）Y30

Y30 位于沩山镇沩山村船形湾，GPS 坐标为北纬 27°44′53″，东经 113°29′36″，高程约 129.64 米。窑址仅见部分窑壁，堆积在其上方（彩版五，2）。Y30 烧制的产品多为青花土瓷碗，以涩圈叠烧法烧成，故器物内壁都有一周涩圈或圆形露胎。少量青花碗发色鲜艳，应是用"洋墨"烧制而成。产品呈青白胎。青花碗外壁常有条形与波浪纹，碗底有方形印章款。窑具仅见瓷土烧制的垫饼，制作规整。

青花碗　标本 Y30 采:5，口残，弧腹，圈足。白胎。青白釉。内底涩圈，外施釉至底部，外底不规则露胎。底径 6.5、残高 3.9 厘米（图三，1）。标本 Y30 采:6，口残，弧腹，圈足。白胎。青白釉。内底涩圈，外裹足刮釉。底径 6.1、残高 2.8 厘米（图三，2）。标本 Y30 采:8，口残，弧腹，圈足。白胎。青白釉。内底涩圈，外施釉至足沿，足底露胎。底径 4.5、残高 3.7 厘米（图三，3）。标本 Y30 采:7，口残，弧腹，圈足。白胎。青白釉。内底涩圈，外裹足刮釉。底径 8.0、残高 5.2 厘米（图三，4）。

酱釉瓷缸　标本 Y30 采:2，敛口，圆唇。灰胎。黄褐釉。最长处 12.2、最宽处 7.7 厘米（彩版六，6）。

垫饼　标本 Y30 采:1，两面平，腹壁弧。白胎，胎质坚硬。无釉，表面有火石红。直径 6.8、高 0.6 厘米（图三，5；彩版六，7）。标本 Y30 采:11，两面近平，腹壁弧。白胎，胎质坚硬。无釉，表面有火石红。直径 7.4、高 0.7 厘米（图三，6）。

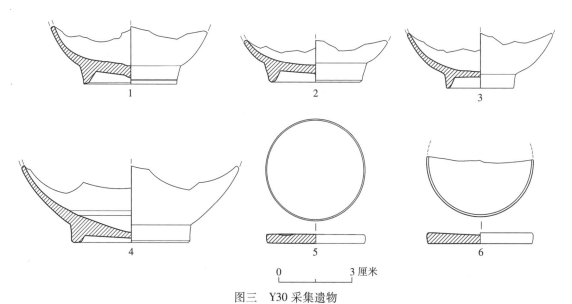

0　　　　3 厘米

图三　Y30 采集遗物

1~4. 青花碗（Y30 采:5、6、8、7）　　5、6. 垫饼（Y30 采:1、11）

（三）Y31

Y31 位于沩山镇沩山村船形湾，GPS 坐标为北纬 27°44′53″，东经 113°29′36″，高程约 129.86 米。其西北方向为 Y35，东北方向为 Y34，正北方向有 Y29、Y30。窑址仅见部分窑壁，堆积在其上方（彩版七，1）。Y31 烧制的产品多为青花土瓷，器形有碗、罐、碟、盖、杯、汤勺等，以涩圈叠烧法烧成，故器物内壁都有一周涩圈或留圆形露胎。部分青花发色灰暗，是采用当地所产的矿物颜料"土墨"烧制而成的。部分青花发色鲜艳，应是用进口"洋墨"烧制而成。产品为青白胎。青花纹样有灵芝茶花纹、缠枝花卉纹、折枝花卉纹、水草纹、万字纹、团寿纹等。部分碗底有方形青花印章款。窑具仅见瓷土烧制的垫饼，制作规整。

青花敞口碗　标本 Y31 采：1，敞口，圆唇，斜弧腹，圈足。灰白胎。青白釉。外腹壁绘青花纹饰。内底涩圈一周，足跟刮釉。口径 12.8、底径 6.4、高 5.6 厘米（图四，1；彩版七，2）。标本 Y31 采：2，敞口，弧腹，圈足，足底近平，外足沿斜削。灰白胎。青白釉，口沿内缘一周青花单线纹，底部青花双线纹内有一青花折枝花卉纹，外腹壁中部一道青花单线纹将腹壁分为上下两层，均绘灵芝茶花纹，圈足内青花双线纹里有一青花花押款。足沿刮釉露胎。口径 15.6、底径 7.2、高 7 厘米（图四，2；彩版七，3）。标本 Y31 采：15，敞口，圆唇，弧腹，圈足，足底有乳状突。灰白胎。青白釉，外腹部绘青花卷曲纹。内底涩圈一周，足沿刮釉露胎。口径 17、底径 8.8、高 5.9 厘米（图四，3；彩版八，1）。标本 Y31 采：21，敞口，圆唇，斜弧腹，圈足。灰白胎。青白釉，外腹壁绘团寿纹和变体寿字。内底涩圈一周，足沿及底部刮釉露胎。口径 15.4、底径 8.8、高 5.3 厘米（图四，4）。

青花碗　标本 Y31 采：20，仅存圈足。灰白胎。青白釉，内底双圈内绘青花缠枝花叶纹，圈足上绘三道弦纹，足底绘有方形印章款。足底刮釉。口径 10.2、底径 6.5、高 2.7 厘米（图四，5）。

青花碟　标本 Y31 采：4，敞口，圆唇，斜弧腹，圈足。灰白胎。青白釉，内底绘青花纹饰，内壁口沿内侧绘花卉纹边饰条带，外壁口沿下及圈足各绘一道弦纹。内底涩圈一周，足底刮釉。口径 8、底径 4.2、高 2.2 厘米（图四，6）。标本 Y31 采：18，敞口，圆唇，弧腹，圈足。灰白胎。青白釉，口沿内侧绘青花单线纹，底部青花单线纹内绘青花花卉纹，口沿外侧及腹足连接处各绘一青花单线纹。内底涩圈一周，足沿刮釉露胎。口径 7.6、底径 4.2、高 2.2 厘米（图四，7；彩版八，2）。

青花杯　标本 Y31 采：3，敞口，圆唇，斜弧腹，圈足。灰白胎。青白釉，外腹壁绘青花云气纹。外足沿斜削，足跟刮釉。口径 6、底径 3.2、高 3.5 厘米（图四，8；彩版八，3）。标本 Y31 采：7，敞口，圆唇，斜弧腹，圈足。灰白胎。青白釉，外腹壁绘青花花卉纹，圈足上绘一道弦纹。杯内粘有瓷片。口径 5.2、底径 2.4、高 2.5 厘米

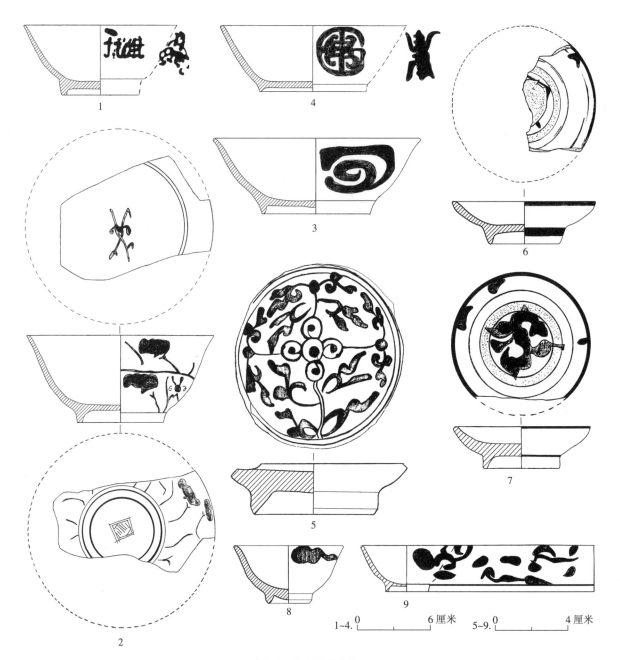

图四　Y31 采集遗物

1~4. 青花敞口碗（Y31 采：1、2、15、21）　5. 青花碗（Y31 采：20）　6、7. 青花碟（Y31 采：4、18）　8、9. 青花杯（Y31 采：3、7）

（图四，9）。

白釉敞口碟　标本 Y31 采：19，敞口，圆唇，斜弧腹，圈足，外足沿斜削，足底近平。灰白胎。白釉。内底涩圈一周，足沿刮釉露胎。口径 8、底径 4.2、高 2 厘米（图五，1）。

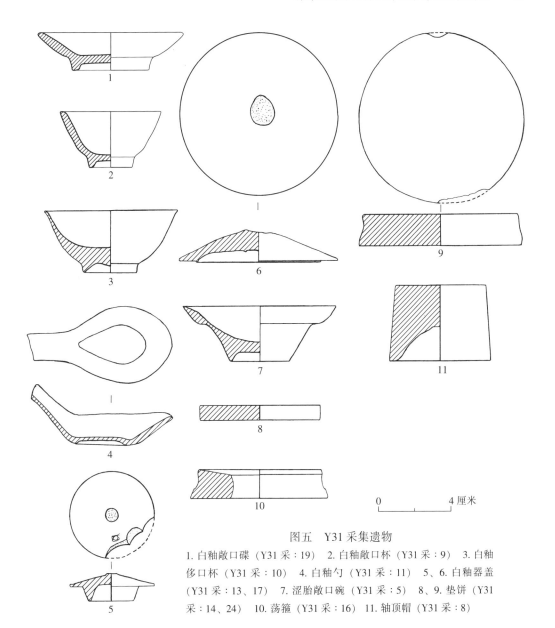

图五　Y31 采集遗物

1. 白釉敞口碟（Y31 采：19）　2. 白釉敞口杯（Y31 采：9）　3. 白釉
侈口杯（Y31 采：10）　4. 白釉勺（Y31 采：11）　5、6. 白釉器盖
（Y31 采：13、17）　7. 涩胎敞口碗（Y31 采：5）　8、9. 垫饼（Y31
采：14、24）　10. 荡箍（Y31 采：16）　11. 轴顶帽（Y31 采：8）

白釉敞口杯　标本 Y31 采：6，敞口，圆唇，斜弧腹，圈足，外足沿斜削，足底内凹。灰白胎。白釉。足沿刮釉露胎。口径 7.2、底径 3.2、高 5.5 厘米（彩版八，4）。标本 Y31 采：9，敞口，圆唇，斜弧腹，圈足。灰白胎。白釉。足底露胎。口径 5、底径 2.2、高 3 厘米（图五，2）。

白釉侈口杯　标本 Y31 采：10，侈口，尖唇，斜弧腹，圈足。灰白胎。白釉。足跟刮釉。口径 7、底径 2.8、高 3.2 厘米（图五，3）。

白釉勺　标本 Y31 采：11，敞口，圆唇，斜腹，凹圜底，长柄略残。灰白胎。白釉。勺底一周露胎。长 8、宽 4.1、高 3.2 厘米（图五，4；彩版八，5）。

白釉器盖　标本 Y31 采：13，子口，宽平沿，斜直盖面，纽残缺。灰白胎。白釉，光亮。口及沿下无釉。盖径 4.6、残高 1.4 厘米（图五，5；彩版八，6）。标本 Y31 采：17，圆形器盖，纽残，盖面弧。灰白胎。白釉。盖径 8.8、残高 1.7 厘米（图五，6）。

涩胎敞口碗　标本 Y31 采：5，敞口，尖圆唇，曲腹，圈足。灰白胎。无釉。口径 8.4、底径 3.2、高 3 厘米（图五，7）。

垫饼　标本 Y31 采：14，两面平，腹壁直。直径 6.6、高 0.8 厘米（图五，8）。标本 Y31 采：24，顶径 8.6、底径 9、高 1.7 厘米（图五，9）。

荡箍　标本 Y31 采：16，平面呈圆环状，中空，顶面斜，内外壁弧，底面平。顶面径 7.6、底径 8.6、高 1.8 厘米（图五，10）。

轴顶帽　标本 Y31 采：8，呈圆柱体，截面为梯形，内腔呈锥形。灰白胎，胎体厚实坚致。顶面及内壁施青白釉。顶径 4.9、底径 5.6、高 4 厘米（图五，11）。

（四）Y32

Y32 位于沩山镇沩山村船形湾，GPS 坐标为北纬 27°44′48″，东经 113°29′35″，高程约 139.53 米。其北偏西方向为 Y35，北偏东方向依次有 Y31、Y30、Y29、Y34，正南为 Y33。调查时仅发现部分窑壁（彩版九，1），堆积在其右方。Y32 烧制的产品多为青花土瓷，器形有碗、盖、杯、盏等，以青花碗为大宗，以涩圈叠烧法烧成，故器物内壁都有一周涩圈或留圆形露胎。青花发色灰暗，是采用当地所产的矿物颜料"土墨"烧制而成的。产品为青白胎。青花纹样有灵芝茶花纹、云气纹、简笔山水纹、水波纹、寿字纹等。部分碗外底有方形青花印章款。有少量白釉瓷。窑具仅见瓷土烧制的垫饼，制作规整。

青花侈口大碗　标本 Y32 采：2，器物腹壁粘连，微侈口，圆唇，弧腹，圈足，外足沿斜削，足底近平。灰白胎。青白釉，口沿内外各绘一青花单线，底部绘青花双线纹，外腹壁绘青花图案。内底涩圈一周，足沿刮釉露胎。口径 21.8、底径 10.5、高 7.2 厘米（图六，1；彩版九，2）。标本 Y32 采：10，敞口，圆唇，弧腹，圈足，外足沿斜削，足底近平。灰白胎。青白釉，外腹壁绘青花花卉纹。内底涩圈一周，足沿刮釉露胎。口径 21.4、底径 11.4、高 9.2 厘米（图六，2；彩版九，3）。

青花敞口碗　标本 Y32 采：1，敞口，圆唇，斜弧腹，圈足，外足沿斜削，足底有乳状突。灰白胎。青白釉，口沿外侧绘两条青花波浪纹，外底绘青花单线纹两条。内底涩圈一周，足底露胎。口径 15、底径 7、高 5.5 厘米（图六，3；彩版一〇，1）。标本 Y32 采：3，敞口，圆唇，弧腹，圈足，外足沿斜削，足底近平。灰白胎。青白釉，外腹壁绘青花竖线纹。内底积釉，足沿露胎。口径 11.2、底径 6、高 5.6 厘米（图六，4）。标本 Y32 采：6，敞口，圆唇，斜弧腹，圈足，外足沿斜削，足底有乳状突。

图六　Y32 采集遗物

1. 青花侈口大碗（Y32 采：2）　　2. 青花敞口大碗（Y32 采：10）　　3～7. 青花敞口碗（Y32 采：1、3、6、
8、11）　　8. 青花侈口碗（Y32 采：5）　　9. 祭蓝釉侈口盏（Y32 采：4）　　10. 白釉敞口碗（Y32 采：7）
11. 白釉敞口盘（Y32 采：9）　　12. 白釉器盖（Y32 采：15）　　13. 垫饼（Y32 采：14）

灰白胎。青白釉，外腹壁绘青花朵云和团寿纹。口径 15、底径 7、高 6 厘米（图六，5）。标本 Y32 采：8，敞口，圆唇，弧腹，圈足，外足沿斜削，足底有乳状突。灰白胎。青白釉，外腹壁绘青花云气纹。内底涩圈一周，足沿刮釉露胎。口径 12.5、底径 6.4、高 4.7 厘米（图六，6；彩版一〇，2）。标本 Y32 采：11，敞口，圆唇，弧腹，圈足，外足沿斜削，足底有乳状突。灰白胎。青白釉，外腹壁有青花图案。内底积釉，涩圈一周，外底施釉至下腹部，足底有釉，足沿刮釉露胎。口径 10.7、底径 6、高 4.2 厘米（图六，7）。

青花侈口碗　标本 Y32 采：5，侈口，尖圆唇，弧腹，圈足，外足沿斜削，足底有乳状突。灰白胎。青白釉，口沿外及腹足连接处各绘一青花单线，外腹壁绘灵芝茶花纹。内底近圆形露胎，足沿露胎。口径 12.4、底径 5.6、高 5.2 厘米（图六，8）。

祭蓝釉侈口盏　标本 Y32 采：4，侈口，圆唇，弧腹，圈足，外足沿斜削，足底有乳状突。白胎。祭蓝釉，圈足中部绘一圈青花单线纹。口径 9.5、底径 3.6、高 4.4 厘米（图六，9；彩版一〇，3）。

青花器盖　标本 Y32 采：12，器盖变形，圆饼形纽，弧顶，盖下设子口。灰白胎。青白釉，器盖上绘青花纹饰。盖径 15.8、子口径 14.4、纽径 3.8、高 4.8 厘米（彩版一〇，4）。

白釉敞口碗　标本 Y32 采：7，敞口，圆唇，斜弧腹，圈足，外足沿斜削，足底有乳状突。灰白胎。白釉。内底涩圈一周，足沿刮釉露胎。口径 12.5、底径 6.6、高 5.6～6.4 厘米（图六，10）。

白釉敞口盘　标本 Y32 采：9，敞口，尖圆唇，斜弧腹，圈足，足底有乳状突。灰白胎。白釉。内底涩圈一周，足沿刮釉露胎。口径 13.2、底径 9、高 3.9 厘米（图六，11）。

白釉器盖　标本 Y32 采：15，盖面微弧，宝珠形纽，盖下设子口。灰白胎。白釉。盖径 8.6、高 8.7 厘米（图六，12）。

垫饼　标本 Y32 采：14，两面平，腹壁直。直径 13.4～14、高 2.7 厘米（图六，13）。

（五）Y33

Y33 位于沩山镇沩山村船形湾，GPS 坐标为北纬 27°44′45″，东经 113°29′34″，高程约 123.55 米。其正北方向为 Y32。此次调查未找到窑址，仅发现较大面积的废弃堆积，窑址可能在水下。Y33 烧制的产品多为青花土瓷，器形有碗、盏、灯、器盖等，以涩圈叠烧法烧成，器物内壁多有一周涩圈或留圆形露胎，碟圈足不施釉（彩版一一，1）。大量青花发色灰暗，是采用当地所产的矿物颜料"土墨"烧制而成。部分青花发色艳丽，应是用进口"洋墨"烧制而成。产品为青白胎。青花纹样主要是灵芝茶花纹、缠枝花卉纹、折枝花卉纹、寿字纹，有少量龙纹、莲荷纹。部分碗底有方形印章款。窑具为垫饼，制作规整。

青花敞口碗 标本 Y33 采:5，敞口，圆唇，斜弧腹，圈足，外足沿斜削，足底有乳状突。灰白胎。青白釉，外腹壁有青花缠枝花卉纹。内底涩圈一周，足沿露胎。口径 12.2、底径 5.9、高 5.3 厘米（图七，1；彩版一一，2）。

玲珑瓷青花碗 标本 Y33 采:9，口残，弧腹，圈足。灰白胎。白釉。内底三条圆形单线纹里绘青花莲纹，外腹壁中部一道青花单线纹将腹壁分为上下两层，上层为玲珑瓷样，下层绘青花八吉祥纹，外底部绘文字"□清"。底径 5.5、残高 4.2 厘米（图七，2；彩版一〇，5）。

青花盘 标本 Y33 采:8，底部残片，圈足。白胎细腻，胎体厚。白釉泛青，布满小开片。裹足刮釉，圈足外墙施紫金釉。内底绘云龙纹。残高 2.2 厘米（图七，3；彩版一一，3）。

青花烛台 标本 Y33 采:10，整体呈长柱形，最上部为小承盘，已失，柱上窄下宽，下接圈足，已残，足以上内部中空。白胎微泛灰。白釉泛青灰，较光亮。青花发色艳丽。盘口至大承盘间绘水草纹，承盘下绘两道弦纹，近足端处绘花卉纹。残高 17厘米（彩版一二，1）。

青花器盖 标本 Y33 采:4，盖面平，盖下有子口。白胎细腻。白釉泛青，釉面光亮。盖面饰由单线青花连珠纹组成的菱形纹饰，盖沿和菱形图案内绘双线青花。盖径8.1 厘米（图七，4；彩版一二，2）。

垫饼 标本 Y33 采:1，两面平，腹壁直。直径 14.3、高 2.6 厘米（图七，5）。标本 Y33 采:2，两面平，腹壁斜直。顶径 9.3、底径 9.8、高 1.8 厘米（图七，6）。标本Y33 采:3，顶部内凹，底部平，腹壁弧。顶径 11.3、底径 8.8、高 1.85 厘米（图七，7）。标本 Y33 采:7，顶部平，底部内凹，腹壁弧。顶面径 9.2、底径 7.2、高 2.1 厘米（图七，8）。

（六）Y35

Y35 位于沩山镇沩山村船形湾，GPS 坐标为北纬 27°44′54″，东经 113°29′34″，高程约 137.98 米。正东方向为 Y34，东偏南方向为 Y29 ~ Y31。窑址因建房而毁坏，仅见部分窑壁，堆积在其上方（彩版一二，3）。Y35 烧制的产品多为青花土瓷，器形有碗、碟、杯、盏等，以不同规格的青花碗为大宗，以涩圈叠烧法烧成，故器物内壁都有一周涩圈或留圆形露胎。大量青花发色灰暗，是采用当地所产的矿物颜料"土墨"烧制而成。少量青花发色鲜艳，应是用"洋墨"烧制而成。产品为青白胎。青花纹样以灵芝茶花纹、缠枝花卉纹、折枝花卉纹、万字纹、寿字纹为主。部分碗外底有方形青花印章款。窑具仅见瓷土烧制的垫饼。

青花敞口碗 标本 Y35 采:2，敞口，尖圆唇，斜弧腹，圈足，外足沿斜削，足底

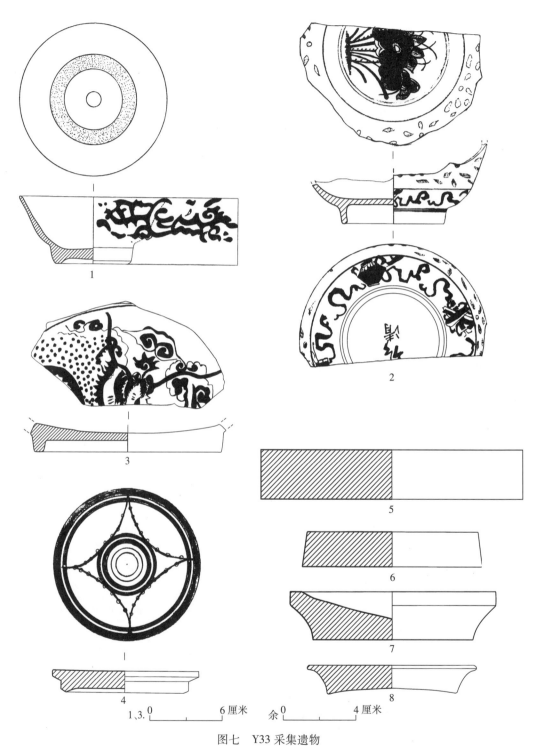

图七　Y33 采集遗物

1. 青花敞口碗（Y33 采:5）　2. 玲珑瓷青花碗（Y33 采:9）　3. 青花盘（Y33 采:8）　4. 青花器盖（Y33
采:4）　5~8. 垫饼（Y33 采:1、2、3、7）

有乳状突。灰白胎。白釉，内底心绘折枝花卉纹，外腹壁绘青花灵芝茶花纹。内底涩圈一周，足沿露胎。口径14、底径7、高6厘米（图八，1；彩版一三，1）。标本Y35采:3，敞口，圆唇，斜弧腹，圈足。灰白胎。青白釉。底部青花双线纹内绘一折枝花卉纹，外腹壁绘灵芝茶花纹。内底涩圈一周，足底刮釉。口径16、底径8、高6.6厘米（图八，2）。标本Y35采:4，敞口，尖圆唇，斜弧腹，圈足。灰白胎。青白釉。内壁口沿内侧绘缠枝花卉纹边饰条带，夹于双弦纹之间，内底单圈内绘兰花，腹绘缠枝花卉纹，足端绘两道弦纹。内底涩圈一周，足底刮釉。口径12.8、底径6.2、高5.2厘米（图八，3；彩版一三，2）。标本Y35采:5，敞口，圆唇，斜直腹，圈足。灰白胎。青白釉，釉色莹润，外腹壁绘青花团寿纹和变体寿字纹。内底涩圈一周，足底刮釉。口径14、底径6.5、高5.4厘米（图八，4）。

青花碗　标本Y35采:13，口残，斜弧腹，圈足。灰白胎。青白釉。内底腹壁绘两道弦纹，涩圈内绘缠枝花卉纹，外底心绘方形印章款。内底涩圈一周，足跟刮釉。口径13.6、底径7.8、高6.1厘米（图八，5）。

青花侈口盏　标本Y35采:7，侈口，圆唇，斜弧腹，圈足。灰白胎。青白釉。外腹壁绘变体缠枝莲纹，圈足上绘一道弦纹。足跟刮釉，外底露胎。口径9.2、底径3.6、高4.5厘米（图八，6；彩版一三，3）。标本Y35采:8，侈口，圆唇，斜弧腹，圈足。灰白胎。青白釉。外腹壁绘青花排点纹。内底涩圈一周，足跟刮釉。口径11.2、底径4.8、高4.2厘米（图八，7）。

青花盘　标本Y35采:11，敞口，圆唇，斜弧腹，圈足。灰白胎。青白釉。内底及内腹壁绘缠枝花卉纹，外壁口沿下绘一道弦纹，外腹壁绘青花纹饰，圈足上绘一道弦纹。内底涩圈一周，足跟刮釉。口径12.6、底径7、高3厘米（图八，8；彩版一三，4）。

青花杯　标本Y35采:12，敞口，圆唇，弧腹，圈足。灰白胎。青白釉。内壁口沿内侧绘缠枝花卉纹边饰条带，夹于双弦纹之间，内底单圈内绘花卉纹，外壁绘缠枝花卉纹，足端绘一道弦纹。施釉不及底，外底露胎。口径5.6、底径2.6、高2.8厘米（图八，9；彩版一三，5）。

白釉碗　标本Y35采:6，敞口，圆唇，弧腹，圈足。白胎。青白釉，釉色光亮，内底近圆形露胎，下腹部及足底施釉不均，足跟刮釉。口径10.6、底径5.2、高4.8厘米（图九，1；彩版一三，6）。

白釉器盖　标本Y35采:1，圆形器盖，盖面弧，宝珠形纽，盖下有子口。灰白胎。白釉。盖径8、高5厘米（图九，2）。

轴顶帽　标本Y35采:10，呈圆柱体，顶面平，腹壁直，底内凹呈锥形。顶面及近底处的边沿有残缺。灰白胎，胎体厚实坚致。顶面及内壁施青白釉。顶面径5.2、底径5.2、高4厘米（图九，3）。

垫饼　标本Y35采:9，两面平，腹壁弧。直径10.2、高1.8厘米（图九，4）。

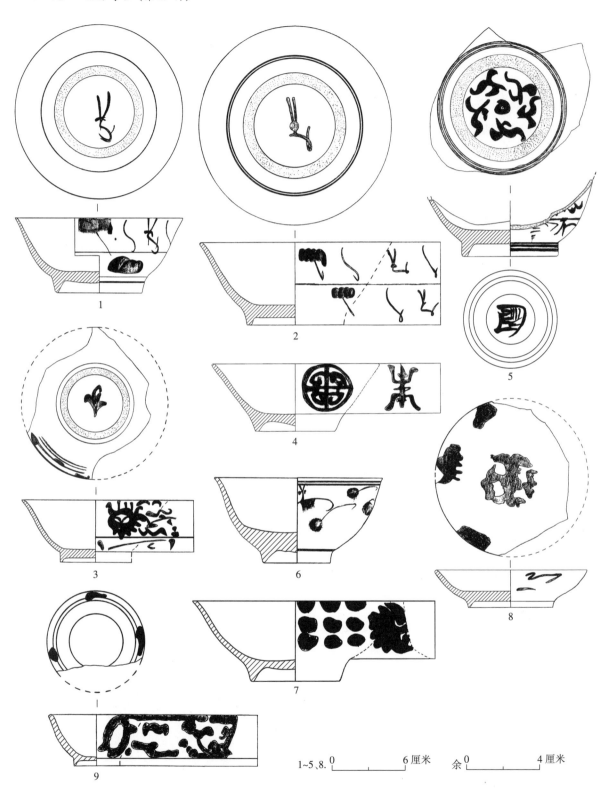

图八　Y35 采集遗物

1~4. 青花敞口碗（Y35 采：2、3、4、5）　5. 青花碗（Y35 采：13）　6、7. 青花侈口盏（Y35 采：7、8）

8. 青花盘（Y35 采：11）　9. 青花杯（Y35 采：12）

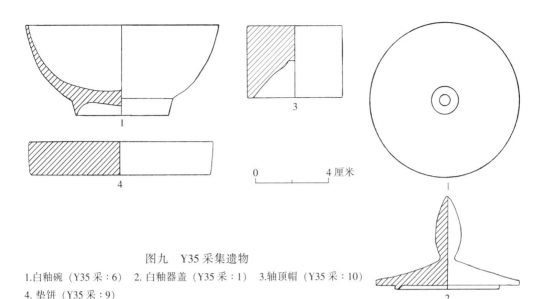

图九 Y35 采集遗物
1.白釉碗（Y35 采：6） 2.白釉器盖（Y35 采：1） 3.轴顶帽（Y35 采：10）
4.垫饼（Y35 采：9）

三 结语

Y35 采集的青花灵芝纹碗（Y35 采：2）与宁波清道光年间沉船"小白礁一号"出水的灵芝纹弧腹青花瓷碗（2014NXXBW1：61、2014NXXBW1：63）外腹壁纹样相同，造型接近。Y35 采集的青花碗（Y35 采：4、Y35 采：13）外壁缠枝花卉纹样组合与宁波小白礁一号沉船①出水的"嘉庆""道光"款青花缠枝花卉纹弧腹碗一样，可能是以清晚期最为流行的纹样为底稿绘制的，只是青花晕染导致花卉纹的内容逐渐变得难以辨识。醴陵青花瓷的青花发色在早期和晚期有一个明显的变化，早期用矿物颜料"土墨"作为釉料烧制，含钴量极微，发色暗淡。民国初期，青花土瓷采用"洋蓝"作为釉料，青花发色鲜艳。《醴陵乡土志》载："民国初元，有瓷校生潘万珠者，从日本人探得用洋墨之法，自购原料，密制发货，顿获重利，而洋墨遂遍于各厂，其后人人能制。"Y29、Y30、Y31、Y33、Y35 均有发色艳丽的青花瓷，年代下限可能为民国初年。Y32 的青花发色暗淡，不见发色艳丽者，年代可能为清中期。综上，以上 6 处窑址中 Y32 的年代相对早一些，可能在清代中期。Y29 ~ Y31、Y33、Y35 年代为清代中晚期至民国初年。

文斐著《醴陵瓷业考》记载，清雍正七年（1729 年），广东兴宁人廖仲威在醴陵沩山发现瓷泥，"向沩山寺僧智慧赁山采泥开矿，创设瓷厂，并约其同乡技工陶、曾、马、廖、樊等二十余人，共同组织，招工传习，遂为醴陵瓷业之嚆

---

① 中国国家博物馆水下考古研究中心、宁波市文物考古研究所：《浙江宁波渔山小白礁一号沉船遗址调查与试掘》，《中国国家博物馆馆刊》2011 年第 11 期；宁波市文物考古研究所、国家文物局水下文化遗产保护中心、象山县文物管理委员会办公室：《"小白礁Ⅰ号"——清代沉船遗址水下考古发掘报告》，科学出版社，2019 年，第 86 页，图版四五 ~ 四八。

矢"①。此后，醴陵沩山开始大规模烧制青花土瓷，成为醴陵地区的瓷业中心，且"渐次推广于赤竹岭、老鸦山、王仙观口、大小林桥、瓦子山、漆家坳、严家冲、五十窑前、寨下、罗坪境、青泥湾、茶子山、塘山口等处，最盛时为光绪十八九年"②。船形湾发现的几座清代至民国时期青花窑址正是沩山瓷业不断向外扩展的有力见证。

　　附记：参加考古调查的有湖南省文物考古研究所杨宁波，南县文物管理所谈国鸣，醴陵窑管理所黄云英，湖南师范大学硕士研究生王献水等。参与考古资料整理的人员有醴陵市博物馆刘峰，醴陵窑管理所黄云英，湖南大学岳麓书院硕士研究生肖心怡、李妍、樊瑷玲，中国人民大学历史学院硕士研究生冉曾仪、刘婧涵、武欣瑶、瞿倩倩，衡山县文化遗产事务中心曹支邻等。

执笔：杨宁波　武欣瑶　李　妍　樊瑷玲　刘　峰

A Brief Report of Investigation on the Ship-shaped Bay of Weishan Kiln Site Group in Liling City

Hunan Provincial Institute of Cultural Relics and Archaeology

Liling Kiln Management Office

School of History, Renmin University of China

Yuelu Academy of Hunan University

Hunan Provincial Key Laboratory of Archaeometry and Conservation Science

Abstract: Weishan is located about 15 kilometers north of Liling City and was the center of blue and white porcelain production in Liling from the Qing Dynasty to the Republic of China period. In 2014, the Hunan Provincial Institute of Cultural Relics and Archaeology and the Liling Kiln Management Institute conducted a systematic archaeological survey on Weishan. A total of 84 kiln sites were discovered, distributed along rivers such as Weishui. 9 kiln sites were discovered in the Ship-shaped Bay area. The blue and white porcelain of Y32 is dim, which may be in the middle of the Qing Dynasty. The blue and white porcelain of Y29 ~ Y31 is gorgeous, which may be in the late Qing Dynasty to the early Republic of China.

Keywords: Blue and white kiln site; Liling kiln; Qing Dynasty and Republic of China

---

① （民国）陈鲲修、刘谦纂：《醴陵县志》，《湖湘文库》341，湖南人民出版社，2009 年，第 278 页。
② （民国）陈鲲修、刘谦纂：《醴陵县志》，《湖湘文库》341，湖南人民出版社，2009 年，第 278 页。

关于"类型学"和"区系类型理论"的几个问题

——与汤惠生教授商榷

任瑞波

（吉林大学考古学院，长春，130012）

摘要： 以夏鼐和苏秉琦为代表的老一辈考古学者在不同领域、从不同角度为中国考古学的建设和发展作出了卓越贡献。在考古类型学、考古学文化和区系类型理论等基本理论问题上，两位先生有各自的思考，但涉及一些具体问题的不同见解不应成为完全对立两位中国考古学泰斗的理由。夏鼐和苏秉琦对"类型学"的理解与实践，并没有本质的区别，夏鼐提倡的"考古学文化"和"分区研究中国史前文化"，与苏秉琦总结提出的"区系类型理论"具有不可分割的内在联系。

关键词： 夏鼐　苏秉琦　类型学　区系类型理论　继承

"考古类型学""考古学文化"和"区系类型理论"是中国考古学特别是史前考古研究领域的重要方法和理论，由于学科背景和研究视角不同，学者们对这些关键概念的理解各异。2017年，《中国社会科学》第6期刊登了河北师范大学汤惠生教授的文章《夏鼐、苏秉琦考古学不同取向辨析》[①]（后文简称《辨析》）。该文不仅对中国著名考古学家夏鼐和苏秉琦的学术理念进行了对比，还对考古类型学和区系类型理论提出了自己的认识。虽然相关论述新意颇多，但我们认为，《辨析》中一些关键问题还有较大的讨论空间，一些基本史实有必要进行厘清，在此我们提出自己的理解，以供学界批评指正。

---

① 汤惠生：《夏鼐、苏秉琦考古学不同取向辨析》，《中国社会科学》2017年第6期，第165～186页。

一 关于考古类型学

（一）考古类型学不是单纯的进化论

《辨析》说：

> 从20世纪40年代末发掘宝鸡斗鸡台遗址开始，他（指苏秉琦，笔者注）就开始将进化论运用在陶鬲的类型学分析上……80年代以后，苏秉琦发展出"两论"，即考古学文化区系类型理论与文明起源、形成与发展道路理论。区系类型理论初看上去似乎只是一种传统的历史方法，即时空观，但实际上仍是进化论的贯彻与升级。俞伟超和张忠培对"中国学派"总结中的第二点强调，区系类型理论实际上就是文化谱系研究，也就是进化论研究。用苏秉琦的话来说："描述的科学，照样需要，达尔文的方法，也还照样要用。"而文明起源、形成与发展道路理论则是将进化论在更大范围内运用的结果。古文化—古城—古国发展阶段"三部曲"，古国—方国—帝国发展的"三模式"，以及原生型、次生型、续生型"三类型"，形式上更像是汤普森、摩尔根等19世纪进化论者所惯用的三段式。

我们认为，《辨析》将苏秉琦类型学及相关理论视为单纯的进化论与事实不符，原因如下。

第一，关于类型学的概念，苏秉琦在《地层学和类型学》[①]一文中，用通俗易懂的语言，进行了清楚的阐释。他说，"器物形态学则顾名思义，是对不同时代不同文化或同一文化的不同阶段、不同地区的器物就其形态进行排比，探索其变化规律的。"至于这规律是"进化"还是"退化"，当然要看实际的研究结果。苏秉琦不排斥进化论，但是反对"庸俗的进化论"，因为他强调：

> 首先要指出的是，不能把器物形制的变化理解为如生物进化那样，存在什么自身演化发展的必然性或有什么量变到质变的规律等等。因为两者是完全不同的事物。生物的生存、发展和变化受自然条件（生态学）的制约，外因通过内因而起作用，表现出演变的内在规律性，表现出由量变到质变的过程。器物则不同，它们按人们的需要而被制造。每个时代生产什么器物，当然也受到某种条件的限制，主要是受各时代的技术条件的限制。一般地说，器物的形制、款式，取决于人们的生产、生活的需要，部分地受意识形态的影响。但即使同一用途的器物，形制也可以有一定的差异。在特定的情况下，只要人们喜爱，外来的或古代的东

---

① 苏秉琦、殷玮璋：《地层学与器物形态学》，《文物》1982年第4期。

西也可以被仿造。因此，器物的制造，旧器形的淘汰，新器形的出现等，与一个时期的人和社会的因素直接相关，而与器物本身或自然界的因素未必有直接关系。正确地区分以上两种不同性质的事物，揭示器物形态学的科学性，使这种方法免受庸俗进化论的影响，有助于在实际工作中充分而有效地发挥它的作用。

第二，《辨析》引用俞伟超和张忠培的相关论述，用以证明类型学或者区系类型理论就是简单进化论。俞、张二人的相关原文表述是这样的："这个'中国学派'，究竟有什么特点呢……第二是在科学发掘基础上，运用我国学者所发展了的考古类型学方法，分区、分系、分类型地研究各考古学文化的发展过程，通过考察我国考古学文化的谱系关系来研究中国这一以汉族为主体的多民族国家的形成过程，研究这一总过程中各考古学文化的相互关系及其发展的不平衡性。"① 这段表述自始至终没有体现或表述《辨析》所称的"区系类型理论也是进化论研究"。

第三，《辨析》引用了苏秉琦自己的话，以证明其类型学和区系类型就是典型的进化论。我们来看看《辨析》引用的苏秉琦相关论述原文：

> 达尔文时代诞生了进化论，进化论也讲规律，但毕竟还是描述的科学，百年以来的描述的科学。但就连达尔文的描述科学我们现在也还远远没有做到，对我们中国自己的物种还是心中无数的。所以，达尔文的阶段我们还没有过去。同样道理，我们的学科现在还要走描述的科学的途径，还是不能扔掉，并不是要否定这些。……我刚才说了，描述的科学，照样需要，达尔文的方法，也还照样要用，因为我们国家生物的种类还有很多不知道，还是心中无数嘛。所以描述的科学不好就此断了。但是如果我们停留在描述科学上，那我们的学科就很不怎么样，绝对要落后。我们不承认这一点，那只是因为我们对自己的学科是个什么样子，还不理解。②

苏秉琦的意思很明确，中国的考古学，要经历描述的科学——即基础这一阶段，但不能始终停留在这一阶段，也要准备去超越。即便我们将描述的科学简单理解为就是进化论，苏秉琦强调，进化论讲规律，考古学也需要去研究规律。当然，"研究规律"不仅是苏秉琦的看法，夏鼐也持相同的态度，他说："考古学研究的最终目标在于阐明存在于历史发展过程中的规律"，"考古学家要论证人类社会历史发展的一般规律，也要探求各个地方、各个民族在历史发展过程中所表现出来的差异点和造成这些差异的原因。以史前考古学为例，尽管考古学文化种类多种多样，但它们从发生、发展到最后的消失（即合并于另一文化类型或演变而成为另一文化类型），总是具有共同的规

① 苏秉琦：《苏秉琦考古学论述选集》，文物出版社，1984年，第316页。
② 苏秉琦：《关于学科建设的思考》，《辽海文物学刊》1997年第2期。

律；由于自然条件、社会背景等的不同，各种文化类型也必然会有自身的特点和自己的具体演变过程。"①

总之，虽然《辨析》反复强调苏秉琦的类型学和区系类型理论就是进化论或者超级版进化论，但苏秉琦的本意绝非如此，《辨析》引用的苏秉琦原文和其他相关文章所表达的含义与《辨析》理解之意有较大的差距。

（二）考古类型学是反映客观事实的主观理论

在针对苏秉琦单纯进化论的类型学分析评述中，《辨析》谈及了两个方面的内容。

第一，关于类型学在考古发掘简报和报告中的应用，《辨析》认为它是建立在进化论基础上的："所有的考古学简报或报告，除描述外任何研究都可以不做，但建立在进化论基础上的分型分式却一定要做，即便是描述，也要按照分型分式的原则进行。譬如很多考古学杂志要求发掘报告在进行陶器描述时，必须按照型式的分类来进行，而不是按照器物发掘时间编号。被认为最经典的考古学研究或最理想的考古学研究范例，都是建立在进化论上的器物分期和分类研究。"

第二，关于类型学在研究性学术论文中的运用，《辨析》认为它是主观的理论而非客观的方法："无论是苏秉琦的陶鬲、石兴邦的半坡鱼纹、张忠培的单把鬲，还是严文明的陶爵等等，他们所绘制的'进化'图示及逻辑演进关系，也就是器物谱系，都没有地层学的支持，所以他们的类型学更多的是一种理论（主观），而非方法论（客观）。然而，基于进化论的器物序列真的能作为标型器来指导对遗址遗迹进行正确分期吗？逻辑序列就是历史顺序吗？衡量我们研究理论的标准是'有效性'还是真实性？检验真理的标准是什么，是实践还是逻辑？"

不难发现，虽然《辨析》看似对类型学进行了深刻反思，但相关史实并不准确。

1. 苏秉琦、张忠培、严文明等的类型学研究重视地层学的支持

苏秉琦曾旗帜鲜明地强调："运用器物形态学进行分期断代，必须以地层叠压关系或遗迹的打破关系为依据"②，张忠培提出了在类型学研究时必须遵守的六大原则，首当其冲的便是地层学，他认为："对考古学遗存进行类型学排比，要从地层出发；其结论又须经得起地层的检验。"③严文明在解释类型学——当时他称为标型学的基本原理时，首先强调的就是地层学，他说："标型学首要探索器物发展的规律，为此必

①　夏鼐、王仲殊：《中国大百科全书·考古学》，中国大百科全书出版社，1986 年，第 1～3 页。
②　苏秉琦、殷玮璋：《地层学与器物形态学》，《文物》1982 年第 4 期。
③　张忠培：《地层学与类型学的若干问题》，《文物》1983 年第 5 期。

须先了解遗物在地层中的关系,我们就从这里讲起。"① 可见,地层学在类型学研究时发挥重要作用是苏秉琦、张忠培、严文明等人的共识。那么,在实际具体的个案研究过程中,是否真如《辨析》所言,这些学者的类型学研究都没有地层学的支持呢?

其实,《辨析》列举的四个案例或是相关研究者在当时没有可利用的层位关系、或是在后期利用了新发现的层位关系再次对相关问题进行了讨论。

(1)苏秉琦对斗鸡台陶鬲的研究,由于当时没有可利用的直接层位关系,只能以类型学为切入点进行研究尝试,但是他对于 A、B、C、D 四类陶鬲的早晚年代判定,都提出了包括这些陶鬲所出土的具体文化层或相关的"旁证"地层,如 D 型"开始流行的时间似以发现于殷墟文化层者为最早""在豫北一带的黑陶文化层内(如后冈中层),尚只有 B 型而无 C 型。到殷墟文化层内则有 C 型的进步式(素鬲)而已无 B 型"②。对于这一研究的前瞻性和局限性,陈星灿对两个方面都进行了全面和客观的总结,他明确指出,以裴文中、苏秉琦在内的一些学者对部分陶鬲逻辑关系演变没有做出准确推断,主要是因"材料发现上缺环太多所致"③。

(2)张忠培对客省庄文化陶鬲的首次研究是 1980 年在当时没有地层关系的情况下进行的探索④。2002 年,当新出现了两组可利用的层位关系和更多的材料之后,他立刻用这些层位关系对原有的观点进行了反省和新审视,原文中有明确的标题"客省庄遗址单把鬲排序的反省",他说:"但在新资料不断积累的情况下,如何排出客省庄文化单把鬲的序列,则需要进行新的审视""简单地说,在桥村、康家及姜寨和赵家来诸遗址,或仅见宽弧裆鬲,或仅见尖角裆鬲,或多见宽平裆鬲的情况,似乎表明单把鬲曾经经历过几种不同形态的变化,而要阐述这一认识,则需依据其层位关系进行讨论"⑤。

(3)严文明对陶爵的演变分析,所引用的陶爵资料是 1969~1977 年安阳殷墟西区墓葬的发掘材料。爵是这批墓葬中出土的典型陶器之一,发掘者对包括它在内的 7 种典型陶器的早晚发展演变分析,皆是以墓葬的打破关系(有陶器随葬的墓葬 719 座,有叠压打破关系的墓葬 104 座)为基础得出的早晚演变规律。⑥ 而非如《辨析》所言陶

① 严文明:《考古资料整理中的标型学研究》,《考古与文物》1985 年第 4 期。

② 苏秉琦:《陕西省宝鸡县斗鸡台发掘所得瓦鬲的研究》,《苏秉琦考古学论述选集》,文物出版社,1984 年,第 91~136 页。

③ 陈星灿:《中国史前考古学史研究(1921—1949)》,生活·读书·新知三联书店,1997 年,第 327 页。

④ 张忠培:《客省庄文化及其相关诸问题》,《考古与文物》1980 年第 4 期。

⑤ 张忠培、杨晶:《客省庄文化单把鬲的研究——兼谈客省庄文化流向》,《北方文物》2002 年第 3 期。

⑥ 中国社会科学院考古研究所安阳工作队:《1969—1977 年殷墟西区墓葬发掘报告》,《考古学报》1979 年第 1 期。

爵的演变是严文明自己的想象。

如上所述，不管是苏秉琦、严文明、还是张忠培，他们不仅都在相关理论性文章中强调类型学和地层学的统一性，而且在类型学个案研究实践中，只要有可利用的层位关系，都第一时间充分利用。如苏秉琦《关于仰韶文化的若干问题》①、严文明《仰韶文化研究》（增订本）② 和张忠培《中国北方考古文集》③，这些代表作中的类型学研究都充分利用了地层学。尤其是《辨析》引用的严文明《考古资料整理中的标型学研究》一文，文章第二节"标型学的基本原理"中，开宗明义就强调"标型学首先要探索器物发展的规律，为此必先了解遗物在地层中的关系"④。《辨析》显然忽视了这些代表性研究和客观事实。

2. 夏鼐的类型学研究与苏秉琦大同小异

从 20 世纪 40 年代初至 80 年代，夏鼐至少四次定义类型学（或称其为标型学）。

第一次，1941 年，在从英国留学归国后，夏鼐这样理解类型学："如果吾人未能获得文字记载之证据，又无层位学上之证据，则不得已只能依赖古物本身之形制，及花纹，以推测其时代先后。根据演化之原则，同一性质之物，逐渐演化，或进化由简而繁，或退化由繁而简，可以排成一连贯之次序，每一阶级各有其标准之典型。"⑤

第二次，1953 年 1 至 6 月，在给北京大学历史系考古专业授课的讲义中，夏鼐这样解释类型学："标型学有人译为型式学（Typology），先依型式归类为标型（标准型），相近似的标型依制造技术或功效排成一系列，推断一系列中最早或最晚的一段而加以排列。类型分类，同种类的统计，如铜斧的递进。铜戈的变化，由无胡无穿到长胡三穿，但是我们也不能完全根据进化的推测，器物有时也会退化的。"⑥

第三次，1956 年，在中国科学院考古研究所见习员训练班授课时，夏鼐这样讲类型学："每小类的器物，先依它们的形式归类为标准型式（俗称标型）。再将这些相近似的标型，依照制造技术或器物用途而成为一类的，可以照着形式的差异程度不同而排列一'系列'。设法推断这一'系列'中最早或最晚的一环。我们知道演化过程有进化也有退化。不同物品的平行'系列'越多，所得结论越可靠。"⑦

第四次，1986 年，夏鼐和王仲舒合写的《考古学》这样阐释类型学："类型学断

---

① 苏秉琦：《关于仰韶文化的若干问题》，《考古学报》1965 年第 1 期。

② 严文明：《仰韶文化研究（增订本）》，文物出版社，2009 年。

③ 张忠培：《中国北方考古文集》，文物出版社，1986 年。

④ 严文明：《考古资料整理中的标型学研究》，《考古与文物》1985 年第 4 期。

⑤ 夏鼐：《考古学方法论》，《图书季刊》1941 年（新第 3 卷第 1、2 期合刊）。

⑥ 夏鼐：《考古学通论讲义（之一）》，《夏鼐文集（一）》，社会科学文献出版社，2017 年，第 103 页。

⑦ 夏鼐：《田野考古方法》，《考古学基础》，科学出版社，1959 年。

代的要旨，是将遗物或遗迹按型式排比，把用途、制法相同的遗物（或遗迹）归成一类，并确定它们的标准型式（或称标型），然后按照型式的差异程度的递增或递减，排出一个'系列'，这个系列可能代表该类遗物（遗迹）在时间上的演变过程，从而体现了它们之间的相对年代。遗物（或遗迹）在型式上的演变既有进化，也有退化，不能一概而论，所以，若能设法断定这个'系列'中的最前一端和最后一端的绝对年代，在其断代上的效果就会更好。此外，存在不同种类的遗物（或遗迹）上的平行的'系列'越多，通过互相对照，断代的结论也越可靠。"①

从上述四次论述可以看出，夏鼐与苏秉琦等对类型学的理解虽不完全相同，但大同小异，他们都将类型学视为判定年代相对早晚的重要方法之一。在第一次谈及类型学时，夏鼐明言，在确实没有地层学的情况下，只能依据器物形态进行年代早晚的推测。此外，夏鼐在对类型学的四次阐释中，地层学只见于第一次，其余三次都不见，相关信息可能都包含在诸如"设法断定最晚的一环"之类的表述中。

再来看夏鼐对类型学的实践。

第一，从中华人民共和国成立至20世纪80年代初，由夏鼐作为主编和主要审稿人的《考古》（《考古通讯》）和《考古学报》是中国大陆公布考古发掘资料为数不多的两个重要顶级专业期刊，夏鼐为这两个期刊的建设和成长做出了巨大的贡献②。同样，发表在这两个期刊上的考古发掘报告和简报，应该采用哪一种写作规范和写作模式，具有发言权和决定权的应是夏鼐而非苏秉琦。《辨析》似乎对考古发掘简报和报告中频繁出现"类""型""式"的现象有些困惑和不解，但夏鼐始终认为，类型学是史前研究中判定相对年代的重要方法之一。众所周知，包括考古学在内的大历史学，可以从很多角度切入进行研究，但"时间"和"空间"是两个需首要解决的最基本问题，类型学就是帮助解决"时间"问题的利器。此外，中国考古学发掘报告、简报中的类、型、式和研究性文章中的类、型、式是有区别的。关于这一点，夏鼐在1978年4月5日写给张光直的信中曾明确谈及此事，专门进行了说明和解释，他说：

作为发表资料的报告中的分类，还有另外两个目的，因之须要把可能有分类意义的器形都列举出来。它的目的是：（1）便于读者可以根据它重新分类分式。报告编写者限于水平，自己没有把握。这种情况下，多发表一些器形要比任意弃之不用要好一些。否则那些不发表的东西，便要成为"冤沉大海"了。（2）以便读者可以根据这些分类，经过研究以后，选择出几种类型作为分期的标准化石。有些特征不是本质的，不能作为恢复古代生活之用，也不能作为与其他遗址其他

① 夏鼐、王仲殊：《中国大百科全书·考古学 卷首语》，中国大百科全书出版社，1986年，第14页。
② 任式楠：《中国考古学的发展与〈考古〉的历程》，《考古》2015年第12期。

文化的器物类型相比较之用，但是却可以作为分期的标准化石。像来函所说的，分类过于琐碎和过于粗糙都不适当。至于如何"恰到好处"，这有（得）依靠编写者的学术水平。①

第二，中华人民共和国成立前，夏鼐的部分类型学研究其实也没有地层学或叠压打破关系的支持，如对寺洼山出土陶器的分析，《辨析》对此已经有详细的研究，兹不赘述。但需要说明的是，夏鼐在没有地层学支撑的情况下，通过类型学对寺洼山出土陶器进行的研究，与苏秉琦当年在分析斗鸡台陶鬲时面临的境况是相同的。而且苏秉琦也从未说过《瓦鬲的研究》的研究结果就是定论，他在文中多次使用"推测""假说""猜想"等字眼，即便对 A、B、C、D 四型瓦鬲发生顺序的早晚划分，他也称其为"试分期"。例如他在对联裆鬲的分析时明确说："事实上，此一演化的整个过程（由 A 型至 C 型）恐怕是远比此为复杂参差的。不过，无论如何，只要我们从形态证明 C 型是由 A 型，通过 B 型的几种过渡式，演变而来的假说能够成立，我们将不只可以把存在于瓦鬲谱系问题中最重要的一环（由 A 至 C）能够联系起来。"②

第三，中华人民共和国成立后，由中国科学院考古研究所（夏鼐）主编、于 1956 年出版的《辉县发掘报告》是类型学在考古发掘报告中运用的典范。

1950 年，在夏鼐领导下，河南辉县考古发掘为中华人民共和国的田野考古实践创立了样板。夏鼐全程指导、参与了 1950 年 10 月至 1951 年 1 月的第一次发掘。1956 年，《辉县发掘报告》③ 出版。这本报告充满了类、型、式的表达和划分，在遗物介绍、年代讨论和分期等诸方面，都重视型、式的划分，特别是式别的划分成为了分期的重要依据。琉璃阁共发现 53 座殷代墓葬、27 座战国墓葬和 17 座汉代墓葬，这些不同时期的墓葬虽然很少发现叠压打破关系，但发掘报告都运用了类型学进行了分期研究。如战国墓葬的分析，王伯洪根据足、耳两部分的不同，把陶鼎分为六式；根据盖、柄等不同，把陶豆分为五式；根据底、腹等不同，把陶壶分为三式。此外，还将陶罍分为三式，陶盘分为三式，陶匜分为五式，铜镞分为四式，铜盖弓帽分为两式。根据陶器组合、罍的有无最终把 27 座战国墓分为四组、两类，并根据所分陶器式别的变化，确定了这些墓葬存在早晚期的差别。

夏鼐承担了报告的部分编写内容，他在"琉璃阁区发掘小结"中，对战国墓葬的认识是这样的："琉璃阁战国墓葬虽仅发掘 27 座，但仍可根据它们的陶器的形制，分为早晚两期，定出相对的年代（45~46 页）……琉璃阁早期战国墓有罍、Ⅰ 式鼎或

---

① 李卉、陈星灿：《传薪有斯人——李济、林纯生、高去寻、夏鼐与张光直通信集》，生活·读书·新知三联书店，2005 年，第 175~176 页。

② 苏秉琦：《陕西省宝鸡县斗鸡台发掘所得瓦鬲的研究》，《苏秉琦考古学论述选集》，文物出版社，1984 年，第 144 页。

③ 中国科学院考古研究所：《辉县发掘报告》，科学出版社，1956 年。

鬲、Ⅰ式Ⅱ式豆。洛阳西郊也是如此，虽然所出的甗和鬲形式和辉县的不同，有的没有Ⅰ式豆。洛阳这种墓的时代是春秋末到战国早期，即公元前 5 世纪末至 4 世纪中叶。琉璃阁晚期没有鬲和甗，洛阳也是如此。壶代替了甗，Ⅱ式Ⅲ式鼎代替了Ⅰ式鼎，豆为Ⅲ式的。洛阳也是如此。时代是战国中期，即约公元前 4 世纪中叶至前 3 世纪初。有些器形在洛阳是开始于战国中期而延续到晚期，如盘、匜、无盖平底盘的细柄豆（Ⅴ式豆）等，琉璃阁的墓中也有发现，当属于战国中晚两期的过渡阶段。花纹由彩绘改为暗花，墓壁开始设有龛，也都可算是属于这过渡阶段的。"

虽然夏鼐强调这本报告是集体的成果，但关于《辉县发掘报告》的编写，王世民有详细的回忆："夏鼐认为，编写报告是发掘工作的继续，也是培养青年研究人员的重要环节。所以，在编写过程中，他亲自审查提纲、审阅文稿、核校资料、编排图版，具体而微，反复修改，直到最后定稿。通过这些工序，使大家掌握了从整理原始记录资料到器物分类排比、遗址和墓葬分期断代，再到妥善安排适当的文字表述与必需的辅助图表，以期实事求是地做出结论，从而构建一整套编写报告的基本规范。其中，王伯洪执笔撰写的《辉县发掘报告》琉璃阁战国墓葬部分，是1949 年以后在夏鼐指导下第一次运用类型学方法，根据随葬陶器的形制与组合进行墓葬分期断代。"①

可见，《辉县发掘报告》整体其实都是在贯彻夏鼐的学术理念，即便没有叠压打破关系作为支撑，这种类型学研究也不应被视为"自圆其说"的纯主观理论，而是为了复原"历史真实"所采用的主观理论。

二 关于区系类型理论

（一）区系类型理论是最终由苏秉琦总结出的集体成果

《辨析》说：

> 夏鼐和苏秉琦都是20世纪下半叶新中国考古学的创始人，特别是夏鼐，从理论、方法、技术、实践，包括各种规章制度等各个方面，对我国考古学都产生过巨大影响，但一直被严重低估甚至忽略了，没有受到应有的重视和评价。1985 年夏鼐去世后，原来一直相互受制发展的考据与义理突然失衡，完全朝着义理的方向发展，苏秉琦的考古学思想与理论完全替代和淹没了夏鼐，以致形成一家独大的"苏秉琦时代"。

① 王世民：《夏鼐与新中国考古学——纪念夏鼐先生一百一十周年诞辰》，《考古学报》2020 年第 1 期，第 1~20 页。

不可否认，夏鼐和苏秉琦在很多方面都是不同的，但不能因此就将两位先生完全对立，因为他们二人的一些重要学术思想具有内在的联系。

1. "区系类型理论"的前提和基础是"考古学文化"

区系类型理论是以考古学文化为前提和基础的。没有夏鼐定义、阐释和强调的"考古学文化"，就没有所谓苏秉琦的"区系类型理论"，后者是以前者为基础的理论探索。早在 20 世纪五六十年代，夏鼐对考古学文化的阐释广为人知，也影响深远。他专门多次撰文，向中国考古学界阐明什么是考古学文化、怎样命名考古学文化、如何去理解考古学文化①。1981 年，苏秉琦、殷玮璋发表《关于考古学文化的区系类型问题》②，文章题目就很清楚，区系类型是关于考古学文化的区系类型，开篇也直接入题："考古学文化的区、系、类型问题，是我国考古学，特别是新石器时代考古学的一项基本任务。"苏秉琦对此还专门作过解释和说明："为了进行考古学文化的区、系、类型的划分，各地同志应立足于本地区的考古工作，着力于把该地区的文化面貌及相互间的关系搞清楚。要选择若干处典型遗址进行科学的发掘，以获取可资分析的典型材料。然后，在准确划分文化类型的基础上，在较大的区域内以其文化内涵的异同归纳为若干文化系统。这里，区是块块，系是条条，类型是分支。"③ 不难理解，区系类型理论是以准确划分考古学文化为基础，根本任务之一就是系统"整理"中国境内以新石器时代考古学文化为代表的遗存。其实，关于"考古学文化"和"区系类型理论"之间的关系，张忠培早在 20 世纪 90 年代就已经明确指出，他说："说到底是因为这两种理论之间，存在着内在的联系，而且，后者（区系类型理论，笔者注）是以前者（考古学文化，笔者注）为前提的。"④ 他更强调："苏秉琦首创的中国新石器时代文化的区系类型理论，是以夏鼐的'考古学文化定名说'为前提的……夏鼐的'文化定名说'，只讲了应依据什么标准划分考古学文化，却没有回答如何进一步研究中国诸考古学文化和它们之间存在着什么关系这类问题。考古学文化区、系、类型理论，就其实质来说，是考古学文化的谱系论。"⑤ 简而言之，区系类型理论就是考古学文化的区系类型理论，前者是后者的继承、发展和提升。

2. 区系类型理论并非属于苏秉琦个人

区系类型不仅仅是苏秉琦个人的，更是属于中国考古学集体的。苏秉琦自己曾经

① 夏鼐：《关于考古学上文化的定名问题》，《考古》1959 年第 4 期；夏鼐：《再论考古学上文化的定名问题》，《夏鼐文集（一）》，社会科学文献出版社，2000 年，第 359~366 页。
② 苏秉琦、殷玮璋：《关于考古学文化的区系类型问题》，《文物》1981 年第 5 期。
③ 苏秉琦、殷玮璋：《关于考古学文化的区系类型问题》，《文物》1981 年第 5 期。
④ 张忠培：《中国考古学史的几点认识》，《史学史研究》1995 年第 3 期。
⑤ 张忠培：《中国新石器时代考古的 20 世纪的历程》，《故宫学刊》2004 年第 1 期。

至少三次专门强调过这个问题。

第一次，1986年，苏秉琦认为区系类型理论是"从建国以来大量实际考古工作中，经大家不断实践—认识—再实践—再认识的阶段性成果"。是中国半个多世纪的"田野考古工作、资料和研究的结果"，是对"过去半个多世纪考古工作进行大量的总结性研究。"①

第二次，1987年，苏秉琦在文章中以"考古学文化区系类型的提出是集体的创造"为题，重申"这'观点'的形成是当代中国考古学者集体创造的一个范例。"②

第三次，1989年，苏秉琦强调，这个理论本身"是在全国考古工作者的共同努力下，我再概括而提出的，所以是一项集体的成果。"③

之所以苏秉琦能够提炼和概括出区系类型理论，不是因为他有丰富的想象力，而是因为他对典型器物——陶鬲、典型遗址——华县泉护村和典型考古学文化——仰韶文化都做过系统、扎实的个案研究④。

3. 夏鼐的部分学术研究与区系类型理论密切相关

虽然《辨析》将夏鼐和区系类型理论完全割裂，但在夏鼐自己的研究论文或其指导的一些研究中，不难发现区系类型理论的雏形或身影。

王世民曾回忆道："1962年8月，夏鼐主编、中国科学院考古研究所集体编著的《新中国的考古收获》出版，其新石器时代部分由安志敏等执笔，相继对中国新石器时代文化分区进行全面的探讨。在已有研究的基础上，此书所分区域为黄河中下游、黄河上游、长江流域、华南地区、北方草原地区、东北地区，对文化谱系问题作了初步全面探讨。"⑤

1964年，夏鼐在回顾20世纪60年代上半叶中华人民共和国的新石器考古收获时，大致按照黄河中下游、山东地区、甘肃地区、长江上游、江汉流域、长江下游、华南地区、北方草原地区等不同的区域内发现的考古学文化和遗存进行介绍。⑥

1977年，夏鼐发表了《碳－14测定年代和中国史前考古学》一文，刊登了一张重

① 苏秉琦：《燕山南北·长城地带考古工作的新进展——一九八四年八月在内蒙古西部地区原始文化座谈会上的报告提纲》，《内蒙古文物考古》1986年第4期。
② 苏秉琦：《给青年人的话》，《文物天地》1987年第4期。
③ 苏秉琦：《中国考古学从初创到开拓——一个考古老兵的自我回顾》，《考古学文化论集（二）》，文物出版社，1989年，第373页.
④ 苏秉琦：《中国考古学从初创到开拓——一个考古老兵的自我回顾》，《考古学文化论集（二）》，文物出版社，1989年，第371~374页。
⑤ 王世民：《夏鼐与新中国考古学——纪念夏鼐先生一百一十周年诞辰》，《考古学报》2020年第1期。
⑥ 夏鼐：《我国近五年来的考古新收获》，《考古》1964年第10期。

要的考古学文化年代表，这张表是夏鼐根据当时"已发表的中国考古资料碳－14年代中关于新石器时代及青铜时代早期凡属于公元前1000年以前的数据，一共89个，分别依地区、依时代编制而成。"在这篇文章中，夏鼐把中国境内所有的考古学文化划分为七个大区，分别为中原地区、黄河上游（甘青地区）、黄河下游和旅大地区、长江中下游地区、闽粤沿海、西南地区和东北地区，每个大区中的考古学文化发展顺序都用碳－14测年进行了详细说明。

其实，以夏鼐对中国新石器时代文化按区划分为代表的研究，与苏秉琦的区系类型理论共性颇多，特别是《碳－14测定年代和中国史前考古学》这篇文章，有学者称这是中国学者"第一次根据当时已有的年代数据，结合各种文化的内涵和地层证据，全面讨论它们之间的年代序列和相互关系，即进行中国新石器文化谱系的研讨。"①

1984年2月19日，夏鼐看完张忠培、俞伟超发表在《文物》1984年第1期的《探索与追求》（《苏秉琦考古学论述选集》"编后记"）之后，便给张忠培写信，谈自己对于相关问题的认识②。我们虽不知道夏鼐信件的具体内容，但从张忠培给夏鼐的回信中可窥见一二。夏鼐在1984年4月8日的日记中附录了张忠培4月2日给他的回信，现将日记中的回信全文摘录如下：

> 我去成都开会路过北京时，秉琦师已将先生对《探索与追求》一文的意见转告了我，叫我认真考虑，同时还向我谈到他在昆明写《斗鸡台》时，梁思永先生等多次和他交换过意见，并得到帮助。先生，您这严谨认真，实事求是的学风和坦坦心怀，又一次给我留下深刻印象。
>
> ……先生向我提出的意见，我目前尚有不同的认识……但是将考古材料系统地划分为型、亚型和式别的分型分式方法，并企图以此表达它们纵横方面的逻辑关系，我觉得还是从《斗鸡台》开始的。同时，他的区、系、类型概念，虽如先生指出的"有些问题的含义不清楚，尚待澄清"，也如先生说的和先前已有的"分区讨论文化"有关，但从其是指考古学文化作谱系研究来说，我觉得两者显然有存在较大的区别。至于"中国学派"问题，比较复杂，我想请先生以后面示，总之，感到先生的意见应引起我深思。

暂且不管张忠培的观点，从这封信中，我们至少能够提取到两条重要信息：

第一，苏秉琦曾明言，《宝鸡斗鸡台》的完成与梁思永先生的帮助密切相关。

第二，夏鼐认为，张忠培、俞伟超总结的区系类型理论和之前已有的"分区讨论

---

① 王世民：《夏鼐与新中国考古学——纪念夏鼐先生一百一十周年诞辰》，《考古学报》2020年第1期。

② 夏鼐：《夏鼐日记（卷9）》，华东师范大学出版社，2011年，第325页。

文化"有关。

其实，如前文所述，不仅夏鼐和安志敏进行过"分区讨论文化"的研究，较他们更早，梁思永已做过相关研究。1954 年，梁思永发表《龙山文化——中国文明的史前期之一》，明确提到龙山文化在不同地区存在明显差异，于是划分出山东沿海区、豫北区和杭州湾区，并指出了每个区的典型文化特征。[①] 如此看来，苏秉琦提出的类型学和区系类型理论，都离不开梁思永的帮助和启蒙。这也足以说明苏秉琦曾多次宣称区系类型理论是中国考古学的集体成果这一说法并非自谦，而是客观事实。

总而言之，所谓苏秉琦"区系类型理论"的出现和形成是站在夏鼐的"考古学文化"和"分区讨论文化"之上的，也受到过梁思永的直接帮助和相关研究的启蒙。因此，相关的方法和理论绝不是一个人的独创，而是以梁思永、夏鼐、苏秉琦为代表的中国考古学家在不同的阶段、通过不断的尝试、实践、提炼、总结和更新中逐步完善的，夏鼐、苏秉琦的研究和理论思想具有内在的、不可分割的联系，且承前继后。正因如此，《辨析》所称的夏鼐被"完全替代和淹没"、苏秉琦时代"一家独大"这种结论显然与事实相悖。

（二）区系类型指导下的谱系研究与历史的真实密切相关

《辨析》认为：

> 如果区系类型仅仅是一种时空概念，运用和操作起来就会简单和容易得多，但若加上谱系研究（进化论的渐变），原来划分好的区系类型顷刻间便会土崩瓦解，或者区系类型的划分根本无法进行。建立在区系类型理论上的谱系研究只注重自身逻辑体系的建设和自圆其说，亦即研究者所认定的时空框架的确立，而这个所谓的时空框架与历史的真实毫无关系，更不可能用这种主观的认知体系去实现复原历史这一考古学的终极目的。作为苏秉琦的学生，俞伟超道出了类型学的本质：必须清醒地认识到，类型学的这种研究，就方法论本身最基本的能力来说，主要在于能够找出物品形态变化的逻辑过程，而不一定是历史的具体过程[②]。

上述观点无疑是对中国区系类型理论和谱系关系研究的批判甚至否定，但究竟有无道理，还需看证据是否准确。

---

① 梁思永：《龙山文化——中国文明的史前期之一》，《考古学报》1954 年第 1 期。
② 俞伟超：《考古学是什么》，中国社会科学出版社，1996 年，第 67 页。

1. 区系类型理论指导下的考古研究成绩硕果累累，不宜随意否认

按《辨析》，区系类型理论和谱系研究在中国考古学中的应用和实践是失败的，没有为中国考古学构建起真实的历史。这是一个非常严肃的问题，不仅事关中国考古学过去半个世纪取得的相关成绩是"真"还是"伪"，更关系着中国考古学今后的发展方向和任务。因为，如果《辨析》的说法成立，那么在区系类型理论指导下的考古学文化时空框架构建和谱系研究只是自圆其说，是"虚假的"、不可信的历史。如果这一批评正确，那么中国考古学当前面临的首要任务便是推翻或者弃用目前已有的、虚假的文化时空框架和谱系研究成果，在其他理论或方法的指导下，重新构建各地的"真实历史"，而不是像绝大多数学者认为的那样，中国考古学已经基本完成了物质文化史的构建，需要向专题研究、社会研究和理论研究进军①。事实胜于雄辩，当前中国各地史前历史的成功复原和可信研究无一不是在区系理论指导下以时空框架构建和文化谱系研究为前提和基础的，如果《辨析》对此进行否定，认为这只是"自圆其说"的研究成果，那么应该进一步明确，真实的历史是通过哪一种理论或方法能够获取和构建的，具体的代表性学术成果有哪些，已经构建的"真实的历史"究竟是什么样。只有通过对比，读者才能进行判别真伪、明辨是非，否则，这种批评毫无意义。

《辨析》阐明了自己对区系类型的观点后，随即用俞伟超的一句话"必须清醒地认识到，类型学的这种研究，就方法论本身最基本的能力来说，主要在于能够找出物品形态变化的逻辑过程，而不一定是历史的具体过程"用以证明《辨析》观点的准确性和正确性。俞伟超的这句话出自《关于"考古类型学"的问题——为北京大学七七至七九级青海、湖北考古实习同学而讲》，是文章第二部分"'考古类型学'的范畴及其作用"中的一句话，小标题为"关于制作者和使用者的心理因素或审美观念同器物形态学的关系"，很明确，俞伟超在这里所说的"类型学"是针对器物形态学而言的，不是对区系类型理论中的"类型"而论的。因为在说完这句话之后，俞伟超马上进行了解释，他说："这就是说，大量物品的新、旧形态，总是存在着一定的并存时间，在其并存的时间内，某些遗存中甚至会有新、旧形态交错出现或前后颠倒的现象。在物品形态变化的总过程中，新旧形态的替代是不会颠倒的，但就其中的一段局部时间来说，发掘者得到的可能只是晚期单位中保留的早期现象或是早期单位中刚刚出现的新现象。"

---

① 赵辉：《考古学关于中国文明起源问题的研究》，《古代文明（第 2 卷）》，文物出版社，2003 年，第 1~11 页；栾丰实：《东方考古（第 1 集）》，科学出版社，2004 年；赵辉：《中国新石器时代考古的过去与现在——在武汉大学"珞珈讲坛"上的演讲》，《江汉考古》2018 年第 1 期；许宏：《中国考古学的发展与〈考古〉的历程》，《考古》2015 年第 12 期。

这才是俞伟超要表达的真实含义,即器物形态学中的类型学揭示的是器物形态或者图案的逻辑演变,它与区系类型理论中的"类型"内涵完全不同。更何况,器物形态或纹样的逻辑性变化与"真实的历史"也不冲突,前者只是反映后者的一个载体,将二者完全对立显然无法成立。

2. 区系类型理论不是僵化静止的,而是灵活复杂的

《辨析》认为,苏秉琦构建的区系类型是僵硬的、静止的,区系类型遇到谱系研究会"顷刻间土崩瓦解"。这一认识忽视了区系类型理论形成的基本前提,误解了区系类型理论的基本内涵。原因如下:

首先,正如前文所指,区系类型理论是考古学文化的区系类型。对于考古学文化,夏鼐在文章中多次提到,"一个文化是不断发展的""一个文化在发展过程中,有早晚不同的阶段,各阶段的分布范围也有所不同。"[①] 苏秉琦也曾明确指出,考古学文化"本质应是一个运动的事物(它不是静态的和也不是一成不变的);而且它是具有特定质态的,由特定的事物运动的规律性制约的、不容易任意混淆的事物。"[②] 这样看来,考古学文化都是"活"的,以考古学文化为基础的"区系类型"当然不再是"僵硬"和"静止"的。

第二,苏秉琦明言,他划分的六大区系都有各自的渊源(新石器时代早期的文化)、特征(各自在新石器中期具有明显区别于其他区系的考古学文化)和发展道路(新石器晚期和铜石并用阶段具有明显的自己独具的较高文化特征因素的典型地点),因此边界基本是稳定的。"各大文化区系既相对稳定,又不是封闭的。通过区内外诸位考古学文化的交汇、碰撞、相互影响、相互作用,通过不断地组合、重组,得到不断更新,萌发出蓬勃生机,并最终殊途同归,趋于融合。"[③]他还说:"各区系内的分支,即'类型'之间,存在着发展的不平衡,在考古学上能明确显示其独具渊源又有充分发达的文化特征和发展道路的,也只是有限的一两小块。也就是说,每一个大区系中各有范围不大的历史发展中心区域(常常是后来春秋战国时期大国的基点)。各大区系之间还会存在一些区系间文化交汇的连接带。"[④] 此外,区中有区,系中有系。例如,"以长城地带为重心的北方地区"是苏秉琦最开始划分的六大区之一,这一大区又可分为三小区:第一区,以昭盟为中心的地区;第二区,河套地区;第三区,以陇东为中

① 夏鼐:《再论考古学文化上的定名问题》,《夏鼐文集(上)》,社会科学文献出版社,2000 年,第 359 ~ 366 页。
② 苏秉琦:《在"中国考古学会第四次年会"闭幕式上的讲话》,《苏秉琦考古学论述选集》,文物出版社,1984 年,第 264 ~ 267 页。
③ 苏秉琦:《重建"中国史前史"》,《百科知识》1992 年第 5 期。
④ 苏秉琦:《迎接中国考古学的新世纪》,《华人·龙的传人·中国人——考古寻根记》,辽宁大学出版社,1994 年,第 236 ~ 251 页。

心的甘青宁地区。后来随着甘青地区考古材料的不断增加，他又将兰州地区、洮河流域、陇山西侧的渭水上游各自视为一个"小区系"①。

　　第三，《辨析》在论证"区系类型理论的僵化表现在其封闭性上"这一观点时，列举了青海宗日遗存的案例，文章这样说："譬如黄河上游新石器时代晚期文化仰韶→石岭下→马家窑→半山→马厂的文化序列排定之后，20 世纪 90 年代又发现与马家窑陶器风格完全不同的宗日陶器，那么这个宗日是文化还是类型？其碳 – 14 年代与马家窑差不多，但其源流是什么？黄河上游现有的新石器时代考古文化的区系类型文化序列中居然排不进去，放哪儿都不合适。宗日陶器发现距今已 20 多年，但对其进行专门考古类型学研究的文章至今没有一篇。学者们对此均噤若寒蝉，这的确匪夷所思。"毫无疑问，在《辨析》看来，造成这种"匪夷所思"的现象与区系类型理论的僵化性和封闭性直接相关，但事实并非如此。

　　首先有必要简要介绍一下宗日遗址。宗日遗址最早于 1994 年进行正式考古发掘，1998 年，发掘者首次提出"宗日文化"这一考古学文化命名，认为该文化是与马家窑文化（包括马家窑类型、半山类型和马厂类型）并立的一支考古学文化。2002 年，陈洪海的博士毕业论文《宗日遗存研究》全方位、多角度对宗日墓地及相关遗存展开研究，并对"宗日文化"这一命名提出反思，这是迄今学界对宗日墓地和相关遗存进行的最全面、最系统的研究②。现有的研究还涉及宗日墓地的布局、形成过程③、火葬墓④、墓葬形制⑤、随葬明器⑥以及人骨研究⑦。在目前的研究中，陈洪海对宗日遗址的研究最为全面，他的博士论文第二章标题就是"宗日墓地陶器分析"，该章第二节"陶器分期"就是运用类型学对宗日墓地出土陶器开展的系统研究，因此也就不存在《辨析》所言说至今没有一篇相关的类型学研究。另外，关于宗日遗存的性质归属问题，究竟是将其归入马家窑文化，还是单独称为一个文化类型，或者弃用考古学文化直呼

①　苏秉琦：《从兰州到包头——在"包头市文管处座谈会"上的发言》，《华人·龙的传人·中国人——考古寻根记》，辽宁大学出版社，1994 年，第 33、34 页；苏秉琦：《西南地区考古——在"四川广汉三星堆遗址考古座谈会"上的讲话》，《华人·龙的传人·中国人——考古寻根记》，辽宁大学出版社，1994 年，第 15 ~ 17 页。

②　陈洪海：《宗日遗存研究》，北京大学考古文博学院，2002 年，博士学位论文。

③　徐沂蒙：《宗日墓地分析》，西北大学文化遗存学院，2009 年，硕士学位论文。

④　李锦山：《论宗日火葬墓及其相关问题》，《考古》2002 年第 11 期。

⑤　梅端智：《宗日遗址的墓葬形制》，西北大学文化遗存学院，2009 年，硕士学位论文。

⑥　郭昕、陈洪海：《宗日墓地陶明器研究》，《西部考古（第 8 辑）》，科学出版社，2015 年，第 82 ~ 99 页。

⑦　陈靓：《宗日遗址墓葬出土人骨的研究》，《西部考古（第 1 辑）》，三秦出版社，2006 年，第 114 ~ 129 页；崔亚平、胡耀武、陈洪海等：《宗日遗址人骨的稳定同位素分析》，《第四纪研究》2006 年第 4 期。

其为宗日遗存，之所以面临较多的不确定性，遗址发掘主持者和宗日文化的命名者陈洪海早就非常明确地指出，这是因"考古学文化"的局限性导致，他说："现在看来，在很多考古学文化都还仅仅是以陶器面貌为基本标准的情况下，'宗日文化'的命名还不至于有很大的不妥，若说尚有商榷之处，那就是单纯以陶器划分是不是合理的问题。这不是宗日遗存才出现的新问题，而是一个考古学文化研究中的普遍问题，只是宗日遗存表现得更加突出而已。"

陈洪海对此还进行了更加深入的思考，他认为，以宗日遗存为代表，当前面临的问题主要有三："一是命名一个考古学文化是否合适；二是中心地区与边缘地区的文化有什么不同的表现；第三则是一种模糊的感觉，即考古学文化是不是考古学研究中无法回避的概念，也就是说我们是否可以不使用考古学文化这一认识古代社会的中介。"① 不难看出，不宜将宗日遗存简单归入马家窑文化并不是区系类型理论的问题，而是以陶器为主体来划分"考古学文化"而造成的难题。是"考古学文化"在实际应用和研究过程中的局限性所致，与"区系类型理论"无关。其实，正如陈洪海所言，在西北地区，这种难题并不只是体现在宗日遗存上，诸如"唐汪式陶器""磨沟式陶器"都属于这种情况，与"区系类型理论的封闭性"没有任何关系。即便抛弃区系类型理论研究，《辨析》所称的学术界关于宗日遗存研究"噤若寒蝉"的局面依然存在，没有区系类型指导下的"宗日式陶器"等相关遗存的研究似乎也没有顺利开花结果。

另外，《辨析》还提到，青海地区的辛店文化、卡约文化、诺木洪文化"流星般出现和倏然消失"，这些文化的源流无法进行准确判定是由于区系类型中"系"的问题所致。对此，我们想谈两点看法：

第一，关于这些学术问题，学界其实已经有不少研究结论，部分已达成共识，例如关于辛店文化和卡约文化的来源，多认为与齐家文化和四坝文化有关。而诸如李水城、李伊萍、许永杰、水涛、韩建业等学者在区系理论指导下的研究结论虽不完全相同，但学界共识已形成，即公元前 1500 年以后，西北地区形成了以"齐家多子"为代表的"西北模式"特殊文化格局。《辨析》显然忽视了这些研究成果。

第二，相关遗存和文化确实存在源流不清的问题，不同研究者的结论也有分歧，有学者甚至认为暂时无法下定结论。但造成这种局面的根本原因并非所谓区系类型理论的封闭和僵化，而是由于该地区关于宗日文化、卡约文化、辛店文化和诺木洪文化的典型遗址和重要墓地考古材料至今没有系统公布，导致研究无法持续深入。

《辨析》随后还说："实际上几乎所有运用区系类型理论进行考古学研究的学者，

---

① 陈洪海：《宗日遗存研究中的几点思考》，《西部考古（第 1 辑）》，三秦出版社，2006 年，第 106~114 页。

都感觉到这个理论中分区的死板与僵硬①，所以作为弥补，近年来'文化互动'便成了热门话题，而'互动'中所必然使用的文化因素分析法，也就成为弥补区系类型理论缺陷的主流方法论。到 90 年代末，苏秉琦终于也意识到区系类型理论的缺陷。"对于这种认识，我们谈三点看法：

第一，《辨析》说，几乎所有运用区系类型理论进行考古学研究的学者，都感觉到这个理论中分区的死板与僵硬。这一论点引用的是张敏《简论考古学的区系类型与文化系统》一文。查阅张敏的这篇原文，其主旨之一是："三十年过去了，当年苏秉琦先生基于现有资料对新石器时代考古学文化区、系、类型理论的探索虽具有前瞻性，然这一理论在新石器时代考古学的实践中也日渐显现出理论的不完善和受考古资料的局限而出现一定的局限性。"其中局限性主要有两点，一是"同一律和普遍性等基本概念不明确"，二是"由于受到考古资料的局限，六大区系的划分也缺乏一定的民族属性，或偏重了考古学属性而忽略了民族学属性"，从而导致"区系的划分割裂了东夷民族文化区"。有鉴于此，他把中国新石器时代文化划分为五个考古学文化系统，每个文化系统能够包含"地理、民族、文化"三个要素。有学者提出疑问，张敏划分的这五个考古学文化系统"与苏秉琦先生的六大区系到底有多大的区别？在照顾上古族群这个维度上，其自为的或自觉的程度到底有多大？"②。但无论如何，张敏在其文章中不仅没有表达过、也没有暗示过区系类型理论"死板和僵硬"，反而对区系类型理论有这样的评价："苏秉琦先生从全新的高度将'考古学文化区'的概念上升为考古学文化的'区、系、类型'的'区'，不仅为考古学建立了更加广阔的时空框架，也为宏观地对考古学文化进行动态研究奠定了理论基础。"

第二，《辨析》说，"所以作为弥补，近年来'文化互动'便成了热门话题，而'互动'中所必然使用的文化因素分析法，也就成为弥补区系类型理论缺陷的主流方法论"。实际上，1979 年，苏秉琦在中国考古学会成立大会上向全国同行首次公开介绍"区系类型理论"时，便强调了《辨析》谈及的所谓"文化互动"。苏秉琦在谈到"系"的问题时说："因此，在追本溯源时要考虑文化的分解与组合，以及与这种分解和组合有关的社会发展阶段对文化发展所起的作用，不同文化的相互作用，特别是其中关键性的突变，这些都是'系'的概念所要探索的课题和内容。"很明显，苏秉琦说的"不同文化的相互作用"其实就是《辨析》所谓的"文化互动"。

第三，《辨析》说，"到 90 年代末，苏秉琦终于也意识到区系类型理论的缺陷"③。《辨析》引用的苏秉琦弥补他区系类型"文化互动"的这篇文章刊发于《文物》1983

---

① 张敏：《简论考古学的"区系类型"与"文化系统"》，《南方文物》2012 年第 2 期。

② 曹兵武：《考古类型学的内与外：中外对比与历史反思》，《南方文物》2012 年第 2 期。

③ 苏秉琦：《燕山南北地区考古——1983 年 7 月在辽宁朝阳召开的燕山南北、长城地带考古座谈会上的讲话（摘要）》，《文物》1983 年第 12 期。

年第 12 期,而苏秉琦公开发表区系类型理论是在 1981 年,前后相差 3 年对同一理论进行补充,用"终于"一词显然不当。

《辨析》说,"然而'系'需要正本清源,辨析源流,如果没有相应更为系统的理论和方法论,仅凭单线进化论是做不到的"。因此特意以齐家文化为例,认为,"其青铜器来自欧亚草原,陶器继承马厂、河南龙山等,玉器来自中原、良渚,而且不同地域的齐家文化可以是游牧、农业或狩猎等不同的经济形态。"

其实,早在 1981 年,苏秉琦在谈及甘青宁地区的考古学文化时,就指出这一地区青铜文化的类型是很复杂的。在追本溯源这一问题上,苏秉琦从来没有"单线条进化论"类似的表述,他从不认为任何一支考古学文化的源头只有一个、去向只有一处。因为苏秉琦明确说过,系"是一个探索古文化源流的新概念,新范畴。我国古文化的起源和发展是错综复杂、连绵不断、丰富多彩的,追本溯源时要考虑文化的分解与组合,以及与之有关的社会发展程度对文化发展所起的作用,特别是其中阶段性的突变;还有不同文化间的相互作用。"[①] 这段话正好就是对寻找类似齐家文化源流的最佳指导。另外,追寻某一支文化的来源和探寻这一支文化的形成过程是两个不同的概念,不宜将二者混为一谈。需要强调的是,齐家文化不论在中国西北地区、还是放眼全国,都具有特殊性:这是一支在特殊地区(中西文化交流的枢纽地区)、特殊阶段(中西文化交流的发展期)的考古学文化,它是中国龙山时代某一类特殊考古学文化的代表,并非先秦时期所有考古学文化的缩影。

3. 区系类型理论没有抹杀文化的个性和文明的多样性

《辨析》指出:"苏秉琦将区系类型设想为具有普遍价值的理论,然而在实际操作中每每受挫,地方文化的个性及演化特点在区系类型研究中无法彰显,文明的多样性不能体现,所以 21 世纪以来国家'十五'重点科技攻关项目'中华文明探源工程'不得不运用历史主义或文明进程研究,甚至'多元一体'以及'重瓣花朵'的理论作为弥合……历史主义的提出本身正是对区系类型理论学说的反动。"

上述观点疑点重重。

第一,苏秉琦之所以总结提出区系类型理论,就是因为看到各地出土的遗物特征不同。他说过:"在距今一万年至四千年期间,六个大区之间的考古学文化,在文化面貌上的差异是比较明显的。在六个大区内,考古学文化的区、系、类型是复杂多样的。诚然,认识到这一点固然是一个收获,而对它进行进一步的深入研究,仍是今天的重要课题。因为只有通过这一步骤,我们才有可能认识中华民族长期的、真正的

---

① 苏秉琦、邵望平(访问整理)、俞伟超(修订):《百万年连绵不断的中华文化——苏秉琦谈考古学的中国梦》,《内蒙古文物考古》1997 年第 2 期。

形成过程。"①

第二，正如前文所言，区系类型理论的直接目的是"整理"考古学文化，这是探寻中华文明起源的基础工作。那些如"古文化、古城、古国"和"多元一体"等学说才是探索中华文明起源时用的直接理论和假说。简单来讲，"区系类型"和"多元一体"这两个理论的出发点不一样，二者拟解决的问题各有不同，但后者以前者为基础，也较前者更进一步，二者属于递进关系，而非作为截然对立的"弥合"关系。

第三，《辨析》称，"历史主义的提出本身正是对区系类型理论学说的反动"，这里的历史主义研究究竟指什么？我们来看《辨析》所引赵辉的原文表述：

> "在上世纪七八十年代之交，苏秉琦先生在宏观把握中国各地人类文化的发展变化过程基础上，将中国史前文化概括成六个文化区。指出这六个区域里的史前文化各有特点，彼此之间有交流融汇，又自成演进发展谱系。苏秉琦先生还注意到，在长达万余年的史前历史中，各地文化始终保持相对独立的发展，就是进入夏商，再以后春秋战国、秦汉隋唐的历史时期，尽管中国在政治上逐渐走上统一，但各地区之间文化的差异依然存在，甚至直到今天，地区文化间差异仍然隐约可见。针对这种现象，苏秉琦先生提出了中国文化起源和发展的'多元说'，形象的说法是'满天星斗'，从根本上改变了中国文化起源于黄河流域一元说的传统认识。
>
> ……
>
> 一些学者发现，多元一体学说其实已经给出了研究策略。首先，多元一体学说承认和尊重文化的多样性。如果说不同的文化群体源自不同族群的创造力，则该学说暗示了不同族群的社会也可能是有差别的，虽然我们还不了解这些差别究竟是什么，但它应当就存在于当时社会的生产、生活、组织、信仰等某个或所有层面，导致社会运作机制、方式各有特点。这就要求研究者在考察古代社会时应当采取一种就事论事的立场，对各个地方社会的文化进程进行个案考察，通过与其他社会的比较，总结归纳出各自演进的特点。相对一般进化论式的研究，我把这种研究策略，叫做历史主义的研究。"

不仅如此，赵辉还明确指出，"多元一体学说指出史前文化发展过程中存在着一个向心的一体化趋势……作为物质文化史总结的多元一体学说，却对本质为古代社会研究的中国文明形成问题的研究起到了指导性作用。"②

---

① 苏秉琦：《建国以来中国考古学的发展——在北京市历史学会、中国历史博物馆举办的"纪念中国共产党成立六十周年报告会"上的讲话》，《史学史研究》1981 年第 4 期。

② 赵辉：《"多元一体"——一个关于中华文明特征的根本认识》，《中国文化遗产》2012 年第 4 期。

总之,赵辉在同一篇文章中讲得很明白,区系类型理论、多元一体学说和历史主义研究是一脉相承的关系,而非《辨析》所言,"历史主义研究"和"区系类型理论"完全对立,前者是对后者的"反动"。

三 余论

综上所述,《辨析》将夏鼐标榜为"实证派"、将苏秉琦标榜为"理论派",其实是误读了夏鼐和苏秉琦对中国考古学的理解和实践。《辨析》将苏秉琦等学者阐释和实践的类型学和区系类型理论理解为"进化论"或"超级进化论",明显与相关理论本身和诸多实践研究不符,文中提及的一些"区系类型理论"的局限性,实则是因"考古学文化"而起。夏鼐提倡的"考古学文化"与苏秉琦总结提出的"区系类型理论"不应对立,"区系类型理论"和"多元一体学说"不宜割裂,在没有确凿证据的情况下,长期以来在区系类型理论指导下取得的各项研究成果不能轻易否定。

夏鼐和苏秉琦对中国考古学的认识确有不同、对中国考古学的贡献各有侧重,这与他们二人的成长历程、学术背景、学术体系、关注重点和专攻领域都密切相关,但不宜简单用所谓的"实证派"或"理论派"去标榜两位学者,甚至将他们的学术理念完全对立。正如20世纪90年代俞伟超和张忠培对中国考古学不同的理解一样,当时看似争论非常激烈、水火不容,但用张光直的话说,"两人的主张与其说是不同,不如说是互补。"① 连张忠培自己后来也承认他和俞伟超的争论其实是"形异而质同"②。夏鼐和苏秉琦也是如此,在关于中国考古学特别是史前考古学的一些重要问题认识上他们两人并非截然对立,而是殊途同归③。我们相信,中国考古学只有坚持发扬"科学"精神,在尊重前人研究成果、正确解读前人学术研究的基础上,才能健康向前发展。

附记:本文于2020年11月完成初稿,2024年1月定稿。期间在兰州大学2020级考古学研究生课程《考古学史》和吉林大学2022级考古学研究生课程《新石器考古专题》课堂上就本文与选课同学进行过研讨和交流。

---

① 张光直:《取长补短、百家争鸣——从俞伟超、张忠培二先生论文谈考古学理论》,《中国文物报》,1994年5月8日3版。
② 张忠培:《了了,仍未了》,《俞伟超先生纪念文集(怀念卷)》,文物出版社,2009年,第31、32页。
③ 陈伟驹:《殊途同归:夏鼐和苏秉琦中国文化起源多元说形成之比较》,《考古学报》2021年第2期。

Issues on "Typology Theory" and "Regional Typology theory" ——a Rediscussing with Tang Huisheng

Ren Ruibo

Abstract: Pioneer archaeologists, represented by Xia Nai and Su Bingqi, have made momentous contributions to the construction and development of Chinese archaeology from diverse aspects and perspectives. The opinion clashes between Xia Nai and Su Bingqi regarding the issues such as archaeological typology, archaeological culture, and regional typology theory should not be the reason to put the two Chinese archaeological leaders into a opposite position. There is an inseparable internal connection between "archaeological culture" and "studying Chinese prehistoric culture according to region", both of which were proposed by Xia Nai, and "regional typology theory" put forward by Su Bingqi when we take it into consideration that differentiable distinctions in the understanding and practice of "archaeological typology" between the aforementioned men could not be found.
Keywords: Xia Nai; Su BingQi; Typology; Regional typology theory; Inheritance and development

新石器时代人口考古学方法与理论

赵家瑞

（中国人民大学历史学院考古文博系，北京，100872）

摘要： 人口是人类社会发展的关键变量，也是理解史前文化适应变迁的一把钥匙。人口考古学的理论主要包括梯度压力理论、生命史理论和人口长期趋势的相关理论。旨在解释人口对文化进程的推动作用、人类生存策略和长期视角下的人口增长规律。相比于历史人口学，新石器时代人口考古学不仅研究人口的规模与动态，更关注人口因素在文化系统中发挥的作用，尝试解释史前人口与社会复杂化、生业转变、文化创新的关系。人口规模估算是人口考古学的重要基础，涉及微观和宏观、空间和时间等不同层面的考察。研究所需要解决的问题决定了所需要获得的人口数量精确度。

关键词： 人口考古学　人口规模　梯度压力　生命史理论人口周期波动

当前中国新石器时代考古学研究的重点正在由文化谱系研究转向古代社会历史重建，而人口是新石器时代社会研究的关键变量，尽可能精确地掌握当时的人口是考古学研究的重要目标。1981 年，哈森（Hassan）首次提出"人口考古学"的概念，并用 demographic archaeology（人口考古学）一词来强调这一主题的考古学重点，避免将考古学家的工作与人口学家所关注的工作相混淆。认为人口考古学的最终目标是"解决人口变量在整个考古时期文化进程中的作用"①。哈森既介绍了估算人口规模、密度和增长率的方法，也介绍了属于体质人类学的生命表方法。李楠在对"人口考古学"概念的辨析中指出，人口考古学可以分为"基础研究"和"理论构建"两部分，"基础研究"可以分为评估"人口数量"和"人口质量（性别、年龄鉴定）"两个方面。其中人口质量评估主要是体质人类学的范畴。在考古学中，体质人类学日渐发展为成熟

---

① Fekri A. Hassan, Demographic archaeology. *Advances in archaeological method and theory.* Academic Press，1981. pp. 225 – 279.

系统的学科，并有著作对其理论与方法进行专门介绍①。王建华②、高熊③等学者也介绍了人口考古学的相关概念和方法。但是，这些综述主要聚焦于估算人口的方法，对于人口考古学的理论少有涉及。在估算人口的方法论层面，主要介绍了相关方法的应用，但较少介绍西方学者对这些方法适用性的讨论。有鉴于此，本文拟对人口考古学中与"人口数量"和"理论构建"的部分进行介绍与讨论。

一　人口考古学的目标

欧特曼（Ortman）在文章"为什么所有考古学家都应该关心和进行人口估计"中，给出了需要估计绝对人口数量的三个领域④。第一个领域是人群迁徙研究。虽然文化因素分析法通常能提供人群移动的证据，但反过来说却不一定正确：没有外来文化的入侵并不一定表明没有迁徙。因为只有当移民认为，"在迁入地表达他们的故乡身份符合他们的利益时，才会出现物质文化的连续性。"中国历史上也有"十万匈奴，自号鲜卑"和南匈奴汉化的实例。而同一考古学文化内部的人群移动则更难以识别。区域人口历史分析是可以指示迁徙的替代方法之一。可以预期人口的重大迁移会反映在人口曲线上，来源地和目的地的人口曲线在形状和大小上是互补的。

例如，欧特曼在研究迁移在特瓦人起源中的作用时，重建了新墨西哥州中北部特瓦盆地的人口历史，并将其与科罗拉多州西南部村庄的人口历史进行比较。结果发现，13 世纪科罗拉多州西南梅萨维德地区发生的人口减少与特瓦盆地的人口增长，在时间和数量上都具有很强的一致性。互补的人口曲线表明，有足够多的人在 13 世纪离开梅萨维德地区，成为祖先特瓦人的主要来源。

第二个与绝对人口数量有关的领域是文化生态学。人们通常将聚落周边动植物种群丰度的改变归因于人类的消耗。但实际上气候变化、技术创新、人类偏好改变也可能造成同样的结果。例如，梅萨维德地区的动物考古学发现，公元 600 ~ 920 年间鹿的相对丰度下降，火鸡的数量增加。基于代理的模拟表明，在当时的人口水平下，人类狩猎会导致鹿的数量下降，而鹿的减少又促使人们加强了对火鸡的驯化⑤。

① 李法军：《生物人类学》，中山大学出版社，2007 年。
② 王建华：《史前人口研究初论》，《文物》2003 年第 4 期，第 35 ~ 39 页。
③ 高熊、陈萍：《浅议史前人口数量分析的理论与方法》，《文物春秋》2017 年第 1 期。
④ Scott G. Ortman. Why all archaeologists should care about and do population estimates. *Exploring Cause and Explanation*：*Historical Ecology*，*Demography*，*and Movement in the American Southwest*. Louisville：University Press of Colorado，2016，pp. 103 – 120.
⑤ Scott G. Ortman. Why all archaeologists should care about and do population estimates. *Exploring Cause and Explanation*：*Historical Ecology*，*Demography*，*and Movement in the American Southwest*. Louisville：University Press of Colorado，2016，pp. 103 – 120.

　　另一方面，人们通常认为聚落规模与环境承载力息息相关。然而，乔玉对伊洛地区聚落的分析表明，二里头时期干沟河流域的大型聚落已经面临耕地严重不足的情况。从而推测很可能存在着小聚落向大聚落输送资源的情况，二者形成了类似贡赋的等级关系①。这些分析中对绝对人口数量的估计必不可少。

　　第三个领域是人口规模与社会复杂性的研究。要确定任何类型的社会、文化或历史规律性，必须将考古记录转化为可在不同传统间进行比较的指标。总人口规模、聚落人口规模和人口密度是可以直接进行定量比较和分析的三个指标。例如，科罗拉多州梅萨维德地区的人口发展轨迹与墨西哥山谷相似。但是，梅萨维德的文化系统在公元1300年崩溃了，大量人口迁移到特瓦（Tewa）盆地。与此相反，在墨西哥山谷的下一个时期却出现了神庙、地区中心和阶级分层。梅萨维德的普韦布洛人和墨西哥山谷的社会有着相似的开端，但在每个社会建立约6个世纪后的某个关键时刻却走上了截然不同的道路。这种比较引出了一系列关于人类社会长期变化方式的有趣问题。绝对人口估计数是这项发现的起点。

　　需要绝对人口数量的另一个领域是早期大型建筑所需劳动力的估算。马格努斯（Magnus）发现，在低密度人口社会中，普遍存在着大型公共纪念碑建筑②。这些建筑需要在广泛的区域内进行劳动动员。马格努斯认为大型纪念碑建筑在低密度人口社会普遍存在有其内在原因。从政治经济学角度出发，领导人通过劳动动员、后勤调度、施工设计，行使和彰显其至高权力。权力在每一次建设活动中被不断强调。同时，大型纪念碑往往含有某种宗教神圣性，将分散的人口吸引到仪式中心。从权力继承的角度来说，公共纪念碑建筑往往与墓葬相联系，地表永久景观可能存在于几代人的视野中，强调了权力继承的合法性。低密度人口社会中人群非常分散，无法将人口圈定在有限的边界或拴在农田之上。低密度人口社会利用吸引力而非强制力凝聚人口。公共纪念碑建筑通过构建宗教圣地的方式，将人们吸引在它的周围，构成了凝聚人口的"拉力"。公共纪念碑建筑为领袖和民众同时提供了舞台。马格努斯认为，这种社会组织方式与伦福儒所提出的"群体导向的酋长国"相类似。这种社会形态的划分依据正是人口密度。中国新石器时代红山文化，也以大型纪念碑式建筑而著名。区域系统调查显示分散的小型定居点是红山文化的主要聚落特征。各家庭和聚落间没有明显等级分化③，纪念碑很可能是集体设施，而不属于个人。因此，或许可以从人口密度与劳动

① 乔玉：《伊洛地区裴李岗至二里头文化时期复杂社会的演变：地理信息系统基础上的人口和农业可耕地分析》，《考古学报》2010年第4期。

② Artursson. Magnus，Timothy Earle，James Brown，et al. The construction of monumental landscapes in low-density societies：New evidence from the Early Neolithic of Southern Scandinavia（4000 BC – 3300 BC）in comparative perspective. *Journal of Anthropological Archaeology*，2016（41），pp. 1 – 18.

③ Robert D. Drennan，Hongshan households and communities in Neolithic northeastern China. *Journal of Anthropological Archaeology*，2017（47），pp. 50 – 71.

力需求的角度探讨红山文化的社会组织。韩建业曾经提出文明起源的三种模式（北方模式、中原模式、东方模式），从历史角度看，最终只有中原模式行稳致远①。这三种社会似乎代表了三种不同人口密度水平的政体。三者为适应自身的人口特征，都发展出独具特色的举措。人口密度不同，能够进行的社会动员程度也不同，导致了物质文化复杂精致或质朴简约的不同面向。由此看来，政治、经济、文化的复杂程度并不是评价一种文明的生命力的唯一标准，这可能仅仅是根源于人口密度的文化特征之一。文明的长存之道在于人口与文化系统中各要素的充分适配。

此外，吉迪（Gideon Shelach）通过对夏家店下层三座店石城遗址的劳动力分析，发现一座能够容纳 300 人左右的夏家店下层文化石城，可以在较短时间内由本聚落居民独立营建，从而支持夏家店下层缺乏强大统一政体的假设。另外，谢礼晔还估算了陶寺遗址和二里头遗址夯土宫城墙的劳动量，结果发现 90 人分别劳动 80 天和 30 天就可以建成。出乎意料的低人力成本可能加深我们对先秦时期劳动力组织的认识②。

二　人口考古学的方法

近年来，人口考古学日益受重视。不少中国学者都对其进行了精彩的综述③④⑤。这些文章较为全面地介绍了西方考古学中估计人口数量的主要方法，其中以李楠构建的方法论框架最为清晰⑥。李楠认为考古学中估算人口的方法主要有四类，分别是基于聚落材料、墓地资料、生态环境、遗物丰富程度进行人口估计。本文拟在此基础上，增补一些新方法与新认识。

（一）聚落材料分析法

（1）人均面积法。1962 年，纳罗尔（Naroll）对 18 个跨文化社会的建筑面积与人口数量进行回归分析，认为史前时期的人均建筑面积约为 $10m^2/$人⑦。1987 年，布恩

① 韩建业：《龙山时代的中原和北方——文明化进程比较》，《中原文化研究》2017 年 5 卷第 4 期。
② Xie. Liye. Architectural energetics for rammed-earth compaction in the context of Neolithic to early Bronze Age urban sites in Middle Yellow River Valley, China. *Journal of Archaeological Science*, 2021（126），pp. 105 – 303.
③ 王建华：《史前人口研究初论》，《文物》2003 年第 4 期。
④ 高熊、陈萍：《浅议史前人口数量分析的理论与方法》，《文物春秋》2017 年第 1 期。
⑤ 李楠：《周原西周人口研究》，北京大学考古文博学院，2020 年，博士学位论文。
⑥ 李楠：《周原西周人口研究》，北京大学考古文博学院，2020 年，博士学位论文。
⑦ Naroll. Raoul. Floor area and settlement population. *American antiquity*, 1962（27），pp. 587 – 589.

（Brown）重新研究了纳罗尔使用的数据样本，发现其中既有狩猎采集社会，又有农业、渔业社会。生业方式的差异导致空间利用的不同。在仅考虑人均居住面积的情况下，提出常数 $6m^2$/人[①]。从此，$10m^2$/人和 $6m^2$/人成为考古学家使用最多的人均面积常数。但是，这两项数字仍然存在适用性问题。柯睿思（Christian）在估算姜寨一期人口规模的研究中发现，如果将 $10m^2$/人和 $6m^2$/人的比例应用于姜寨，65% 至 85% 的姜寨住宅的居住人数将少于三人。这与姜寨的基本居住单位是核心家庭的说法不一致。因此，柯睿思将适用于狩猎采集者的 $4m^2$/人，用于姜寨的人口估算，认为姜寨可能是世界上已知人口最密集的早期农业社会之一[②]。近东早期定居社会的人口估计中也遇到了类似的问题[③]。

有学者注意到，诸多因素可能影响人均居住面积。马尔科（Marko）论证了人群流动性对个人空间的影响，流动性较强的社区常对应较小的人均面积[④]。海登（Hayden）等发现位于极度寒冷条件下的社区倾向于更小的居住空间[⑤]。弗兰纳瑞（Flannery）和马尔科都注意到母系社会普遍拥有更大的个人空间[⑥][⑦]。更多考古学家则承认房屋面积与社会不平等的关系[⑧]。当今研究中，学者们倾向于为不同地区、生业形态的社区定制适用于当地的人均面积常数。

值得注意的是，纳罗尔早期研究的推理过程实际上相当科学。他并不是将所有文化的人均面积相加再除以 18，以求取平均值。纳罗尔的真正贡献在于发现了人口规模

[①] Brown. Peter. Pleistocene homogeneity and Holocene size reduction: the Australian human skeletal evidence. *Archaeology in Oceania*, 1987（22），pp. 41 – 67.

[②] Peterson. Christian E, Gideon Shelach. Jiangzhai: Social and economic organization of a Middle Neolithic Chinese village. *Journal of Anthropological Archaeology*, 2012（31），pp. 265 – 301.

[③] Byrd. B. F. Households in transition: Neolithic social organization within Southwest Asia. *Life in Neolithic Farming Communities*: *Social Organization*, *Identity and Differentiation*. Kluwer Academic/Plenum Publishers, New York, 2000, pp. 63 – 98.

[④] Porčić. Marko. Effects of residential mobility on the ratio of average house floor area to average household size: implications for demographic reconstructions in archaeology. *Cross-Cultural Research*, 2012（46），pp. 72 – 86.

[⑤] Hayden. B. Reinhardt, G. A. MacDonald, R. Holmberg, et al. Space per capita and the optimal size of housepits. *People who lived in big houses*: *archaeological perspectives on large domestic structures. Monographs in World Archaeology*. Madison: Prehistory Press, 1996, pp. 151 – 163.

[⑥] K. V. Flannery, The origin of the village as a settlement type in Mesoamerica and the Near East: a comparative study. *settlement and urbanism*. London: Duckworth, 1972, pp. 23 – 53.

[⑦] Porčić. Marko. House floor area as a correlate of marital residence pattern: A logistic regression approach. *Cross-Cultural Research*, 2010（44），pp. 405 – 424.

[⑧] 姜仕炜、栾丰实、路国权：《家户考古视野下鱼化寨遗址仰韶早期聚落研究》，《江汉考古》2023年第 1 期。

与人均面积之间的"异速增长关系"。生物学家注意到，人类从幼年到成年，体型可能长大数十倍，但器官却只增大数倍。二者之间不成比例的增长关系被称为"异速增长"[①]。纳罗尔评估 18 个社会中人口规模与人均面积的关系，正是使用异速生长公式进行回归分析的，从中得出：

$$人均居住面积 = 21.7 \times 人口数量^{0.84195}$$

因为"人口数量"的指数是 0.8，这意味着随着人口规模的增加，每个人的生活面积都会减小。黎凡特地区的前陶新石器时代社区证实了这一发现。在农业出现的 500 年后，黎凡特地区的人口数量迅速增长，随之而来的是个人居住面积急剧减小，聚落扩大的速度远远低于人口增长的速度。单位面积的社区内挤满了更多的人口。伊恩（Ian）将这一现象称为"社会拥挤"[②]。然而，纳罗尔最终将公式"人均居住面积 = $21.7 \times 人口数量^{0.84195}$"近似为常数 $10 m^2 /$ 人，实际上放弃了异速生长公式带来的发现。基于纳罗尔的研究，维斯纳（Wiessner）提出考古学家们应该尝试为不同类型的聚落开发异速生长公式[③]。这实际上代表了用数学关系代替常数，以估算人口数量的尝试。西方考古学中称为"异速增长公式法"[④]。

（2）家庭规模法。1909 年，纳尔逊（Nelson）最早利用这种方法来估计旧金山贝丘遗址的人口，将房屋数量乘以每所房屋 6 人的数字[⑤]。随着 20 世纪 60 年代过程考古学的兴起，该方法被广泛探索。对西南亚村落调查显示，农业村庄中通常以核心家庭为居住单位，平均约 5~6 人[⑥]。库克（Cook, S. F.）对美国西南部调查认为，核心家庭通常有 4.5~6.0 人，最多为 7.0 人。他将现代和古代普韦布洛家庭的平均人数定为5.03 人[⑦]。特纳（Turner）和洛夫格伦（Lofgren）关于现代霍皮人的考察表明，每个家

① 尹上岗、杨山、吴小影等：《长三角地区城市人口 – 面积异速增长时空格局及演变规律》，《长江流域资源与环境》2022 年第 31 卷，第 25 – 36 页。

② Ian. Kuijt, People and space in early agricultural villages: exploring daily lives, community size, and architecture in the Late Pre-Pottery Neolithic. *Journal of Anthropological Archaeology*, 2000 (19), pp. 75 – 102.

③ P. Wiessner, A functional estimator of population from floor area. *American Antiquity*, 1974 (39), pp. 343 – 350.

④ Birch-Chapman. Shannon. Estimating population parameters of early villages in the Pre-Pottery Neolithic central and southern Levant. Diss. Bournemouth University, 2017.

⑤ N. C. Nelson, Shellmounds of the San Francisco Bay region. University of California Publications in American Archaeology and Ethnology, 1909, pp. 309 – 356.

⑥ 转引自 Birch-Chapman, Shannon. Estimating population parameters of early villages in the Pre-Pottery Neolithic central and southern Levant. Diss. Bournemouth University, 2017.

⑦ 转引自 Charles C. Kolb, H. Charlton. Thomas, DeBoer. Warren, et al. Demographic estimates in archaeology: contributions from ethnoarchaeology on Mesoamerican peasants. *Current Anthropology* 26, no. 5 (1985), pp. 581 – 599.

庭平均有 5.55 人，他建议人类学家使用 5.0 人的数字作为平均核心家庭人数①。

基于核心家庭构成主要居住单位的理论和与核心家庭规模有关的人类学数据，人们通常假定新石器时代聚落的居住单位规模为 5~6 人。相当于每个家庭由两个成年人和三到四个孩子组成。目前看来，一夫一妻的婚姻模式应该在核心家庭是较为普遍的②。这一数值的关键在于假定核心家庭的生育能力。李楠推测，及至西周时期，12 岁儿童的存活率在 50% 左右③。如果一个家庭按三到四个孩子计算，妇女的总生育率（TFR）将在 6~8 之间。是否在新石器时代的任何时期和地域，妇女都享有如此之高的生育水平？仍是一个值得讨论的问题。

（3）定居点人口密度法。定居点人口密度是对单位聚落面积内居住人数的衡量。估算人口规模时，常用遗址总面积乘以遗址人口密度。多用于估算地面调查或未完全发掘的遗址。查普曼（Chapman）总结了关于西南亚聚落内人口密度的研究，发现民族学得出的估值在每公顷 16 人到 334 人不等，集中在每公顷 100~200 人之间。考古遗址的密度估计差异很大，从每公顷 6 人到 1250 人④。

一些考古学家提供了新石器时代聚落的人口密度常数。克莱默（Kramer）根据跨文化的人类学分析，建议每公顷 100~200 人⑤。查普曼则认为"新石器时代的人口密度高于每公顷 100 人是很罕见的"，并建议采用每公顷 50~100 人的标准来估计巴尔干半岛中部的新石器时代文卡（Vinca）文化的遗址⑥。

怀特罗（Whitelaw）认为，聚落内人口密度实际上是家庭间合作关系的反应。对于狩猎采集者来说，热带雨林环境中，合作狩猎是一种常见的获取资源的策略。这些群体通常维持非常高密度的营地，强调不同家庭之间的高度合作和互动。在亚北极、北极和沙漠地区则观察到较低的密度，在那里觅食植物和猎杀动物仅需要家庭之间非常有限的合作⑦。新石器时代考古中，普罗格（Plog）和弗兰纳瑞都提出了"限制性分

① C. G. Turner, L. Lofgren, Household size of prehistoric western Pueblo Indians. *Southwestern Journal of Anthropology*, 1966 (22), pp. 117–132.

② Charles C. Kolb, et al. Demographic estimates in archaeology: contributions from ethnoarchaeology on Mesoamerican peasants. *Current Anthropology*, 1985 (26), pp. 581–599.

③ 李楠：《周原西周人口研究》，北京大学考古文博学院，2020 年，博士学位论文。

④ Birch-Chapman, Shannon. Estimating population parameters of early villages in the Pre-Pottery Neolithic central and southern Levant. Bournemouth University, 2017.

⑤ Birch-Chapman, Shannon. Estimating population parameters of early villages in the Pre-Pottery Neolithic central and southern Levant. Bournemouth University, 2017.

⑥ J. Chapman, The Vinca culture of south east Europe. *Studies in chronology, economy and society.* Oxford: Archaeopress, 1981.

⑦ Todd. Whitelaw, Some dimensions of variability in the social organization of community space among foragers. *Ethnoarchaeological approaches to mobile campsites.* International Monographs in Prehistory, 1991, pp. 139–188.

享"的概念，即食物和其他资源在家庭成员之间分享，但很少与其他家庭分享[1]。在这种社会中，"责任是在家庭层面上承担的"[2]。并认为这种以家庭为单位的生产和消费的私有化过程是社会经济不平等上升的先决条件。夏家店下层文化的三座店遗址就是一个典型的限制性分享的例子。家庭和粮仓普遍被圆形院墙包围，显示出对私人财产和家庭空间的重视[3]。

由此看来，聚落人口密度既是一个变化幅度很大的数字，又是一个非常有用的指标。它既受到各种因素的影响，又可能反映出聚落内部的人际关系。

（二）墓葬资料分析法

朱乃诚[4]和辛怡华[5]都提出了依据墓地死亡人数推测瞬时人口数量的公式。变形可知，二者其实是同一公式：

$$墓地死亡总人数 = 人口规模 \times \frac{1}{死者平均年龄} \times 墓地延续时间$$

$$墓地死亡总人数 = 人口规模 \times \frac{1}{出生时预期寿命} \times 墓地延续时间$$

现代人口学的静止人口模型中，死者平均年龄等于出生时预期寿命[6]。古代人类样本的固有缺陷，使二者数值产生差异[7]。然而，由于保存墓地不完整，或者存在特殊埋葬规则，这两种公式的使用都受到限制。

近年来，杜林（Andreas）开发的"墓地人口模拟程序"为这一方法带来转机[8]。杜林基于人口学视角，认为墓地实际上是特定人群年龄结构、生育率、死亡率的综合

---

① F. PLOG, Agriculture, sedentism, and environment in the evolution of political systems. *The evolution of political systems: sociopolitics in small-scale sedentary societies*. Cambridge & New York: Cambridge University Press, 1990, pp. 177 – 199.

② K. V. Flannery. The origins of the village revisited: from nuclear to extended households. *American Antiquity*, 2002 (67), pp. 417 – 433.

③ Gideon. Shelach, Kate Raphael, Jaffe. Yitzhak. Sanzuodian: the structure, function and social significance of the earliest stone fortified sites in China. *Antiquity*, 2011 (85), pp. 11 – 26.

④ 朱乃诚：《人口数量的分析与社会组织结构的复原——以龙岗寺、元君庙和姜寨三处墓地为分对象》，《华夏考古》1994 年第 4 期。

⑤ 辛怡华：《阳山墓地人口研究》，《中国史前考古学研究：祝贺石兴邦先生考古半世纪暨八秩华诞文集》，三秦出版社，2003 年，第 340 ~ 360 页。

⑥ 〔美〕塞缪尔·普雷斯顿、〔美〕帕特里克·霍伊维兰、〔美〕米歇尔·吉略特著，郑真真译：《人口统计学》，社会科学文献出版社，2012 年，第 33 ~ 62 页。

⑦ 侯侃：《生命表法在古人口学中的应用误区》，《人类学学报》2023 年第 5 期。

⑧ Andreas. Duering. From individuals to settlement patterns. University of Oxford, 2017.

体。这些人口特征具有较强的古今一致性，必须始终保持在一定范围内，否则就会影响生育率和种群繁衍。通过计算机模拟的方法可以找出聚落人口规模和各参数最可能的情况。有望从人类生命史的角度对人口规模进行估计。

（三）遗物丰富程度分析法

1. 陶器容积法。1966 年，特纳和洛夫格伦利用陶器容积估计美国西部史前普韦布洛人的家庭规模。他们发现从第一期至第六期，碗的容积基本不变，炊器的容积缓慢上升。从而推测 1400 年间史前普韦布洛人的家庭规模由 4.495 人上升至 7.015 人①。然而，纳尔逊指出很多因素可能影响家庭陶器的容积，包括年龄结构、公共宴享参与程度、食品制作工艺、每次准备几餐的分量等等，并利用玛雅民族考古学的案例进行说明②。马里昂（Marion F. Smith）也提示社会经济因素可能导致陶器容积的变化③。乔玉则发现，在尉迟寺遗址中陶杯与个人有很强的相关性，每人只拥有一件陶杯的情况比较普遍，从而推测家庭规模为 3 ~ 4 人④。

2. 陶器堆积法。陶器堆积法与区域系统调查有相同的理论来源，可以合并讨论。赤峰和山东地区开展的区域系统调查，通过地表陶片的面积 - 密度指数，估算不同时期的绝对人口数量⑤。这种方法能否反映真实的区域人口数量，成为分歧所在。理解系统调查方法的理论背景，或许是明确分歧的关键。

1909 年，纳尔逊首次通过贝壳数量估计贝丘遗址的使用时间长度⑥。20 世纪 60 年代，过程考古学强调将过去行为与考古记录联系起来，随之而来的是对形成过程研究更加明确的关注。20 世纪 70 年代，希弗（Schiffer）提出丢弃公式，认为遗址中陶片的数量取决于三个变量：陶器寿命、人口数量、遗址持续时间⑦，随后不同学者利用民族志、实验和考古数据，讨论陶器使用频率、器物组合、季节性制陶、家庭成员增加等

① Christy G. Turner, Lofgren. Laurel. Household size of prehistoric western Pueblo Indians. *Southwestern Journal of Anthropology*, 1966 (22), pp. 117 – 132.

② Ben A. Nelson. Ethnoarchaeology and paleodemography: A test of Turner and Lofgren's hypothesis. *Journal of Anthropological Research*, 1981 (37), pp. 107 – 129.

③ Marion F. Smith. Function from whole vessel shape: A method and an application to Anasazi Black Mesa, Arizona. *American Anthropologist*, 1988 (90), pp. 912 – 923.

④ 中国社会科学院考古研究所、安徽省蒙城县文化局：《蒙城尉迟寺》（第二部），科学出版社，2007 年，第 409 页。

⑤ 赤峰国际联合考古研究项目组：《赤峰地区的聚落形态研究》，文物出版社，2021 年，第 99 页。

⑥ Nels Christian. Nelson, *Shellmounds of the San Francisco Bay Region*. University Press, 1909 (7).

⑦ Michael B. Schiffer. Archaeology as behavioral science. *American Anthropologist*, 1975 (77), pp. 836 – 848.

因素对陶器寿命的影响。通常选定一处测年精确、居址完整的遗址，估算陶器的户均年消耗率。再利用这一比率计算本文化其他遗址的人口或遗址持续时间①。研究显示陶器使用习惯对陶器消耗率有较大影响，因此这种估算通常在同一考古学文化中进行，少见跨文化应用。中国学界通常对希弗的"遗址废弃过程理论"较为熟悉，但实际上作为另一分支的"遗物积累过程（Accumulations research）"的研究，对北美学术界亦产生较大影响②，"遗址中数以千计的陶片，是多少人，在多长时间内产生的？"成为行为考古学家们普遍关心的问题。区域系统调查方法正是在这种背景下提出的。

1968 年，莱德曼（Redman）注意到地表陶片的密度和类型与地下埋藏有强烈正相关③。1979 年，墨西哥盆地的调查为地表陶片密度和人口数量之间赋予直接对应关系④。系统调查方法的贡献在于，尝试探讨遗物是如何被向上扰动的（垂直方向的移动和地表水平方向的搬运），包括：地形、气候、植被类型、埋藏深度、人类活动对地表陶片范围和数量的影响、犁耕是否会打碎大块陶片而增加陶片数量、地表陶器能否如实反映地下器物组合等问题，研究方法是试掘和模拟实验。结果发现，有些地区的地表与地下埋藏具有高度正相关，有些地区则相关性很弱，甚至负相关（错误地高估地下埋藏）⑤。系统调查方法实际上是对遗物积累研究的延伸和拓展。

系统调查方法进行人口估算的基本逻辑是：利用地表陶片数量估算地下埋藏陶片数量，利用地下陶片数量估算人口数量。对系统调查方法的质疑，实际上来自两个方面：地表陶片能否反映地下埋藏陶片的真实数量？地下埋藏陶片数量能否反映真实的人口数量？由此带来的启示是，田野发掘不光要关注目标层位，也要详细记录地表、耕土层等晚期地层中的早期遗物含量，并尽可能调查遗址曾经历的自然和人类活动，为遗址扰动过程的研究积累宝贵资料。希弗对于遗址废弃过程的研究，聚焦于遗址开始废弃和此后一段时间内的变化，遗址扰动过程则关注遗址废弃至今的整个生命历史。近年来，欧特曼等对北美梅萨维德地区的系统调查中，将遗址根据保存情况分为三类，

① Mark D. Varien, J. Mills. Barbara. Accumulations research: Problems and prospects for estimating site occupation span. *Journal of Archaeological Method and Theory*, 1997 (4), pp. 141 – 191.

② Mark D. Varien, Scott G. Ortman. Accumulations research in the Southwest United States: middle-range theory for big-picture problems. *World Archaeology*, 2005 (37), pp. 132 – 155.

③ Charles L. Redman, Patty Jo. Watson, Systematic, intensive surface collection. *American Antiquity*, 1970 (35), pp. 279 – 291.

④ William T. Sanders, Jeffrey R. Parsons, Robert S. Santley, *The Basin of Mexico: Ecological Processes in the Evolution of a Civilization*. Academic Press, 1979.

⑤ Scott A J. Johnson. The correlation of surface and subsurface artifacts: A test case from Late and Terminal Classic Popola, Yucatan, Mexico. *Journal of Field Archaeology*, 2014 (39), pp. 276 – 291.

分别对应不同的废弃系数，提高了从陶片到人口估计的准确性[①]。

因为史前时期的人类早已逝去，人口考古学实际上是通过一系列考古遗存（如房址、灰坑、陶器、遗址面积）来推测过去的人口规模。考古遗存是层累形成的，分析考古遗存首先要找出哪些遗迹（房址、灰坑、遗址）、遗物（陶器）是同一时期的。人口考古学也不例外，共时性是史前人口估算面临的时间问题。目前有三种方法解决共时性问题。

1. 微观层面：一个聚落内部的房屋共时性

赵春青在估计姜寨一期房屋数量时即注意到房屋共时性问题。将地面无叠压打破关系的 100 余座房屋分为大型、中型、小型、特小型四类。根据海南黎族民族学调查，为四类房屋赋予 40 年、20 年、15 年、8 年的使用时间。使用以下公式计算聚落的瞬时房屋数量：

$$同时使用的房屋数量 = \frac{a1 \times t1}{T} + \frac{a2 \times t2}{T} + \frac{a3 \times t3}{T} + \cdots + \frac{an \times tn}{T}$$

其中 $a1$，$a2$，$a3$，……是不同类型的房屋数量；$t1$，$t2$，$t3$，……是不同类房屋的使用时间；T 是整个村落的总体沿用时间。最终得出姜寨一期的瞬时房屋数量不超过 50 座。

这种方法的潜在假设是：每废弃一座房屋，就会新建一座房屋。因此在姜寨一期的 120 年间，每一年同时存在的房屋数量都是相同的。与上一年相比房屋数量没有增加，也没有减少。这一假设的理论来源是静止人口模型，即史前时期的人口增长率低至几乎为 0。虽然已有学者批评其简单性，但静止人口模型仍是当前研究中较为常用的假设之一。

这种方法的优势是注意到不同类型房屋使用寿命可能有所不同。许多西方人口考古学研究常常忽略这一点。同时，公式简练方便，可以很快得出估计。不足之处是，使用了点估计而非区间估计。恰如碳 – 14 年代往往是一个范围。遗址延续时间、房屋使用年限、初始房屋数量实际上都是一个数值区间，以目前的知识水平还不能得知它们的确切数值。使用点估计虽然简单直接，无法知道结论在统计学上的置信度。因此得出的结论可能存在着一定的风险。但是，如果对同一时空框架下的聚落，采用统一标准估计，这一公式仍是当前最为简便有效的方法。

马尔科则注意到，房屋数量的增长和积累本质上是人口规模的动态反映，因此从人口增长率和环境承载力的角度，计算瞬时房屋数量和人口规模。现代人口学认为，大多数人类种群的增长都符合 logistic 增长模型，即在种群繁衍初期人口缓慢增长，之后进入快速增长期，直至达到当地环境承载力的上限，人口的增长趋于缓慢。马尔科

---

① Scott G. Ortman, Mark D. Varien, T. Lee Gripp, Empirical Bayesian methods for archaeological survey data: an application from the Mesa Verde region. *American Antiquity*, 2007 (72), pp. 241 – 272.

认为新石器时代聚落内的人口增长也服从这一过程。考古观察到的房屋数量是聚落内人口经历了整个 logistic 增长后累积的结果。因此，马尔科推导出如下公式计算聚落的初始人口规模[①]：

$$H_{total} = \int_{t_0=0}^{t} H_t \frac{1}{L} dt + H_t = \left[\frac{K}{rL} \left(ln\left(\frac{K-P_0}{P_0} + e^{rt} \right) - ln\left(\frac{K-P_0}{P_0} + 1 \right) \right) + \frac{K}{1 + \left(\frac{K-P_0}{P_0} \right)e^{-rt}} \right]$$

其中 H_t 是遗址中观察到的房屋总数，是已知的；P_0 是聚落初始人口规模，是公式想要求得的数值；K 是当地环境承载力、L 是房屋使用寿命、r 是人口增长率、t 是遗址延续时间，这四个是需要预先输入的参数。通过计算机模拟，可以寻找哪些参数组合最终能形成遗址中所见的房屋总数。在 81600 个参数组合中，有 333 个模型预测了乌伊瓦尔在指定区间内的累计房屋数量。95% 的估计值介于 92 至 309 人之间。如作者所言，虽然公式得出了一个相当宽泛的人口估值，但它明确了下一步的努力方向，即寻找各参数更精确的取值范围。

与估算姜寨公式不同，马尔科公式的潜在假设是：（1）人口始终保持增长，且是 logistic 增长。（2）房屋的增加和兴废是人口自然增长造成的，没有大量移民的迁入或迁出。只有符合这两个条件，公式才能安全地被使用。

2. 宏观层面：整个区域中各聚落之间的共时性

在梅萨维德地区村庄生态动力学项目中，欧特曼提出根据调查数据和遗址发掘，尝试利用贝叶斯方法获得更精确的遗址年代，可以归纳为：（1）根据树轮年代、陶器组合，将研究时期分为 14 个时间段。选择 80 个年代明确、时期单一的遗址。选择 18 种建筑、24 种陶器。记录在每个遗址中观察到的每种类型的建筑和陶器碎片比例。运用贝叶斯公式计算陶器类型随年代变化的概率密度。（2）将每个遗址的：有纹饰陶器、无纹饰陶器、建筑特征、考古学家的评估、树轮年代等年代敏感信息转换成概率密度分布。对于缺乏数据的遗址，根据周围遗址的年代对其进行估计。（3）依据现有的六个概率分布，得出每个遗址在 14 个时间段中最有可能的年代。

这种方法有两个明显的特点。（1）将定性转换为定量分析。遗迹和遗物的各项特征被转化为可以计算的数据，推定遗址年代成为有逻辑，可重复的科学研究。贝叶斯定理将考古学家的推理问题的方式正规化，使考古学在推理方式上更接近于科学。（2）类型学与测年数据紧密结合。这种方法认为，器物的风格不会突然盛行，也不会突然完全消失。器物风格的流行有其发端、高潮、衰落的完整过程。反映在遗物上则是某一型、式器物碎片的数量占同期所有碎片的比例随时间变化。器物组合也是同样

[①]　Porčić. Marko. An exercise in archaeological demography: estimating the population size of Late Neolithic settlements in the Central Balkans. *Documenta Praehistorica*, 2011(38), pp. 323 – 332.

的道理。该方法细化了类型学指示的时间段，为遗址断代提供了坚实的年代学基础。

但是，梅萨维德地区的定居点往往只在某一时期被占据，文化面貌非常单纯。而中国新石器时代诸遗址往往被不同时期的居民反复利用，是否会对地表调查造成影响，仍有待于评估。史前普韦布洛建筑的大量木材为树木年轮法提供了很高的精确度。由于材料限制，我国以碳 – 14 测年为主，能否达到足够精确的分辨率，是有待讨论的问题。但是该方案带给我们的启示是，除了技术进步，数据处理方式的改进也十分重要。同样有望于为遗址共时性问题做出贡献。

目前，已有不少学者为中国新石器时代的遗址和区域估算人口数量。例如赵春青先生估计姜寨一期的村民人数为"100 多人"[1]，柯睿思则认为姜寨约有 300 ~ 400 人[2]。赤峰区域调查估算的红山文化有 4634 ~ 9266 人[3]。可以发现，这些数据的精度都很不一样。有的标准差很小，有的最高值和最低值相差两倍左右。那么，什么才是人口考古学要求的精确度呢？要解决这个问题，就必须回答利用人口考古数据，我们有望解决什么问题？即明确人口考古学的目标。

三　人口考古学的理论构建

人口考古学的理论来自于对人际关系和人类增长方式的关注，分别代表了人类的文化属性和生物属性两个方面。主要可以分为"梯度压力理论""生命史理论"和"人口长期趋势相关理论"三个方向。

1. 梯度压力理论

进化心理学家邓巴（R. Dunbar）认为，人与人之间的交流可以概念化为一种信息流。在日常交往中，人们通过语言、手势、服饰和其他物质符号在不同层面上交流信息。个人作为一个信息源，有可能向每一个与之接触的人传播信息，也有可能从他们那里接收信息。然而，社会心理学和社会学的一些研究表明，人类处理信息的能力受到一些限制：在一个群体中，如果每个成员既是信息源又是决策者，当群体人数超过 6人时，就会超出个人处理信息的最大工作量。人口规模过大可能引起沟通效率下降和人际纠纷[4]。罗伊（Roy Rappaport）首次从人类学角度论述了这一问题。他在讨论特斯

① 赵春青：《也谈姜寨一期村落中的房屋与人口》，《考古与文物》1998 年第 5 期。

② Christian E. Peterson, Gideon Shelach. Jiangzhai: Social and economic organization of a Middle Neolithic Chinese village. *Journal of Anthropological Archaeology*, 2012（31），pp. 265 – 301.

③ 赤峰中美联合考古项目组：《内蒙古东部（赤峰）区域考古调查阶段性报告》，科学出版社，2003 年，第 71 页。

④ RIM. Dunbar. Coevolution of neocortical size, group size and language in humans. *Behavioral and Brain Sciences*, 1993（16），pp. 681 – 735.

巴加（Tsembaga）人的村庄裂变周期时指出，"某些类型的争端频率取决于人口密度"①。随着人口线性增长，引发争端的风险可能呈几何级数上升。他认为，这一过程甚至可以用数学形式表达，即群体规模的"刺激系数"。此后许多人类学家都观察到不同文化中因为人口增长导致的族群分裂现象，即使族群规模远远低于当地生态承载能力。

　　基于上述研究，考古学家约翰逊（Johnson）提出了"梯度压力（Scalar Stress）"理论。约翰逊认为，人类群体的日常互动是基于个人之间的沟通，而沟通可以被视为一种信息流，一个群体通过面对面的信息流来达成共识。这种情况随着个人数量的增加而呈几何级数增长，超过一定的阈值就变得无法管理了。因此，人类群体不得不通过裂变或群体重组来解决与规模相关的问题②。比人类学家更进一步，约翰逊指出梯度压力具有进步意义。由于受限于地域和周边族群，人类群体不可能无限分裂。当分裂受到阻碍，人类就不得不发展出社会整合机制，来组织日益庞大的人口。每当梯度压力达到临界点，社区组织就必须改变。许多人类的文化行为，如决策层级、凝聚力机制（如宴享、风格展示）、公共设施，甚至领导力的发展，都是抵抗族群分裂的措施。

　　北美普韦布洛奥莱比（Oraibi）村的分裂被称为"西南部村庄派别纷争最著名的例子"，可能代表了一个群体通过分裂来解决临界梯度压力的尝试。贝尔纳迪尼（Bernardini）利用该事件探讨群体梯度压力的临界阈值③。结果发现，当决策者超过 9 人时，会遇到第一个梯度压力临界点。必须整合为以家庭为单位的决策层级来容纳更多参与者（家庭规模为 4 人）。当家庭超过 9 个（36 人）时，会遇到第二个梯度压力临界点，需要将家庭整合为数个氏族。第三个和第四个临界点出现在人口规模 170 人和 570 人的时候。当人口数量超过 570 人，必须发生一次社会组织的重大转变，以形成新的聚合机制。贝尔纳迪尼将这一模型用来解释美国西南部普韦布洛三期的史前聚落形态。发现 13 世纪以前的聚落普遍少于 9 个家庭单位；公元 1250 年后，波特克里克普韦布洛（Pot Creek Pueblo）遗址出现了平均每 20 人被整合到一个屋组的情况，10 屋组围绕着中央广场。整个聚落已经处于第三个梯度压力的临界值上（170 人）。随后出现的中央大型房屋未完工即遭废弃、聚落解体，被认为是抵御梯度压力失败的证据。

　　贝尔纳迪尼从缓解梯度压力的角度重新认识"仪式"的作用：仪式给交流带来了一定程度的神圣化，既增加了信息公信力，又使信息能以可预测和有序的方式被执行。通过减少、简化和规范仪式参与者之间的交流，仪式提高了沟通效率。仪式的物质表

---

① RA. Rappapor. *Pigs for the Ancestors*: *Rituals in the Ecology of a New Guinea People*. New Haven. Yale University Press, 1968, p. 116.

② GA. Johnson. Organizational Structure and Scalar Stress. *Theory and explanation in archaeology*. New York: Academic Press, 1982, pp. 389 – 421.

③ Wesley Bernardini. Transitions in social organization: A predictive model from Southwestern archaeology. *Journal of Anthropological Archaeology*, 1996（15）, pp. 372 – 402.

现是仪式建筑，又称"整合性建筑（指具有凝聚集体功能的建筑）"通过观察整合建筑的数量和级别，可以推测群体规模和正在承受的梯度压力水平。阿尔贝蒂（Alberti）使用姜寨聚落的案例，说明在姜寨中期时，聚落达到最大规模 255 人，因此产生了五座大型建筑，来缓解梯度压力①。与之形成鲜明对比的是，的的喀喀（Titicaca）盆地在公元前 1000 年以前，村庄普遍人数达到 157～186 人时分裂。直到奇里帕晚期（公元前 800 年），的的喀喀湖盆地南部出现了一整套与祭祀活动有关的物质文化。包括（1）下沉式神庙建筑；（2）装饰供碗；（3）陶瓷喇叭；（4）基座式香炉；（5）风格独特的石雕。这一组合被称为"亚雅—玛玛宗教传统"。在"亚雅—玛玛"宗教传统出现的同时，地区村庄的裂变停止了，出现了 400 人以上的大型聚落②。

梯度压力理论从绝对人口数量的角度，预测聚落内部可能出现重大转折的时间点，引导考古学者发现史前人类应对人口阈值的措施和结果。

2. 生命史理论

有学者发现，相比于提高生育率，人类更倾向于为婴儿提供良好的抚育。琼斯（Jones）利用经济学中的边益成本模型，发现生育率至少需要提高约 20 倍，才能替代婴儿存活率为扩大群体规模带来的效益。简单来说，投资后代的质量而非数量，更有利于扩大种群规模。比较发现，即使同为灵长类，黑猩猩和猕猴对婴儿投资的收益却远低于人类。人类的生命史兼具初次生殖年龄晚、生殖期长、婴儿抚养时间长的特点③。人类生命史特点和生殖策略造就了人类对婴儿的独特关注。

对阿格塔狩猎采集者的研究表明，虽然新石器时代向农业的过渡大大降低了人类健康水平，但对婴儿的集中投资提供了一种质量—数量权衡的适应机制。一方面，定居带来的疾病风险遏制了新石器时代人口数量的爆炸性增长，另一方面对婴儿的集中投资则一定程度提高了存活率，造成人口相对缓慢地增长④。

对婴儿的投资策略甚至可能影响到对老年人的认识。传统衰老进化理论认为：随着个体年龄的增长，生育力会减弱，因此持续生存对生殖健康的贡献也会减少。该理论试图解释为什么随着年龄的增长，死亡率会随着健康和功能的衰退而上升。然而，民族学研究表明人类普遍存在隔代抚养的现象，成为人类集中投资婴儿的策略之

① Gianmarco. Alberti. Modeling group size and scalar stress by logistic regression from an archaeological perspective. *PLoS One*，2014（9），pp. 91510.

② Matthew S. Bandy. Fissioning, scalar stress, and social evolution in early village societies. *American Anthropologist*，2004（106），pp. 322-333.

③ James Holland. Jones, Shripad Tuljapurkar, Measuring selective constraint on fertility in human life histories. *Proceedings of the National Academy of Sciences*，2015（112），pp. 8982-8986.

④ Abigail E. Page. Reproductive trade-offs in extant hunter-gatherers suggest adaptive mechanism for the Neolithic expansion. *Proceedings of the National Academy of Sciences*，2016（113），pp. 4694-4699.

一①。这一理论为认识史前家庭分工与家庭观念的起源提供了新的视角。但是目前这一假说主要依靠民族学材料和模型推导，考古学证据还相对薄弱。人口学中经常有"抚养比""隔代抚养比"的研究，用以测量社会的生育压力和生育成本。这一概念可能为史前时期的抚育策略提供借鉴。

3. 人口长期趋势相关理论

人口考古学的另一个重点是对区域范围内人口波动规律的解释。不少学者推测，史前考古粗略的时间尺度可能抹平了新石器时代人口遭受的振荡。真实的人口历史可能是人口数量锯齿状波动或周期性繁荣—萧条的过程。罗杰斯（Rogers）通过计算机模拟发现，人类种群有可能超过承载力极限，出现振荡，甚至导致灭绝。这一过程可能在两代人之间突然发生，而此前的预警信号则非常微弱②。孔多尔（Kondor）则发现，气候波动似乎无法解释欧洲新石器时代的人口周期性繁荣—萧条，社会间的暴力冲突可能是主要原因③。这些假说为社会崩溃研究提供了新的视角。长期以来，人们将社会崩溃的因素归结于气候变化、自然灾害、资源耗尽等外部因素。这些假说则认识到人口波动和人群互动可能助长或导致政治崩溃，为社会崩溃提供了内生性的解释。中国新石器时代原生社会也伴随着数次兴起与衰落。以良渚文化为例，在一个高人口密度社会中人口振荡与环境变化分别在多大程度上促使国家解体，或许仍是值得探讨的问题。

四　总结

迄今为止，人口考古学已经发展出一系列方法和理论。其目标不再限于描述人口数量，而是以人口估算为基础尝试对文化形成和发展过程作出解释。当前人口考古学中有三个方面是值得注意的：一是构建人口模型的方式。从考古材料出发提出问题，参考民族志，提出理论模型或数学模型，再用更多民族志和考古材料进行检验。其中运用到了类比、归纳、演绎这三种逻辑。二是近年来模拟的方法应用。大家日益认识到人口实际是一个受多种因素影响的复杂系统。人际关系、争夺资源、气候、生计、等级等多个变量共同作用造成了考古学所见的人口动态。模拟技术的优势在于可以同

---

① Ronald D. Lee. Rethinking the evolutionary theory of aging: transfers, not births, shape senescence in social species. *Proceedings of the National Academy of Sciences*, 2003（100），pp. 9637 – 9642.

② Cedric. Puleston, Shripad Tuljapurkar, Bruce Winterhalder. The invisible cliff: abrupt imposition of Malthusian equilibrium in a natural-fertility, agrarian society. *PLoS One*, 2014（9），pp. 87541.

③ Daniel. Kondor, et al, Explaining population booms and busts in Mid-Holocene Europe. *Scientific Reports*, 2023（13），p. 9310.

时改变多个变量，如利用蒙特卡罗方法找出最可能的趋势。如果说历史只有一次，在模拟系统中历史则可以发生上千次。可以预期，这种方法将获得更为广泛的运用。三是提供现代问题的考古视角。现代人口学家时常困惑于人口预测的不准确性，考古学提供了万年尺度的人口发展史，聚焦人口的波动规律。人口激增、城市扩张、产业革命，打破了传统聚落模式和家庭形态，带来了个人空间压缩、社交压力激增、生育意愿下降等一系列新的社会问题。这些问题本质上是人口问题。人口考古学尝试从个人、家庭、社群的角度出发，研究人类生存、互动、发展的历史，寻找当代问题的历史经验，认识考古学的现实意义。

Methods and Theory of Neolithic Population Archaeology

Zhao Jiarui

Abstract: Population is a key variable in the development of human societies and a key to understanding prehistoric cultural adaptive change. The theories of population archaeology mainly include the theory of scalar pressure, the theory of life history and the theory related to long-term population trends. It aims to explain the role of population as a driver of cultural processes, human survival strategies, and population growth patterns in a long-term perspective. Compared to historical demography, Neolithic population archaeology not only studies the size and dynamics of the population, but also pays more attention to the role played by demographic factors in the cultural system, and tries to explain the relationship between prehistoric populations and the complexity of societies, the transformation of livelihoods, and cultural innovations. Population size estimation is an important foundation of population archaeology, involving the examination of different levels such as micro and macro, space and time. The questions to be addressed by the study determine the precision of the population size to be obtained.

Keywords: population archaeology; population size; scalar pressure; life history theory; population cycle fluctuations

石板墓和匈奴平民墓葬发掘方法的思考

潘　玲　　朱良燕

（西北大学文化遗产学院，西安，710127）

摘要： 蒙古国的石板墓和匈奴平民墓葬均有墓上石质建筑，绝大多数墓葬均被盗。在发掘这两类墓葬的早期阶段均不宜在中部留较高观察剖面的隔梁，也不适合采用二分法发掘。建造石板墓的石头有不同功能，可区分出围墙、支护石、墓坑盖板、墓坑封石、墓域外的立石等五种石头，被盗掘石板墓的围墙内侧往往有未被扰动的地面。发掘匈奴平民墓葬，应该尽量多清理掉墓上石围圈，露出墓坑开口及其周边的地面，这样才能尽早找到盗洞的开口。

关键词： 蒙古国　石板墓　匈奴平民墓　盗洞　发掘方法

蒙古国境内数量最多的墓葬是青铜时代的石板墓、相当于中国两汉时期的匈奴墓葬，两者均有墓上石质建筑[①]。除了少数匈奴大型墓葬以外，绝大多数石板墓和匈奴平民墓葬[②]的地下部分均为结构简单的竖穴土坑。石板墓的墓上有石围墙，墓坑上面盖石板，围墙内的墓域通常要铺上碎石。匈奴平民墓葬绝大多数墓上有石围圈，该石围圈由保持原始位置的墓上封石、被盗墓者扰动过的墓上封石、以及盗墓者从墓坑扔到地表的墓内填石组成（图一，1）[③]。根据德列斯图依墓地发掘的保存完好的墓葬可知，匈奴平民墓葬的一种墓上封石堆为近长方形，类似"铠甲状"，由平铺的石板或石块组成（图一，2）[④]。

---

① 石板墓和匈奴墓的墓上均有用石头铺砌成一定形状的石质结构。为了叙述方便，本文暂将其简称为石质建筑。

② 匈奴贵族和平民墓葬的结构和规模有明显差别，前者规模大，有墓道和较宽的近长方形墓坑；后者规模较小，只有略窄的长方形墓坑。有的也将匈奴的平民墓葬汉译成"普通墓葬"。

③ Миняев С. С. *Дырестуйский могильник*, СПб：Европейский дом，1998，Таблица 77.（本文图一，1）

④ Миняев С. С. *Дырестуйский могильник*, СПб：Европейский дом，1998，Таблица 13 – А.（本文图一，2）

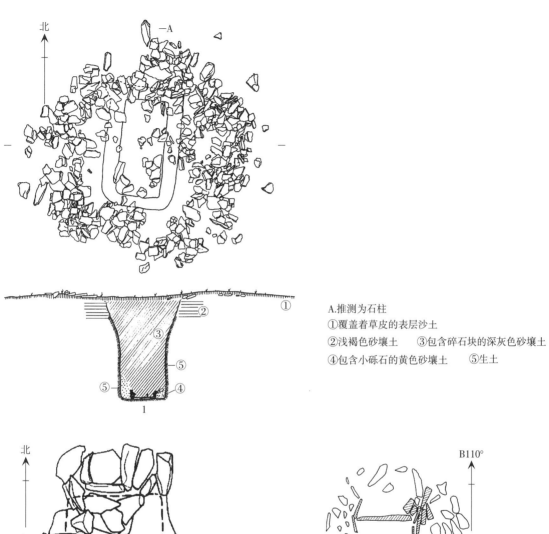

A.推测为石柱
①覆盖着草皮的表层沙土
②浅褐色砂壤土　　③包含碎石块的深灰色砂壤土
④包含小砾石的黄色砂壤土　　⑤生土

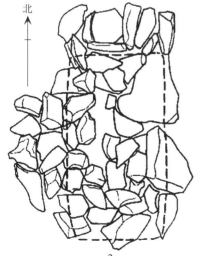

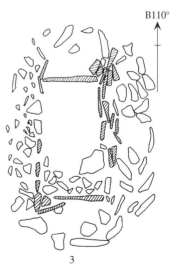

图一　俄文考古报告和研究论文发表的匈奴平民墓葬和石板墓的线图

1. 德列斯图依墓地 M98 的平剖面图（墓上近环状分布的石块即俗称的"石围圈"）　2. 俄罗斯外贝加尔地区德列斯图依匈奴墓地未被盗扰的 M39-a 的墓上封石平面图（虚线为墓坑开口线）　3. 俄罗斯布里亚特共和国乌布尔—毕留坦墓地 97 号石板墓平面图

　　2018 和 2019 年的夏天，吉林大学考古学院暨边疆考古研究中心与蒙古国立大学人类学系合作，在蒙古国巴彦洪格尔省额勒济特苏木的三个地点先后发掘了 9 座石板墓①②和 5 座匈奴平民墓葬③。虽然因缺乏经验，在两个年度的发掘初期存均在一些失误，但是也积累了宝贵的经验，特别是在发挥中国田野考古发掘方法的优势发掘蒙古国境内墓葬遗存方面做了有益的探索。

一　对石板墓结构和建造过程的认识

　　石板墓绝大多数被盗，墓上石质建筑也绝大多数受到破坏，无法详细了解石板墓的墓上结构。以往发表的石板墓平、剖面图，也主要为黑、白线图，从图上只能区分出建造围墙的大部分石头，其他图上绘出的石头，均无法区分其功能（图一，3）④。2018 年我们在塔黑拉嘎墓地很幸运地发掘到 4 座保存完好的小型石板墓，此前在朝伦昂古其特墓地发掘 4 座被盗掘的大中型石板墓。通过这两次发掘，对石板墓的墓上建筑结构、建造过程有了较明确的认识。

　　根据 4 座保存完好石板墓的发掘，可知石板墓的建造过程大致分为七步。

　　（1）首先在地面上平整出近长方形的区域，即墓域。

　　（2）在墓域的中部挖出近长方形墓坑（图二，1），下葬填埋后用石板封盖墓坑（图二，2）。有的石板墓所在的地表因有坡度，在铺墓坑盖板之前，用细沙将墓域内的地表找平，然后再在找平的地表上面盖上墓坑的盖板石（图二，5）。

　　（3）沿平整出的墓域四边用侧立的石板或大石块围砌出围墙（图二，3）。大型石板墓的围墙用较高的大石板砌成，因围墙石板较高而薄，一般要沿墓域挖沟，将围墙石板的底部放在沟内。用竖立的大石块围砌的围墙则直接在地表围砌不用挖坑，一般见于小型石板墓（见图二，5 的剖面图）。

---

① 本文涉及的朝伦昂古其特墓地大型石板墓发掘的概况，见潘玲：《高原探古——吉林大学—蒙古国立大学在蒙古国进行首次联合考古发掘》，吉大考古微信公众号，2018 年 12 月 27 日，中国考古网转载，http://kaogu. cssn. cn/zwb/xccz/201812/t20181228_4803255. shtml.

② 本文使用的 2018 年发掘塔黑拉嘎墓地小型石板墓的材料，见吉林大学考古学院、吉林大学边疆考古研究中心、蒙古国立大学人文学院人类学与考古学系：《蒙古国图音河流域两处石板墓群的调查与发掘》，《考古》2023 年第 4 期。

③ 本文涉及的索尧胡林墓地匈奴墓葬发掘的概况，见潘玲：《吉林大学 2019 年度赴蒙古联合考古发掘成果概要》，吉大考古微信公众号，2019 年 9 月 10 日，中国考古网转载，http://kaogu. cssn. cn/zwb/xccz/201909/t20190910_4970407. shtml.

④ Цыбиктаров А. Д. *Культура плиточных могил Монголии и Забайкалья*, Улан-удэ：Издатлъство Бурятского госугиверситета，1998，С. 206，Рис. 19. （本文图一，3）

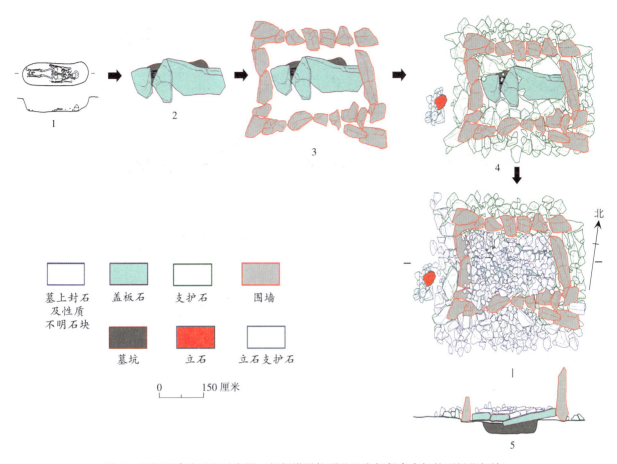

图二　石板墓建造过程示意图（根据塔黑拉嘎墓地发掘保存完好的石板墓归纳）

1. 在墓域中部挖墓坑葬人　2. 填埋墓坑，墓坑顶部放盖板石　3. 在墓域边缘砌围墙　4. 在围墙内外铺支护石加固，在墓域西侧竖立立石　5. 在支护石、盖板石上放石块组成的封石

（4）在围墙的两侧铺相对略小的石板或石块以加固围墙，我们将这些加固围墙用的石头命名为支护石（图二，4）。在朝伦昂古其特第一地点发掘的较大石板墓的围墙两侧，往往用稍倾斜铺砌的石板做最底层支护石，在该层石板上面再略向外错位铺一层或两层石板（图三，1），有的还在支护用的石板上再放石块用来加固。在围墙和支护石之间经常嵌入小石条或小石板填补缝隙，同时起到加固围墙作用（图三，1）。塔黑拉嘎墓地的石板墓均为小型墓葬，围墙用大石块砌成，支护石也均为石块（图三，3）。

（5）在围墙内侧的支护石和墓坑盖板石之间再放置石块，使围墙内的石头相互咬合在一起，共同起到支撑和加固围墙的作用。目前只在未被盗掘的小型石板墓能观察到这种墓域内石头互相咬合的结构（图三，3）。我们发掘的大型石板墓因均被破坏严重，没有观察到这一相互咬合现象。

（6）在围墙内的支护石、盖板石等石头上面铺上较小的石块（有的可能同时也盖上土），我们将这类石头命名为墓域的封石。封石一方面填平了围墙内部的墓域，起到了美化的作用；另一方面也遮盖住了墓坑上的盖板石，使盗墓者不能轻易找到墓坑位置（图二，5）。

图三　石板墓的支护石、盖板石等

1. 被破坏的大型石板墓围墙外侧叠铺的支护石（红线内）、嵌在围墙石板和支护石之间的小石板（绿线内）、墓域外的立石（蓝色线内）　2. 被破坏的大型石板墓中部被移位的墓坑盖板石（绿线内）　3. 保存完好的小型石板墓内相互咬合的围墙内侧支护石和盖板石（绿色线内的石头）、围墙外侧的立石（红色线内的白色石头）

（1、2 为朝伦昂古其特墓地的石板墓，3 为塔黑拉嘎墓地的石板墓）

（7）有的石板墓在墓域外竖立立石，一般为石柱或者特殊颜色的石块（图二，4、5；图三，1、3），立石的底部也和围墙一样用支护石加固（图一，4、5）。有的石柱状立石上刻出拟人化的图案。

了解了石板墓的结构和建造过程，能够在发掘被盗掘破坏过的石板墓时，帮助我们判断石板墓的墓上遗迹形制、辨析墓上石头的功能。

二　发掘已经破坏的石板墓应注意的问题

大多数石板墓在发掘前只有一部分围墙仍然树立，清理完表土后，会发现在围墙内、外均散布石块。区分这些石头的功能，以及判断石头是处在原位还是已经移位、寻找未被扰动的墓域地面，是发掘过程中应关注的主要问题。

1. 区分石头的功能。石板墓围墙以内的墓域，在墓上有大量石块或石板，包括墓坑盖板石、围墙支护石、墓域的封石。在未被扰动的石板墓中，墓域的封石在最上层，盖在围墙支护石、墓坑盖板石之上。在发掘被盗掘过的石板墓时，根据石头的形状、尺寸及其所在的位置，可以区分出多数石头的原始功能（图二，5）。

大型和中型石板墓往往多次被盗，围墙内的石头被严重扰乱，盗墓者甚至也扰动了围墙内侧的部分支护石。发掘这类石板墓，清理被扰乱的石头时要注意辨认哪些是墓坑的盖板石。石板墓的墓坑一般用 1 至 3 块盖板石覆盖，盖板石面积较大，向下的一面通常较平整。在被盗掘过的石板墓中，盖板石绝大多数被挪动了位置，但是因其较沉重，一般只会被挪到墓坑的旁边。所以盖板石被盗扰后仍然会分布在墓域中部的墓坑附近（图三，2）。发掘被盗掘过的石板墓时，在墓域中部发现的面积较大、一侧较平整的石板，应基本就是墓坑的盖板石。

石板墓的围墙一般用较大的石板或纵向较长的石块围砌，尺寸均较大，发掘前多数围墙石板仍然保留在原位，有的竖立，有的倾斜；少数围墙石板已经倒塌或被盗墓者移位，但是其位置仍然在围墙旁边。根据石板的尺寸、位置和形状能很容易分辨出哪些是倒塌围墙上的石板（图四）。

围墙的支护石位于围墙的两侧，因距离墓坑较远，围墙外侧的支护石一般情况下不会被盗扰，围墙内侧的支护石中有些距离墓坑较近的会被盗墓者移位。在石板墓围

图四　朝伦昂古其特墓地大型石板墓的围墙及其两侧的支护石
（墓域中部竖立的大石板，是掉入被盗墓者挖穿了的墓坑中的盖板石）

墙两侧贴地面放置的、尺寸小于围墙石板但是大于墓域封石的石板或石块，一般均为围墙支护石（图二，4；图四）。大型石板墓的围墙要在其底部略斜铺一层或者更多层的石板支护（图三，1；图四）。

石板墓的墓域封石所用的石头尺寸相对最小，一般为较小的或略小的石块或者小石板，一般长度在几厘米至 20 厘米（图一，5）。盗墓者在盗掘石板墓时，最先扰动的是墓域封石。在盗掘过程中，墓域封石有的被扔到围墙以外，有的被移动到墓域内其他地方，墓域内只有邻近围墙的少数封石没有被移动。在石板墓围墙外侧支护石上的较小石块、围墙外侧支护石以外 1 米左右范围内发现的部分较小的石块，一般均为被盗扰出围墙外的墓域封石。石板墓围墙内侧支护石上及其附近的较小石块、墓域内其他较小石块，绝大多数也应该为墓域的封石。

2. 辨认墓域内未被扰动的地面。盗墓者盗掘石板墓的重点是位于墓域中部的墓坑，相应的发掘大多数石板墓时会发现墓坑开口被破坏，无法复原其原始形状，大多数情况下人骨均被盗扰，散落各处。但是在围墙内侧靠近支护石处，往往保留下未被扰动的墓域原始地表，有的甚至在其表面残留成排摆放的牛、羊头蹄。如 2018 年发掘的朝伦昂古其特 1 号墓地 1 号墓受到严重破坏，墓坑已经被盗墓人用现代工程机械挖穿，盖板石侧翻后竖立在盗坑内，但是墓域内西北角近围墙处没有被盗扰，在这里发现了排成一排的羊头。

三　发掘匈奴墓葬应尽早在平面上找到盗洞

匈奴平民墓葬绝大多数被盗，但是已发表的匈奴平民墓葬的平、剖面图，几乎均未绘出盗洞的开口形状（图一，1），只有极少数的绘出了盗洞的剖面。这说明以往的发掘，基本没有在平面上找到盗洞的开口。

2019 年我们在蒙古国巴彦洪格尔省索尧胡林墓地发掘匈奴墓葬，最初仍然采用蒙古发掘匈奴墓葬常用的方法：在发掘早期阶段，为了省时省力，保留了墓上石围圈的外围没有清理（图五，1）。在从平面上找到墓葬开口以前，为了方便观察剖面，在有的墓葬发掘区域中部保留一条"隔梁"；有的墓葬在划定了墓葬开口线后，采用二分法发掘。留隔梁和二分法发掘妨碍了观察墓葬完整的开口平面，导致在发掘的初期几乎所有的墓葬都没有找准墓葬的开口线。为此只好在发掘过程中分几次清理掉了石围圈内侧的石头以及石头下的表土。在墓葬发掘的中期，在"墓坑"头端的壁上均观察到盗洞的剖面。在发掘后期，我们在墓葬开口层位的墓口以外的区域刮面，结果清晰发现在所有墓葬的头端均有两个盗洞，右侧的盗洞较浅，是盗墓者寻找墓葬头端位置时挖的"探坑"（图五，2）。它只是用来寻找墓葬头端的位置，所以右侧的盗洞均较浅。左侧的盗洞则均一直挖到墓底，应为盗墓者挖完右侧"探坑"找到墓葬头端后，才开始挖的，是真正的盗洞。因为存在这一早、晚关系，我们发掘的几座匈奴墓的左侧挖到墓底的盗洞，往往均打破右侧的盗洞（即"探坑"）。两个盗洞的一部分均挖在墓坑以外。因盗洞针对的是集中放置随葬品的头端，所以墓葬近足端一侧棺椁以上的填土往往保持原状。我们2019年发掘的索尧胡林墓地M3的墓主人骨架一部分被拽入盗洞，头骨掉落在墓底，但是椎骨仍然连在一起没有错位。根据骨架各部位结合程度可知，盗墓行为应发生在下葬后的三个月以内，由此推断盗墓人应该熟悉墓葬的结构、了解墓葬下葬的时间。索尧胡林墓地发掘的5座匈奴墓葬均在头端有两个盗洞，均为左侧的较深、右侧的较浅，左侧盗洞打破右侧盗洞。这说明盗墓者用的是相同的盗墓方法，很可能是同一伙人。

图五　索尧胡林墓地匈奴墓葬发掘照片
1. 墓葬发掘初期只清理石围圈内侧石头后，中部露出大部分墓坑的开口
2. 挖在墓葬近头端的两个盗洞的局部
（绿色虚线内为盗墓者寻找墓口位置挖的第一个浅盗洞，红色虚线内为挖在头端直通墓底的第二个盗洞）

四　匈奴墓葬的墓上石围圈应尽量
少保留或者完全清除

匈奴平民墓葬的墓上石围圈面积较大，为了节省时间和人工，蒙古国同行发掘时往往只清除石围圈内圈的相当于墓坑开口位置的石头，之后再稍向下做、刮面基本就会观察到墓葬开口形状。我们2019年发掘的匈奴墓葬，均为参考正常匈奴墓葬的长宽比划定墓葬的开口线，没有预料到墓坑的头端以外还会有盗洞。在划定墓坑开口线时，盗洞的北半部压在石围圈下面没有揭露出来，一直到墓葬发掘后期才发现盗洞。

匈奴平民墓葬墓口的面积小，盗墓者不可能像盗大型墓葬那样将盗洞挖在墓口范围内，而是首先要寻找墓口，这样挖寻找墓口的浅盗洞经常会有一部分挖在墓口以外。从2019年索尧胡林匈奴墓葬的发掘可知，匈奴墓的随葬品主要放在头端，墓坑内填塞较多石块。所以直通墓底的盗洞一方面都要打在墓葬头端附近，另一方面为了使盗洞不塌陷、减少从墓坑里扔出大量填石消耗体力和时间，盗墓者也会将打到墓底的盗洞尽可能多地挖在墓坑范围以外。这样两个盗洞（寻找墓口的浅盗洞、挖到墓底的深盗洞）均有很大一部分超出墓口范围，超出墓口部分主要在墓葬头端的两侧和头端以北的位置，而这个位置大部分超出了我们理解的正常长宽比例的匈奴平民墓葬的长度，相应的通常被误判为墓葬头端以外的地面（图五，2），在清理墓上石围圈时，为了省工省时，往往不清理掉这一位置的石围圈，这样就无法发现盗洞的开口，更区分不出盗洞的数量。

所以，只有尽可能多地清理掉匈奴平民墓葬的墓上石围圈，露出墓葬开口位置及其头端附近的地面，经过大范围刮面，才能尽早从平面上发现盗洞。

五　发掘石板墓和匈奴墓葬不宜采用二分法和保留较高的隔梁

在蒙古国发掘石板墓和匈奴墓的早期阶段，我们还严格遵守平剖面结合发掘遗迹的原则，分别尝试了二分法、在墓葬中部留隔梁这两种方法。但是事实证明这两种方法都不适合这两类墓葬的发掘。石板墓和匈奴墓葬的遗迹层位关系均较简单，但是墓上均有石质建筑，了解墓上建筑的布局、石头的功能，主要是通过平面观察。这两类墓葬绝大多数被盗，寻找盗洞的开口，最佳的办法也是在平面通过分辨土质土色的差别分辨出盗洞的开口。二分法、中部留观察剖面的隔梁，均会影响观察整体的平面。为了记录发掘区域的剖面，可留矮的隔梁，留到一定高度补绘完剖面图后即打掉，这样能保证发掘区域经常能处于同一平面内，方便通过观察土质土色的变化及时发现墓坑和盗洞的开口。

中国考古界在21世纪初才开始在蒙古国开展合作考古发掘，此时蒙古国的古代都城、帝陵等重要考古遗存早已有西方国家和日、韩等国与蒙古国合作开展发掘。中国考古界在蒙古国境内发掘的墓葬，多数是中小型的。但是运用成熟、细致的中国考古发掘方法，针对蒙古国遗存的特征，做适当的调整，将会在普通墓葬遗存的发掘中，获得较以往更多的信息。

附记：本文为国家社科基金重点项目"战国秦汉时期东北族群的考古学研究"（22AKG004）的成果。

Some Consideration on the Method of Excavating Stab Tombs and Xiongnu Ordinary Tombs

Pan Ling   Zhu Liangyan

Abstract: In Mongolia, there are stone structures above the slab tomb and Xiongnu ordinary tomb generally, and the vast majority of them were robbed. It is unsuitable in retaining high earth bulkhead or excavating in dichotomy method during the early stage of excavation on the two kinds of tombs. There are five kinds different stones on the slab tomb, namely, stone for fence, supporting stone, stone cover of the grave, cover stones of tomb area, standing stone outside the tomb area. Generally, we can find undisturbed ground near the inner side of supporting stones of slab tomb. During the early stage of excavating Xiongnu ordinary tomb, it is better to clear the stones above grave pit as much as possible in order to reveal the shape of grave pit and robbing pit, only in this way we can find out the robbing pit in very early stage.

Keywords: Mongolia; Slab tomb; Xiongnu ordinary tomb; robbing pit; excavating method

对早年考古发掘资料整理与
报告编写的思考

邹金丽　李梅田

（中国人民大学历史学院，北京，100872）

摘要： 在"实施 20 世纪田野考古档案抢救性整理与保护项目"的背景下，早年发掘资料的整理与报告编写问题应该纳入到当下考古报告范式的讨论中。本文总结了早年发掘原始资料梳理工作中面临的资料清点、修改和补充的难题与相应处理技巧，探讨了不同特点和保存现状的早期资料适合的报告体例和发表方式，并对报告各部分的具体内容提出了建议。多手段全面堪布遗存埋藏前和发掘后的信息，将有利于推动更多早年考古发掘资料的共享与研究。

关键词： 早年发掘　考古报告　体例　方法

资料的公开与共享是评价和发扬一项考古发掘学术价值的前提，可是不少考古发掘结束后，报告却迟迟没有得到出版，以致形成了"考古报告滞后积压之困"[1]。这一问题早已引起了学界的重视，不少学者对发掘报告"难产"的原因和解决途径都有过探讨[2]。而早在 2006 年，国家文物局就颁发了《关于尽快开展清理积压考古报告工作的通知》[3]，2022 年颁布的《"十四五"考古工作专项规划》中首次明确了"实施 20 世纪田野考古档案抢救性整理与保护项目"，强调要加快考古报告整理与研究成果出版[4]。在各方努力之下，近些年来考古报告的积压情况有了很大改善，尤其是一些早年发掘、但未及时整理出版的资料逐渐被各单位提上编写日程，本文的论述将主要围绕此类考

---

① "考古报告滞后积压之困"参见王丹：《火烧沟遗址缘何 41 年等不来发掘报告——关注考古发掘报告滞后积压之困》，《光明日报》2017 年 8 月 31 日第 12 版。

② 考古报告积压的原因和解决途径，主要有曹兵武、张庆捷、王先胜等学者先后展开过论述，参见曹兵武：《考古报告三题》，《江汉考古》2002 年第 2 期；张庆捷：《考古发掘报告积压的问题》，《中国文物报》2011 年 9 月 23 日第 3 版；王先胜：《关于中国考古学现状的深度思考及学术期待》，《社会科学论坛》2013 年第 12 期。

③ 国家文物局：《关于尽快开展清理积压考古报告工作的通知》，文物保发〔2006〕15 号。

④ 国家文物局：《"十四五"考古工作专项规划》，文物考发〔2022〕10 号。

古资料的整理与报告编写展开。

考古报告的编写已不是个新问题，中国考古学发展百年积累了丰富的经验，对于其范式的讨论也一直在持续，但整理与编写早年发掘资料报告的特殊性却很少有人具体论及。报告的编撰在很大程度上受到了调查、发掘和整理环节的制约①，早年发掘考古资料保存现状各异，信息混乱、记录丢失的情况十分常见，如何处理材料中的矛盾，尽可能客观、全面地展示材料，这是每项早年发掘资料的整理工作面对的首要问题，目前已经出版的多部早年发掘资料的考古报告中都体现了整理者对这一问题的思考与实践。因此，本文从近年来出版的几部早年发掘资料的考古报告出发，就原始资料的梳理、报告的体例和发表方式、报告的主要内容三方面，尝试对早年发掘资料的整理与编写提出几点想法，以期促进更多早年发掘资料的公开、共享与研究。

一 原始资料的梳理

原始资料是报告编写的基础，既包括遗物，也包括在调查、勘探和发掘过程中形成的文字、图纸、照片、拓片、录像、摹本和数据等一切记录②，对早年的发掘来说，还应包括不同时期整理和收藏时产生的新记录。时隔多年再将这些资料整合并转化为客观、易读的考古报告，需要首先对所有资料进行梳理与核对，并着重解决三个问题：一是清点，二是修改，三是补充。

1. 资料清点与编号使用

资料清点的主要工作是确定遗存编号，绝大部分是遗物的编号。编号记录了田野发掘时考古发掘单位和地层堆积单位与出土遗物之间的逻辑序列和隶属关系，是田野考古记录系统的基础，需要保持统一性③，在考古报告中一般采用的是器物出土和初次整理时赋予的编号。但早年发掘资料信息参差错落，难以将所有遗物限于一套编号之内，因此在统一的逻辑之下还要灵活采用多种编号方式，以求尽可能全面地反映材料的整理、收藏经历以及保存信息。

对于部分报告虽未公布，但已经在博物馆收藏、展出的早年重要发现，其报告中除了出土遗物编号外，还应该添加博物馆藏品编号。譬如发掘于1972年的南京大学北园东晋墓的遗物，在1975年初次整理时给了"器物登记号"，21世纪初入藏博物馆时又有了"藏品登录号"，2023年出版的《南京大学北园东晋墓》考古报告中便同时采

---

① 陈星灿：《我看考古报告的编写》，《考古随笔》，文物出版社，2002年，第202页。
② 闫雪梅：《考古档案的建档工作探索》，《中国文物报》2014年1月17日第7版。
③ 赵辉、张海、秦岭：《田野考古学》，北京大学出版社，2022年，第195页。

用了这两套编号①，而且在遗物叙述顺序上基本与 1973 年发表的简报保持了一致②，这样做既利于研究者将博物馆中展出的实物与报告资料互相参照，也方便与简报对读。

　　经历了多次整理的资料情况更为复杂，有时会存在不同的编号方式，此种情形不能人为地删除或统一，而应该同样对所有编号予以披露。如 2021 年出版的《武昌隋唐墓》，该报告发表的 116 座墓葬发掘于 20 世纪 50 年代，前后历经 3 次整理，早年的整理中对于部分出土后未给编号的器物采用了接续编号的方式③。报告最近一次整理时，为更好区分无法确定编号的器物，编者对此类器物另给了一套编号，不过对其中早年已经给过接续编号的，报告未作更改，而是仍然沿用早年的接续编号。此举恰当，因为接续编号提供的信息虽然未必准确，但是在告知读者的前提下保留更早年的推测，也为寻找遗物已经丢失的原始时空信息提供了一些线索。

　　此外，多种编号方式也是解决早年发掘资料编号混乱问题的可行方法。《武昌隋唐墓》最终出版时距离发掘已经近 70 年，错号、重号和缺号的情况十分普遍，编者在整理遗物时便使用了两套编号方式，原始编号明确的用"墓号：器物号"，无法确定原始编号的用"墓号＋器物号"，此方法既能将遗物还原到出土情景中，又很好地区分了不同可信度的遗物，清晰明了，值得借鉴。

　　以上早年发掘资料的报告中多种编号的使用，是由于资料的辗转造成的被动选择。实际上，由于编写理念与研究目标变化，面对情况复杂的早年整理资料，多种编号还应该成为整理者主动使用的方法。

　　中国考古学现行的以地层、遗迹或堆积单位为单元的遗物编号方法是 20 世纪 80 年代以后才定型的，在此之前的不同阶段还存在以顺次、探方编号的多种方法④，这不能算是一种错误，但是在有更细致的学术目标的当下，按照早年的编号方式来排列遗存显然已经无法满足不同的研究需求。因此，再次对此类资料进行整理时，如果具备了获取原始单位信息的条件，应该尝试对遗物以最小出土单位为单元进行重新编号。同时不能改动和删除原始编号，且要在报告中刊布，以免造成原始信息的丢失，方便查找。

2. 资料修改和"错误"的处理

　　由于记录者的叙述顺序、称呼习惯和学术水平有所差异，原始记录中难免存在过

---

① 南京大学博物馆、南京大学六朝研究所：《南京大学北园六朝墓》，南京大学出版社，2023 年。
② 南京大学历史系考古组：《南京大学北园东晋墓》，《文物》1973 年第 4 期。
③ 湖北省文物考古研究所、湖北省博物馆、北京大学考古文博学院：《隋唐武昌墓》，上海古籍出版社，2021 年，第 4 ~ 5 页。报告中对原始资料的处理例子较多，后文中"《武昌隋唐墓》"均指该报告。
④ 刘斌、张婷：《中国考古学中遗物编号方法的演变及原因》，《西部考古》2017 年第 2 期。

于粗糙甚至是错误的问题，有时需要进行一定的规范和更正。不过要注意，发掘资料整理中，原始记录的直接修改是被严格禁止的，所有的修改指的都是报告中相对于原始记录的修改。

基本原则是如实记录全部情况、缺乏依据便不作修改，绝不能舍本逐末，再次造成事实的歪曲和混乱。其典范仍可看《武昌隋唐墓》，编者对已不可查的墓葬形制，即便原始记录简略，也未作无依据的修改和推测，在文字描述时仅为行文统一调整了原记录的描述顺序，形制图则只修改了绘图规范中比如地砖绘制于器物之上的错误，而一些如平剖面不对应的问题，因为缺乏依据便未作更改。

《武昌隋唐墓》还提供了另一种修改思路，那就是对"错误"的标记。报告使用的墓葬形制图，原图的题注中对出土器物的称呼比较广泛，不少器物仅标为"俑""瓷碗"此类，加上一些器物的原始编号丢失，且部分器物已经遗失，图中器物与实际遗物便很难对应。类似情况一般只能保留原状，不过编者还是多行一步，将原始资料中有记录但报告整理未涉及到的器物在图文中以斜体标出，同时把上文提到的同一墓葬出土、但是原号丢失的器物以"器物号＋具体器形"的形式也加在了形制图的题注末。这样一来，原始信息没有改变，但是却大大方便了读者查找和理解。

时过境迁，编者已不可能回到多年前的发掘现场，寻找原始记录中矛盾的正确答案，因此相较于漂亮和完美，"原汁原味"反倒是早年发掘资料报告规范性的体现，只是"原汁原味"不是无为，标记"错误"应该成为整理早年发掘资料的目标之一。

3. 资料的补充

整理早年发掘资料时，经常遇到原始记录中涉及、但具体信息已经丢失的重要内容，除了如实反映情况外，整理者并不是束手无策，而是可以通过不同手段进行一定程度的补救。

部分报告中的关键信息，例如遗迹和遗物的尺寸，早年比较简略的考古记录中可能没有直接记载，但后期整理时可以尽量寻找线索补全。对于已经被破坏的遗迹，可以通过核对留下来的平剖面图进行估计，这种方式可能会有所误差，但是在一定范围内还是具有参考价值的。而对于仍然保存的遗物，最好重新进行测量。

不幸的是只见其名，其他相关记录和实物都没有保留下来的遗迹和现象，这种情况可以通过发掘人员的回忆进行补充。《南京大学北园东晋墓》中就加入了对当时主持发掘工作的蒋赞初先生的访谈记录，补充了发掘时压在墓葬上方、但现已不知去向的巨型石柱础以及墓砖纹饰、主侧室结构等信息①。如果是未完全揭露的遗存，如城墙、宫殿等，则可以通过进一步的发掘获取新资料，以此寻找和诠释已被丢失或破坏的遗

① 南京大学博物馆、南京大学六朝研究所：《南京大学北园六朝墓》，南京大学出版社，2023 年。

迹遗物线索。

总之，考古报告的编写若要科学可靠，原始资料的梳理是第一步。必须在全面认识原始记录的基础上，补充缺失的信息，纠正明显错误，并将材料的复杂性与失误在报告中如实反映。

二 报告的体例和发表方式

完成了原始资料的梳理，也就对资料的体量和保存现状有了初步评估，紧接着要考虑的就是报告的体例和发表方式。目前国内的考古报告仍以纸质出版为主，但因早年发掘材料自身的特点与保存现状不一样，具体形式和体例上也应有所区别。

原始记录和实物遗存基本保存下来的，应该编写常规考古报告，不过资料虽然"陈旧"，在编写体例上却要尽量接轨前沿的理念与方法。其中最重要的是要尽量按单位发表全部遗物的多学科信息，包括原始材料描述和鉴定研究结果。随着考古学对古代社会复原研究的关注，尽量按单位发表全部遗物信息逐渐成为学界的共识，然而近年来出版的早年发掘资料的考古报告中，仍有个别报告是以类型学研究成果为框架来发表遗物信息的，可实际上这种方式对于信息有缺漏的早年发掘资料来说缺点十分明显，因为经过挑选的典型遗迹和器物标本并不能展示和说明所有复杂情况。因此，当下对早年发掘资料进行整理时，可以不在描述部分做类型学的划分，而是直接发表较为原始的材料信息。更进一步地，有学者提出了"描述与研究结合体"的报告编写理念①，其重点是将遗存鉴定等信息也按单位发表，部分早年发掘资料的考古报告对此已经进行了尝试，如《南京大学北园东晋墓》中的金属钉具、铺首描述时就添加了合金的成分信息②，更典型者如《曾侯乙墓陪葬坑》中的动物骨骼鉴定未按惯例附于报告最后，而是放在了相应出土陪葬坑的介绍章节里③。事实上，早年考古发掘中，即使资料未经发表，但部分遗物已经有了成熟的研究结果，故而按单位发表多学科信息，不仅是时隔多年编写早年考古发掘资料的报告对当下学科需求的适应，有时还具备了独特优势。

记录已经丢失、只剩下遗物的资料，则不必过分追求常规考古报告形式上的完整性，可以采用编图录的方式发表遗物。目前，图录是公布未正式发表报告的发掘资料

---

① 雷兴山、王洋：《田野发掘报告的编写理念与方法》，《中国考古学理论与方法Ⅰ》，科学出版社，2020 年，第 139 页。

② 南京大学博物馆、南京大学六朝研究所：《南京大学北园六朝墓》，南京大学出版社，2023 年，第 30 页。

③ 湖北省文物考古研究所、武汉大学长江文明考古研究院、随州市博物馆等：《曾侯乙墓陪葬坑》，科学出版社，2021 年，第 88 页。

的主要形式之一，但编撰思路上普遍围绕着某一专题展开，且所收录的多为遗物中的精美珍品，数量更多的普通遗物难以跻身其内，要了解详细信息仍只能寄希望于正式报告的发表。但有些遗物的原始信息已经丢失殆尽，整理与编写难度很大，在众多的未整理材料中便更容易被搁置，于是这些遗物的面世就更加遥遥无期了。因此，从现实层面来说，以考古发掘为专题编图录或许是发表此类资料的妥善方式，这既可以满足研究者的部分需求，同时也是预防遗物被进一步破坏的有效办法。

一些埋藏关系简单，但遗物精美、价值颇高的发现，图录也应该是其更为重要的发表形式。比如新近出版的《馆藏合浦县望牛岭汉墓出土文物图录》①，其中二号墓的资料在 1971 年发掘之后一直未被公开，却包含了诸多研究汉代海上丝绸之路的重要遗物，此次公布的图录中不仅刊布了多角度、重细节的遗物照片，而且在图片旁附了相应的文字描述，对读者来说更为实用。早年发掘的如司马金龙墓等重要发现，在更加综合、细致的研究公布之前，或许可以采用类似图录的方式，先系统地将遗物的照片发布出来。不过使用图录的方式发表遗物也要注意体例，不能全盘借鉴专题性图录多以器类为顺序的编排方式，而要尽量考虑器物之间的共生关系，同时单件遗物要刊布不同角度和细节的照片，并加以详细的文字说明。

一些早年发现的重要遗址持续时间较长，经过了数次发掘，有的近年仍在开展工作，但是早年的发掘成果也一直没有正式公布，这部分资料便往往会与后来的发掘成果合并发表，这时就要考虑到底是按照发掘时间，还是按照遗址本身的空间和功能来划分资料的问题。如果不同遗迹之间的关联不清晰，材料也比较零散，那么可以按照不同发掘批次来编写材料。如《华容车辕山新石器时代遗址发掘报告》在第二章分为"1982 年墓葬出土物""1983 年地层及遗迹出土物""2016～2017 年发掘资料"来依次介绍 3 次发掘所得资料②。这种体例的好处是不用弥合不同年代发掘理念和方法上的差异造成的矛盾，且可以最大程度地保留发掘记录的原始面貌。但若是不同阶段的工作围绕着特定的学术目标展开，并且遗存之间的位置关系十分明确，那么可以尝试"区位体"③，按照空间和功能区来划分章节，将已有的早年发掘资料的认识运用到报告编写中去。目前大型聚落、城址的勘探和发掘报告大多采用的是此种体例，譬如《隋唐洛阳城：1959～2001 年考古发掘报告》就是将郭城、皇城、东城、宫城、上阳宫分别独立成章公布遗迹遗物的④。而如果是有若干历史时期的堆积的遗址，则应该先考虑按

① 广西壮族自治区博物馆：《馆藏合浦县望牛岭汉墓出土文物图录》，文物出版社，2023 年。
② 湖南省文物考古研究所、科技考古与文物保护利用湖南省重点实验室：《华容车辕山：新石器时代遗址发掘报告》，文物出版社，2023 年，第 10～606 页。
③ "区位体"就是按分区编写发掘报告。见雷兴山、王洋：《田野发掘报告的编写理念与方法》，《中国考古学理论与方法 I》，科学出版社，2020 年，第 135～136 页。
④ 中国社会科学院考古研究所：《隋唐洛阳城——1959～2001 年考古发掘报告》，文物出版社，2014 年。

分期划分再考虑功能区，比如《开封潘湖遗址考古发掘报告》是先以"宋、金及之前时期""明代""清代"来分章，以下再以遗迹遗物分节的①。就材料的系统性而言，使用空间和功能区划分章节的体例相较于按照发掘批次来编写，显然更加合理，但并不是所有遗址的功能区都能够被明确识别出来，因此选择什么样的体例也是由发掘资料本身的特点和学术目标决定的，需要多加斟酌。

除了纸质报告，早年考古发掘资料的信息化也必须得到进一步加强。具体而言，就是要将纸质资料转化为数字信息储存，并通过互联网进行管理和分享。这一工作不仅限于同步纸质报告的电子版，更要侧重对纸质报告难以囊括的原始记录，包括发掘日记、现场工作照、视频等庞杂资料的公布。将原始资料信息化时，应尽量事无巨细地加以呈现，这既是利用了数字储存和传播的便利性，更是由原始记录的特殊价值决定的。一方面，原始记录的公布可以补充纸质报告中未能涉及的部分遗存，同时读者还能通过对原始资料的观察进行再发现，并减少因纸质报告中编者的主观性带来的影响。另一方面，原始记录中有不少关于日常生活的记录，这些文字和影像是民俗学、中国现代乡村史、城市变迁研究的一手资料，在当下和未来都具有重要价值。具体方式上，建议建立"互联网＋考古"的管理和分享数据库②，比如北京大学研发的"田野考古发掘数字化记录与管理系统平台"和中国考古网的"考古数据库""影像资料"库等。虽然早年的资料缺乏前期发掘时数字化的过程，但是后期整理时采用相似思路进行数字化，再用数据库对其进行管理和公布也是可行的。还有另一种电子化但不上网的方式也值得借鉴，比如《青龙镇 2010～2015 年发掘报告》随书附 U 盘，提供了遗迹、遗物的电子图、表③，这种方式对于数据较多的发掘项目来说工作量会加大，但是可以满足读者对图片的使用需求，同时在一定程度上有利于保护版权，作为纸质报告的补充还是非常实用的。

概言之，早年发掘资料的编写和发表要与当下的理念方法同步，方式上要积极提倡纸质报告与信息化并行的模式④，尽量发表全部资料；报告的体例上要兼顾材料的保存现状，从遗存之间的逻辑关系出发，以合理的章节组织遗迹遗物，方便读者使用。

三　报告的主要内容

前文讨论的资料梳理和发表，是考古报告编写的核心，根据国家文物局 2009 年颁

① 开封市文物考古研究所、河南大学历史文化学院：《开封潘湖遗址考古发掘报告》，科学出版社，2021 年。
② 张海：《田野考古信息化与"互联网＋考古"》，《中国文物报》2016 年 3 月 11 日第 7 版。
③ 上海博物馆：《青龙镇 2010～2015 年发掘报告》，上海古籍出版社，2022 年。
④ 纸质报告与信息化的相互补充，参见车亚风：《浅谈考古报告的数字出版模式》，《中国文物报》2017 年 6 月 30 日第 7 版。

布的《田野考古工作规程》，除了公布遗存资料，发掘报告还应该包括遗址概况、发掘经过和方法、专业技术研究和认识等内容①。当下编写早年发掘资料的考古报告理应遵循这一基本模式，但在具体内容上，有以下几方面需要特别指出。

考古报告的第一章通常介绍遗址的位置、地理环境、历史沿革、以及工作经过和方法，早年发掘资料的考古报告还应该介绍资料的保存现状，尤其是丢失和破坏情况要作说明。此外，工作经过和方法不仅包括发掘阶段，保管和整理期间也是重要内容。工作经过要说清楚资料从发现、发掘到本次整理的整个过程，有多次发掘、整理和入藏经历的，建议按照时间顺序依次介绍。陈述可简可详，但必须包括时间、参与人员和主要工作，此前资料的发表情况也可作介绍。工作方法上，早年发掘阶段的原始记录中未必清楚详细，有条件的情况下应该结合发掘者的回忆加以总结；报告整理和编写阶段的工作方法，不仅前文所述的器物编号方式、原始记录修改、补充资料来源等方面要进行说明，也应对报告采用的体例、特定用语、分类标准等一些技术上的特殊处理作解释。

资料描述部分，体例是首要问题，前文已有阐述，除此之外有一个难题要多斟酌，那就是如何处理已经发表过的资料。分两个层次。首先，已发表的资料要不要纳入新报告中？《武昌隋唐墓》中就没有涉及早年发过简报的周家大湾M241[②]和何家垅M188[③]的资料，这对资料相对独立的墓葬影响不大，但是对于大多数遗址来说，简报并不能代替对某一部分内容的全面报道。而且早年受限于技术，遗物的照片质量不高，新报告出版可以提供更为清楚的图片。所以在相关资料还有保存的情况下还是应该重新整理发表，这对遗物保护和读者都是很有意义的。再者，若将已发表过的资料重新发表，该如何处理两者之间的矛盾之处？常见的办法是在前言部分简要说明"以本报告的整理为准"，更为细致的处理可以参看《南京大学北园东晋墓》，报告以页下注的方式详细地对正文中与1973年发表的简报中矛盾的地方一一作了说明，这种方式值得提倡，只是需要整理者付出更多的时间与精力。

公布完发掘项目的所有资料之后，编者往往会将自己的认识和相关遗存鉴定分析放在最后一章，部分学者建议把研究和鉴定结果分开，将后者作为原始资料放在资料章节中[④]，这种做法是符合当今考古学研究的目标转向的，上文体例部分也有谈及。而针对于早年发掘资料，除了发表编者的认识之外，建议还可以同时堪布本批资料的学

① 国家文物局：《田野考古工作规程》，文物出版社，2009年，第9页。
② 湖北省文物管理委员会：《武汉市郊周家大湾241号隋墓清理简报》，《考古通讯》1957年第6期。
③ 湖北省文物管理委员会：《武昌东郊何家垅188号唐墓清理简报》，《文物参考资料》1957年第12期，第51~52页。
④ 赵辉、张海、秦岭：《田野考古学》，北京大学出版社，2022年，第310页。

术史。学术史的梳理是编者在对早年资料整理与研究时的必要工作，将这一部分成果也公布在报告中，相当于给读者了解相关发现和研究提供了线索。

因整理者多已不是早年参与发掘的人员，近年出版的早年发掘资料的部分考古报告中还附了对当年参与发掘的考古工作者的访谈记录，这些记录除了与遗址发掘直接相关，不少内容涉及到了当时考古工地的管理、日常生活趣事等，是构成中国考古学史的重要部分。这一部分内容其实是考古发掘项目的传记，宏大者如安阳殷墟，可以写成《安阳发掘简史》①，而相对简单的遗址的访谈记录也并不是毫无价值，希望未来可以看到更多类似的成果。另外，编写者在整理、编撰过程中的心得也很重要，不少报告中都有对工作收获和经验教训的总结，这对于未来其他早年重要发现的资料整理和报告出版工作具有借鉴意义。

以上几个方面虽然是以常规考古报告为例来谈的，但纵然使用的是图录等其他形式，只要涉及堪布早年的发掘资料，这些内容都应该尽量涵盖其中，因为除了资料本身，围绕着这批资料的人的行为也是历史的一部分，我们有必要也有责任去挖掘和呈现。

四　结语

整理和出版早年的考古资料是当下一项重要的抢救性保护工作，但抢救不意味着只完成报告的数量而忽视内容的质量，现今再去刊布早年的发掘资料，不仅记录和实物遗存会发生缺漏和丢失，考古学的研究目标和方向也发生了转变，而材料本身的价值又是永久的，因此早年发掘资料的考古报告必须是既适应时代又超越时代的。作为考古学研究的基础，报告刊布的信息必须准确、客观，在老资料新报告的境况下，要谨慎对待资料编号、修改和补充的难题，多标记少修改，努力呈现资料原貌。作为原始资料的档案，报告的体例和方式必须方便、可读，在更广泛的读者群体前，要根据材料的保存现状和自身特点，尝试前沿的编写理念方法，使用纸质报告与信息化并行的模式进行发布。作为发掘项目的传记，报告的内容必须全面、翔实，在可持续发现的理念下，要公布遗存埋藏前和发掘后的全部原始信息。只有立足于报告的资料性和科学性原则，从以上三方面同时发力，才能让早年发掘的旧资料在当下重新焕发生机，成为能够被不断研究和共享的永久性文化遗产。

资料整理和报告编写作为解决早年发掘资料的积压问题这一系统性工程的中心环节，目前所受到的关注度是远远不够的，未来既需要更加有力的政策法规支持和更多人力、经费的持续投入，更关键的是要重视早年发掘资料相较于得到及时整理的早年和最新发掘报告的特殊性。在当前和未来很长一段时间内，这一数量庞大的资料类型

---

① 石璋如作，李匡悌、冯忠美辑补：《安阳发掘简史》，史语所，2019 年。

应该纳入到考古报告范式的讨论中，而在实践中，理念方法的更新和新技术手段的运用也必须与时代同步，唯有如此，"考古报告滞后积压之困"才能找到有效出路。

Thoughts on the Organization and Report Writing of Early Archaeological Excavation Data

Zou Jinli　Li Meitian

Abstract: In the context of "Implementing the 20th Century Field Archaeological Archives Rescue Collection and Protection Project", the imperative of integrating the systematization and documentation of early excavation data into contemporary archaeological report paradigms is paramount. This treatise delineates the complexities and bespoke methodologies requisite in the collation and editorial enhancement of primordial excavation materials, encompassing the inventory, rectification, and enrichment of theprimary materials from early excavations. It discusses the suitable stylistic rules and layout and publication methods for earlyexcavation data with different characteristics and preservation status, and puts forward suggestions for the specific content of each part of the report. Comprehensive publication of pre-burial and post-excavation information on the remains through multiple means will help promote the sharing and research of more early archaeological finds.

Keywords: Early excavation; Archaeological field reports; Stylistic rules and layout; Methods

忻定遗存与鲜虞中山国遗存的对比研究

张振腾

（吉林大学考古学院，长春，130012）

摘要： 忻定遗存与鲜虞中山国遗存分别分布于滹沱河的上游和下游，两类遗存在葬俗和随葬器物方面有诸多相似性。综合分析考古材料和历史文献，可以证明忻定遗存与《左传》记载的"无终与群狄"有重要联系，两类遗存的相似性表明"无终与群狄"和"鲜虞中山国"同出一源。

关键词： 东周时期　忻定遗存　鲜虞中山国遗存　族属

忻定盆地位于山西省北部的滹沱河上游。自 20 世纪 60 年代以来，该地区陆续发现了定襄中霍[①]、原平峙峪[②]、原平练家岗[③]、原平刘庄[④]、代县沙洼[⑤]等 5 处春秋战国之际的墓葬遗存（以下简称"忻定遗存"）。这批墓葬以积石墓为主，随葬晋式及北方式青铜器，文化面貌独特（图一）。

目前学界对忻定遗存的性质有两种认识，李培林[⑥]、宋玲平[⑦]、杨建华[⑧]认为忻定

---

① 李有成：《定襄县中霍村东周墓发掘报告》，《文物》1997 年第 5 期；郭艮堂、李培林：《定襄中霍村出土的一批青铜器》，《文物》2004 年第 12 期。

② 戴遵德：《原平峙峪出土的东周铜器》，《文物》1972 年第 4 期。

③ 李有成：《原平县练家岗战国青铜器》，《山西省考古学会论文集》（一），山西人民出版社，1992年，第 107～109 页。

④ 山西忻州地区文物管理处：《原平县刘庄塔岗梁东周墓》，《文物》1986 年第 3 期；忻州地区文物管理处、原平市博物馆：《山西原平刘庄塔岗梁东周墓第二次清理简报》，《文物季刊》1993 年第1 期。

⑤ 贾志强：《无终、楼烦考》，《山西省考古学会论文集》（一），山西人民出版社，1992 年，第123～132 页。

⑥ 李培林、丁伟高：《忻定盆地春秋时期戎狄文化浅论》，《山西省考古学会论文集》（三），山西古籍出版社，2000 年，第 305～310 页。

⑦ 宋玲平：《山西中北部东周时期青铜器及相关问题》，《山西省考古学会论文集》（三），山西古籍出版社，2000 年，第 271～287 页。

⑧ 杨建华：《中国北方东周时期两种文化遗存辨析——兼论戎狄与胡的关系》，《考古学报》2009 年第 2 期。

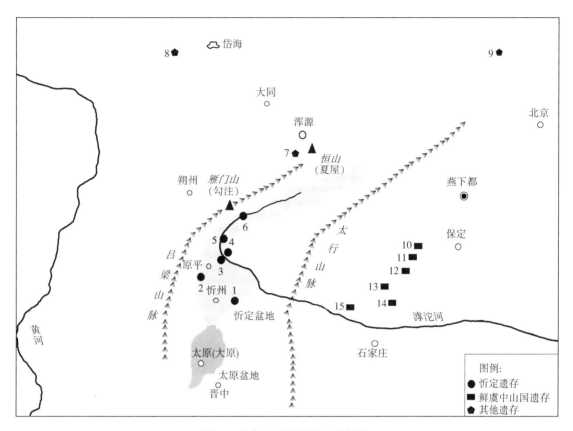

图一　遗存相对位置关系示意图

1. 定襄中霍　2. 原平刘庄　3. 原平峙峪　4. 原平练家岗　5. 原平北王尧　6. 代县沙洼　7. 浑源李峪　8. 凉城饮牛沟　9. 延庆玉皇庙　10. 顺平坛山　11. 唐县北城子　12. 唐县钓鱼台　13. 行唐故郡　14. 新乐中同村　15. 平山灵寿城

遗存属狄人遗存，与鲜虞中山国遗存系出同源。另一观点则由贾志强提出，他认为忻定遗存属赵文化，或者是无终氏遗存[①]。上述学者对忻定遗存的文化因素分析结果基本一致，指出忻定遗存既包含大量东周时期北方长城地带的文化因素又含有大量晋文化因素，均将其年代推断为春秋晚期到战国早期。但学界目前缺乏对忻定遗存与鲜虞中山国遗存的全面对比分析，对忻定遗存族属和性质的判定仍存在争议，鉴于此，本文结合最新考古材料，对以上两类遗存做系统的对比分析，尝试对两类遗存的关系作出合理的解读。

---

① 贾志强、郭俊卿、刘小胖：《忻定盆地春秋铜器墓主的文化族属问题》，《山西省考古学会论文集》（三），山西古籍出版社，2000 年，第 316 ~ 320 页。

一　遗存概况

　　忻定遗存包括 8 个地点的墓葬，目前共发掘 32 座。其中定襄中霍（第一次发掘）、原平刘庄（第一次发掘）、原平崞岭、原平练家岗等 4 个地点的共 11 座墓葬保存完好，未被盗扰；原平刘庄第二次发掘的 21 座墓葬形制清楚，但随葬器物多被盗掘者取走，大部分器物是征集回来的。定襄中霍（第二次发掘）、原平北王尧、代县蒙王村所出铜器均系收集而来，墓葬数量及形制不详。忻州忻口墓地的墓葬资料未发表，墓葬数量和随葬品数量不详①（图一）。

　　忻定遗存 32 座经发掘的墓葬均为无墓道的竖穴土坑墓，其中 27 座墓有积石，5 座墓无积石。积石墓多是以卵石砌筑石椁；椁的上、下不积石；一部分墓葬除了沿椁的四周积石外，椁顶部也有积石，但是底部不积石。根据墓葬面积、棺椁层数和随葬器物的数量以及是否有殉人等四个分类标准，可将未经盗掘的 11 座墓葬分为 3 个等级（表一）。

　　第一等级包括定襄中霍 M1、M2 和原平崞岭墓等 3 座墓葬。墓口面积 15 ~ 30 平方米，有 2 座积石墓，1 座墓无积石。有木质葬具，部分墓葬有殉人。均随葬铜礼器，基本组合为鼎、豆、壶、甗，与同时期三晋铜器墓的铜礼器组合大致相同。部分墓葬随葬北方式的马具和装饰品。

　　第二等级包括原平刘庄 M3 以及原平练家岗墓等 2 座墓葬，墓口面积 8 ~ 15 平方米，积石墓和无积石墓各 1 座。刘庄 M3 为积石墓，无木质葬具，有壁龛，壁龛内可能有殉人②；原平练家岗墓无积石，无殉人，葬具不明。随葬器物既有中原式铜容器，也有北方式的马具和装饰品。与同时期同等级的三晋铜器墓的铜礼器组合相比，忻定遗存的第二等级墓葬缺乏铜器组合中处于核心地位的铜鼎。

　　第三等级共 6 座墓葬，包括中霍 M3、M4、M5，刘庄 M1、M2、M4。墓口面积 2 ~ 5 平方米，均为积石墓，无殉人。刘庄墓地的 3 座墓葬均无木质葬具，中霍墓地的有木质葬具。虽然第三等级的墓葬均未被盗扰，但是大多数墓葬无随葬品，只有刘庄 M2 随葬 1 件戈。以上三个等级 11 座墓葬的详细情况见下表。

　　以上述 11 座墓葬为基础，参考忻定遗存其他 21 座墓葬出土器物，可将这批墓葬的特征总结如下：

　　（1）大多数墓葬积石，只有少数墓葬不积石。

---

① 贾志强：《无终、楼烦考》，《山西省考古学会论文集》（一），山西人民出版社，1992 年，第 123 ~ 132 页。

② 刘庄 M3 头龛内有一具屈肢葬的人骨，发掘者认为人骨属墓主，但从葬式及埋葬位置看，属壁龛殉人的可能性较大。

（2）大型墓有殉人现象。

（3）高等级的铜器墓既随葬中原式铜礼器，又随葬北方式的装饰品和马具。

表一　忻定遗存发掘墓葬分级表

分级	墓葬	墓口面积（平方米）	墓葬形制	棺椁层数	殉人	随葬品
一级	中霍 M1	21	积石	2 层木椁和 1 木棺	3 具	鼎 4、盖豆 2、壶 1、瓿 1、盘 1、匜 1、节约 4、骨镳 1
	中霍 M2	18	积石	1 木棺	1 具	鼎 2、盖豆 1、壶 1、瓿 1、盘 1、勺 1、环首刀 1、头饰，项饰，金饰品数量未知
	峙峪	30	无积石	不详	无	鼎 4、豆 1、壶 1、瓿 1、尊 1、瓿 1、戈 3、矛 2、剑 2、环首刀 2、锛 1、凿 1、铲 1、砺石 1、车軎 2、双环首马衔 2、皮夹 1、环 3
二级	刘庄 M3	8.5	积石	积石上盖木板	有	豆 1、釜形豆 1、单耳壶 1、舟 1、锛 1、匕 1、弹簧形耳环 2、金泡 1、金串饰 1、绿松石串饰 1、骨珠串 1、料珠串饰 1
	练家岗	12	无积石	不详	无	瓿 1、壶 1、勺 1、匕 1、鍑 1、车軎 2、铜泡 1、马镫形马衔 8
三级	中霍 M3	3	积石	1 木棺	无	
	中霍 M4	3	积石	1 木棺	无	
	中霍 M5	4	积石	1 木棺	无	
	刘庄 M1	4	积石	积石上盖木板	无	
	刘庄 M2	4	积石	积石上盖木板	无	戈 1
	刘庄 M4	2	积石	积石上盖木板	无	

二　与鲜虞中山国遗存的对比

位于滹沱河下游的鲜虞及中山国遗存与忻定遗存文化特征相似，两者间的最短距离只有约 100 千米，但是因中间隔着南北向的太行山脉，限制了两者之间的交流[①]。鲜虞及中山国遗存有城址，也有墓葬。其墓葬数量明显多于忻定遗存，包括唐县钓鱼台[②]、

[①] 本文所对比的鲜虞中山国遗存只包括春秋晚期到战国早期，不包括灵寿城战国中晚期的墓葬。

[②] 胡金华、冀艳坤：《河北唐县钓鱼台积石墓出土文物整理简报》，《中原文物》2007 年第 6 期。

唐县北城子①、顺平坛山②、新乐中同村③、行唐故郡④、行唐李家庄⑤、行唐庙上村⑥、行唐西石邱⑦、平山灵寿城⑧、灵寿西岔头⑨、灵寿青廉村⑩、曲阳大赵邱⑪、满城石椁墓⑫等地点，目前共发掘 63 座墓葬（图一），其中少量墓葬的年代可早到春秋中期，大部分墓葬与忻定遗存年代相当。杨建华、宋玲平均认为忻定遗存与鲜虞及中山国遗存之间有密切联系，但并未进行全面比较，以下将从葬俗和随葬品两方面对比这两类遗存的异同。

（一）葬俗对比

葬俗主要包括墓葬形制、头向，葬式、随葬品摆放位置等四个方面内容。两类遗存的相同点有以下三个方面。

第一，墓葬形制和头向相同。有积石和无积石的墓葬并存，以积石墓为主。均在木质葬具以外用卵石围砌积石，部分墓的木质棺椁顶部积石，少量墓葬有壁龛。可辨头向的墓葬均为东北向，可辨葬式的墓葬绝大多数为仰身直肢葬，部分殉人为侧身直肢葬（图二）。

第二，工具武器和装饰品多放置于墓主头部和腰部。

第三，大型墓葬中均发现有殉人。部分墓葬有殉牲。

① 郑绍宗：《唐县南伏城及北城子出土周代青铜器》，《文物春秋》1991 年第 1 期。
② 李文龙：《河北顺平县坛山战国墓》，《文物春秋》2002 年第 4 期。
③ 文启明：《河北新乐中同村发现战国墓》，《文物》1985 年第 6 期。
④ 河北省文物研究所、中国社会科学院考古研究所、石家庄市文物研究所等：《河北行唐县故郡东周遗址》，《考古》2018 年第 7 期；河北省文物考古研究院、石家庄市文物研究所、行唐县文物保护管理所：《河北行唐县故郡遗址东周墓 M2 的发掘》，《考古》2021 年第 12 期；河北省文物考古研究院、中国社会科学院考古研究所、石家庄市文物研究所等：《河北行唐县故郡遗址东周墓 M53 发掘简报》，《考古》2022 年第 1 期。
⑤ 郑绍宗：《行唐县李家庄村发现战国铜器》，《文物》1963 年第 4 期。
⑥ 河北省文物研究所：《行唐县庙上村、黄龙岗出土的战国青铜器》，《河北省考古文集》（第 1 辑），东方出版社，1998 年，第 199～201 页。
⑦ 王巧莲：《行唐县西石邱出土的战国青铜器》，《文物春秋》1995 年第 3 期。
⑧ 河北省文物研究所：《战国中山国灵寿城 1975～1983 年考古发掘报告》，文物出版社，2005 年，本文只对完整发表器物资料和墓葬形制的典型墓例进行分析；墓葬断代依据滕铭予：《中山灵寿城东周时期墓葬研究》，《边疆考古研究》（第 19 辑），科学出版社，2016 年，第 181～206 页。
⑨ 文启明：《河北灵寿县西岔头村战国墓》，《文物》1986 年第 6 期。
⑩ 杨书明、杨勇：《灵寿县青廉村战国青铜器窖藏》，《文物春秋》2008 年第 4 期。
⑪ 王丽敏：《河北曲阳县出土战国青铜器》，《文物》2000 年第 11 期。
⑫ 河北省博物馆、文物管理处：《满城唐县发现战国时期青铜器》，《光明日报》1972 年 7 月 16 日。

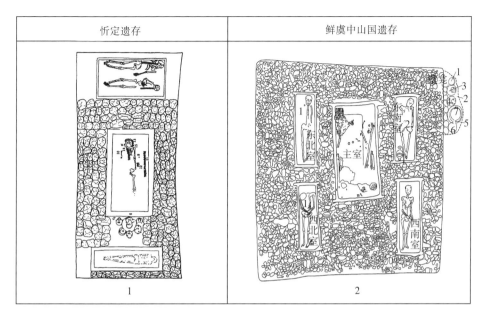

图二　忻定遗存与鲜虞中山国遗存墓葬形制对比

1. 定襄中霍 M2　2. 行唐故郡 M53

两类遗存的差别有三点。

第一，忻定遗存大多数墓葬有木质葬具，有少数墓葬（只见于原平刘庄塔岗梁墓地）无木质葬具，而鲜虞中山国遗存的均有木棺。原平刘庄墓地的两次发掘均见有无木质葬具的墓葬，其中既有不出任何随葬品的低等级墓葬又有随葬铜礼器的高等级墓葬。这一现象不见于忻定遗存其他墓葬，可视为刘庄墓地独有的葬俗，有待进一步研究。

第二，忻定遗存无车马坑和腰坑，墓内不积沙。鲜虞及中山国遗存的一部分墓葬有车马坑和随葬器物的腰坑，一部分墓葬椁外积沙。墓内积沙和腰坑放置随葬品的现象只见于鲜虞中山国遗存，有学者认为这种墓内设施是为了防盗[1]。车马坑是墓葬等级的重要标志，车马坑只见于鲜虞中山国遗存不见于忻定遗存，一方面表明鲜虞中山国遗存吸收了中原地区高级墓葬使用车马坑的做法，另一方面表明鲜虞中山国遗存贵族墓葬可能等级更高。

第三，殉牲的位置和数量、种类不同。忻定遗存大多数墓葬无殉牲，仅原平峙峪墓有殉牲，墓内只殉马，头骨和肢骨分别放置在墓底的南、北两端。鲜虞中山国遗存殉牲墓葬所占比例明显高于忻定遗存，其中行唐故郡墓葬存在墓外设殉牲坑和壁龛内放殉牲两种殉牲方式；壁龛内只殉羊，殉牲坑殉牛、马、羊。无论是殉牲种类还是殉牲数量，鲜虞中山国遗存都较忻定遗存更为丰富。殉牲的差别可能与两类遗存华夏化

---

[1]　何艳杰：《战国行唐故郡墓葬研究》，《石家庄学院学报》2019 年第 21 期。

的程度有关。春秋战国之际，中原地区墓葬普遍不殉牲，同时期的北方长城地带流行殉牲。忻定遗存受晋文化强烈影响，殉牲葬俗近乎消失。鲜虞中山国遗存的殉牲葬俗，可能是保留下来的狄人固有的习俗，也可能是同时期玉皇庙文化等北方文化带殉牲葬俗的影响所致。但这一葬俗在鲜虞中山国遗存中延续时间并不长，随着中原文化影响的深入，战国中期的中山国墓葬已不见殉牲①。

上述差异中腰坑、墓内积沙是两类遗存在发展过程中分别形成的独特葬俗，殉牲的差异可能与两类遗存华夏化的程度有关，车马坑的差异与墓葬等级有关。这些差异都并非葬俗的本质差异，两类遗存在墓葬形制、头向、葬式等葬俗的核心内容上几乎完全一致，且与同期三晋和燕、齐文化墓葬有别。

（二）随葬品对比

两类遗存的随葬品多为青铜器，有少量金器，只有极少数墓葬随葬陶器。青铜容器可分为中原系、北方系、以及中原和北方结合三种②，其中中原系又可细分为晋式、燕式、齐式。青铜兵器、装饰品、车马器可分为中原系、北方系两类。

忻定遗存的中原系青铜容器均为晋式（图三，1~6）。鬲形鼎、甗、络绳纹壶等中原式铜容器均来源于晋文化（图四，1~3）③。路国权归纳了鬲形鼎的分布区域，他指出这类鼎在春秋晚期战国早期主要分布在山西、河北、豫北地区，属晋文化因素④。饰络绳纹的铜器是春秋晚期战国早期晋文化铜器的特色，制造这类铜器的陶范在侯马牛村铸铜作坊多有发现（图四，6）⑤。忻定遗存所见的其他容器在晋文化核心区也可找到与其相似者。器身饰蟠螭纹的椭方形鍑是中原和北方风格结合的容器（图三，15；图四，7），椭方形腹的铜鍑只见于陕北地区、东周时期北方文化带的内蒙古西区，不见于太行山以东⑥（图四，8、9），蟠螭纹是春秋晚期以来晋系铜器上的常见纹饰。素面铜鍑为典型的北方式容器（图三，17）。

① 分期据滕铭予：《中山灵寿城东周时期墓葬研究》，《边疆考古研究》第19辑，科学出版社，2016年，第181~206页；路国权：《东周青铜容器谱系研究》，上海古籍出版社，2018年，第558~563页。

② 需要说明的是，笔者将椭方口鍑归为中原和北方结合的器物主要是由于鍑这一器形是北方常见炊器，但多数椭方口鍑上的纹饰却与中原青铜器相同。

③ 李继红：《沁水县出土的春秋战国铜器》，《山西省考古学会论文集》（三），山西古籍出版社，2000年，第288~294页；中国社会科学院考古研究所、山西省考古研究所、运城市文物局等：《临漪程村墓地》，文物出版社，2003年，第90页。

④ 路国权：《东周青铜容器谱系研究》，上海古籍出版社，2018年，第558~563页。

⑤ 山西省考古研究所：《侯马铸铜遗址》，文物出版社，1993年，第275页。

⑥ 路国权：《东周青铜容器谱系研究》，上海古籍出版社，2018年，第558~563页。

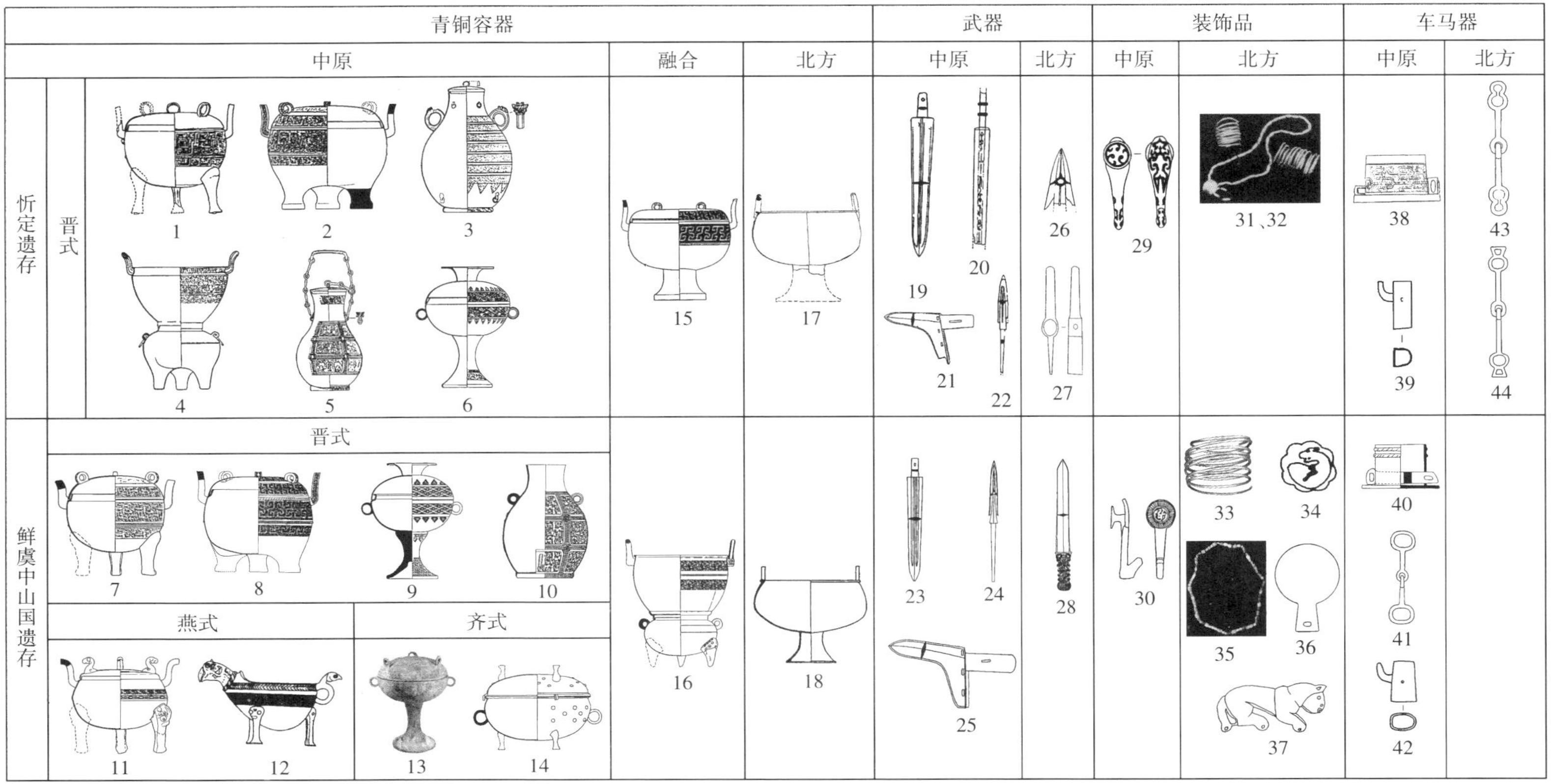

图三　忻定遗存与鲜虞中山国遗存墓葬随葬器物对比图

1、7、8、11. 鼎　2、8. 高形鼎　3、5、10. 壶　4、16. 瓿　6、9、13. 豆　12. 甂　14. 敦　15、17、18. 镀　19、20、23. 镆　21、25. 剑　22、24. 有链镆　26. 管　盖　27. 銎镆　28. 鹤嘴斧　29、30. 花格剑　31、33. 带钩　32、35. 弹簧形耳环　34. 绿松石项链　36. 卷曲动物形饰　37. 虎形饰　38、40. 车害　39、42. 盖　43. 8字形马衔　44. 环形马衔　41. 镫形马衔

（1、2、3、5、6. 定襄中霍 M1　4. 原平峙峪赵家塬　7、9、11、16、33、35. 故郡 M2　13. 故郡 M28　12. 灵寿西岔头　8、14、28、30. 灵寿穆家庄西 M8102　10、23、24、41、42. 灵寿穆家庄西 M8221　36. 灵寿穆家庄西 M8004）

武器里中原系的有铜戈、剑和有铤镞（图三，19 ~ 22），中原系剑中包含少量吴越式剑（图三，20），同类型的剑见于辉县琉璃阁、洛阳中州路 M3352 等晋系墓葬①，在同期晋文化贵族墓中较为常见。北方系武器有鹤嘴斧和有銎镞（图三，26、27）。装饰品有中原系带钩（图三，30）、北方系的弹簧式耳环和串饰（图三，31、32）。车马器有中原系的车軎和盖弓帽（图三，38、39）、北方系的 8 字形和马镫形马衔（图三，43、44）。忻定遗存的北方系器物的来源可分为 3 类，第一类是三翼有銎镞、弹簧形耳环和双环的马镫形马衔，这些器物广泛分布于东周时期北方长城地带（图三，9、10、12）。第二类是青铜鹤嘴斧，东周时期铜质的鹤嘴斧只见于北方文化带的内蒙古西区和甘宁地区②（图四，11、12）。第三类是两环相通的 8 字形马镫形马衔（图三，43），浑源李峪墓地也见有多件此类形制的马衔③，考虑到地理位置的相近，忻定遗存所见此类马衔最有可能是受大同盆地的浑源李峪墓地影响。

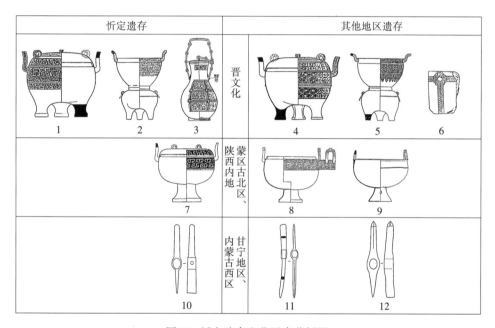

图四　忻定遗存文化因素分析图

1、4. 鬲形鼎　2、5. 甗　3. 络绳纹壶　6. 络绳纹陶范　7 ~ 9. 椭方口镀　10 ~ 12. 鹤嘴斧

（1、3. 定襄中霍　2. 原平峙峪赵家堖　4. 沁水郭村乡河西　5. 临猗程村 M1022　6. 侯马牛村铸铜遗址　7、10. 原平刘庄塔岗梁　8. 准格尔旗宝亥社　9. 延安高桥乡井沟村　11. 彭阳张街村　12. 伊克昭盟公苏壕）

① 中国科学院考古研究所：《山彪镇与琉璃阁》，科学出版社，1959 年；洛阳市文物工作队：《洛阳 C1M3352 出土吴王夫差剑等文物》，《文物》1992 年第 3 期。

② 孟琦、彭博：《鹤嘴斧的功能及相关问题探讨》，《北方文物》2015 年第 2 期；杨宁国、祁悦章：《宁夏彭阳县近年出土的北方系青铜器》，《考古》1999 年第 12 期。

③ 邵会秋：《先秦时期北方地区金属马衔研究》，《边疆考古研究》（第 3 辑），科学出版社，2003 年，第 96 ~ 114 页；李夏廷：《浑源彝器研究》，《文物》1992 年第 10 期。

　　忻定遗存所处的忻定盆地南、北向狭长，东西受到吕梁山地和太行山脉的阻挡，南、北两面地势平坦，可通过太原盆地和大同盆地很通畅地到达南面的晋文化分布区和北面的北方文化带（图一）。太原盆地自春秋晚期早段便位于晋国掌控之下，是晋卿赵氏的大本营，著名的赵卿墓便位于此地。正因如此，忻定遗存受到晋文化的影响最强烈。大同盆地北部与岱海地区相连，从忻定盆地向北约150千米就到达东周时期北方文化带的内蒙古东区——凉城、岱海地区，再向西可以到达河套一带的内蒙古西区，忻定遗存所见的北方文化因素器物，与这两个地区的最相似，不见北方文化带的冀北地区特有的器物。这说明忻定遗存与太行山以东的北方文化带的岱海、河套地区联系密切，并受到其文化影响。

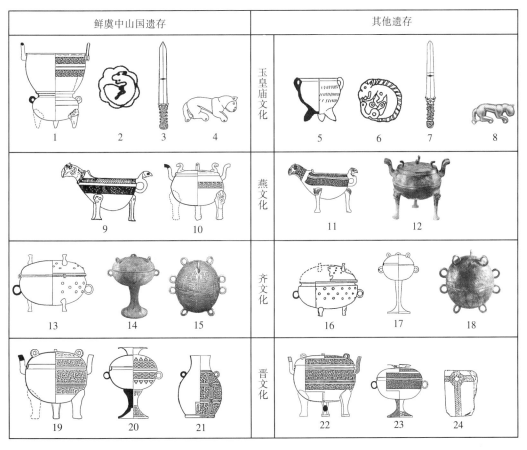

图五　鲜虞中山国遗存文化因素分析图

1. 环耳尖足甗　2、6. 卷曲形动物纹饰　3、7. 花格剑　4、8. 虎形牌饰　5. 环耳尖足鼎　9、11. 匜　10、12. 鸟首形捉手盖鼎　13、16. 鼎足形捉手敦　14、17. 豆　15、18. 敦　19、22. 鼎　20、23. 盖豆　21. 络绳纹壶　24. 络绳纹陶范

（1、10、14、15、19、20. 行唐故郡　2、4. 顺平坛山　3、13、21. 灵寿穆家庄西M8102　5. 延庆葫芦沟　6~8. 延庆玉皇庙　9. 灵寿西岔头　11. 唐山贾各庄　12. 通县中赵甫　16. 临淄磁村M3　17. 临淄左家洼M1　18. 平度东岳石M16　22、23. 浮山东霍M13　24. 侯马牛村铸铜遗址）

鲜虞中山国遗存的青铜容器也包括三大类，但是中原系的内容更丰富，包括晋式（图三，7~10）、燕式（图三，11、12）、齐式（图三，13、14）三种。环状捉手的鼎，带喇叭形捉手的盖豆以及器身饰络绳纹的铜器属晋文化因素（图五，19~24），同时期的晋文化墓葬中均见有这些形制的铜器①，侯马牛村铸铜作坊中也见有同类器物的陶范。带鼎足形捉手且器身施乳丁纹的敦，以及器身与器盖形制相同、足与耳均为环形的敦，三环形捉手的盖豆属齐文化因素（图五，13~15）。从路国权的分析来看，鼎足形捉手且器身施乳丁纹的敦主要分布在山东地区，如春秋晚期淄博磁村 M1、济南左家洼等墓②（图五，16），此类器物属齐文化因素③。器身与器盖形制相同、足耳均为环形的敦也主要分布在山东地区，如春秋晚期的济南左家洼、平度东岳石等④（图五，17）。三环形捉手的盖豆也是齐墓的常见随葬器物，滕铭予对此类器物的来源已有详细分析⑤（图五，18）。盖上有鸟首形捉手的鼎和耳部有鸟首的匜属燕文化因素（图五，9、10）。盖上有鸟首形捉手的鼎见于浑源李峪铜器群，也见于顺义龙湾屯（图五，12）等春秋晚期至战国早期的燕文化墓葬，学界普遍认为这种鼎属燕文化因素⑥。耳部有鸟首的匜只在燕文化墓葬中有发现，如春秋晚期的唐山贾各庄 M18⑦（图五，11）。中原和北方结合的铜容器有环形耳带三尖足的甗（图五，1），该甗甗足形态不同于中原式甗下部的实心鼎足或空心鬲足，与玉皇庙文化的陶环耳三足鼎相似之处（图五，5）。素面铜鍑属北方系容器（图三，18）。

兵器有中原系的铜戈、剑和有链镞（图三，23~25），中原和北方结合的花格剑（图三，28）。花格剑在春秋早中期多分布于西部的秦、芮等国，但是到春秋晚期秦、晋及其以北的北方地区已不见花格剑，只在东面的玉皇庙文化流行。鲜虞中山国遗存所见花格剑的柄部形制与玉皇庙文化相似，一字形的剑格和带血槽的剑身

① 中国人民大学历史学院、山西省考古研究院、山西大学考古文博学院：《山西浮山南霍墓地东周铜器墓发掘简报》，《文物》2023 年第 10 期。
② 淄博市博物馆：《山东淄博磁村发现四座春秋墓葬》，《考古》1991 年第 6 期；济南市文化局文物处、历城区文化局：《山东济南市左家洼出土战国青铜器》，《考古》1995 年第 3 期。
③ 路国权：《东周青铜容器谱系研究》，上海古籍出版社，2018 年，第 206~310 页。
④ 路国权：《东周青铜容器谱系研究》，上海古籍出版社，2018 年，第 595~597 页；中国科学院考古研究所山东发掘队：《山东平度东岳石村新石器时代遗址与战国墓》，《考古》1962 年第 10 期。
⑤ 滕铭予：《中山灵寿城东周时期墓葬研究》，《边疆考古研究》（第 19 辑），科学出版社，2016 年，第 181~206 页。
⑥ 陶正刚：《山西浑源县李峪村东周墓》，《考古》1983 年第 8 期；程长新：《北京市顺义县龙湾屯出土一组战国青铜器》，《考古》1985 年第 8 期；宋玲平：《山西中北部东周时期青铜器及相关问题》，《山西省考古学会论文集》（三），山西古籍出版社，2000 年，第 271~287 页；张丽丽：《浑源李峪出土铜器研究》，山西大学历史文化学院，2015 年，硕士学位论文。
⑦ 安志敏：《河北省唐山市贾各庄发掘报告》，《考古学报》1953 年第 1 期。

则是中原式铜剑的风格①，此类形制的花格剑体现了北方系风格与中原系风格的结合（图五，3、7）。

装饰品有中原系的带钩（图三，30），北方系的卷曲形动物纹铜泡、弹簧式耳环、绿松石串饰、有柄铜镜及虎形饰（图三，33~37）。车马器只有中原系的单环首马衔，车害和盖弓帽（图三，40~42）。北方系的器物除弹簧形耳环分布较广泛外，其余两种器物均直接来源于玉皇庙文化。虎形饰在西周晚期春秋早期见于甘宁地区、秦文化分布区和东北地区的夏家店上层文化，卷曲形动物纹铜泡在西周晚期到春秋早期见于夏家店上层文化。但到了春秋中晚期，这两种器物只见于玉皇庙文化（图五，6、8），其他地区已不见踪迹。鲜虞中山国遗存的虎形牌饰和卷曲形动物纹铜泡（图五，2、4）出现年代晚于玉皇庙文化，来源只能是其北面的玉皇庙文化。

鲜虞中山国遗存位于华北平原西侧，西面有太行山阻挡，北接冀北山地的玉皇庙文化分布区，与北方长城地带的中、西部相隔较远，因而遗存所见的北方系文化因素均来源于冀北地区的玉皇庙文化，不见北方文化带西部地区的因素。该地春秋战国之际西临三晋，东临燕、齐，文献所见鲜虞和中山国的邦交和征伐也多与三晋和燕、齐有关，受这些国家影响也在情理之中了。

这两类遗存随葬品的共性非常明显。首先，两者都有大量晋式的青铜容器，如鬲式鼎和络绳纹铜壶，这些器物多见于三晋墓葬，为晋文化因素。晋式青铜容器也是两类遗存中数量最多的随葬品。第二，都随葬北方系的铜鍑、中原系戈、剑以及有链镦，装饰品均有中原系的带钩、北方系的弹簧式耳环及串饰，车马器均有中原系的车害和车辖。第三，两类遗存虽随葬陶器极少，但从有限的陶器资料来看，两者所出陶鬲形态也相似，均为瘦高的矮腹鬲，平裆矮足，与晋式鬲形态有别（图六）。

两类遗存随葬品的差别有以下三点。

第一，鲜虞中山国遗存的中原式青铜器来源更多样。忻定遗存的中原系青铜容器只有晋式一种，而鲜虞中山国遗存则包括晋式、燕式及齐式三种。

第二，两地的北方式和中原式结合器物差别明显，其中椭方形腹的铜鍑只见于忻定遗存，环耳尖足鬲和花格剑只见于鲜虞中山国遗存。

第三，两地的北方式器物差别较大。鹤嘴斧、有銎镦、双环和马镫形的马衔只见于忻定遗存。卷曲动物纹铜泡，虎形饰只见于鲜虞中山国遗存。

如果我们排除掉两者共有的晋文化因素，不难发现忻定遗存可确定来源的文化因素绝大多数都来自于太行山以西地区，如大同盆地、陕北地区以及东周时期北方文化带的内蒙古西区。而鲜虞中山国遗存可确定来源的文化因素都来自于太行山以东地区，

① 杨建华：《春秋战国时期中国北方文化带的形成》，文物出版社，2004年，第96页。

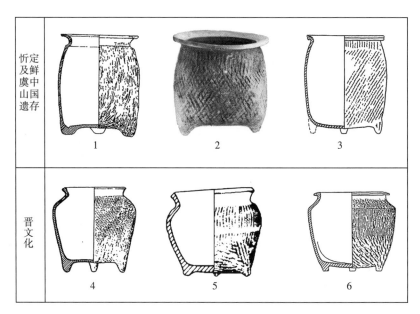

图六　忻定及鲜虞中山国遗存陶鬲与晋文化陶鬲对比图
1. 原平刘庄塔岗梁 M7 : 1　2. 行唐故郡 M80 : 1　3. 灵寿城北七汲 M8216 : 4　4. 榆次猫儿岭 M89 : 3
5. 侯马 95M18 : 1　6. 安阳张河固 M6 : 3

如燕、齐及冀北地区的玉皇庙文化。虽然两者最近距离只有 100 千米，但是中间隔着南北向的太行山脉。太行山山高谷深，穿越山脉沟通东西的通道很少且狭窄，对山脉两侧人群的交流造成很大的障碍。自古以来，太行山东西两侧就存在明显的文化差别。忻定遗存和鲜虞及中山国遗存之间的文化差异，归根结底，是因为处于太行山的两侧，与外界文化交流有别。两类遗存间的共性远远大于差异性。

三　忻定遗存的性质及其与鲜虞中山遗存的关系

（一）忻定遗存的性质

《左传·昭公元年》（公元前 541 年）记载："晋中行穆子败无终及群狄于大原。"[1]大原之战是晋国为解决北部狄患采取的重要军事行动。大原即今太原[2]。忻定遗存年代为春秋晚期到战国早期，其分布地域正是文献记载的大原之战所在地的北面。因此它们最有可能是春秋晚期参与太原之战的无终及群狄的后裔留下的遗

---

① 杨伯峻：《春秋左传注》，中华书局，1981 年，第 1215 页。

② 杨建华：《〈春秋〉与〈左传〉中所见的狄》，《史学集刊》1999 年第 2 期；李零：《太行东西与燕山南北——说京津冀地区及其周边的古代戎狄》，《青铜器与金文》（第 2 辑），上海古籍出版社，2018 年，第 29 ~ 52 页。

存，被晋国打败后居住于此。那么他们是独立的狄人群体还是被晋统治呢？史无明文。

但是，《史记》的记载为我们解开了谜底。《史记·赵世家》中记载了春秋战国之际赵襄子北登夏屋山宴杀代王一事①。夏屋山即今恒山，在忻定盆地北部。春秋晚期到战国早期，晋卿赵氏的大本营位于晋阳（今太原），赵襄子北上夏屋赴宴必须要穿过忻定盆地，若赵氏此时未掌控此地，赵襄子断不敢犯险从这里经过北上杀代王。赵襄子灭代之后，把代地封给了侄子赵周，若此时忻定盆地不属赵人所控，代地岂不成了赵国的"飞地"？《史记·匈奴列传》还记载"赵襄子逾句注而破并代以临胡貉；其后既与韩、魏共灭智伯，分晋地而有之，则赵有代、勾注之北"②。句注山即今雁门山，在今山西代县，位于忻定盆地中部以北（图一）。这一记载进一步说明在春秋战国之际忻定盆地一带已经成为赵氏北伐代国的后方，以上史记的多处记载证明忻定盆地在三家分晋之前已在赵氏掌控之下。综合以上分析可知，忻定遗存是被晋国赵氏所灭前后的无终及群狄遗存。分属赵氏征服前和臣服于赵氏两个时期。

（二）忻定遗存与鲜虞中山国遗存的关系

因地理位置不同导致的文化面貌的差异并不能掩盖两类遗存的共性。中原系青铜器加北方系青铜器的随葬品组合，以积石墓、殉人、东北向的头向、仰身直肢的葬式为主流的葬俗是两类遗存的共有特征。葬俗是一个文化中最保守的部分，人们一般情况下不会轻易接受外来的埋葬习俗，只要葬俗没有改变，人群的主体就没有发生变换③。葬俗和随葬品组合是学界界定人群性质的重要标准。忻定遗存与鲜虞中山国遗存在葬俗及随葬器物上的共性说明两类遗存性质相似，可能是由春秋中晚期分散到两个地域的有共同起源的人群留下的遗存。两类遗存虽在中原史官的笔下分称为"无终及群狄"和"鲜虞中山"，但极有可能同出一源。

附记：文章写作过程中，陈卓尔同学曾帮忙查找资料。潘玲教授阅读全文后提出了很好的修改意见，谨致谢忱。

---

① 《史记》卷四十三《赵世家》，岳麓书社，2003 年，第 281 ~ 297 页
② 《史记》卷五十《匈奴列传》，岳麓书社，2003 年，第 620 页。
③ 杨建华：《春秋战国时期中国北方文化带的形成》，文物出版社，2004 年，第 80、81 页。

A Comparative Study of the Remains of the Xinding Basin and Those of the Zhongshan State of Xianyu

Zhang Zhenteng

Abstract: The remains of Xinding and Zhongshan State of Xianyu are distributed in the upstream and downstream of Hutuo River respectively, and the two kinds of remains have many similarities in burial customs and funerary objects. Through comprehensive analysis of archaeological materials and historical documents, it can be proved that xinding's remains have an important connection with"Wuzhong and group Di"recorded in Zuo Zhuan, and the similarity between the two remains indicates that "Wuzhong and group Di" and "Fresh Yu zhongshan Guo" are of the same origin.

Keywords: East Zhou Period; Xinding remains; Xianyu Zhongshan Remains; Clan

边疆区域的丧葬表现：公元 2~3 世纪长江以南次级贸易路线上的中介社群

魏離雅

（法国国立东方语言文化学院，巴黎）

摘要： 本文着眼于长江以南次级支流沿线的崖墓，这些崖墓的丧葬习俗与四川平原、长江中游及南部主要支流等文明中心的汉墓并不相同。2009~2016年，笔者从对比赤水河与其支流习水河出发进行田野调查，发现赤水河沿线的汉代聚落、崖墓与四川盆地所见相类，而在其支流习水河发现了不同类型的墓穴。对另一条次级河道——綦江的系统调查，发现这里是这种新兴墓葬类型的主要集中地。最后，本文通过考察长江上游以南次级贸易路线在汉朝衰亡背景下的峡谷高原景观中的作用，重点分析了那些以发展自己的丧葬传统来彰显自身存在的社群。

关键词： 崖墓　丧葬景观　长江上游　河流网络　贸易路线　汉朝　情景身份

一　引言：主要河流、次级支流和陆路交通

本文着眼于长江以南次级支流沿线的砂岩崖墓，这些崖墓的丧葬习俗与四川平原、长江中游及南部主要河流等文明中心的汉墓并不相同。

2009~2016 年，笔者在赤水河及其支流习水河进行了田野调查，通过对比发现赤水河沿线的汉代聚落、崖墓与四川盆地所见相类（后文称作 A 型），但习水河沿线的墓穴类型完全不同（后文称作 B 型）。通过对赤水河另一条次级河道——綦江的系统调查发现，綦江地区是这种新兴墓葬类型的主要集中地。最后，本文通过考察长江上游以南次级贸易路线在汉朝衰亡背景下的峡谷高原景观中的作用，重点分析了那些以发展自己的丧葬传统来彰显自身存在的社群。

图一对比了 A 型（白点）和 B 型（灰点）墓地在以下四个区域的分布：僰道（A）、赤水河沿线（B）、乌江沿线（C）、长江主干道沿线（D）。虚线框内为墓葬主要集中区域，但本文也讨论了一些位于方框外的遗址。中间标注"E"的方框内为綦江河

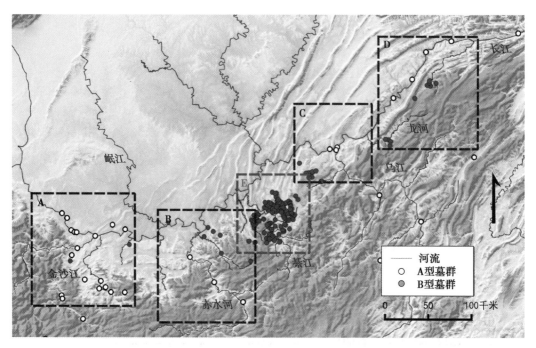

图一　长江南部各主要支流 A 型和 B 型墓地的对比研究

谷岩墓群所在。

　　长江南部支流中有三条河流从河域网中脱颖而出，形成南北向纵轴：金沙江、赤水河和乌江。沅江则是这一完整图景的东西向主轴，但是沅江河道上的大量崖墓群尚待调查且年代不详①。这四条支流都发源于高原，汇入长江（表一）。

表一　长江南部主要支流

河流	长度（千米）	源头	河口
金沙江	2290	青海	四川宜宾长江与岷江汇合口
赤水河	523	云南	四川合江注入长江
乌江	1150	云南	重庆涪陵注入长江
沅江	864	贵州	湖南常德注入洞庭湖

　　在长江南部支流中，赤水河（原名安乐溪）直接连通四川盆地和贵州高原②。不同于其他支流，赤水河几乎均能全线通航，其深广的河道和平坦的河床能通大船。公元

① 本文对湖南省桃源县境内的沅江遗址进行了初步调查，部分数据在常德文物局、桃园县文物管理所：《沅水下游桃园崖墓调查简报》，《湖南省博物馆馆刊》（2011 年），第 144～154 页。

② "县治安乐水会，水源南通宁州平夷郡鳖县，北迳安乐县界之东，又迳符县下，北入江。"引自（北魏）郦道元：《水经注》，上海人民出版社，1984 年，第 1035～1064 页；（宋）王象之：《舆地纪胜》，中华书局，1992 年，第 4127～4128 页。

前 135 年，唐蒙将军领导的战役可能便是沿着这一路线，从位于四川盆地的汉文明中心向传说中的夜郎酋邦进发。赤水河的连接作用在魏晋南北朝时期进一步加强。① 赤水河曾被认为是南下盐贸易的主要通道，即合茅道。位于其西边的纳溪通往毕节，在盐业贸易中扮演着相似的角色，称为永宁道②。已知赤水河沿线的地表遗迹几乎全是墓葬，近期才发现聚落遗址。

2015 年 3 月，贵州省考古所第一次对赤水河进行了 40 千米的大规模地表抢救调查。在黄金湾、宝寨、庙坝 M3 地发现了汉代遗存，这些遗存集中在习水县土城镇。这些遗址是贵州仅知的汉代聚落，填补了平原中心（如江阳或符关）和高地中心（如鳖）之间的考古空白③。

黄金湾总面积 40000 平方米，是长江以南迄今发现的规模最大的汉代农业聚落。河流交汇形成的肥沃冲积台地，是居民选择定居的理想之地，墓地就开凿在河岸临水侧的黄褐色砂岩悬崖上。遗址中随处可见绳纹板瓦和筒瓦碎片，以及数量可观的陶网坠。家养动物遗骸如猪、牛、羊、狗，以及鱼和鹿均有发现。铁犁等农具（图二）是西南地区西汉聚落的典型器物。遗址出土 12 座汉代方形房基，大小相似，相互对齐，房与房之间留有 60 厘米左右的狭窄过道，每间房基柱洞的直径大部分都在 10~30 厘米之间（图三）。紧邻聚落的山丘上有 8 座崖墓。通过对随葬俑的分期，崖墓年代可被定为东汉晚期至魏晋时期。粗糙的陶模塑像包括一件大型的陶马和马夫俑，小型的乐俑、歌俑、鸟、猪等。从 M23 出土了一些典型的汉代遗物，如五铢钱、铜带钩、斧等铁制工具、及一把环柄剑。就墓穴类型而言，黄金湾发现的所有崖墓都带有外部沟渠和内置壁龛，其中 M7 是唯一一座刻有石灶的墓穴。M24 出土了 3 件陶屋模型，分别代表了

图二　铁犁（长度 15 厘米）

① 严耕望：《唐仆尚丞郎表》，中华书局，1986 年，第 1094 页。
② 张合荣：《从考古资料论贵州汉代的交通与文化》，《贵州民族研究》1996 年第 1 期。
③ 2015 年 3 月普查由贵州省考古所于贵州省仁怀县、习水县和赤水市发现的 31 个遗址点。黄金湾遗址自 2015 年开始发掘，考古材料仍在不断收集和更新中（贵州省考古所张改课提供）。

图三　黄金湾遗址中根据柱洞划分的 3 座方形建筑

家居、农耕、仪礼三种不同的功能。陶屋顶房瓦有板瓦和筒瓦两种类型，与在聚落遗址发现的瓦片类似。遗址发现的柱洞有三类，推测它们与这三种陶屋模型相似，分别对应不同的用途。

从 1994 年到黄金湾发掘期间，遗址方圆 1.5 千米范围内的崖墓群已经发掘的有万友号、范家嘴、袁家坳和儒维四处。万友号墓地距赤水河 15 米，洞穴内有凿刻的石灶。范家嘴墓地有砖砌封门，墓地出土一把环柄铁刀、五铢钱和骨骸。袁家坳墓凿有一条甬道通向墓室，墓室内发现了一把铁质刀具、两匹陶马、还有一些陶器、金属器和五铢钱。[1] 马鞍山墓地是赤水河下游距平原最近的墓地（图四）。该遗址紧邻古代盐业贸易前哨——复兴，清代湖南商会也曾夸赞过它的繁荣。有 21 座洞穴开凿在临河、坡度平缓的砂岩山面上，每座崖墓都带有排水沟，自墓室入口逐渐向外延伸扩宽；其中一座墓室内并列三具石棺。门楣上刻有葫芦形装饰和斗拱是 A 型洞穴的典型装饰特征[2]。

张和荣将今贵州省仁怀县赤水河上游的合马遗址视作黄金湾遗址与鳖之间的连接带（图五）。合马聚落遗址占地约 10000 平方米，发现了一座带陈设的西汉晚期竖穴墓

① 贵州省赤水市袁家坳 M3 平面图和出土器物，参见张和荣：《贵州习水县东汉崖墓》，《考古》2002 年第 7 期。

② 贵州省赤水市马鞍山墓地平面图，参见张和荣：《贵州赤水市复兴马鞍山崖墓》，《考古》2005 年第 9 期。

图四　贵州省赤水市马鞍山墓地 M1 和 M2 外景

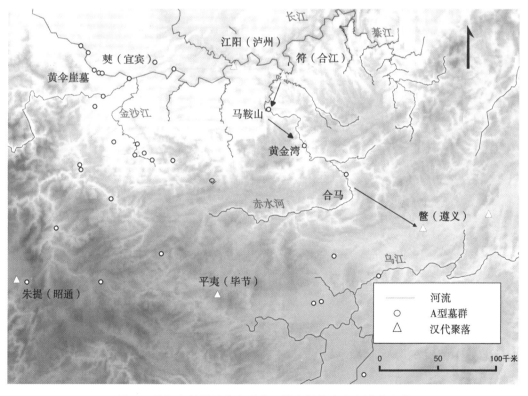

图五　长江上的符关和高地中心鳖之间的赤水流域遗址群

（墓穴内出土有 40 件铁器、铜器、陶器、钱币等遗物），以及一座有随葬俑的东汉砖室墓[①]。墓葬和聚落共同表明，赤水河在汉代是四川盆地移民进入贵州高原的主要路线。马鞍山、袁家坳、黄金湾和合马的崖墓整体特征一致，故我们可对 A 型墓穴下个定义：A 型墓穴口封闭而隐蔽，穴口与墓室之间有排水长沟，内置棺椁、石灶及一些能唤起家居氛围的随葬品。

然而，该区域并非所有墓葬都符合"A 型"特征。习水河（原名鳛部水）[②] 在靠近赤水河与长江的交汇处汇入赤水河。文献记载习水河是从符关去往高地的另一路线[③]。赤水河流入泸州平原，习水河则在一个由狭窄河谷环绕的区域内流淌。习水河的遗址群极好地体现了长江一级和二级支流沿线墓穴的区别（图六）。

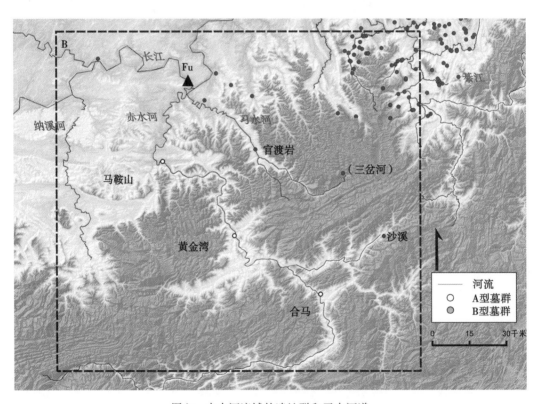

图六　赤水河流域的遗址群和习水河道

从图六可以看出，马鞍山—黄金湾—合马三个遗址之间两两相距 30 千米，结合地形形成一条典型的阶梯状路线。三个遗址之间的距离与官渡岩—三岔河—沙溪遗址之

---

① 顾新民、汤鲁彬、蔡永德：《仁怀合马东汉砖室墓清理简报》，《贵州文博》1993 年第 1、2 合期。

② 严耕望：《唐仆尚丞郎表》，中华书局，1986 年，第 1219 页。

③ "又东过符县北邪东南，鳛部水从符关东北注之。"引自（北魏）郦道元注，（清）杨守敬、熊会贞疏，段熙仲点校，陈桥驿复校：《水经注》，江苏古籍出版社，1989 年，第 2786 页。

间的距离相似。从符关出发逆流而上，官渡岩是在习水河畔遇到的第一处 B 型遗址。两座洞穴高出地面 7 米，洞口 1 平方米左右大小，单进或双进框门。洞穴宽 1.8、深 1 米（图七）。从两座洞穴顺流而下约 10 米，有一块摩崖石刻，其上线刻图像尚难解读。①

　　溯习水河而上，下一处 B 型遗址为三岔河遗址。该遗址位于三岔河上，距三岔河与另外两条河的交汇点 1.5 千米，这三条河构成了习水河上游河段。贺世伟将该遗址视为符关和鳖之间有通道的重要线索，这与笔者对材料的解读不谋而合②。继续溯三岔河而上，攀上海拔最高可达 1700 米的四面山脉。海拔 930 米的三岔河就位于山脚。为了抵达綦江盆地更东边，需沿习水河而下，流经四面山脚，穿过江口和长沟遗址（159~165 年）。在这条路上，遗址不仅是符关和鳖之间的必经点，同时也供往来綦江地区的旅人歇脚。三岔河崖墓位于山坡中高处，正好在现代农田的边界上。而山体自三岔河崖墓向上变得更加陡峭，人力很难企及（图八）。

图七　贵州省习水县　　　　　　　　图八　贵州省习水县三岔河外景
　　　官渡岩双进框门

　　三岔河崖墓群共有五座墓穴，在崖面上分成两组。第一组有两个洞穴：第一座尚未完工，第二座宽 2.3、深 2.2 米；其特点是分层的门框和一则公元 223 年的交易铭文③。

---

①　崖壁上的线刻纹样（129 厘米×34 厘米）有可能后加的，整块崖刻的真实性值得推敲。笔者能找到最早的贵州省习水县官渡岩的线刻平板图片资料是 20 世纪 80 年代的一幅拓片［《中国西南地区历代石刻汇编》（第 19 集），天津古籍出版社，1999 年，第 56 页］。

②　贺世伟：《汉六朝时期三峡地区的聚落及相关问题研究》，武汉大学历史学院，2011 年，博士学位论文，第 132 页。

③　章武三年七月十日姚立从曹意买大父曹孝梁右一门七十万毕知者廖诚社六葬姚胡及母。参见黄泗亭：《贵州习水县发现的蜀汉岩墓和摩崖题记及岩画》，《四川文物》1986 年第 1 期；周北南：《习水崖墓题记文字考辨》，《毕节学院学报》2013 年第 31 期。

三岔河的铭文有一例错误纪年（章武三年七月十日）。由于章武年号仅持续到农历四月，而在这一例铭文中，纪年为章武三年七月，延迟了三个月。显然，刘备在白帝城逝世（223 年）的消息没有及时传到这一区域，意味着三岔河和长江三峡之间消息传递存在滞后性。

第二组洞穴中，一座尺寸较小的洞穴位于同一崖面 20 米开外，其内部宽度与门同宽。另外两座洞穴尺寸小、形状呈壁龛状、水平方形开口。它们仅宽 0.6、深 0.35 米，不足以存放一具完全伸展的躯体。一座壁龛式洞穴四周线刻单阙、船、鸟、鱼等图案（图九）；另一座的墓室顶部刻绘图案，内壁靠近洞口处浅浮雕一条鱼（在悬崖脚下便可看到）（图一〇）。壁龛式洞穴是 B 型遗址的一个重要特征，将在下一节详述。

图九　贵州省习水县三岔河 M5 外　　　　　图一〇　贵州省习水县三岔河 M4，从悬崖脚下
崖面上的线刻（215 ~ 223 年）　　　　　　　　能够看到洞内石刻（215 ~ 223 年）

沙溪遗址位于符关与鳖中间的沙溪河（赤水河另一支流）东岸。这是本文研究案例中地理位置最南的墓群①。该遗址高出地面 50 ~ 100 米，共 68 座洞穴，高置于陡峭的崖面上，从河谷各处均能看见。洞门高约 1.28、宽 1.2 米，其中部分洞穴带有四进框门，门楣上刻有起防护作用的沟檐。洞口附近刻有铭文，尚无法解读。大部分墓穴为单室，门框厚约 0.25 ~ 0.35 米，平顶或拱券顶；最大的一座单室墓穴宽 2.35、高 2、进深 3 米。沙溪遗址规模庞大，学术价值高，长江以南仅少数遗址可与之媲美。沙溪与黄金湾地理位置相似，是符关和鳖之间的中间点，但从三岔河前往沙溪多走陆路，或者说陆路为通向綦江河谷提供了一条横向通道。

相较于赤水河沿线发现的 A 型遗址，官渡岩、三岔河和沙溪的洞穴高置于悬崖上且直观可见，不带排水沟、墓道或明显的封门设施。它们一般形制较小，没有石刻陈设，不像墓室，有的甚至只有壁龛大小；但有些墓门增刻了多层内进门框。另外，本应在洞穴外的石刻和铭文被刻在了洞内，而其中一些洞内石刻能从外部看见。

───────────────

①　笔者与习水县文管所陈聪交流得知，沙溪遗址发现于 2001 年，是又一个历史资料可与三岔河媲美的遗址。

从上述对赤水河和习水河洞穴的比较中，我们能够总结出 B 型洞穴的特征如下：洞穴在垂直悬崖上开凿，高于地面、无排水沟或墓道，墓口可见并以内进嵌壁门框加以强调，小尺寸的洞穴有时采用壁龛式或隧道式的形状，洞穴外线刻图像和铭文，不直接指向家居环境。

二　案例研究：綦江流域

在长江所有的南部支流中，綦江流域的带题刻和纪年的 B 型崖墓群分布密度最高。綦江位于两条主轴之间：西部赤水河，对应汉代犍为郡；东部乌江，即巴郡。两郡都设于西汉，且早在公元前 1 世纪就滋养着像黄金湾这样的大型聚落。和这两条河流一样，綦江也是一条由长江干流进入云贵高原的通道，包括可通航的河段和旁侧河谷道路或山路；但在公元 2 世纪晚期，所有墓穴铭文都指向的这段时期中，没有任何历史文献提到过这条路线（图一一）。

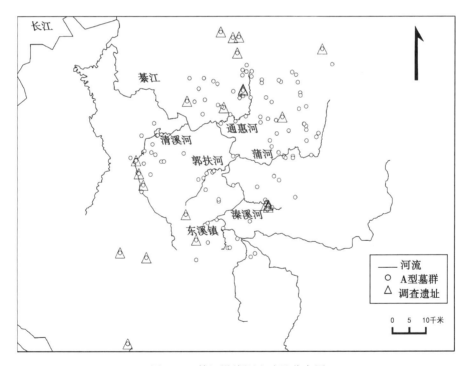

图一一　綦江沿线调查遗址分布图

严耕望基于史书记载（约 7 世纪）提出綦江河道的三级阶梯，将今天长江干流沿岸的重庆市江津区和高地联系起来，阶梯间隔约 150~200 里①。虽然这条路线通往高

①　严耕望：《唐仆尚丞郎表》，中华书局，1986 年，第 1298 页。

地，但也形成了一条 1300 里长的环线，顺乌江而下回到长江。这条线路的功能是贯通
三峡走廊两端与四川和两湖平原，直达位于长江沿岸的汉代贸易和工业中心。借鉴严
耕望的例子，本文采用一切可及的材料来重构綦江在连通平原和高地上发挥的作用，
以便更好地理解綦江沿线墓地的分布。

1. 綦江沿线的统治（5~13 世纪）

　　Byon 汇编了今綦江县现存最早的方志资料①。虽然该区域在早期就扮演着重要角
色，但直到唐代（7~8 世纪）才被正式设立为县。在那之前，这条河谷在民间广泛发
挥其连接作用。Byon 注意到，綦江地区的行政名称在宋代（9~12 世纪）时被废除或
被修改，元朝（13~14 世纪）时建立了土司政权，明朝（15 世纪）时才得名"綦江
县"，作为县级中心重新融入明朝的体制。綦江沿线行政中心位置的确立，比洞穴最晚
的纪年还要晚两个多世纪。在这一部分，我们可以了解到公元 487~1078 年间政府不
断转移綦江行政中心，先后建立了九个县。九个县均在下图中标出，同时也标出了 II
型墓地的位置（图一二；表二）。

图一二　从 487~1078 年建立的九个中心

1. 江州、江阳、江津　2. 江津　3. 隆阳、南川　4. 丹溪　5. 瀛山　6. 三溪　7. 荣懿　8. 扶欢　9. 南平、南川
（数据来源 CHGIS 县级行政所在地，截至 2012 年 1 月，图一二中序号与表二序号对应）

---

① Jae – hyon Byon, Jae-hyon. *Local Gazetteers of Southwest China：A Handbook*. School of International Studies, University of Washington, 1979.

表二

序号	名称	级别	起止年（公元）	终止年（公元）	如今位置
1	江州	县	487	553	江津区先锋镇
	江阳	县	554	597	
	江津	县	598	966	
2	江津	县	967	1911	江津区
3	隆阳	县	619	711	綦江区
	南川	县	712	1074	
4	丹溪	县	619	642	郭扶镇
5	瀛山	县	630	638	三角河—通惠河—蒲河
6	三溪	县	631	983	蒲河
7	荣懿	县	642	1070	溱溪河上游
8	扶欢	县	642	1070	溱溪河
9	南平	郡	1075	1238	赶水镇
	南川	县	1078	1284	

文献中记载的第一个綦江流域的中心建立于南齐（487 年），位于綦江与长江交汇的河口（1 号）。这一早期中心被后继的统治朝代更名为江州、江阳和江津。仅 500 年后即宋代（967 年），中心的位置移至今重庆市江津区（2 号）。在这 500 年间，行政中心不断沿綦江上游呈"波浪式"转移。

唐代（619 年），第二波行政统治进入綦江最后一个大型河谷，与通惠河支流相汇，在今重庆市綦江区建立了一个中心（3 号），县名隆阳。712 年更名为南川，1074 年被废除。同一时期，唐朝政权在綦江更上游，綦江与支流郭扶河的交汇点处，建立了名为丹溪的县级所在地，但仅持续了约 20 年，到 642 年（4 号）废除。另一个行政所在地名为瀛山，位于通惠河和蒲河支流中间的山区地带（5 号），建立于 630 年，仅八年后被废除。在随后的几十年里，这两个短命的县级所在地被轻易废弃，并被綦江更上游的地点取代，加深了边界线"移动墙"的印象，不断从山麓爬向高地。

第三波行政统治在 631～642 年间建立了相对持久的行政中心（6、7、8 号的三溪、荣懿和扶欢）。荣懿和扶欢是隶属于更大的行政单元溱州的两个县级所在地，溱州又隶属于溱溪郡①。这三个县级行政地持续了三个多世纪，直到宋代（1070 年）。宋代有一

---

① "溱州下贞观十六年，置溱州及荣懿、扶欢、乐来三县。咸亨元年，废乐来县。天宝元年，改为溱溪郡。"引自（后晋）刘昫：《旧唐书》卷四〇，中华书局，2013 年，第 1629 页。"溱溪砦，本羁縻溱州，领荣懿、扶欢二县；熙宁七年，招纳，置荣懿等砦，隶恭州，后隶南平军。大观二年，别置溱州及溱溪、夜郎两县；宣和二年，废州及县，以溱溪砦为名，隶南平军。"引自（元）脱脱：《宋史》卷四九，中华书局，第 1985 年，第 2229 页。"溱州：古蛮夷之地。大唐置溱州，或为溱溪郡。"引自（唐）杜佑：《通典》卷一八三《州郡十三·古荆州》，中华书局，1988 年，第 4892 页。

次大的边疆政策调整，导致南平郡的县治移至南川（今赶水镇，即图中9号），这一调整一直持续到元朝。南平自唐开始便一直与异常活跃的一支僚人——南平僚，联系密切，他们的影响力显然已远超出了綦江流域[①]。这一地点后来作为前哨，以控制驻扎在今遵义市的高地政权。除了军事功能，宋代时南平还以马匹交易市场闻名。

上述行政历史沿革表明，綦江河段在这一千年里扮演了一个重要角色：1号位于河口，3号位于中游平原中心，6、7、8号位于通往高地的门户。相反，9号直到最后两个世纪才变得重要。基于这些观察，我们能识别出重要的地理单元，以将綦江沿线崖墓群分组。将各遗址根据同与水路的关系粗略地进行了分组，如图一三所示。第一个区域人口更为稠密，在綦江中游的两条支流——通惠河和蒲河——之间分布着间隔均匀的遗址（1号框）。其他三组遗址群紧紧依附于綦江的某条支流，其中一组（2号框）在清溪沿线，一组（3号框）沿着郭抚河，另一组（4号框）聚集在溱溪支流上。最后一组（5号框）为綦江上游区域，遗址数量较少，分散较为稀疏。下一小节研究上述各地理单元的墓葬分布。

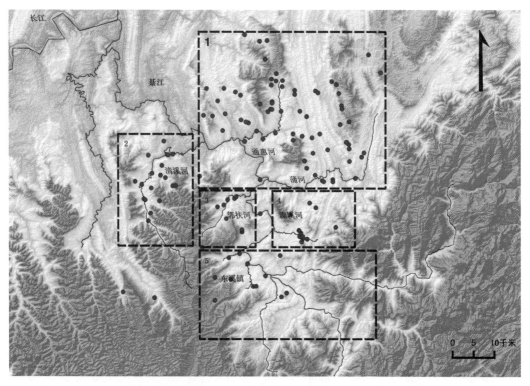

图一三　綦江遗址群的划分
1. 綦江中游　2. 清溪河　3. 郭抚河　4. 溱溪河　5. 綦江上游

---

① 南平蛮出现于（后晋）刘昫：《旧唐书》卷一九和卷一七四，中华书局，2013年，第666、4519页。

2. 一个"连续的边缘"：綦江中游的遗址

　　綦江中游的遗址代表着整个綦江流域大部分崖墓群。綦江中游河段地处丘陵，中部坡度为 1.3 度的平缓河道，宽约 60～100 米。沿着蒲河和通惠河两条支流，这片起于巴南区的平地在河流东岸尤为宽阔。虽然大量的遗址位于这些低海拔区域，但通过细致观察地形会发现，大部分遗址尤其大型墓地，并没有直接位于蒲河或通惠河上，而是在河流之间或河流之上的山区中。大型遗址喜欢山地更甚于河谷。为数不多位于低海拔的遗址，都被群山形成的垂直带包围着（图一四）。

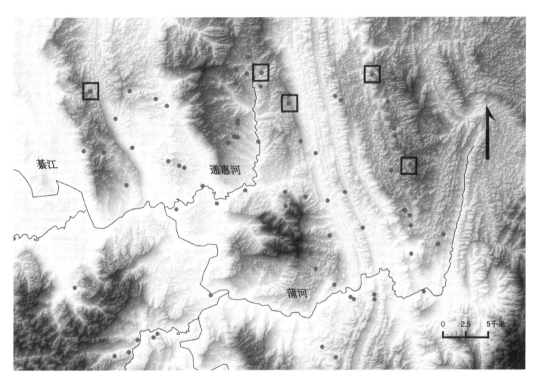

图一四　蒲河和通惠河上的 5 处大型遗址（超 20 座洞穴）

　　在这一研究区域，还包含着另外 24 座不在今綦江区地界，位于南川区和巴南区的遗址。这些遗址都位于蒲河和通惠河上游区域。南川、巴南和綦江中游的遗址在长江以南形成了一条连续的外围带。它们分布密集，墓地间隔仅 1～7 千米，推测这几处墓地可能对应一处聚落。今綦江区没有崖墓群的记载，作为行政中心也是汉以后几个世纪的事情，但在现代人口聚集区发现了一块汉代模制砖，意味着这个区域的墓葬在汉代可能还是砖室墓，而非岩墓。

　　綦江下游最终汇入长江，自汇入口向上 70 千米内的遗址未展示在图中。此河段河床宽约 80～150 米，坡度减小到 0.5 度，河水在更为平缓的地貌和更为宽阔的河谷里流

淌。这一低地在今隶属于江津区，发现了 44 处遗址，其中 7 处有石棺，13 座有石壁
龛，2 座有石灶[1]。

3. 一条旁侧路线：清溪支流

在綦江区下游，西边的支流清溪河汇入綦江。清溪河起源于贵州省，长 61 千米，
占地 414000 平方米。史料记载其最大径流量可达 4930 立方米/秒[2]。清溪河河道蜿蜒
狭窄，对于那些前往习水河但不沿綦江主河道、偏爱走小路的人来说，清溪河如一条
便捷的走廊。由于清溪河可以通往习水河，清溪河构成了綦江与长江东部下一条支流
之间的横向二级通道（图一五）。

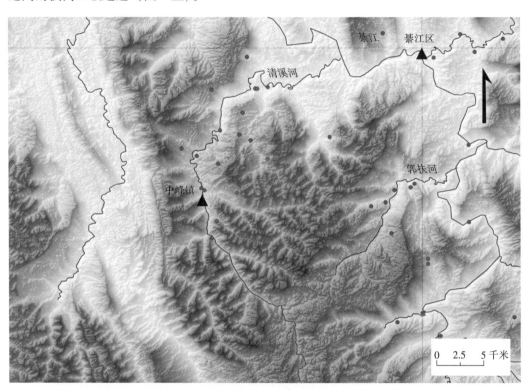

图一五　重庆市綦江区中峰镇为中心的清溪河支流区域，下游为綦江（区）县级所在地

在清溪河区域发现了我们掌握的纪年墓穴中年代最早、开凿时间最长的一座（106～
220 年）。笔者调查的其中一处遗址——柏树林，开凿时间甚至从公元 165 持续到公元

---

① 类似陈设在 A 型墓葬中很常见，但綦江墓地中很少。同 A 型墓地类型相近的这些遗址，有四处在
先锋地区（垭口、岩头上、周家、赵家），靠近同江州/江阳/江津最初的位置。参见 Wei, Lia. *A
Comparative Study of Burial Caves South of the Yangzi River. Highland Routes and Frontier Communities at
the Fall of the Han Empire*（2nd to 3rd century CE）. SOAS PhD Thesis, 2018.

② 《中国河湖大典》，中国水利水电出版社，2010 年。

210 年，这 45 年里约两代人，仅对应 3 座洞穴。而清溪河一段 20 千米长的河段上，已知有 20 处遗址，共 128 座洞穴。若以两人一座洞穴来计算，我们可估算出当时的人口密度约为 13 人/平方千米。

清溪河流域墓葬的另一个与众不同的特征在于对洞口的处理：整个綦江流域超一半有三进框门的墓穴出现在清溪河支流河谷内。这意味着在这条特定的河道上，洞穴的外观被加以修饰。这一特点，再加上深切河床的蜿蜒地形，有助于创造特定的可视性和通视性条件。

清溪河是一个带有阶地（坪）和冲积平原（坝）峡谷高原形态的完美示例（图一六、一七）。

图一六　重庆市綦江区清溪河上坪和坝墓葬洞穴

图一七　重庆市綦江区清溪河上坪和坝墓葬洞穴可见

平坦、易淹没的不稳定河堤多半不适宜居住，人们通常选择在河谷上的砂岩悬崖顶部，或在宽阔的河流弯道不受侵蚀的一侧定居。2014 年 7 月在习水河沿岸调查时，习水河刚遭受过一场严重洪灾。笔者目睹了泥石流的土石是如何掩埋河边新建的水泥房。相反，位于离河较远的高处，或者位于河流弯道受保护一侧的较早聚落和孤立农舍完好无损。由于季风期和夏季暴雨，以及由砂岩和泥岩构成的河床狭窄和河岸平坦的特点，洪水摧毁了许多聚落和城镇[①]。大部分洞穴零星开凿于平坦易淹没河堤的巨石上，或者在河流最高水位下，意味着墓葬开凿在不适宜居住的土地类型上。因此 B 型洞穴所在土地的价值并不一定与是否适合耕种相关。老洞岩和七孔子河坝遗址在旱季和雨季的水位能相差 15 ~ 20 米（图一八）。洪水、可视性、可达性以及 B 型洞穴所在土地的价值，这些都是我定义 B 型墓地类型时要讨论的问题。

图一八　重庆市綦江区七孔子河坝遗址巨石上的洪水水位线

4. 水路和陆路之间：瀺溪河支流

与瀺溪河相关的几个方面都很有趣：在传世史料中可寻迹的贸易节点；綦江通航性出现问题的地方；与长江河谷连接的潜在路线；带有大量平坦耕地的抬升高原；以及整个綦江流域密集的东汉洞穴；与綦江其他支流上的墓地分布相比，瀺溪河沿线的七处墓地之间联系紧密，但却和其他遗址相隔较远（图一九）。

---

① "江发源夜郎，作苍帛色，故名綦。"引自（明）曹学佺：《蜀中名胜记》，中华书局，1985 年，1569 ~ 1922 页。三个多世纪，总共记录在案的就有 53 起洪水。有些洪水连续几年发生，而且经常与严重的干旱相交替。明历（1588 年）记载了饥荒年间民众不得不吃草根树皮，死者无数。"清道光九年、十年、十一年并大水，而十一年水且入城，于是南关以东大析裂，民居半荡析，并北关亦坏，将不复成县治矣。明万历十六年，大旱，民掘草根为食。万历十七年，大旱，民掘草根、削树皮充饥，死者无数。"

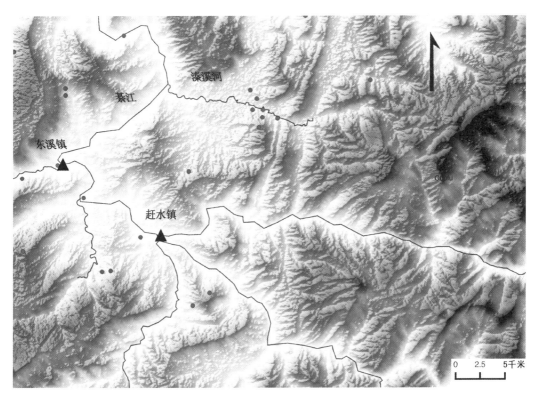

图一九　重庆市綦江区东溪镇和赶水镇溱溪河区域

　　綦江中游往上 60 千米处，会看到被若干瀑布截断的奇形怪状的山地地貌。完全不能通航前的最后一个站点位于今天的东溪镇，即赶水镇上游 4 千米处，是古代南平的行政中心。在东溪镇上游，一百多条激流截断了綦江河道，每隔大约 1 千米便有一条。其中一些汹涌湍急，例如赶水镇下游 13 千米的盖石峒，河流险段长 500 米，落差 13.5 米；例如赶水镇下游 4 千米的羊蹄峒，河流险段长 1 千米，落差 6 米。由于船只继续向上游前行非常困难，东溪镇在历史上曾是港口和盐业贸易中心。而从溱溪河谷向南前往高地的陆路，提供了向东溪上游前行的方式，直达东溪镇和赶水镇之间的瀑布。东溪镇还留有明清时期盐商住宅。这些年代较晚的石砌道路，将溱溪河谷与曾是水陆联运点的綦江交汇处相连。东溪镇和在上一节调查的赤水河沿线的复兴一样，在东汉岩凿墓地和明清时期遗存之间有一段一千五百年的考古记录空白。这只能说，只有在近现代时期，盐业港口、富商住宅和石砌道路才与东汉路线的范围相匹配。

　　如上所述，长江到贵州高原路线上，綦江沿线的主要节点是唐代溱州的州治治所。溱州正好位于溱溪河上①，大概在南川县南州（今綦江区）治所和夜郎县珍州（今贵州省桐梓县 10 千米以东）治所中间。笔者通过田野调查已经明确，水路并不是唯一连

————————————

① 严耕望：《唐仆尚丞郎表》，中华书局，1986 年，1298 页。

接溱州到长江的路线。尽管溱溪群山环绕，但它通往东部山脊之间的走廊，这条走廊更直接方便地将溱溪河谷与长江流域连接起来，而不是和蜿蜒曲折的綦江连接。走廊向南边延伸，接入通往鳖的路线，使该河谷在运输和贸易方面取得优势地位。溱溪河谷故成为连接长江到高地陆路上的一个主要交汇点。

如果与长江以南可利用的土地类型相比，溱溪河谷是一片面积相当大的隆起的平坦土地。这片高原能够容纳大量人口和更大的聚落，对农业人群而言是极佳的定居地，这也反映在墓地的规模和分布上。綦江支流——溱溪的遗址中，有整个綦江流域最大的墓地——新连桥，有 87 座墓，远超出第二大的墓地——界牌（47 座墓）。新连桥墓地和另外四处较小的墓地仅隔数百米，墓穴数量分别为 18、11、3、2 座。这些墓地分布在溱溪河两侧，约綦江流域 10 千米以外，坐落在海拔 500 米的高原上，与海拔 1300 米的山脉相对。这五个遗址共计 142 座洞穴，聚集在不足 3 平方千米的区域。如果我们以每座洞穴 2 人来计算，估算的人口密度将是每平方千米 100 人左右。居民在该区域活跃的时间没有现行的计算方法，但通过松林岗纪年铭文判断是公元 165 年前后。松林岗遗址有 11 座洞穴，海拔 530 米；其中一些是壁龛式，这些壁龛式洞穴和三岔河发现的一样，从崖脚便能看见洞穴后壁上展示的石刻图像（图二〇）。

图二〇　重庆市綦江区松林岗遗址一座带装饰的壁龛式洞穴

虽然溱溪支流沿线的崖墓群和綦江沿线的 B 型墓地在类型上具有相似性，但石虎头遗址（18 座洞穴，海拔 520 米）积累了一些在綦江流域其他地区所没有的图像元素，这些元素反而常见于 A 型岩穴。石虎头的一副铭文指向了公元 122 年[①]，相对于綦江流域其

---

① 延光元年十一月十五日壬子/羊苍□闵宗作石冡百姓明知也……另有四处铭文："日佳伏；泰元之；杨仓记为郭师□作□群；□□□□月十五日。"参见刘豫川、杨铭、王豫：《重庆文物总目》，西南师范大学出版社，1996 年，第 38 页。拓片参见高文：《四川历代碑刻》，四川大学出版社，1990 年，第 16 页。

他 B 型遗址年代较早。这些信息可以得出，该区域在早期更易受四川平原思想的影响。

5. 綦江上游的遗址：与河流无关

綦江上游从其源头到赶水镇流经 80 千米。河床坡度为 13 度，水流湍急，河道狭窄，全年大部分时候仅宽 30～40 米，流速约每秒 2～3 米。浅浅的河床上覆盖着大大小小的突起石块。出于这些原因，綦江上游绝大部分情况下不宜通航。船只逆流而上需要动物或人的牵引，顺流而下同样需要引导和控制方向。船夫通常有义务冒着触及河底的危险下水推船。綦江上游目前仅后湾、太公铺、上半沟 3 个地区的遗址有报告。三处遗址都有单层门框、位置较高，且都为墓室型。綦江上游的遗址位置与河流之间的联系较弱。

三　长江以南的次级路线：作为中介社群的 B 型墓地建造者

在上一节中，我们溯綦江而上，我们识别出一条在史书中几乎毫无痕迹的路线，我们也进一步理解了单条河流沿线上的墓地是如何分布的。随着清溪河谷这样的旁侧路线，或溱溪高原这样的必经要道越来越受关注，人们对于河流通航性和地形在长江以南地区发挥的作用有了更好的认识。通过比较清溪和溱溪支流沿线的墓地特征，人们意识到交通便捷的强弱或本地居民参与的活动类型，决定了与平原主要贸易轴线和文明中心的不同接触强度。

綦江上游和下游遗址的差别：下游墓地避开了綦江主河道（清溪河谷）。它们位于内陆，海拔约 800～900 米，很可能是为了避开 A 型中心。清溪河谷人口密度约为 13 人/平方千米；上游墓地靠近港口城镇（溱溪河谷）。它们占据要道，位于通往高地路线汇流至单一主干的河域网络节点上。洞穴建造者可能以贸易、通行权、仓储费和运输费为生。溱溪河谷人口密度约为 100 人/平方千米。

因为綦江遗址，本文得以从一个区域传统的宽泛叙事出发，进而对当地洞穴开凿活动进行研究，我们认为墓穴开凿者们可能经常互动。实际上，长江以南岩穴反映出的文化现象不仅体现在平原墓葬中，同样在邻近河谷中的类似群体，或沿长江更远的地方的墓葬中也存在。从这个角度，我们在此寻找的传统与其说是一种区域性适应，不如说是无数互相关联的地方结构，在这个结构中他们遵循着自己的规则，建立着自己的特征。

通过比较研究，我们发现 A 型和 B 型岩墓的分布对应着长江南部主要和次级支流的层次结构。这一重构比史料中对该地区的任何记载都要早，并且在平原和高地之间绘制了一张向南的地域路线网络。

　　本研究验证了 B 型洞穴遍及整个长江上游的看法，它们从位于四川省宜宾市的金
沙江口，即长江起始点，延展到湖北省宜昌市附近，即长江三峡的终止点。因此，B
型墓地分布在一个长约 500 千米的完整生态单元内。最东边的遗址是利川的七孔子遗
址，在 B 型墓地中它与最西边的七个洞遗址表现出惊人的相似性①。这样的一致性，为
证明 B 型岩穴是整个西南边疆连贯、持续的现象，并非边缘人群在边缘地区的地方性
表达奠定了坚实的基础。

　　B 型遗址的分布几乎系统地对应着史书中未曾提及的南部次级支流，例如綦江、
长宁河、建南河。这些网络分支在下图中以虚线表示（图二一）。与之相反，"汉代崖
墓"或 A 型遗址在连接四川盆地到云贵高原的路线，或者范围小一些的到两湖平原的
四条主要南向道路沿线（金沙江、赤水河、乌江、沅江）上都有发现。

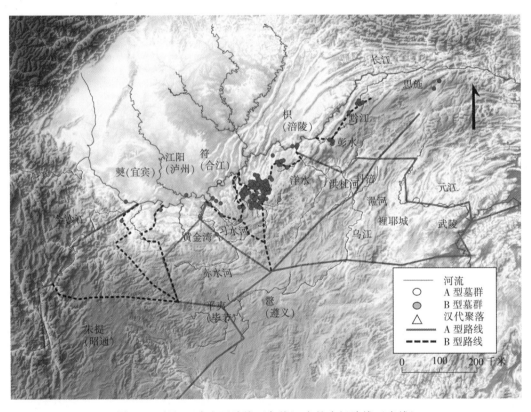

图二一　长江以南主要路线（灰线）中的次级路线（虚线）

　　当一些线路专门用于长途贸易时，次级线路如同它们不见于史书记载，跟不上时
代的步伐。正是有这样的次级支流沿线，我们才能够对那些在自己的景观中以另一种

① Wei，Lia. *A Comparative Study of Burial Caves South of the Yangzi River. Highland Routes and Frontier Communities at the Fall of the Han Empire*（2nd to 3rd century CE）. SOAS PhD Thesis. 2018.

活动方式生存、发展出特定文化表达（例如当下所调查的洞穴）的社群的存在进行案例分析。这样的社群与主要路线和枢纽共存，但主要依附于这些路线之间的横向连接，也许较少受到汉朝衰亡的影响。甚至可能，它们的繁盛恰逢主要河道衰落之时，揭示了位于侧谷和山区屏障背后的战略优势，因此形成了一个平行的路线网络。

　　在汉朝统治的长江主干道及其主要支流的图景中，包含了已发现 A 型墓葬的所有区域，在这一节中谈到了本研究的一大突出发现：B 型墓葬在长江以南五百多千米的带状区域内墓葬类型与分布位置有对应关系。重要的 B 型墓地位置或独特的丧葬表现形式与交通枢纽、转运站或山区通道相对应，这表明墓地使用群体的角色与贸易有关。

　　中央集权管理自秦朝便深入四川盆地（如古江阳），与 A 型路线网络形成鲜明对比，A 型路线从长江重要节点（如古符关）出发，到达门户位置（如黄金湾遗址），通向高地枢纽（如鳖）。黄金湾是 Hirth 所谓"中介社群"的一个典型示例，是一种随地域交流加深而出现的社会经济组织形式。中介社群一旦处在战略点来控制与促进商品流通，便会通过扮演外部贸易路线与主要市场之间的接口而开始繁盛。外部贸易路线组成了分层或"树状"网络，联系着核心区域（在本文中，即四川盆地），到一个或若干个由偏远地区支撑的中介社群。"这些偏远地区看起来更像是细长的扇形，从它们各自的中介向外辐射。整个偏远地区单个社群通过线性或树状的贸易网络连接到中介社群。树状网络是很多原始经济系统的特点，常出现在人口分散、交通困难且落后的地区，并且在那里有着强烈的外部经济导向。在这些系统中，单个中心通过交换关系直接连接到门户。树状网络可能超越了政治边界；网络中的中心可能完全自治，并且可能与偏远地区的其他中心来往较少。"[1]

　　如果生态屏障、自然贸易走廊和文化差异是中介社群成长的必要条件，Hirth 的模型便非常有价值，然而从核心区域的区域性定居观点看，这些条件通常表现为障碍。在 Hirth 之前，Polanyi 对"贸易口岸"的定义与其在长江以南所见土地利用类型上有着共鸣[2]。从地理上说，贸易口岸充当着位于两个生态区域边界上的飞地，例如高地和平原，沙漠和海洋。处在国境线边缘，贸易口岸是不同经济组织进行实践的社会接口。当涉及复杂跨文化贸易的"外国"飞地出现在边缘地区时[3]，这正是我们所感兴趣的地方。然而，贸易口岸模型比中介社群观点的限制更多，且赋予了边缘市场机制特权，而非中心区域。不同于 Polanyi，Hirth 注意到偏远地区能够产生竞争，并对应中介的衰

① Hirth，Kenneth G. Interregional trade and the formation of prehistoric gateway communities，*American Antiquity* 43，no. 1，1978，p. 37.

② Polanyi，Karl. Ports of trade in early societies，*The Journal of Economic History* 23（1）．1963，pp. 30 – 45.

③ 有关将 Polanyi 的模型应用于高地政治分散的多民族社群的信息详见 Brown，Kenneth L. 1975. *The Valley of Guatemala，a Highland Port of Trade.* Pennsylvania State University.

落，这一点给他的模型留有了改变的空间。偏远地区的中心，能够逐渐成为"另一个中介……并且能延长商品的存储时间"①。

居住在这样中介中的社群会是什么样子？口岸（port）语源拉丁语 portus/portare。诚然，口岸的主要功能是运输货物，保护商队、运输者和商人，移动管理、竞技和竞争；其所需要的基础设施类型包括储藏设施、码头、锚地、上岸区、转船、集市、驮夫的设备等等。贸易活动由商业护卫管理，他们实行税收和价格管制，并且担任政府贸易官员。其他的场地则由长途贸易商、外来人或本地农民占有。流动性极高的贸易者"不是居住在他出生或交易的地方，而是他去世的地方，即 ubi mercatores moriantur"②。汉森认为，吐鲁番贸易绿洲的人口结构类似，但流动程度不同③。从一个绿洲移动到另一个绿洲的贸易者，与扎根当地偶尔会获取动物或奴隶的独立耕种者之间，有一批中间立场的居民。他们依赖贸易，如同政府官员一般管理着贸易，或与商人一起全职工作。这些人群（翻译者、旅店老板、宗教从业者等等）将口岸视为他们新的家园。

如上所述，汉帝国西南边境的典型中介社群为黄金湾。来自四川盆地及以北的西汉居民，沿着长江上游及其主要南部支流——赤水河与乌江，把他们的城市、物质文化、墓地带到了泸州平原。农业和渔业活动使这些主要河流沿线的社群得以持续增长，这些河流是通往南方的主要贸易路线。汉代商人寻找着直接接触当地资源的机会。林业产品例如木材，动物和植物产品例如马、茶、香料，矿物产品例如朱砂，以及奴隶、贡品和重税商品例如盐和铁制品。通过赤水河和乌江沿线的河流港口运输，深入四川盆地。高地群体依次获得盐、谷物和加工品：四川盆地充当着谷仓、产盐中心，原材料主要提取地（如铁或加工品生产）。故长江以南汉墓中普遍出土了大规模官制标准铁制品，如铲头、犁铧、U 形铲帽、杵、凿子、环柄刀等。

那么 B 型墓地依附的次级支流发挥着什么作用呢？长江以南次级支流沿线的聚落在东汉晚期发展壮大。早在几个世纪前，唐蒙远征军就试图在这些地区建立一条贸易路线，或者更确切地说，未能控制一条已有的贸易路线，而这条路线早在汉帝国远征前就已经存在了。虽然汉设法确保自己在长江以南主要河流沿线，例如在黄金湾的威信，但这些聚落里既已存在、有千丝万缕关系的联盟们很可能继续在历史舞台上发挥着作用。次级支流沿线的定居者开始交易他们自己的部分产品，以供应主要支流上的中心定居点。他们并非是被一劳永逸地殖民的"处女地"，而是既有路线与中介社群模

---

① Hirth, Kenneth G. Interregional trade and the formation of prehistoric gateway communities, *American Antiquity* 43（1）. 1978, p. 42.

② Polanyi, Karl. Ports of trade in early societies, *The Journal of Economic History* 23（1）. 1963, p. 36.

③ Hansen, Valerie. The impact of the Silk Road trade on a local community: The Turfan Oasis, 500 – 800. In Etienne de la Vaissière（Ed.）*Les Sogdiens en Chine*. Ecole Française d'Extreme Orient, 2005, pp. 283 – 284.

式衍生物的结合。当地市场不是二级市场，而是逐渐演变成通向主要贸易路线的捷径。次级贸易中心例如綦江流域的溱溪，可能便是替代性中介的示例。这些贸易网络中的次级节点在帝国崩溃之后取代了中介社群的活动。正如支流清溪这样的僻静水路为何能发展成为生存环境一样，要么是因为这些水路是死胡同，要么是这里适合定居[1]。这样的地点具有主要路线所没有的特质，例如可用地，壮美的景观、更高的隐私性，以及通向其他次级路线的可控路线。

　　当西汉建立的赤水和乌江流域的初级贸易中心衰弱时，我们可从随葬品得知，旁侧山谷和次级支流开始繁盛。在帝国面临分崩离析时，这些次级道路上的贸易很可能不受帝国统治者控制，为新颖的丧葬表达方式出现提供了动力。曾经由政治力量集中并再分配的商品类型，例如粮食、奴隶、盐、金属，很容易成为民间贸易的基础。大规模的民间贸易很可能在合适的政治时机得以进行，以及从政治中心的观点来看，贸易中介往往被看作是盗贼或走私犯[2]。私营生产者在中国税收朝贡体系中与私营商人一样是充满争议的人物，常常与政治精英存在冲突。汉代衰亡前，盐铁税收构成了政府主要财政收入，它们为国家在边疆开展的战役买单，且就生产资本和劳动力而言，盐铁产业代表了社会主要产业。国家垄断的盐铁因其高昂的价格和由苦役犯所承担而生产的低劣质量，具有很强的争议性。官方冶炼场地的考古材料表明，官方为了加强控制这些场地，选址一般紧邻城市，尽管会产生很多问题与污染。在如此严格控制的经济体制下，作为替代的生产商与非正式的贸易网络必然出现，并且受益于这种系统的低效性[3]。当地的生铁生产商被描述为雇佣大量土匪的私造家族："今放民于权利，罢盐铁以资暴强，遂其贪心，众邪群聚，私门成党，则强御日以不制，而并兼之徒奸形成也。"[4]

① Conolly 和 Bevan 使用"挟点"一词来描述"超碎片化景观"，这些景观满足了当地社群在交通、政治便利和经济机会主义方面的需求。在地中海的背景下，这将是一连串岛屿、多山腹地的沿海边缘或跨区域海洋网络中的节点。这些边缘地区的命运多变而脆弱，因为它们从与之接壤的更大政体中受益，但其崎岖不平的土地资源又有限。Connolly, James and Andrew Bevan. Mediterranean Islands, *Fragile Communities and Persistent Landscapes*: *Antikythera in Long-term Perspective*. Cambridge University Press. 2013, pp. 234 – 236.

② 区分盗贼的活动规模和类型可见 Connolly, James and Andrew Bevan. *Mediterranean Islands*, *Fragile Communities and Persistent Landscapes*: *Antikythera in Long-term Perspective*. Cambridge University Press. 2013, pp. 227 – 228.

③ Oka, Rahul and Chapurukha M. Kusimba. The archaeology of trading systems, Part 1: towards a new trade synthesis. *Journal of Archaeological Research* 16 (4). 2008, pp. 358 – 359.

④ Wagner 提到《盐铁论》，（汉）桓宽，王利器校注，第 67 页，中华书局，1992 年。参见 Wagner, Donald. Aspetti Tecnologici: La Metallurgia del Ferro, translation by Fabrizio Pregadio, in Storia della Scienza. *Encyclopedia of the History of Science*, vol. II: Cina, India, Americhe, ed. By Karine Chemla, in cooperation with Francesca Bray, Fu Daiwie, Huang Yi-Long, and Georges Métailié. Roma: Istituto della Enciclopedia Italiana, 2001.

随着贸易中心愈加向长江以南移动，外来商人不需要深入平原或主要支流就能有途径获取偏远地区的产品。在这种情况下崛起的潜在再分配中心便是綦江上游的溱溪河谷，这里正好位于赤水和乌江线路之间，具有通向高地的特权。而连接性较差的节点，如綦江下游的清溪河谷，有限的交换或自给自足的形式可能占据了主导，加强了当地的独特性。

综上，长江以南依据情境类型可被识别为一个有战略节点的边疆区域，这些战略节点落在由中介社群居住的崎岖飞地连成的长距离路线上。在功能方面，次级支流及其居民开始占据主要政治和商业轴线的后台，形成平行或二级贸易网络。他们的活动是官方贸易的自然对应物，跨越了种族与政治边界，与政治中心平行发展①。一旦取得对贸易的主要控制权，他们便逐渐丧失原本的独特性，开始通过战利品般杂糅的文化产物来构建他们的视觉身份识别。

附记：在此感谢协助我在现场调查的重庆市文化遗产研究院的袁东山、白九江、邹后曦和刘继东先生，贵州省文物考古研究所的周必素、王豫女士、张改课先生，成都文物考古研究院的索德浩先生，四川大学博物馆的谢海霞女士，泸州博物馆的晏满玲女士，合江文物保护管理局的贾雨田先生，大足石刻研究院的刘贤高先生，重庆市綦江区文管所的周玲以及所有工作人员，尤其感谢曾明怀先生，重庆市巴南区文管所的黎明、邹毅、刘岗先生，贵州省习水县文管所的陈聪先生，重庆市涪陵区文管所的黄海和刘海先生，丰都县文物管理所、石柱土家族自治县文化馆、湖北建始县文物局的王振普和石大平先生，湖北利川市文物局的孙孺先生，四川省内江市文管所的李万信先生，奉节博物馆的雷霆军先生，宜昌博物馆的桥峡先生，重庆市璧山区文管所的赵兴中先生。

Funerary Expressions in Borderland Areas: Gateway Communities on the Southern Tributaries of the Yangtze River(2nd to 3rd Century CE)

Wei Lia

Abstract: This paper looks at cemeteries cut in sandstone cliffs found along secondary tributaries south of the Yangtze that diverge from Han period burial practices in civilizational centres

---

① Harnett and Dawdy. The archaeology of illegal and illicit economies, *Annual Review of Anthropology* (42), 2013, p.38.

of the Sichuan plain, the middle Yangtze River and its major southern tributaries. Fieldwork between the years 2009 – 2016 departed from a comparison between the Chishui River, a major fluvial route with Han period settlements and cliff tombs similar to those found in the Sichuan basin, and its tributary, the Xishui River, where a different kind of burial caves is found. Follows a systematic survey of the Qi River, also a secondary fluvial route, where major concentrations of this emerging burial type are found. The analysis then focuses on the communities who advertised their presence by developing a funerary tradition of their own, by investigating the role of secondary trade routes in a context of imperial weakening and collapse in the canyon and plateau landscape south of the Upper Yangzi River.

Keywords: Cliff Burials; Funerary Landscape; Upper Yangtze River; Fluvial Network; Trade Routes; Situational identity

苏北鲁南画像石树下悬璧图像试析

王宇轩

（中国人民大学历史学院，北京，100872）

摘要： 苏北鲁南地区的汉画像石中，时有出现用绶带与系绳将玉璧悬挂于常青树的图像，其背后的寓意值得深入探究。两汉时期，玉璧在祭祀与丧葬中仍然扮演着重要的角色。通过对该地区同时期其他祭祀图像的考察，结合文献记载，笔者推断，这类图像可能是两汉时期墓祭或社树等祭祀行为的一种具象反映。

关键词： 树下悬璧纹　汉画像石　苏北鲁南地区

考古发现表明两汉时期有大量墓葬随葬玉璧或其他材质的璧形器，并且目前出土的帛画、画像石中时有发现玉璧的图像。就画像石而言，在全国出土的数万块画像石中，刻有玉璧图像的画像石数不胜数。苏北鲁南地区作为画像石的集中分布地与起源地之一，出土了一些刻有树下悬璧纹图像的画像石。这种图像的典型样式就是系有绶带的玉璧被悬挂于树下。

这种特殊的图像似乎蕴含深层的寓意，值得深入探究。目前学界对其研究较少，虽然有一些研究画像石的论文与专著提及了树下悬璧纹，但是少有学者对于其展开深入研究。如今学界对于树下悬璧纹寓意的认识主要有两种观点：一种认为树下悬璧可能与通天升仙有关[1]；另一种则认为树下悬璧纹是对两汉时期墓祭的真实反映[2]。尽管这些文章的讨论具有开拓性的意义，但是以上文章大都只讨论了徐州市韩山西汉墓M1[3]与江苏睢宁县官山汉墓[4]两座汉画像石墓中的典型树下悬璧纹图像。本文希望增加一些可能为树下悬璧纹变体图像或与树下悬璧纹有一定关联图像的论述解读，并结合考古与文献材料，进一步分析树下悬璧图像的寓意。

---

① 杨楠：《试析徐州汉画像中的"树悬璧"图像》，《青年文学家》2019年第15期。

② 刘尊志：《徐州地区早期汉画像石的产生及相关问题》，《中原文物》2008年第4期。

③ 徐州博物馆：《徐州韩山西汉墓》，《文物》1997年第2期。

④ 田忠恩、陈剑彤、武利华等：《睢宁汉画像石》，山东美术出版社，1998年，第94~108页。

一　典型树下悬璧纹

徐州市韩山西汉墓 M1① （图一） 与江苏睢宁县官山汉墓② （图二） 两座汉画像石墓中都出土了刻有典型树下悬璧纹的画像石。两相比较，韩山 M1 画像石对树下悬璧纹的描绘更为完整具体，包含了树、玉璧、绶带、系绳、鸟等构图要素，清晰地展现了系有绶带的玉璧被系绳悬挂于树下的情景。而官山墓画像石对树下悬璧纹的描绘较为简单，只包括了树与玉璧两个中心构图要素。两幅图像最大的不同在于韩山墓细致地表现了悬挂玉璧所用到的系绳与绶带，而官山墓则缺失了这些细节。

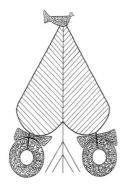　　

图一　徐州市韩山西汉墓 M1 画像　　　图二　江苏睢宁县官山汉墓画像

绶带在汉代是权力与地位的象征，往往只有一定地位的官员或贵族才能使用③。根据韩山西汉墓中出土的大量高等级的随葬品如玉衣、铜印等④，基本可以判断出韩山西汉墓的墓主人生前地位显赫，完全能够使用绶带玉佩。至于睢宁县官山汉墓⑤，根据墓葬的形制与随葬品，刘尊志先生认为其墓主人是有一定身份地位的地方官吏⑥。由此可知，官山墓的墓主人也有实力获得和使用绶带玉璧。因此官山汉墓中的树下悬璧纹可能只是画工省略了绶带等细节，在实际含义方面与韩山墓应无太大区别。

---

① 徐州博物馆：《徐州韩山西汉墓》，《文物》1997 年第 2 期。

② 田忠恩、陈剑彤、武利华等：《睢宁汉画像石》，山东美术出版社，1998 年，第 94～108 页。

③ 孙机：《汉代物质文化资料图说》，中华书局，2020 年，第 302～305 页。

④ 徐州博物馆：《徐州韩山西汉墓》，《文物》1997 年第 2 期。

⑤ 田忠恩、陈剑彤、武利华等：《睢宁汉画像石》，山东美术出版社，1998 年，第 94～108 页。

⑥ 刘尊志：《徐州地区早期汉画像石的产生及相关问题》，《中原文物》2008 年第 4 期。

二 树下悬璧纹关联性图像

除了以上两幅典型的树下悬璧纹，苏北鲁南地区还存在一些与树下悬璧纹有较大关联的悬璧纹图像，甚至其中一部分图像可能为树下悬璧纹的变体图像。对这些图像进行整理与分类，对于解读树下悬璧纹的寓意有一定的帮助。

1. A 型悬璧纹

这一类悬璧纹图像特征为树纹与悬璧纹各居左右，如枣庄小山西汉画像石墓 M3 南侧板画像（图三）[①]。小山 M3 南侧板画像中有两幅相近的图像，都为树纹居左，玉璧纹居右的形式，并且玉璧纹上还有简化的系绳与绶带形象。尽管小山 M3 南侧板画像中玉璧纹上的绶带图像形似叶子，但是通过与图 1 以及图 7、8 的绶带图像进行对比，并结合小山 M3 南侧板画像自身构图特色，基本可以推断出小山 M3 南侧板中玉璧纹上所系的瓣状图像是绶带图像的一种简化表示。如果着眼于整幅图的构图方式，会发现画像中左侧树纹最下侧为绶带纹饰，树纹右侧玉璧纹最上侧也为形状相同的绶带纹饰，这可能意为树纹与悬璧纹图像的连续。

图三　枣庄小山西汉画像石墓 M3 南侧板画像拓片

与小山 M3 南侧板画像类似的还有滕州高庄汉画像石墓椁室东壁画像（图四）[②]，同样是树纹与绶带玉璧纹左右排列。高庄东壁画像与小山 M3 南侧板画像的不同之处在于其左侧树纹最底部不是绶带图像，而是半圆璧纹图像。树纹的右侧有完整的绶带玉璧纹，这可能是对左边树纹底部不完整玉璧纹的全面展示，左右两侧的树纹与璧纹或可归于上下连续的同一画像。小山 M3 南侧板与高庄东壁画像似乎不是互相独立的树纹与璧纹简单地左右排列，更可能是同一画像上下两部分被分割成左右两部分，以图像左右排列实际表示图像上下连续，这或是为了放大、突出、强调绶带系绳玉璧纹这一

---

① 枣庄市文物管理委员会办公室、枣庄市博物馆：《山东枣庄小山西汉画像石墓》，《文物》1997 年第 12 期。

② 滕州市博物馆：《山东滕州高庄发现汉画像石墓》，《考古》2006 年第 10 期。

图像，或是出于横板石块图像空间分布的考虑。这一类图像可能是树下悬璧纹的一种变体形式，其寓意可能与典型树下悬璧纹类似。

同样属于这一类的图像还有滕州高庄汉画像石墓椁室西壁（图五）[①]，甚至一些年代较晚且树纹与玉璧纹左右排列的图像如沛县栖山汉画像石墓（图六）[②] 可能也与这一类的悬璧纹有较大的关系，或是这一类图像继续演变的结果。

图四　山东滕州高庄汉画像石墓椁室东壁

图五　山东滕州高庄汉画像石墓椁室西壁

图六　沛县栖山汉画像石墓

2. B 型悬璧纹

这一类悬璧纹的特征是系有绶带的悬璧纹饰居于画像中心，如小山西汉画像石墓M2 南椁室北侧板画像（图七）[③]。整幅图像包括了绶带玉璧、人物、羊与飞鸟，并且巨大的绶带玉璧纹居于画像中心，突出了绶带悬璧纹的核心地位。图七中飞鸟在上，

① 滕州市博物馆：《山东滕州高庄发现汉画像石墓》，《考古》2006 年第 10 期。
② 徐州市博物馆、沛县文化馆：《江苏沛县栖山汉画像石墓清理简报》，《考古学集刊》1982 年第 2 期。
③ 枣庄市文物管理委员会办公室、枣庄市博物馆：《山东枣庄小山西汉画像石墓》，《文物》1997 年第 12 期。

人在下张弓射箭的画面，表现出这幅图像存在明显的上下层次关系，因此图中系有绶带的玉璧应该呈上下悬挂的状态。具有明显上下层次的图像中却出现飞鸟与绶带齐高的场景，这意味着玉璧悬于高大物体之上。从构图元素上可以判断出场景位于野外，而苏北鲁南汉墓早期画像石中鸟纹、树纹、玉璧纹经常伴出的现象表明玉璧可能悬挂于树下。如果真是如此，那么这一类的悬璧纹可能也是树下悬璧纹的一种变体。假若并非如此，这一类表现某种仪式的悬璧纹也能表明悬璧行为的背后有更加深层的寓意，这对于树下悬璧图像的解读有一定的帮助。

与小山 M2 北侧板画像类似的是同一座墓中椁室南侧板的画像（图八）[①]，南侧板画像构图更加简单，只包含了人物与绶带玉璧图像。两幅图像的共同点是画像中的人物与动物都以绶带玉璧纹为中心，似乎在举行某种行为仪式。下文对于这一行为仪式的探究，或许能够在一定程度上揭示树下悬璧图像的寓意。

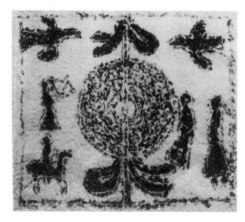

图七　小山西汉画像石墓 M2　　　　图八　小山西汉画像石墓 M2 南侧板画像拓片
　　南椁室北侧板画像拓片

3. C 型悬璧纹

这一类悬璧纹表现出人物将玉璧悬挂于树下的场景，如山东临沂吴白庄汉画像石墓中室东壁画像（图九）[②]。图像中树上挂有一个圆形图案，可能为右侧人物所悬挂。树的形状奇特，树上有大量奇珍异兽，树下挂有一个圆状物体。这一形象应该并非挂满钱币的摇钱树，更可能是神树的一种。并且树底部有鸟似乎口衔绶带玉璧并面向右侧人物，可能有将绶带玉璧交于右侧人物的含义。与之类似的还有江苏彭城相缪宇墓

① 枣庄市文物管理委员会办公室、枣庄市博物馆：《山东枣庄小山西汉画像石墓》，《文物》1997 年第 12 期。
② 临沂市文物管理委员会办公室、临沂市艺术学校、临沂市博物馆：《山东临沂吴白庄汉画像石墓》，《东南文化》1999 年第 6 期。

前室南壁横额图像（图一〇）① 与江苏泗阳打鼓墩樊氏墓图像（图一一）②，这些图像似乎都描绘了树下悬挂玉璧的场景。其中图一一刻画了一位人物悬挂玉璧的场景，并且玉璧上还系有绶带（图一一标记处）。

图九　山东临沂吴白庄汉画像石墓中室东壁

图一〇　江苏彭城相缪宇墓前室南壁横额摹本

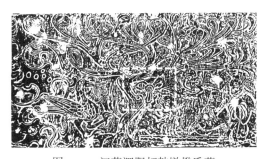

图一一　江苏泗阳打鼓墩樊氏墓

以上图像中的树纹不再是类似松柏树的三角形树纹，而是形状各异的树纹。三角形树纹的图像可能对松柏树的描绘，而一些形状各异的树纹，或是对于现实

①　南京博物院、邳县文化馆：《东汉彭城相缪宇墓》，《文物》1984 年第 8 期，第 22 ~ 29 页。
②　淮阴市博物馆、泗阳县图书馆：《江苏泗阳打鼓墩樊氏墓》，《考古》1992 年第 9 期，第 811 ~ 830 页。

中一些其他种类树的描绘，或是对于神树的描绘。有些画像石同时刻有这两类树纹，比较典型的有山东梁山薛垓 M200 石椁南挡板画像（图一二）[1]，画像中的双阙两侧各有一棵树，但是树的形状迥然不同。山东梁山薛垓 M7 石椁东板画像（图一三）[2] 中也同时刻有两种树纹，但一种树纹位于左侧画像，另一种树纹位于画像中间。值得注意的是左侧树纹与连璧纹相连接，这可能也是树下悬璧纹的一种变体。对比上文的一些图像，值得思考的是当树的形象不同，树下悬璧的寓意是否也有一定的差异。

图一二　山东梁山薛垓 M200 石椁南挡板画像

图一三　山东梁山薛垓 M7 石椁东板画像

综上所述，以上三种类型的悬璧纹都与树下悬璧图像有一定的关联，甚至一些图像可能是树下悬璧纹的一种变体形式，除此以外一些图像可能也与树下悬璧纹存在一定关系，如枣庄临山汉墓 M8 西椁室西侧板画像（图一四）[3]。这些悬璧纹图像对于解

---

① 于秋伟：《山东梁山薛垓墓地石椁墓画像研究》，《海岱考古》（第九辑）科学出版社，2016 年，第 466 ~ 479 页。

② 于秋伟：《山东梁山薛垓墓地石椁墓画像研究》，《海岱考古》（第九辑）科学出版社，2016 年，第 466 ~ 479 页。

③ 枣庄市文物管理委员会、枣庄市博物馆：《山东枣庄市临山汉墓发掘简报》，《考古》2003 年第 11 期。

读树下悬璧纹的寓意有较大的帮助，而探究树下悬璧纹背后的寓意对于揭示苏北鲁南地区汉代人民的精神信仰、丧葬行为等方面有一定的意义。

图一四　枣庄临山汉墓 M8 西椁室西侧板画像

三　树下悬璧纹的寓意

（一）基于考古材料与文献材料的图像解读

1. 图像的叙事性分析

图像有装饰性图像与叙事性图像之分，两者的主要区别在于图像是否反映人的某种行为。树下悬璧图像本身就不是一种装饰性图案，因为树下悬璧的情景不是天然存在的，背后就反映了人们悬璧于树的行为。从这个意义上来说，树下悬璧图像的叙事性也在一定程度上佐证了树下悬璧行为存在的真实性。

树下悬璧行为背后的寓意或许可以借助一些悬璧纹图像进行解读。一些悬璧纹可能还反映了人们更加复杂的行为观念，如小山 M2 画像（图七、八）。图八中绶带玉璧左右各有一个人物，两个人物应该是拿着乐器在跳舞。图七中的人物向中间的绶带玉璧靠近，人物似乎有也乐舞的表现。该地区人物在树或玉璧附近表演乐舞的图像并不少见，典型的有小山西汉画像石墓 M2 南椁室西挡板画像（图一五）[1]。不同于平日居家的乐舞表演，这种在树与玉璧旁的野外场景中表演乐舞情景，可能与某种特殊行为相关。

玉璧在古代往往用于祭祀，如《周礼·春官·大宗伯》中言"以玉作六器，以礼

---

① 枣庄市文物管理委员会办公室、枣庄市博物馆：《山东枣庄小山西汉画像石墓》，《文物》1997 年第 12 期。

图一五　小山西汉画像石墓 M2 南椁室西挡板画像摹本

天地四方。以苍璧礼天。"① 汉武帝祭祀天神泰一时 "郊见泰一云阳，有司奉瑄玉嘉牲荐飨"②，其中瑄玉即为玉璧。玉璧与祭祀行为密切相关，由此一些刻于画像石上的玉璧纹可能表现的是祭祀场景。上文提及在树或玉璧附近表演乐舞的图像可能就是祭祀行为的一种，关于这种行为的解读，文献材料或许能够提供一些帮助。

《盐铁论·散不足》中记载了 "古者，不封不树，反虞祭于寝，无坛宇之居，庙堂之位。及其后，则封之，庶人之坟半仞，其高可隐。今富者积土成山，列树成林，台榭连阁，集观增楼。中者祠堂屏合，垣阙罘罳。"③ 其中 "积土成山，列树成林" 表现出汉代墓上植树风气的盛行。关于汉代墓上植树的记载还有许多，已有较多学者进行详细的论述如王子今先生的《秦汉陵墓 "列树成林" 礼俗》一文，本文就不一一列举。除了墓上植树，汉代还流行墓祭，王充《论衡·四讳》中就有汉代墓祭的记载："古礼庙祭，今俗墓祀。……墓者，鬼神所在，祭祀之处。"④ 西汉对于帝陵陵园里的寝殿、便殿有 "日祭于寝，月祭于庙，时祭于便殿"⑤ 的规定，这也反映了汉代墓祭的流行。文献中与树相关的祭祀记载，除了墓祭还有社祭。《白虎通·卷一·社稷》引《尚书逸篇》曰："太社唯松，东社唯柏，南社唯梓，西社唯栗，北社唯槐。"⑥ 这表明社树有相关的文献记载。而《庄子·人间世》中还有关于齐国地区社树详细的记载："匠石之齐，至乎曲辕，见栎社树，其大蔽千牛之百围，其高临十仞而后有枝，其可以为

① （周）《周礼·春官·大宗伯》，中华书局，2014 年，第 1161 页。
② （汉）司马迁：《史记·孝武本纪第十二》，线装书局，2006 年，第 357 页。
③ （汉）桓宽：《盐铁论》，中华书局，2015 年，第 935 页。
④ （汉）王充撰，黄晖、论衡校释：《新编诸子集成本》，中华书局，1990 年，第 971、972 页。
⑤ （汉）班固：《汉书》卷七三《韦贤传附子玄成传》，中华书局，1962 年，第 3115 页。
⑥ （清）陈立撰，吴则虞点校：《白虎通疏证》，中华书局，1994 年，第 90 页。

舟者旁十树。"① 西汉时期则有"高祖初起，祷丰枌榆社"② 的文献记载，这些文献都表明社祭存在的真实性。

文献中关于汉代流行墓上植树、墓祭、社祭风俗的记载为树下悬璧图像的解读提供了思路。进一步观察该地区与玉璧、树相关的早期画像石图像可以发现，树与玉璧图像旁边不仅有乐舞图，还有许多手持兵器的人物画像。一些持兵器的人物似乎在表演兵舞，比较典型有庆云山 M2 石棺西壁画像（图一六）③。画像两边是树与玉璧图像，类似于 A 型悬璧纹，可能与树下悬璧纹有一定关系。画像中间是两个手持兵器的人物在建筑下打斗，并且这座建筑屋檐下似乎还有被悬挂的帷幕。这意味着这座建筑可能起表演舞台的作用，再加上树、玉璧、建筑图像附近出现厮杀打斗的图像不合常理，这显然不是后期画像石中表现胡汉战争的场景，因此可以推断出一些手持兵器的人物图像可能是表现用兵器表演的场景。值得注意的是，与玉璧、树相关的早期画像石图像中往往还会出现羊等动物（图一五），这或许与祭祀时所用到的牲畜有关。与玉璧、树图像时常组合出现的乐舞图、兵舞图、牲畜图似乎也与祭祀有关，或许文献材料中有相关的记载。

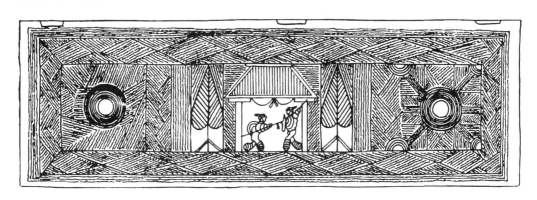

图一六　庆云山 M2 石棺西壁画像

文献中有不少对祭祀舞蹈的记载，尤其是《周礼》。《周礼》中关于乐舞与兵舞的记载有如下几条："舞师掌教兵舞，帅而舞山川之祭祀；教帗舞，帅而舞社稷之祭祀。"④ 与"以六律、六同、五声、八音、六舞、大合乐，以致鬼、神、示。"⑤ 以及"祭祀，授舞者兵。大丧，廞五兵。"⑥ 毋庸置疑，随着汉王朝对儒学的推崇，至迟成书

① （战国）庄周：《孙通海译注·庄子》，中华书局，2016 年，第 83 页。
② （汉）司马迁：《史记·封禅书》，线装书局，2006 年，第 535 页。
③ 临沂市博物馆：《临沂的西汉瓮棺、砖棺、石棺墓》，《文物》1988 年第 10 期。
④ （周）《周礼·地官司徒·封人》，中华书局，2014 年，第 831 页。
⑤ （周）《周礼·春官宗伯·大司乐》，中华书局，2014 年，第 1411 页。
⑥ （周）《周礼·夏官司马·司兵》，中华书局，2014 年，第 1916 页。

于西汉的《周礼》以及其他记载礼仪制度的书籍，对汉代的礼俗产生了较大的影响。因此，《周礼》等儒家经典中的记载对于探究汉代的礼仪风俗有一定的借鉴意义，这意味着一些画像石上的乐舞图、兵舞图可能与汉代祭祀活动密切相关。而《礼记》中"君临臣丧，以巫、祝、桃、茢、执戈，恶之也，所以异于生也"[①] 的记载进一步表明兵舞应是一种祭祀行为，起厌胜压邪的作用。至于汉代牲畜与祭祀的关系则可见于《盐铁论.散不足》中"今富者祈名岳，望山川，椎牛击鼓，戏倡儛像。中者南居当路，水上云台，屠羊杀狗，鼓瑟吹笙。贫者鸡豕五芳，卫保散腊，倾盖社场"[②] 的记载。乐舞、兵舞、牲畜与祭祀的密切关系，加上汉代"街巷有巫，闾里有祝"[③] 盛行巫祝祭祀的社会风气，进一步佐证了与这些图像处于同一画面中的悬璧纹应该也是祭祀活动一种，比如墓祭或社祭。

在考虑叙事性图像寓意时，还可以结合地区文化与民族传统文化进行分析。上文已经提及树下悬璧纹图像主要出现于苏北鲁南地区画像石中，而苏北鲁南画像石中的历史人物故事往往与本地区有着密切的联系。该地区主要的历史故事可以分为两大类：一类是与儒学相关的历史故事如孔子见老子、周公辅成王等图像，另一类是与地域相关的历史人物故事如伯乐相马、二桃杀三士、管仲射小白、泗水捞鼎等图像。这两大类历史人物故事都与地区文化密切相关，齐鲁地区是儒学文化的发祥地，在苏北鲁南画像石中出现儒学故事是地区文化的一种体现。而第二类历史人物故事或发生于苏鲁地区，或主人公为苏鲁地区之人，这也是地区文化的一种体现。发生在徐国（今苏北地区）的季札挂剑故事对于探究树下悬璧行为的寓意或许有一些启发意义。《史记》中记载了相关的故事："季札之初使，北过徐君。徐君好季札剑，口弗敢言。季札心知之，为使上国，未献。还至徐，徐君已死，于是乃解其宝剑，系之徐君冢树而去。"[④] 季札挂剑于冢树代表着他高尚守信的品格，而纯洁的玉璧悬于冢树之上是否有异曲同工之妙值得深入思考。如果两者有关联，那么树下悬璧行为不仅是对季札挂剑行为的纪念，而且也体现了苏北鲁南地区传统文化以及中华民族自古以来就推崇的优良美德。

2. 图像组合与图像载体分析

探究树下悬璧纹的寓意不能只研究其自身图像，还应与同地区同时期的其他画像进行联系比较分析。经相关学者统计，苏北鲁南汉墓画像石内容在文景至武帝前期以树、鸟、璧、几何纹饰为主，还有一些简单的建筑图像。到了武帝后期至昭宣时期，仍然以树、鸟、璧、几何纹饰为主，出现了更多的建筑图，新出现了人物图与反映日

---

① （汉）戴圣：《礼记》，中华书局，2017 年，第 663 页。
② （汉）桓宽：《盐铁论》，中华书局，2015 年，第 905 页。
③ （汉）桓宽：《盐铁论》，中华书局，2015 年，第 911 页。
④ （汉）司马迁：《史记·吴太伯世家》，线装书局，2006 年，第 535 页。

常生活的图像，还出现了少量的瑞兽图。在元、成、哀、平至新莽时期，树、鸟、璧纹仍然流行，但已经不是画像的主要内容，随着时代的发展树、鸟、璧纹越来越少①。

由此可知，树纹、鸟纹、璧纹、建筑图像是苏北鲁南汉墓早期汉画像石的主要内容。不同于后期画像石中对于仙人异兽、天界祥瑞等画面的想象描绘，这些早期图像都是形象具体的，可见于现实生活之中，这意味着该地区早期画像极可能是对现实生活的一种描绘。不仅如此，画像中常见的单独玉璧纹与十字穿璧纹图像是对现实行为的一种模仿已经得到了考古发现的证明。早期玉璧纹图像一般出现于墓主人石棺的头挡板处②，这一现象与战国以来随葬玉璧位置与方式有极大的相似性。战国墓葬中时有发现置于墓主人头部位置的玉璧，如包山 2 号楚墓的内棺东挡板上用组带悬挂了 1 件玉璧③与当阳赵家湖楚墓棺头挡外发现有放置的玉璧④。到了西汉时期，还发现了一些有丝织捆绑缠绕痕迹的玉璧，如徐州东甸子墓 M1 在棺头部出土的一件有丝织品缠绕捆绑痕迹的玉璧⑤与徐州韩山墓 M1 发现的一件残留有十字形编织物拴系痕迹的玉璧⑥。这些考古发现与汉画像石中玉璧图像位置与放置方式相互印证，可见苏北鲁南汉墓早期画像石图像应是对现实事物的真实反映。

除了考古材料，文献材料也可以进一步佐证这一结论。从《盐铁论》记载的"今富者积土成山，列树成林，台榭连阁，集观增楼。中者祠堂屏合，垣阙罘罳。"⑦ 可知汉代堆土封树、设立祠堂是为丧葬服务的，同一句中的"台榭连阁，集观增楼"也应如此，而非单纯描写富人的住宅。该地区早期画像石中出现的建筑图像，应该就是文献所记载的"台榭连阁，集观增楼"，这进一步佐证了该地区早期画像石图像是对现实事物的真实反映。那么树下璧纹的图像应该与同时期的树、建筑等图像类似，与丧葬行为密切相关。而在画像石中刻画现实事物这一行为可能意味将现有的事物献给墓主，或许这一行为本身就可以看作为一种献祭。

除此以外，要探究树下悬璧纹的寓意还需要考虑图像载体的功能。画像石最早出现于苏北鲁南地区的墓葬中⑧，这意味着画像石的出现与丧葬有密切的联系。再结合上文的分析，基本可以推论出画像石中的树下悬璧纹应该是某种丧葬祭祀行为的真实反

---

① 王传明：《苏鲁豫皖地区汉代画像石椁墓研究》，《形象史学》2019 年第 12 期。

② 王倩：《汉代石椁墓神树图像方位结构研究》，《民族艺术研究》2020 年第 3 期。

③ 湖北省荆沙铁路考古队：《包山楚墓》，文物出版社，1991 年，第 68 页。

④ 湖北省宜昌地区博物馆、北京大学考古系：《当阳赵家湖楚墓》，文物出版社，1992 年，第 42 页。

⑤ 徐州博物馆：《徐州东甸子西汉墓》，《文物》1999 年第 12 期。

⑥ 徐州博物馆：《徐州韩山西汉墓》，《文物》1997 年第 2 期。

⑦ （汉）桓宽：《盐铁论》，中华书局，2015 年。

⑧ 刘尊志：《徐州地区早期汉画像石的产生及相关问题》，《中原文物》2008 年第 4 期。

映。尽管刻有树下悬璧纹的画像石出现在地下，但是树不会出现于地下墓室中，树下悬璧行为应该指向地上。结合上文关于墓祭的文献记载并且根据目前一些考古发现，基本可以确定西汉时期存在墓上祭祀的行为①，因此在地上进行的树下悬璧行为可能是墓上祭祀中的一个环节。至于墓上祭祀时将玉璧悬于树上这一行为背后的寓意，结合文献中玉璧用于祭天或沟通鬼神功能的记载，推测可能有希望墓主灵魂能够通过玉璧升天，或是通过这一行为进行祈福，达到厌胜祛邪的效果。

（二）文献材料的启发

文献材料或许能为树下悬璧寓意的探究提供新的思路，例如一些文献记载表明社祭与丧葬存在密切的联系。

西汉时期阴阳学说兴盛，《礼记·郊特牲》中有以下记载："魂气归于天，形魄归于地，故祭求诸阴阳之义也。"② 这表明形魄归于地属阴，应以阴祭祀形魄。《礼记·郊特牲》中还有以下记载："社祭土而主阴气也，君南乡于北墉下，答阴之义也。"③ 这表明社祭意为祭祀属阴的大地。从这两段记载可知大地、社祭与对地下形魄的祭祀同属阴。《礼记》还有一段关于社树与棺椁关系的记载："虞人致百祀之木，可以为棺椁者斩之。"④ 百祀之树，可为棺椁，可见社树与丧葬关系的密切。除此以外，《周礼》中还有丧葬与祭祀地神先后顺序的记载："成葬而祭墓，为位。"这意味着在埋葬尸体以后还有一个祭祀地神的环节。

以上文献都表明社祭与丧葬有着密切的联系，这意味着墓葬画像石上的树下悬璧纹也可能表现的是社祭的场景。画像石中树下悬璧纹图像如果是祭祀社树的行为的真实反映，那么可能有类似社祭祈福的寓意，如祈愿农业丰收、子孙繁衍、六畜兴旺、无病无灾⑤等内容，也可能有希望借助祭祀社树沟通地神，达到安魄镇墓的目的。

四　结语

通过对画像石上树下悬璧纹不同形式的总结以及树下悬璧纹背后寓意的分析可知，汉代在苏北鲁南地区应该存在树下悬璧的行为。这种行为或是墓上祭祀中的一部分，或是祭祀社树中的一个主要环节。无论是哪种寓意，出现于汉画像石中的树下悬璧纹

① 马新：《试论汉代的墓祀制度》，《山东大学学报（哲学社会科学版）》2014 年第 1 期。
② （汉）戴圣：《礼记》，中华书局，2017 年，第 1637 页。
③ （汉）戴圣：《礼记》，中华书局，2017 年，第 1579 页。
④ （汉）戴圣：《礼记》，中华书局，2017 年，第 781 页。
⑤ 古开弼：《中华民族的树木图腾与树木崇拜》，《农业考古》2002 年第 1 期。

图像应该都与汉代时期该地区的丧葬行为与观念有一定关系，在一定程度上反映了汉代人们的精神信仰。

Some Analysis on the Image of Jade Ring Hanging Under Trees in the Stone Portraits of Northern Jiangsu and Southern Shandong

Wang Yuxuan

Abstract: In the Han stone carvings in the northern Jiangsu and southern Shandong regions, there are often images of jade ring hanging from evergreen trees with ribbons and ropes, and the underlying meaning is worth exploring in depth. During the Han Dynasty, jade ring still played an important role in sacrificial ceremonies and funerals. Based on the investigation of other sacrificial images of the same period in the region and literature records, the author infers that such images may be a concrete reflection of sacrificial behaviors such as tomb sacrifices or community trees during the Han Dynasty.

Keywords: The image of hanging a jade ring on a tree; Painted-stones of the Han Dynasty; Northern Jiangsu and Southern Shandong regions

金塔寺石窟的营建年代与供养人

陈悦新

（北京联合大学应用文理学院，北京，100088）

摘要： 金塔寺石窟在龛形装饰、题材内容、造像衣纹等方面与云冈石窟第 7、8 和第 9、10 双窟多有相似之处，推断金塔寺石窟的营建年代约在太和（477～499 年）中期。金塔寺石窟的中心柱窟形制，佛衣和菩萨衣的勾联纹等，与邻近的敦煌莫高窟北魏洞窟相近似，在洞窟规模上与莫高窟北魏洞窟第一类接近，供养人可能也与都城平城有关，其身份当为地方最高长官一级。

关键词： 金塔寺石窟　营建年代　供养人

河西走廊的马蹄寺石窟群由金塔寺、千佛洞、马蹄北寺、马蹄南寺、上观音洞、中观音洞、下观音洞七个部分组成[①]，其中年代最早者是金塔寺石窟[②]。金塔寺石窟在张掖市南 60 千米处，位于肃南裕固族自治县马蹄区的大都麻村辖境，石窟坐落在临松山（马蹄山）西面、大都麻河西岸的红石崖壁上。源自祁连山的大都麻河曲折北流出山即为前凉、北魏临松郡治南古城[③]，为临松山前的重镇。崖壁距地面约 60 米处，凿有两个规模较大的洞窟，一般称为东、西二窟（图一）。两窟平面为纵长方形，覆斗顶，窟内中部凿中心柱。因山崖崩塌，窟室前半部已损毁，中心柱几乎裸露于山崖的边沿。

本文在考古学分期基础上，结合石窟寺与文献资料，讨论金塔寺石窟不同文化因素与供养人问题。

---

① 敦煌研究院、甘肃省文物局、肃南裕固族自治县文物局：《甘肃南马蹄寺石窟群》，科学出版社，2020 年。

② 张宝玺：《河西北朝石窟》，上海古籍出版社，2016 年，第 45～57 页。

③ 《甘州府志》（乾隆四十四年刊本）卷四 "古迹" 条，《中国方志丛书》，成文出版社，1976 年，第 436、437 页。

图一　金塔寺石窟分布图（采自《肃南马蹄寺石寺石窟群》图四）
1. 西窟　2. 东窟

一　20 世纪 50 年代以来的考古学分期

关于金塔寺石窟的营建年代，主要有北魏时期和十六国时期两说。

北魏时期说。20 世纪 50 年代，史岩调查河西走廊石窟，刊布《散布在祁连山区民乐县境的石窟群》[①] 一文，认为金塔寺石窟的开凿年代约在北魏时期。20 世纪 90 年代以后，对于金塔寺石窟开凿于北魏时期的探讨进一步深化，张宝玺《河西北朝石窟编年》[②] 认为金塔寺石窟的开凿时间约在北魏太和（477～499 年）年间或稍后。暨远志《张掖地区早期石窟分期试论》[③] 认为约在太和及稍后的时期（486～510 年）。日本八木春生《河西石窟群年代考——兼论云冈石窟与河西石窟群的关系》[④] 将开凿年代比定在北魏 460 年后半期以降。李玉珉《金塔寺石窟考》[⑤] 认为东窟的开凿年代约在公元 5 世纪五六十年代，西窟的开凿年代约在公元 5 世纪的 70 年代或稍晚。陈悦新《金塔寺石窟的佛像服饰与年代》[⑥] 将开凿年代推定为太和初年，其中，东窟的开凿年代较之西窟略早。

十六国时期说。20 世纪 60 年代，甘肃省文物工作队对金塔寺石窟进行较为全面的

① 史岩：《散布在祁连山区民乐县境的石窟群》，《文物参考资料》1956 年第 4 期。
② 张宝玺：《河西北朝石窟编年》，《1994 敦煌学国际讨论会文集——纪念敦煌研究院成立五十周年（石窟考古卷）》，甘肃民族出版社，1990 年，第 259、260 页。
③ 暨远志：《张掖地区早期石窟分期试论》，《敦煌研究》1996 年第 4 期。
④ 八木春生：《河西石窟群年代考——兼论云冈石窟与河西石窟群的关系》，《美术史研究集刊》1997 年第 4 期。
⑤ 李玉珉：《金塔寺石窟考》，《故宫学术季刊》2004 年第 2 期。
⑥ 陈悦新：《金塔寺石窟的佛像服饰与年代》，《敦煌学辑刊》2013 年第 1 期。

调查与研究，刊发《马蹄寺、文殊山、昌马诸石窟调查简报》①，提出金塔寺石窟年代为十六国时期，以北凉时期（397～439 年）的可能性最大；20 世纪 80 年代以后，对于金塔寺石窟开凿于十六国时期也有进一步的认识，甘肃省文物考古研究所将 1963 年调查所拍摄的大量照片资料，整理出版图录《河西石窟》②，维持原观点。宿白《凉州石窟遗迹与 "凉州模式"》③ 认为金塔寺石窟开凿年代约在北凉后期。国家文物局教育处《佛教石窟考古概要》④ 将金塔寺石窟的年代置于北凉时期。美国何恩之 *Liang Patronage of Buddhist Art in the Gansu Corridor during the Fourth Century and the Transformation of a Central Asian Style*⑤ 提出金塔寺石窟在前凉（314～376 年） 或北凉时期均有开窟活动。韩国梁银景《甘肃金塔寺石窟的开凿年代及其与北凉佛教的关系》⑥ 仍推定金塔寺石窟的开凿年代为北凉时期。

二　本文考古学分期

在上述研究的基础上，本文对金塔寺石窟进行洞窟形制、题材布局、佛衣样式⑦三项标志的考古类型学归纳总结，加强对佛像着衣特点的分析，进一步推定金塔寺石窟的开凿年代。

---

① 甘肃省文物工作队：《马蹄寺、文殊山、昌马诸石窟调查简报》，《文物》1965 年第 3 期。

② 甘肃省文物考古研究所编：《河西石窟》，文物出版社，1987 年，第 1～21 页。更有文章指出金塔寺石窟即为北凉王沮渠蒙逊所开凿的凉州石窟，参见王泷：《甘肃早期石窟的两个问题》，《1983 年全国敦煌学术讨论会文集·石窟艺术编》，甘肃人民出版社，1985 年，第 312～318 页。金维诺：《中国古代佛雕——佛造像样式与风格》，文物出版社，2002 年，第 29 页。

③ 宿白：《凉州石窟遗迹与 "凉州模式"》，《中国石窟寺研究》，文物出版社，1996 年，第 39～51 页。原刊《考古学报》1986 年第 4 期。

④ 国家文物局教育处：《佛教石窟考古概要》，文物出版社，1993 年，第 39、40 页。

⑤ Angela F. Howard, Liang Patronage of Buddhist art in the Gansu Corridor during the fourth century and the transformation of a central asian style，《汉唐之间的宗教艺术与考古》，文物出版社，2000 年，第 262、263 页。

⑥ 梁银景：《甘肃金塔寺石窟的开凿年代及其与北凉佛教的关系》，《艺术与科学》（卷九），清华大学出版社，2009 年，第 141～156 页。

⑦ 佛衣从里向外披覆三层长方形衣，名 "三衣"。根据印度和汉地佛教造像中三衣的披覆形式，首先，从层次上分为上衣外覆类和中衣外露类。上衣外覆类仅表现上衣的披覆形式，中衣外露类则既表现上衣也表现中衣的披覆形式。其次，上衣外覆类据上衣披覆形式可分为通肩式、袒右式、覆肩袒右式、搭肘式、露胸通肩式五种类型；中衣外露类据上衣及中衣披覆形式可分为上衣搭肘式、上衣重层式、中衣搭肘式三种类型。关于佛衣样式的描述，参见陈悦新：《5～8 世纪汉地佛像着衣法式》，社会科学文献出版社，2014 年，第 9～38 页。

本文分期持北魏说，时间较之以往研究略有调整，认为金塔寺石窟开凿年代约在北魏太和（477～499 年）中期，其中东窟的年代略早于西窟（表一）。

表一　本文金塔寺石窟分期①

特点 窟号	洞窟形制	题材布局	佛像着衣	分期
东窟	残深 10.50、宽 11.60、高 6.00 米，覆斗顶兼平顶，壁面绘千佛，窟顶绘立佛。中心柱分三层，下层每面正中各开一尖楣圆拱大龛，圆拱的两端塑成反顾的龙头或忍冬图案；中层每面并排凿三个浅龛；上层塑小型佛和菩萨（图二，1）。	下层每面龛内各塑一佛，龛外两侧各塑一胁侍菩萨或弟子；中层每龛内各塑一佛，后面三龛外影塑小坐佛，余三面龛外各塑胁侍菩萨，每面壁间影塑小坐佛；上层除右面为后代补塑外，余三面为十佛和十菩萨（图三，1）。	佛衣覆肩袒右式（图四，1）和通肩式（图四，3、4）为主，多装饰勾联纹。 胁侍菩萨衣下裙式，多装饰勾联纹（图五，1、2）。	太和（477～499）中期，东窟较之西窟略早。
西窟	残深 4.00、宽 8.10、高 4.00 米。覆斗顶兼平顶，壁面绘千佛，窟顶绘飞天及供养天。中心柱分三层，下层每面正中各开一尖楣圆拱大龛，左右龛的尖楣正中贴塑有火焰光的六角摩尼宝珠；中层和上层未开龛，塑佛与菩萨像（图二，2）。	下层每面龛内各塑一佛，龛外两侧各塑一胁侍菩萨；中层正面主尊后代改塑为藏式祖师像，左面和后面各塑一佛，右面主尊为思惟菩萨，每面壁间影塑供养菩萨及弟子；上层每面塑千佛或菩萨（图三，2）。	佛衣覆肩袒右式（图四，2）和通肩式（图四，5）为主，多装饰勾联纹。 胁侍菩萨衣下裙式、袒右式及铠甲式②，另有主尊菩萨衣下裙式，多装饰勾联纹（图五，3～6）。	

从龛形装饰、题材内容、造像衣纹等方面可看到金塔寺石窟与云冈石窟第 7、8 和 9、10 双窟多有相似之处。

龛形装饰：金塔寺东窟中心柱下层尖楣圆拱龛的圆拱的两端塑成反顾的龙头或忍冬图案。反顾的龙头见于云冈石窟第 7、8 双窟主室左、右、前三个壁面上的圆拱小龛，第 9、10 双窟主室前壁上层圆拱小龛，忍冬图案在第 7、8 和 9、10 双窟的小龛圆拱端部少见，但却是最常见的装饰图案。金塔寺西窟中心柱下层左右面尖楣圆拱龛的尖楣正中贴塑有火焰光的六角摩尼宝珠，与云冈石窟第 7 窟主室前壁圆拱门上方正中、第 9 窟主室窟门顶部的火焰光六角摩尼宝珠相似。

---

① 洞窟数据及相关内容，参见张宝玺：《河西北朝石窟》，上海古籍出版社，2016 年，第 162～166 页。

② 金塔寺西窟中心柱左面一层两身胁侍，一身为菩萨，一身着铠甲衣，张宝玺先生认为是大梵天和帝释天，帝释天着铠甲式衣。参见张宝玺：《河西北朝石窟》，上海古籍出版社，2016 年，第 55 页。

图二　金塔寺石窟平、剖面图

1. 东窟（采自《肃南马蹄寺石窟群》图五）　2. 西窟（采自《肃南马蹄寺石窟群》图七）

正面(南面)　　　　　　左面(东面)

背面(北面)　　1　　右面(西面)

右面(西面)　　正面(南面)

左面(东面)　　背面(北面)

2

图三　金塔寺石窟中心柱各立面
1. 东窟（张宝玺《河西北朝石窟》第 49 页）　　2. 西窟（张宝玺《河西北朝石窟》第 52 页）

图四　金塔寺石窟佛衣类型

1. 东窟中心柱正面下层　2. 西窟中心柱右面下层及胸腹局部　3. 东窟中心柱右面上层中龛
4. 东窟中心柱右面上层左龛　5. 西窟中心柱左面上层

图五　金塔寺石窟菩萨与铠甲胁侍的衣饰
1. 东窟中心柱右面下层左侧菩萨　2. 东窟中心柱右面下层右侧菩萨　3. 西窟中心柱右面下层右侧菩萨　4. 西
窟中心柱右面上层思惟菩萨　5. 西窟中心柱后面下层右侧菩萨　6. 西窟中心柱左面下层左侧铠甲衣胁侍

　　题材内容：金塔寺东窟中心柱中层左面和右面、西窟中心柱中层后面主尊为交脚佛，西窟中心柱中层左面主尊为倚坐佛、右面主尊为思惟菩萨。云冈石窟交脚佛最早见于第 7、8 双窟主室左右两侧壁的小龛内；倚坐佛、思惟菩萨最早见于第 7 窟主室正壁上方大龛，布局为一交脚菩萨二倚坐佛二思惟菩萨，以及第 8 窟主室正壁上方大龛，布局为一倚坐佛二交脚菩萨二思惟菩萨；第 9 窟主室的主尊为倚坐大佛。

　　造像衣纹：金塔寺石窟的佛衣和菩萨衣一般装饰一种衣纹，这种衣纹以突起的两股曲线合为一股，每股上刻阴线一道或两道，同时在每股之间的凹面上刻阴线一道；在交合处两股的内边线闭合，外边线延伸合为一股，同时交合处阴刻短弧线。其外观轮廓形似叉状或燕尾形或 "Y" 字形①。据两股曲线通过相互勾结、合成一股的逻辑表现形式，拟名为 "勾联纹"。

　　佛衣勾联纹的表现形式最早见于云冈石窟第 19、20 窟，云冈石窟第 19、20 窟佛衣的勾联纹在交合处内边线相互咬合，每股上的阴线也随形咬合（图六，1）；云冈石窟第 8 窟勾联纹与以上相同，第 7 窟佛衣的勾联纹则有变化，勾联纹在交合处内边线闭合、阴刻短弧线（图六，2）。金塔寺石窟佛衣与菩萨衣的勾联纹，其细节表现与云冈石窟第 19、20 窟相异，而与云冈石窟第 7 窟的表现形式相同。

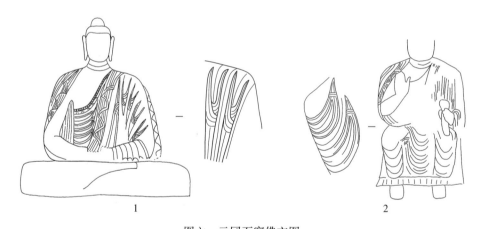

1　　　　　　　　　　　　　　　　　　　　2

图六　云冈石窟佛衣图

1. 云冈 20 窟正壁佛及其胸腹部衣纹　2. 云冈 7 窟主室正壁上龛左侧佛及其右腿内侧衣纹

　　云冈石窟佛像勾联纹的形成，据衣纹变化形式大致可追索出由西而东的一条路线，首先自犍陀罗到河西地区，如现藏甘肃省博物馆承玄元年（428 年）高善穆塔、承玄

①　如：Benjamin Rowland. Notes on the Dated Statues of the Northern Wei Dynasty and the Beginnings of Buddhist Sculpture in China. *Art Bulletin*，Vol. XIX，No. 1，1937，p. 102. 形容为参差不齐的长柄叉状褶痕。金申：《易县北魏交脚菩萨像造型上的几个问题》，《文物》1997 年第 7 期，第 61 页，形容其分叉时呈燕尾状；李玉珉：《金塔寺石窟考》，《故宫学术季刊》2004 年第 2 期，第 40 页，形容其为 "Y" 字形衣褶。

二年（429 年）田弘塔坐佛，炳灵寺 169 窟约 420 年前后的 7 龛立佛；进而至现藏日本东京国立博物馆太平真君四年（443 年）高阳蠡吾（今河北省博野县西南）菀申造像，及河北易县出土、现藏易县文管所和平六年（465 年）交脚菩萨像；最终在云冈石窟佛衣的勾联纹臻于成熟，又由云冈石窟直接或间接向外传播①。

《魏书·释老志》记录了云冈石窟开始凿窟时的情况：和平初（460 年）"昙曜白帝，于京城西武州塞，凿山石壁，开窟五所，镌建佛像各一。高者七十尺，次六十尺，雕饰奇伟，冠于一世。"② 这最初的五窟即相当于今云冈石窟第 16 ~ 20 窟，五窟开凿的下限推断在献文帝末年（470 年）③。继昙曜五窟之后开凿的洞窟有第 7、8 双窟及略晚的第 9、10 双窟等④，推测第 9、10 双窟的开凿时间约始于太和八年（484 年），闭工于太和十三年（489 年）⑤，勾联纹饰在第 9、10 双窟中鲜见⑥，可进一步推知第 7、8 双窟勾联纹的下限大致在太和中期。云冈石窟基本不见胁侍菩萨装饰勾联纹。

金塔寺石窟所在地临松山，前凉张天锡置临松郡，北魏太和中复置，太和十一年又置张掖郡。《太平寰宇记》："临松山，一名青松山，一名马蹄山，又云丹岭山，在（张掖）县南一百二十八里……后魏太和（477 ~ 499 年）中，置临松郡，故城在此山下"，又云"后魏太武帝平凉，以为张掖军，至太和十一年（487 年），改军为郡"⑦。

《甘州府志》载："临松古城，（张掖）城南一百里，前凉张天锡置临松郡。北

---

① 陈悦新：《云冈石窟佛像勾联纹饰》，《庆祝宿白先生九十华诞文集》，科学出版社，2012 年，第 272 ~ 292 页。

② 《魏书》卷一一四《释老志》，中华书局，1974 年，第 3037 页。

③ 〔日〕吉村怜，卞立强译：《论云冈石窟编年》，《天人诞生图研究——东亚佛教美术史论文集》，中国文联出版社，2002 年，第 256 ~ 274 页，原载《国华》1140 号，1990 年。宿白：《平城实力的集聚和"云冈模式"的形成与发展》，《中国石窟寺研究》，文物出版社，1996 年，第 114 ~ 144 页，原载云冈石窟文物保管所编：《中国石窟·云冈石窟（一）》，文物出版社，1991 年。

④ 宿白：《云冈石窟分期试论》，《中国石窟寺研究》，文物出版社，1996 年，第 76 ~ 79 页，原刊《考古学报》1978 年；长广敏雄：《云冈石窟第 9、10 双窟的特征》，《中国石窟·云冈石窟（二）》，文物出版社，1994 年，第 193 ~ 207 页。

⑤ 宿白：《〈大金西京武州山重修大石窟寺碑〉校注——新发现的大同云冈石窟寺历史材料的初步整理》《〈大金西京武州山重修大石窟寺碑〉的发现与研究——与日本长广敏雄教授讨论有关云冈石窟的某些问题》，文物出版社，1996 年，第 60、61、89 ~ 113 页；原分别刊于《北京大学学报·人文科学》1956 年第 1 期、《北京大学学报·哲学社会科学》1982 年第 2 期。

⑥ 第 9、10 窟壁面佛衣不见勾联纹纹饰，但两窟主室正壁佛衣为后代泥皮所覆，尚不宜遽言 9、10 窟有此衣纹与否。

⑦ 《太平寰宇记》卷一五二《陇右道三》"甘州废"条，《景印文渊阁四库全书》，台湾商务印书馆，1986 年，第 470 册，第 435a 页。

凉改临松县……《寰宇记》：后魏太和中置临松郡，在临松山下，今俗名南古城也。"①

　　据上述文献，推测"后魏太和中置临松郡"，这个时间段约在太和中期，即 487 年或稍后②。

　　据云冈石窟第 7、8 和 9、10 双窟年代的估定，及上述相关文献，推断金塔寺石窟的开凿年代约在太和（477~499 年）中期。

　　另外，东窟的勾联纹主要集中在主尊佛衣与胁侍菩萨衣上；西窟的勾联纹则较广泛，除主尊佛衣与胁侍菩萨衣外，主尊菩萨衣及中心柱一层龛外出现的东窟未见的袒右式、铠甲式胁侍菩萨衣，均有勾联纹。从西窟勾联纹表现较为丰富的情况，似表明西窟年代较之东窟略晚。

三　金塔寺石窟文化因素

　　佛教艺术从新疆向东传播，首及河西地区，金塔寺西窟窟顶底层壁画，所画人物形象，装束及绘画技巧，都与新疆诸石窟内的早期壁画的风格接近③，表明其文化因素中保留有早期的西域文化。

　　河西北朝石窟以中心柱窟占绝对多数，据统计河西北朝洞窟共 45 座，中心柱窟占 26 座，由河西走廊的东端起，包括天梯山石窟第 1、4、18 窟，金塔寺东、西窟，千佛洞第 1~4 窟，下观音洞第 1 窟，童子寺第 2、3、8 窟，文殊山石窟第 1~4 和 7~10 窟，昌马石窟第 2、4 窟，五个庙石窟第 1、5、6 窟；此外，莫高窟北朝洞窟 36 座，中心柱窟占 15 座④。金塔寺中心柱窟为地方特色。

　　北魏孝文帝太和中期，相继在张掖地区设立张掖郡、临松郡，临松郡领安平、和平二县⑤，反映了该地区人口已有所增加，经济发展也有一定规模。明元皇帝曾孙、乐安王拓跋范孙、乐安王元良子元静，于 531 年前曾出任张掖太守⑥，表明北魏王朝与张掖地区的联系较为密切。河西地区极受北魏朝廷重视，镇守河西的人物多为北魏宗族或朝廷近臣（表二）。

---

① 《甘州府志》（乾隆四十四年刊本）卷四"古迹"条，《中国方志丛书》，成文出版社，1976 年，第 436、437 页。

② 张宝玺：《河西北朝石窟》，上海古籍出版社，2016 年，第 46、47 页。

③ 甘肃省文物工作队：《马蹄寺、文殊山、昌马诸石窟调查简报》，《文物》1965 年第 3 期。

④ 张宝玺：《河西北朝石窟》，上海古籍出版社，2016 年，第 16~20 页。书中误将天梯山第 18 窟写作第 8 窟。

⑤ 《魏书》卷一〇六《地形志下》"凉州"条，中华书局，1974 年，第 2623 页。

⑥ 《君讳弼（元弼）墓志》，赵超：《汉魏南北朝墓志汇编》，天津古籍出版社，1992 年，第 279 页。

表二　镇守河西官员表

时间	姓名	任职	家世	资料来源
439 年	元丕	镇凉州	皇族	《魏书》卷四《世祖纪上》，中华书局，1974 年，第 90 页。
439 年	贺多罗	镇凉州	权贵	《魏书》卷四《世祖纪上》，中华书局，1974 年，第 90 页。
450 年	尉眷	镇凉州，加都督凉沙河三州诸军事、安西将军，领护羌戎校尉	权贵	《魏书》卷二六《尉古真列传》，中华书局，1974 年，第 657 页。
452～465 年	元他	使持节、都督凉州诸军事、镇西大将军	皇族	《魏书》卷一六《道武七王列传》，中华书局，1974 年，第 391 页。
465 年	元他	镇西大将军、仪同三司，镇凉州	皇族	《魏书》卷六《高祖纪》，中华书局，1974 年，第 125 页。
471 年	南安王元桢	假节、都督凉州及西戎诸军事，……镇凉州	皇族	《魏书》卷七《高祖纪》，中华书局，1974 年，第 135 页。
太和九年（485 年）以前	穆亮	使持节、征西大将军、西戎校尉、敦煌镇都大将	皇亲	《魏书》卷二七《穆崇列传》，中华书局，1974 年，第 667 页。
487 年以前	元浑	凉州镇将、都督西戎诸军事、领护西域校尉	皇族	《魏书》卷一六《道武七王列传》，中华书局，1974 年，第 400 页。
531 年以前	元静	张掖太守	皇族	《君讳弼（元弼）墓志》，赵超：《汉魏南北朝墓志汇编》，天津古籍出版社，1992 年，第 279 页。

北魏灭北凉后，太武帝即"留骠骑大将军、乐平王丕，征西将军贺多罗镇凉州"[1]。太平真君十一年（450 年），张掖王秃发保周反，"征（尉）眷与永昌王健等率师讨之"，其后又"诏眷留镇凉州，加都督凉沙河三州诸军事、安西将军，领护羌戎校尉。转敦煌镇将"[2]。文成帝时（452～465 年）阳平王他出任"使持节、都督凉州诸军事、镇西大将军"[3]，献文帝和平六年（465 年）即位伊始，又"以淮南王他为镇西大将军、仪同三司，镇凉州。"[4] 孝文帝延兴元年（471 年），任"南安王桢为假节、都督凉州及

[1]《魏书》卷四《世祖纪上》，中华书局，1974 年，第 90 页。
[2]《魏书》卷二六《尉古真列传》，中华书局，1974 年，第 657 页。
[3]《魏书》卷一六《道武七王列传》，中华书局，1974 年，第 391 页。
[4]《魏书》卷六《高祖纪》，中华书局，1974 年，125 页。

西戎诸军事……镇凉州"①。太和九年（485 年）以前②，文成帝婿、长乐王、秦州刺史、位列代北"勋臣八姓"之首的穆亮③，"迁使持节、征西大将军、西戎校尉、敦煌镇都大将。政尚宽简，赈恤穷乏，被征还朝，百姓追思之。"④ 卒于太和十一年（487 年）的南平王浑也曾任"凉州镇将、都督西戎诸军事、领护西域校尉……恩著凉土"⑤ 等。

又据《魏书》记载，文成帝于太安二年（456 年）及和平元年（460 年）、三年（462 年）、五年（464 年）四度行幸河西⑥，延兴三年（473 年），孝文帝也曾从太上皇献文帝行幸河西⑦。

以上略可说明北魏国都平城与河西关系密切，金塔寺石窟中龛形装饰、题材内容、造像衣纹等与云冈石窟第 7、8 和 9、10 双窟多有相似之处，应与这种历史背景相关。

四 金塔寺石窟与供养人

金塔寺东窟残深 10.5、宽 11.6、高 6 米，西窟规模较东窟略小，残深 4、宽 8.1、高 4 米。金塔寺东窟和西窟的规模与莫高窟北魏第一类洞窟接近，莫高窟北魏第一类洞窟进深 8 ~ 10、面阔 5 ~ 7、通高 4 ~ 5 米⑧。

孝文帝迁洛之初，曾任敦煌镇都大将的穆亮，其夫人即参加了洛阳龙门石窟最早的一批造像功德，古阳洞北壁上方龛题记"太和十九年（495 年）十一月使持节司空公长乐王丘穆陵亮夫人尉迟为亡息牛橛请工镂石造此弥勒像一区"⑨。

① 《魏书》卷七《高祖纪》，中华书局，1974 年，135 页。

② 穆亮自敦煌被征还朝后，"除都督秦梁益三州诸军事、征南大将军、领护西戎校尉、仇池镇将。时宕昌王梁弥机死……弥机兄子弥承，戎民归乐，表请纳之。高祖从焉。"（《魏书》卷二七《穆崇传附四世孙亮传》，中华书局，1974 年，第 667 页）"（太和）九年……遣使拜宕昌王梁弥机兄子弥承为其国王"（《魏书》卷七《高祖纪上》，第 155 页），由此知，穆亮出镇敦煌在太和九年（485 年）以前。

③ 《魏书》卷一一三《官氏志》"神元皇帝时，余部诸姓内入者：丘穆陵氏，后改为穆氏……太和十九年，诏曰……其穆、陆、贺、刘、楼、于、嵇、尉八姓，皆太祖已降，勋著当世，位尽王公"。中华书局，1974 年，第 3006、3014 页。

④ 《魏书》卷二七《穆崇列传》，中华书局，1974 年，第 667 页。

⑤ 《魏书》卷一六《道武七王列传》，中华书局，1974 年，第 400 页。

⑥ 《魏书》卷五《高宗纪》，中华书局，1974 年，第 115、119、120、122 页。

⑦ 《魏书》卷七《高祖纪》，中华书局，1974 年，139 页。

⑧ 陈悦新：《莫高窟北朝洞窟第营建与供养人》，《宿白纪念文集》，文物出版社，2022 年，第 69 ~ 70 页。

⑨ 龙门石窟研究所：《龙门石窟碑刻题记汇录》下卷，中国大百科全书出版社，1998 年，第 430、431 页。

1965 年莫高窟第 125、126 窟前裂缝中出土绣出太和十一年（487 年）广阳王慧安发愿文的残绣佛一件，推测施主广阳王慧安为元嘉，刺绣应该是从平城一带被人带到敦煌来的[①]。广阳王慧安系北魏宗室、太武帝孙[②]。元嘉崇信佛教，最为笃诚。《辩正论》卷四《十代奉佛篇》说他："读一切经凡得三遍，造爱敬寺以答二皇。为众经抄一十五卷。归心委命，志在法城。"[③]

莫高窟北魏第一类洞窟规模较大，反映出供养人应与穆亮和广阳王的身份地位相当，可能也有世家大族的开凿活动[④]。

金塔寺石窟与莫高窟北魏第一类洞窟规模接近，供养人可能也与都城平城有关，其身份当为地方最高长官一级，如敦煌镇都大将穆亮、凉州镇将南平王元浑、张掖太守宗室元静等来自平城的权贵。

附记：调研得到甘肃省文物考古研究所、张掖市文物保护研究所的支持和王辉、姚桂兰、秦春梅等先生的帮助，北京大学历史学系王楚宁博士核查资料并清绘部分线图，北京联合大学孟丽老师翻译英文摘要，研究生屈傲雪帮助调整文图格式，谨致谢忱！本文为 2019 年度国家社会科学基金一般项目"甘宁北朝石窟寺的营建与供养人研究"（项目批准号：19BKG024）阶段性成果。

On the Construction Time and Patrons of Jintasi Cave Temples

Chen Yuexin

Abstract: Concerning the shrine ornamentations, the theme of the statue's arrangement, and the shapes of drapery, Jintasi Cave Temples shared many resemblances with twin caves in Yungang Cave Temples, like Cave 7-8 and Cave 9-10. Accordingly, we can infer that Jintasi Cave Temples were constructed around the mid-Taihe Era(477-499 A. D.). Meanwhile, a close analogy

---

① 马世长：《新发现的北魏刺绣》，《中国佛教石窟考古文集》，财团法人觉风佛教艺术文化基金会，2001 年，第 231 ~ 239 页，原刊《文物》1972 年第 2 期。

② 《北史》卷一六《广阳王建传附子嘉传》，中华书局，1974 年，第 615、616 页。《魏书》卷十八《广阳王建传附子嘉传》，中华书局，1974 年，第 428、429 页。

③ 《辩正论》卷四《十代奉佛篇》下"魏尚书令广阳王嘉"，《大正藏》第五二册，第 515 页上栏。

④ 陈悦新：《莫高窟北朝洞窟第营建与供养人》，《宿白纪念文集》，文物出版社，2022 年，第 71 页。

with related caves built in Northern Wei at Mogao Caves in Dunhuang, a place not far away, shows considerable similarities when considering the central pillar shape of caves and the patterns of interlaced lines(Goulianwen) that arose on the robes and dresses of Buddha and Bodhisattva. In terms of size, the caves of Jintasi are close to Type I Caves in Northern Wei at Mogao. Their patrons, whose status should be the highest local governor, may have connections with the capital city, Pingcheng.

Keywords: Jintasi Cave Temples; Construction Time, Patrons

民族交融视域下墓志所见鲜卑
长孙氏相关问题考证

王丽娟　　包劲然

（内蒙古大学历史与旅游文化学院，呼和浩特，010070）

摘要： 鲜卑长孙氏自东汉末年的氏族部落联盟时期逐渐发展壮大，至唐代成为显赫一时的代北门阀，并参与整个中原政局的构建。其家族是北魏到隋唐时期北方少数民族家族的代表，也是西魏北周"关陇贵族集团"的重要组成部分。充分利用新出土墓志资料与文献史料，从民族交融的视角探究长孙氏为原鲜卑族在蒙古草原经过长期迁徙后与匈奴通婚所嗣后裔，对其祖源后魏威帝拓跋俟进行追溯并考证长孙氏原姓拔拔氏的姓氏转变过程。

关键词： 鲜卑长孙氏　　族属　　祖源　　姓氏　　民族交融

鲜卑长孙氏自东汉末年氏族部落联盟时期逐渐壮大，一直绵延不绝，从北魏开国元勋长孙嵩到唐朝文德皇后、宰相长孙无忌等皆出此族，为北魏到隋唐时期显赫的门阀士族。唐人柳芳《氏族论》载："代北则为虏姓，元、长孙、宇文、于、陆、源、窦首之。"[①] 学界对长孙氏家族的研究主要集中在个别人物上，如马大正的《长孙晟论述》[②]，王怡的《论长孙无忌与初唐政治》[③]，偶有对相关出土墓志的研究只是局限于墓志本身，例如对志主进行考释，或是补充文献中志主本人记载的疏误，如刘祥辉《唐长孙楚璧墓志考释》[④]、朱思锦《唐长孙元翼墓志考释》[⑤] 等，对其族属、祖源、姓氏没有专题研究。从民族交融视域出发，综合新出土的长孙氏墓志资料，充分结合文献史料，对相关问题进行深入探讨，突显不同民族间的交流、互动与融合，可以为中国

---

① （宋）欧阳修、宋祁：《新唐书》卷一百九十九《儒学中》，中华书局，1975 年，第 5678 页。

② 马大正：《长孙晟述论》，《民族研究》1985 年第 6 期。

③ 王怡：《论长孙无忌与初唐政治》，《北京大学学报（哲学社会科学版）》2014 年第 4 期。

④ 刘祥辉：《唐长孙楚璧墓志考释》，《四川文物》2021 年第 2 期。

⑤ 朱思锦：《唐长孙元翼墓志考释》，《散文百家》2019 年第 12 期。

统一多民族国家的形成和发展提供生动的历史依据。

一　长孙氏族属考证

关于长孙氏族属的记载最早见于《魏书·官氏志》，有对其出身后魏帝室以及得姓过程的描述，"至献帝时，七分国人，使诸兄弟各摄领之，乃分其氏。……次兄为拓拔氏，后改为长孙氏。"[①] 鲜卑长孙氏乃后魏帝室之姓，此本为学界之定论，自宋代邓名世《古今姓氏书辩证》[②] 到近代姚薇元《北朝胡姓考》[③] 中都对此有过详细考证，其中某些结论后虽证伪[④]，但其出身鲜卑已属无疑。

近些年出土墓志中的记载却与此相左，出土的《隋故正议大夫左武侍鹰扬郎将长孙君墓志》中记载长孙汪族属时，写道："其先出自阴代左贤王之后"，并有铭文曰："左贤右贤，昔居方外。曰若魏文，则天为大。"[⑤] 碑文中称长孙氏的祖先是匈奴人的后裔，出自匈奴左贤王。此种说法与部分文献史料中记载鲜卑拓跋氏为匈奴后裔的观点趋同，如《宋书·索虏传》载："索头虏姓托跋氏，其先汉将李陵后也"[⑥]，《南齐书·魏虏传》载："魏虏，匈奴种也。……后还阴山，为单于，领匈奴诸部"[⑦]。虽然南朝史家书北朝统治者出身时多含歧视色彩，但鲜卑与匈奴渊源颇深是可以肯定的。

考证出身鲜卑的长孙氏为何被墓志或文献称作匈奴之后，需考虑此时鲜卑南迁匈奴故地的相关史实。《魏书·序纪》载："献皇帝讳邻立。时有神人言于国曰：'此土荒遐，未足以建都邑，宜复徙居。'帝时年衰老，乃以位授子。圣武皇帝讳诘汾。献帝命南移，……始居匈奴之故地。"[⑧] 可见献帝时期因呼伦池附近荒遐，不足以建都邑，再加上随着鲜卑社会的发展，部落逐渐向南扩张，至其子圣武帝拓跋诘汾时期已经南迁至匈奴故地（今河套及大青山一带），此后拓跋鲜卑与留居故地的匈奴融合，相互之间杂居共处，来往通婚。《后汉书·鲜卑传》也载："和帝永元中，大将军窦宪遣右校

---

① （北齐）魏收：《魏书》卷一百一十三《官氏九》，中华书局，1974 年，第 3005、3006 页。

② （宋）邓名世：《古今姓氏书辩证》，江西人民出版社，2006 年，第 408 页。

③ 姚薇元：《北朝胡姓考》，武汉大学出版社，2013 年，第 9 页。

④ 《北朝胡姓考》中对长孙氏出自拓跋郁律长子沙漠雄一系说法进行勘误，按《魏书·序纪》中载，拓跋郁律即后魏平文帝，其长子名翳槐，即后魏烈帝，无沙漠雄名。《魏书·长孙嵩传》："父仁，昭成时为南部大人"是《唐表》等以长孙嵩之父，即后魏之烈帝，与史文不合。参见姚薇元：《北朝胡姓考》，武汉大学出版社，2013 年，第 10 页。

⑤ 胡戟、荣新江：《大唐西市博物馆藏墓志》，北京大学出版社，2012 年，第 56 页。

⑥ （梁）沈约：《宋书》卷九十五《索虏传》，中华书局，1974 年，第 2321 页。

⑦ （梁）萧子显：《南齐书》卷五十七《魏虏传》，中华书局，1972 年，第 983 页。

⑧ （北齐）魏收：《魏书》卷一《序纪》，1974 年，第 2 页。

尉耿夔击破匈奴，北单于逃走，鲜卑因此转徙据其地。匈奴馀种留者尚有十馀万落，皆自号鲜卑，鲜卑由此渐盛。"①《魏书·铁弗刘虎传》云："铁弗刘虎南单于之苗裔，左贤王去卑之孙，……北人谓胡父鲜卑母为'铁弗'，因以为号。"② 通过"皆自号鲜卑""胡父鲜卑母"等记载可见当时鲜卑与匈奴二者关系之近。

出土墓志中对二者间关系所述，不仅所载其祖源多归于南迁匈奴故地时期，并且都载其族源于阴山地区，如《唐故青州长史长孙府君墓志铭并序》："实命昌意，镇于阴山，倬哉熊融，肇此公族。"③《夫人长孙氏墓志铭并序》："阴山南北，亘牛斗于天街；瀚海东西，沓鲸潮于地纬。"④《□唐故刑部尚书长孙府君墓志铭并序》："金翅始茂，初移自北之阴。"⑤《大唐故邢州刺史长孙府君墓志铭并序》："公识量淹和，风神警悟，高门诞庆，家承湘水之姻，盛族光启，望重阴山之戚。"⑥ 长孙氏作为鲜卑嫡系，墓志却不似拓跋鲜卑载其出身大鲜卑山（今大兴安岭），而却载族源阴山，亦可论证长孙氏与匈奴的渊源。

通过出土墓志资料与文献史料对照可知，长孙氏很有可能即为原鲜卑族在蒙古草原经过长期迁徙后与匈奴通婚所嗣后裔。南朝士大夫认为鲜卑即为匈奴一种的观点实属偏颇，但鲜卑南迁后与各族的通婚杂居确实使得原鲜卑族的血缘杂糅。这种大规模、大范围的婚媾关系引起民族间的交流与融合，为中华民族的多元性提供了历史支持。

二　长孙氏祖源考证

关于长孙氏祖源于何代鲜卑皇族，《魏书》中已有记载献帝以其次兄为拓跋氏，后改为长孙氏。《隋书·经籍志》中亦有："后魏迁洛，有八氏十姓，咸出帝族。"⑦《长孙家庆墓志》中也载："肇基启胄，感精降祉，花萼分光之际，犹十日耀于扶桑。"⑧ 可见长孙氏原与拓跋氏同宗，后分为十姓。至于长孙氏祖源于何代鲜卑皇族文献中无记载。

出土的墓志碑文对此莫衷一是，如《大唐故司农卿怀仁公夫人长孙氏墓志铭》（后

① （南朝宋）范晔：《后汉书》卷九十《乌桓鲜卑传》，中华书局，1965年，第2986页。
② （北齐）魏收：《魏书》卷九十五《铁弗刘虎传》，中华书局，1974年，第2054页。
③ 周绍良、赵超：《唐代墓志汇编》（上），上海古籍出版社，1992年，第1253页。
④ 周绍良、赵超：《唐代墓志汇编》（上），上海古籍出版社，1992年，第1143页。
⑤ 周绍良、赵超：《唐代墓志汇编》（上），上海古籍出版社，1992年，第597~598页。
⑥ 宁琰、辛龙：《唐长孙无傲及夫人窦胡娘墓志的发现与考释》，《文博》2017年第5期。
⑦ （唐）魏征：《隋书》卷三三《经籍志》，中华书局，1973年，第990页。
⑧ 韩凯英：《唐长孙家庆、长孙祥墓志探析》，《中原文物》2020年第4期，第130~135页。

文作《长孙四娘墓志》）写道："其先出自有魏献帝昆之后也。"① 记载其祖先源自传说时期拓跋部首领献帝拓跋邻之兄的后裔，其他出土墓志的记载也与此相近，如隋代《隋通直郎陇西李轨故妻长孙氏墓志》（后文作《长孙念儿墓志》）中作："其先魏献帝之犹子"②。墓志所载其祖先为献帝的侄子，即为拓跋邻之兄的后裔，与前文长孙四娘的墓志文对应。

但在唐代墓志中还有其他记载，如《大唐故绵州魏城县令长孙府君墓志铭并序》（后文作《长孙保墓志》）："府君讳保，字智周，本裔出自后魏威帝"③。志文记载长孙氏出自威帝，并非献帝拓跋邻。《魏书》中记载："威皇帝讳侩立，崩。"④ 威皇帝拓跋侩为北魏追尊的第十二位始祖，为拓跋邻的前任鲜卑首领，而二者关系文献史料也不可考，这两种祖源形成之说相互矛盾。直至长孙璀墓志出土，其祖源才有较为清晰的考证，《唐故京兆府富平县太原郭公夫人河南长孙氏墓志铭并序》中载："长孙氏之先，系自威皇帝，后魏献皇之嫡兄牢让宝位，故特诏氏长孙，以彰谦让之德也。"⑤ 由此墓志看出长孙氏本出自威帝，至献帝时期，长孙氏作为献帝之嫡兄让位于献帝而得族名长孙。此种让位得氏说法虽然有一定溢美成分，但从出土《大唐故均州司户参军柳君夫人长孙氏墓志铭并序》："昔有魏业隆廓地，长孙氏功赞补天。派演潢池，因长幼而命族；分枝若木，锡珪社以疏荣。"⑥ 其中"派演潢池"可见其宗族支派繁衍于潢池一带（即今西拉木伦河，古称潢水），也即是鲜卑第二次南迁过程中。"功赞补天"也佐证其功劳或当时地位。由此可以看出献帝时期长孙氏族经历了重大变迁，也因此后世墓志述其祖源献帝之嫡兄或侄子，产生谬误。致使《旧唐书》在追溯长孙无忌祖源时也记载为："其先出自后魏献文帝第三兄。"⑦ 未能继续向上追溯，至于《新唐书》等成书更晚的文献，则只能追溯先祖到代王时期的平文皇帝拓跋郁律，其真实性更是有待考证。

通过对相关墓志的分析，确定长孙氏源于威帝拓跋侩，而由此可知罗振玉对仆胗可汗的考证还有进一步商榷的可能，北魏奚智《故徵士奚智墓志》中称奚氏"始与大魏同先，仆胗可汗之后裔"⑧，罗振玉因此认为其中的"仆胗可汗"即《魏书》所记献

---

① 张占民、倪润安：《唐郭嗣本与长孙四娘夫妇墓志考释》，《文博》2013 年第 4 期。

② 赵君平、赵文成：《秦晋豫新出土墓志搜佚》，国家图书馆出版社，2011 年，第 133 页。"犹子"，本意指的是兄弟的儿子，谓如同儿子，指侄子或侄女。语出《论语·先进》"回也视予犹父也，予不得视犹子也。"刘宝楠：《论语正义》，中华书局，1990 年，第 242 页。

③ 张永华、赵文成、赵君平：《秦晋豫新出墓志搜佚三编》，国家图书馆出版社，2012 年，第 1037 页。

④ （北齐）魏收：《魏书》卷一《序纪》，中华书局，1974 年，第 2 页。

⑤ 刘琴丽：《墓志所见唐代的郭子仪家族》，《唐史论丛》2013 年第 1 期，第 194～210 页。

⑥ 胡戟、荣新江：《大唐西市博物馆藏墓志》，北京大学出版社，2012 年，第 734 页。

⑦ （后晋）刘昫：《旧唐书》卷六十五《长孙无忌传》，中华书局，1975 年，第 2446 页。

⑧ 赵万里：《汉魏南北朝墓志集释》，科学出版社，1956 年，图版第 207 号。

帝邻之父威皇帝俭。① 《魏书》载，"次兄为拓拔氏，后改为长孙氏。弟为达奚氏，后改为奚氏。"② 若仆脍可汗即为威帝，则奚氏与长孙氏则同宗同族，何必分为两姓，由此可见仆脍可汗并非拓跋威。

三　长孙氏来由及转变考证

关于长孙氏的来由及其姓氏的转变过程，大部分文献史料所载长孙氏族名来源皆因其为宗室之长，如"初为拓拔氏，宣力魏室，功最居多，世袭大人之号，后更跋氏，为宗室之长，改姓长孙"③"道武以嵩宗室之长，改为长孙氏"④。前文长孙璨、柳君夫人长孙氏等墓志也见长孙氏作为献帝之嫡兄让位于献帝而得族名长孙，但因《长孙念儿墓志》中有："地居商长，因以长孙为族⑤。"出现了因部落所居地理位置而得姓之说，遂通过其他出土墓志对拓跋氏改姓长孙之缘由给予佐证。

《隋管国公长孙君墓志铭并序》中载："长孙氏枝承若水，峯分崑陵，譬玄嚣、昌意。"⑥ 通过其墓志自比玄嚣、昌意⑦，可知长孙氏与拓跋氏实属宗室嫡亲。《唐□□□□节县令长孙公亡男墓志铭并序》磨损较重，但仍有清晰"保姓有五，我宗第一"⑧ 的长孙氏为嫡长记载。于《大隋使持节仪同三司邻国公蔡罗二州刺史长孙使君墓志铭》作："于是分守蕃岳，各号一宗。或因季孟而为氏，或据山川而立姓。公之先也，即十族之一王，诸孙之嫡长，故以长孙为氏焉。"⑨ 长孙懿墓志中对鲜卑各部落首领得名的描述为或因兄弟长幼为氏，或因各王部落所居地理位置而为姓，长孙得名即因其为所有兄弟之嫡长。《长孙四娘墓志》也有："孝文帝以皇支之长，因命氏焉。"⑩《唐故三品子吏部常选长孙君墓志铭并序》也对此有补证："聿修谱第，位在长孙，赐为氏焉，备详魏史。"⑪《大唐故邢州刺史长孙府君墓志铭并序》也有述："有国分枝，因

---

① 罗振玉：《丙寅稿》，《罗雪堂先生全集续编》第一册，文华出版公司，1969年，第185～186页。

② （北齐）魏收：《魏书》卷一百一十三《官氏九》，中华书局，1974年，第3006页。

③ （后晋）刘昫：《旧唐书》卷六十五《长孙无忌传》，中华书局，1975年，第2446页。

④ （宋）欧阳修、宋祁：《新唐书》卷七十二上《宰相世系二上》，中华书局，1975年，第2409页。

⑤ 赵君平，赵文成：《秦晋豫新出土墓志搜佚》，国家图书馆出版社，2011年，第133页。

⑥ 《隋管国公长孙君墓志铭并序》，浙江大学图书馆藏拓片。

⑦ 《史记·五帝本纪》有言："嫘祖为黄帝正妃，生二子，其后皆有天下：其一曰玄嚣，是为青阳，青阳降居江水；其二曰昌意，降居若水。"司马迁：《史记》卷一《五帝本纪》，中华书局，1959年，第10页。

⑧ 《唐□□□□节县令长孙公亡男墓志铭并序》，浙江大学图书馆藏拓片。

⑨ 刘文：《陕西新见隋朝墓志》，三秦出版社，2018年，第36～37页。

⑩ 张占民、倪润安：《唐郭嗣本与长孙四娘夫妇墓志考释》，《文博》2013年第4期。

⑪ 胡戟、荣新江：《大唐西市博物馆藏墓志》，北京大学出版社，2012年，第721页。

帝孙而命氏"，志文后面的铭文中亦有："朔野应期，洛川宅理。帝子分姓，皇孙命氏。"①
由众多出土墓志与文献互证可知长孙氏之得名确源自其为鲜卑宗室之嫡长无疑，而其
族名变迁也从另一角度反映了鲜卑数次南迁过程中的民族交融。

　　由上述考证可知长孙氏为正统鲜卑皇族，且与拓跋皇氏关系颇近，以致《魏书》
载其原名即为拓跋氏。但此记载也就与献帝七分国人的初衷有悖，其分国命姓本就是
使诸兄弟各自摄领不同部落，分为各种姓氏加以区分管理，以别亲疏，最后结果却仍
有部族与帝室同姓。何况若真与帝室同姓，孝文帝改制之时，其家族也应该依照帝室
一样改为元氏，而非长孙氏。说明此类史籍记载有误，遂对长孙之拓跋氏实为拔拔氏
进行考证。

　　最早涉及拔拔姓的文献为崔鸿的《十六国春秋》，记载曰"泓以晋师之逼，遣使乞
师于魏。魏遣司徒南平公拔拔嵩、正直将军安平公乙旃眷进据河内"②，相近时期的
《晋书》中也有载："魏遣司徒、南平公拔拔嵩，正直将军、安平公乙旃眷，进据河内，
游击将军王洛生屯于河东，为泓声援。"③两书记载均与《魏书·长孙嵩传》中记载事
迹相合，"晋将刘裕之伐姚泓，太宗假嵩节，督山东诸军事，传诣平原，缘河北岸，列
军次于畔城"④。封号南平公等职官也相互对应，确定拔拔嵩即为长孙嵩。对此后世史
家认为长孙氏实为拔拔氏所改，如《资治通鉴·宋纪一》"嵩实姓拔拔"⑤，《资治通
鉴·齐纪六》"于是始改拔拔氏为长孙氏"⑥。且在《通鉴释文辨误》胡三省辨误慕容
姓氏时提道："史炤《释文》曰'慕舆，代北复姓，本慕容氏，音讹，又为慕舆也。'
余谓慕容、慕舆同出于鲜卑，其得姓之初，各自为氏，犹拓跋之与拔拔，非音讹也。"⑦
可以看出拔拔并非拓跋的音讹，而是两者分别各有其族。《北朝胡姓考》也考证到太和
十八年（494年）孝文帝"经比干之墓，伤其忠而获戾，亲为吊文，树碑而刊之。"⑧
孝文帝所树《孝文吊比干文碑》阴题名有"符玺郎中臣河南郡拔拔臻。"⑨可证北魏确
有拔拔氏。同时北魏文成帝《皇帝南巡之颂》碑之碑阴所刻文成帝出巡从臣官爵姓名，
上有"宁东将□□□□侯胡优比西□陀、散骑常□□□□□□安复侯拔拔俟俟头"

① 宁琰、辛龙：《唐长孙无傲及夫人窦胡娘墓志的发现与考释》，《文博》2017年第5期。
② （北魏）崔鸿撰，（清）汤球辑补：《十六国春秋辑补》卷五十六《后秦录八》，中华书局，2020
　　年，第696、697页。
③ （唐）房玄龄：《晋书》卷一百十九《载记第十九姚泓》，中华书局，1974年，第3016页。
④ （北齐）魏收：《魏书》卷二十五《长孙嵩传》，中华书局，1974年，第643页。
⑤ （宋）司马光：《资治通鉴》卷一百一十九《宋纪一》，中华书局，1956年，第3746页。
⑥ （宋）司马光：《资治通鉴》卷一百四十《齐纪六》，中华书局，1956年，第4393页。
⑦ （元）胡三省：《通鉴释文辨误》卷二《通鉴九十五》，哈佛大学馆藏本，第79页。
⑧ （北齐）魏收：《魏书》卷七下《高祖纪下》，中华书局，1974年，第175页。
⑨ 王昶：《金石萃编》卷二七《孝文帝吊比干文》，载《石刻史料新编》（一），新文丰出版公司，
　　1977年，第477~481页。

"三郎幢将拔拔古斤□□"等拔拔氏官员记载。①

墓志资料对也长孙之拓跋氏实为拔拔氏作了有力补证，《北周拔拔兕墓志》载：
"使持节骠骑大将军、开府仪同三司、大都督、熊州刺史、平原县开国侯，故拔拔兕，
字义贞，殡于此。"②《周书》和《北史》中都对长孙兕有所记载，《周书·长孙兕传》
载："兕字若汗……从魏孝武西迁。天和初，累迁骠骑大将军、开府，迁绛州刺史"③、
《北史·长孙兕传》载："义贞弟兕，字若汗……周天和初，进骠骑大将军、开府仪同
三司。历熊、绛二州刺史，并有能名。袭爵平原县公"④。虽然《周书》错记其字为若
汗，《北史》中误认为义贞与兕为二人，兕是义贞弟。但仍可明显看出所记载实为一
人，且长孙兕其姓实为拔拔。在前文所述《长孙保墓志》中也有记载："至圣武帝分本
枝为十族，始姓拔拔。献帝以次兄为拔拔氏，后更为长孙氏焉。"⑤明确可见其长孙氏
原姓拔拔，后改长孙氏。

更多的出土墓志也可对此进行旁证，《北魏封君夫人长孙氏墓志》中载："祖陵，献
文皇帝时外都坐大官、左光禄大夫、征东大将军、东阳镇都大将、督青州诸军事、蜀郡
公，薨，谥曰蜀郡庄王。"⑥据墓志知志主其祖为长孙陵，文献史料并无长孙陵家世介
绍，但通过《魏书·显祖纪》和《魏书·慕容白曜传》载："刘彧青州刺史沈文秀、
冀州刺史崔道固并遣使请举州内属。诏平东将军长孙陵，平南将军、广陵公侯穷奇赴
援之"⑦"长孙陵等既至青州，沈文秀遣使请降。军人入其西郛，颇有采掠，文秀悔
之，遂婴城拒守"⑧，以及《宋书·沈文秀传》载："其年八月，虏蜀郡公拔式等马步
数万人入西郭，直至城下"⑨。文献与墓志中所提官职，事迹相互对照可知拔式即为长
孙陵。

文献中也有部分关于拔氏的记载，《宋书·索虏传》卷九十五："羽直征东将军北
平公拔敦及义阳王刘昶，领定、相之众十万"⑩，拔敦即为《魏书·长孙嵩传》中所记
载长孙嵩之子长孙敦，"子敦，字孝友，位北镇都将。坐黩货，降为公"⑪。原本袭爵北

①　张庆捷、李彪：《山西灵丘北魏文成帝〈南巡碑〉》，《文物》1997 年第 12 期。

②　王连龙：《北周拔拔兕墓志》，《社会科学战线》2011 年第 5 期，第 285 页。

③　（唐）令狐德棻：《周书》卷二十六《长孙兕传》，中华书局，1971 年，第 431、432 页。

④　（唐）李延寿：《北史》卷二十二《长孙道生传》，中华书局，1974 年，第 816 页。

⑤　张永华、赵文成、赵君平：《秦晋豫新出墓志搜佚三编》，国家图书馆出版社，2012 年，第 1037
页。

⑥　王壮弘：《北魏封君夫人长孙氏墓志》，《书法》1995 年第 3 期。

⑦　（北齐）魏收：《魏书》卷六《显祖纪》，中华书局，1974 年，第 127 页。

⑧　（北齐）魏收：《魏书》卷五十《慕容白曜传》，中华书局，1974 年，第 1119 页。

⑨　（梁）沈约：《宋书》卷八十八《沈文秀传》，中华书局，1974 年，第 2223、2224 页。

⑩　（梁）沈约：《宋书》卷九十五《索虏传》，中华书局，1974 年，第 2356 页。

⑪　（北齐）魏收：《魏书》卷二十五《长孙嵩传》，中华书局，1974 年，第 645 页。

平王的长孙敦因贪污纳贿而降为北平公，两书爵位官职也正相对应。由上述文献与墓志相对照，可得证长孙之拓跋实为拔拔。同时拔拔氏在当时有简称拔氏之情况。出土另一长孙氏墓志《魏故使持节骠骑大将军开府仪同三司太子太傅后军大都督侍中雍州刺史平高公长孙使君墓志》也对此有提及："曾祖讳乌者，特进上党康王。祖讳拔六观，司空定王。"① 长孙僴之祖拔六观正是《魏书》所记载的长孙观，"抗子观……时异姓诸王，袭爵多降为公，帝以其祖道生佐命先朝，故特不降。"② 文成帝《皇帝南巡之颂》碑记载拔氏族人数量也颇为丰富，遂可知此种简称情况在当时应为普遍现象。

由出土墓志碑文与文献史料对比考证可知，《魏书》所载拓跋氏改族名为长孙氏，其拓跋实为讹误，应为拔拔氏改为长孙氏，且北魏一朝拔拔氏常简称为拔氏。此族魏后未复旧姓，至于为何北朝与隋唐诸多出土墓志中不提及此拔拔氏，唯有《北周拔拔兕墓志》言其旧姓，这起源于北魏末年，到西魏北周时期已靡然成风的赐胡姓、复胡姓运动。大统九年（543 年）邙山之战战败，队伍之中鲜卑人死伤殆尽，只能"广募关陇豪右，以增军旅"③，大量的非鲜卑族人涌入军队，使得部队成分复杂。为确保军队凝聚力与战斗力，宇文泰于西魏大统十五年（549 年）下令，"初诏诸代人太和中改姓者，并令复旧。"④ 魏恭帝元年（554 年）又大规模赐予功臣胡姓，"魏氏之初，统国三十六，大姓九十九，后多绝灭。至是，以诸将功高者为三十六国后，次功者为九十九姓后，所统军人，亦改从其姓。"⑤ 使得统军将领与所统军人成为同姓来让军队部落化增强战力，长孙兕作为北周时期统兵大将使用其旧时胡姓实属顺应时势。因此，其墓志追溯其族名先称，称他为"拔拔兕"也就可以理解。长孙氏族原族名的渐渐没落与文献碑文的不书反映了长孙家族在鲜卑社会中的形成过程和历史渊源，更是体现出鲜卑等北方民族与中原不断交往、交流、交融的历史进程。

综上所述，鲜卑长孙氏为原鲜卑族在蒙古草原经过长期迁徙后与匈奴通婚所嗣后裔。其祖源于鲜卑传说时代的威皇帝拓跋俟。在漫长的民族融合过程中一步步汉化并由拔拔氏改姓长孙氏，从北方草原进入中原王朝并成为名门显族。从民族交融视域出发利用近些年出土墓志对长孙氏相关问题进行探究，通过不同民族不同氏族间的联系和互动，为中华民族的多元性提供了历史依据。同时这种不同民族间交往交流交融的历史进程也使得中华民族从多元走向一体。不同民族之间的融合是历史演进的重要组成部分，更是中华民族形成统一的内生动力，为中华民族的形成和发展提供了有力支持。

---

① 陈财经、王建中：《新出土北朝长孙氏墓志三方考略》，《碑林集刊》2011 年第 00 期。

② （北齐）魏收：《魏书》卷二十五《长孙道生传》，中华书局，1974 年，第 646 页。

③ （唐）令狐德棻：《周书》卷二《文帝纪下》，中华书局，1971 年，第 28 页。

④ （唐）李延寿：《北史》卷五《魏本纪第五》，中华书局，1974 年，第 180 页。

⑤ （唐）令狐德棻：《周书》卷二《文帝纪下》，中华书局，1971 年，第 36 页。

Examination of the Issues Related to the Xianbei Zhangsun Clan as Seen in Epitaphs under the Perspective of Ethnic Integration

Wang Lijuan　　Bao Jinran

Abstract: The Xianbei Zhangsun clan developed from the stage of clan-tribal alliance at the end of the Eastern Han Dynasty to the prominent northern dominant family of the Tang Dynasty, and participated in the construction of the entire political situation in the Central Plains. His family is a representative of the northern minority families from the Northern Wei Dynasty to the Sui and Tang Dynasties, and is also an important part of the "Guanlong Noble Group" in the Western Wei Dynasty and Northern Zhou Dynasty. Making full use of newly excavated epitaphs and historical documents, the study explores the Zhangsun clan as the descendants of the original Xianbei tribe who intermarried with the Huns and other tribes after a long period of migration in the Mongolian steppe, traces their ancestry back to the Wei emperor and examines the process of the change of the Zhangsun clan's original family name, the Baba clan.

Keywords: Xianbei Zhangsun Clan; Genus; Ancestral Origin; Family Name; Ethnic Integration

中世纪阿尔泰历史语文学研究：契丹大字碑铭语文"佛"的语音结构与语法形态及相关问题

——恭贺刘凤翥先生 90 大寿

辛　蔚

（内蒙古社会科学院历史研究所，呼和浩特，010010）

摘要：契丹大字碑铭语文中的"佛"主要有两种拼写形式，根据古印度语从印度语族语言到吐火罗语族语言，再从伊朗语族语言到中世纪阿尔泰诸语言的传播与演化的特征，契丹语在内外双重因素的作用下，出现了词根第一音节元音的圆展、词首辅音的清浊、词尾辅音的边音颤音鼻音的并立，第一种形式是元音不稳定的基础形态，第二种形式是打破元辅音连贯和谐之后的变化形态，在阐明双方的形音义之关系的基础上，实现了相关人名和地名的连环破译。

关键词：契丹大字　佛　吐火罗语族语言　伊朗语族语言　阿尔泰比较语文学

21 世纪以来，契丹文字发现 95 周年之际，笔者在提交荷兰莱顿大学亚洲研究院第二届"九至十五世纪的中国学术研讨会"（The Second Conference on Middle Period China 800 ~ 1400）暨"唐至明中国人文会议"（Second Conference on Middle Period Chinese Humanities）的国际会议论文之中，首次提出了"中世纪阿尔泰历史语文学"的新的学术概念，确立了——以"契丹语"的复原和拟定为中心，进而分析和阐释"契丹文"的两种形式即契丹大字和契丹小字的语文逻辑和语文性质——的新的学术方法，即将辽代契丹语言文字视为一个独立的"语文学"整体，置于中世纪阿尔泰诸语文特定的时间与空间的历史结构之中，在探索其形音义之关系的基础上，进一步发现其在中世纪阿尔泰诸语文中的"历时性"的渊源与演变和"共时性"的交流与影响之特征，这一全新的语文学的方法论，具有理论与实践的双重指导意义①。

---

① 辛蔚：《中世纪阿尔泰历史语文学研究：契丹小字"福"与"祸"的形音义之关系》，The Second Conference on Middle Period China 800 ~ 1400 i. e Second Conference on Middle Period Chinese Humanities，Leiden：Leiden University，2017. 修订稿参见辛蔚：《中世纪阿尔泰历史语文学研究：契丹小字碑铭语文"福"与"祸"的形音义之关系——纪念比利时神父梅岭蕊先生（Louis Kervyn）发现契丹文字 95 周年（1922 ~ 2017）》，《契丹学研究》（第二辑），商务印书馆，2022 年，第 260 ~ 287 页。

辽代契丹语文在语文学上的形音义之间的关系非常松散，无论是契丹大字碑铭语文、还是契丹小字碑铭语文，对于同一个单元词汇的语音结构与语法形态而言，其词根乃至附加成分，都广泛存在并拥有着多种契丹大字元字的拼写方式和多种契丹小字原字的拼写方式①。契丹语文的这种语文学现象，虽然为探索和发现契丹语文的整体性认知带来了一定程度的困扰，但是同样为契丹语文的系统性破译带来了新的角度和新的思路。中央亚欧大陆广泛流传的"佛"，作为中古中国与东亚世界拥有强大生命力和影响力的外来语词汇，其在契丹大字碑铭语文之中，同样存在着上述语文学现象，也是一个非常典型的语文学例证。中国辽金契丹女真史学界在既往的研究之中，刘凤翥先生率先发现并释读出，由单一元字独立拼写的形式，即"全"②。新近，笔者又发现并释读出，由两个元字共同拼写的形式，如"亇夬""否夬""否奂"等。在分析和阐释契丹大字碑铭语文出现的"佛"的以上两种形式的形音义之关系以及双方在语文学上的区别与联系之前，我们有必要重新梳理一下古印度语文的"佛"，是如何通过举世闻名的丝绸之路体系，从喜马拉雅山南麓的印度次大陆，到大兴安岭南麓的松漠之间，最终根植于契丹语文的传播与演化的历史进程。

古印度语的"佛"，源于意为"觉醒"的动词词根 *budh + 表示动词过去分词的词缀 *ta 共同组成，再经连音位移之后，进而形成的意为"已经觉醒"的"觉者"或"知者"即 *buddha③。该词汇在语文学层面，从南亚次大陆的印度语族语言之梵语 *buddha 和巴利语 *buddho④（相应的中古汉字音写形式通常为"浮屠"⑤）到中央亚细亚的吐火罗语族语言的龟兹方言 *pud-、*pūd- 和焉耆方言 *ptā-、*pät-⑥（相应的中古汉字音写形式通常为"佛"⑦）沿着丝绸之路的跨语际传播的过程之中，无论是语音结

---

① 契丹小字可独立识别的最小读写单位即方块文字形式及其对应的语音结构，通常被命名为"原字"，而契丹大字可独立识别的最小读写单位即方块文字形式及其对应的语音结构，学界尚无相应的概念和术语，笔者特将其命名为"元字"。参见辛蔚：《中世纪阿尔泰历史语文学研究：契丹大字—汉字双语合璧"元帅左都监印"与"元帅右都监印"新证——纪念比利时神父梅岭蕊先生（Louis Kervyn）发现契丹文字 100 周年（1922～2022）》，Великий Шелковый путь: традиции и современность т. е. Международной научно-практической конференции, посвященной 90-летнему юбилею профессора М. В. Крюкова, Новосибирский: Новосибирский государственный университет, 2022.

② 刘凤翥、王云龙：《契丹大字〈耶律昌允墓志铭〉之研究》，《燕京学报》新十七期，北京大学出版社，2004 年，第 61～99 页。

③ 季羡林：《浮屠与佛》，《季羡林学术著作选集》，新世界出版社，2017 年，第 203～219 页。

④ 季羡林：《浮屠与佛》，《季羡林学术著作选集》，新世界出版社，2017 年，第 203～219 页。

⑤ 季羡林：《再谈"浮屠"与"佛"》，《季羡林学术著作选集》，新世界出版社，2017 年，第 283～300 页。

⑥ 季羡林：《浮屠与佛》，《季羡林学术著作选集》，新世界出版社，2017 年，203～219 页。

⑦ 季羡林：《再谈"浮屠"与"佛"》，《季羡林学术著作选集》，新世界出版社，2017 年，第 283～300 页。

构，还是语法形态，都发生了非常显著的演化，可谓第一次革命性变化，具体而言：
一方面，原始词汇的语音结构出现了基础形式的连续变化，如第一音节元音的前后圆
展、词根居首辅音的清浊、词根居尾辅音的存续等等；一方面，原始词汇的语法形态
还出现了全新的组合变化，即"佛"＋"天/神"，如龟兹方言 *pudñäkte、*pūdñäkte 和
焉耆方言 *ptäñäkte、*pättäñäkät① 等等。吐火罗语族语言的上述变化特征，又被伊朗
语族语言中的于阗语和粟特语在不同程度上继承下来，其中原始词汇的语音结构
最具标志性的变化特征，也是最为剧烈且影响最为深远的全新的语文特征，即为：
除却第一音节元音的前后圆展、词根居首辅音的清浊的变化之外，词根居尾辅音另
由清塞音和浊塞音 t/d 变化为边音和颤音 l/r，可谓第二次革命性变化。试比较于阗语
中的古于阗语 *bārsa-、前期于阗语 *balysa-、后期于阗语 *baysa-、beysa-等②，以及粟特
语 *bwt、*bwt-、*pwt'、*pwt-、*pwwt、*pwwt-、*pwtyy、*pwtty、*pwr-③等。而中央亚细亚
的吐火罗语族语言和伊朗语族语言上述全新的语文特征，又在中世纪阿尔泰语系
语言之中，进一步发扬和光大，可谓奠定了中世纪阿尔泰诸语言"佛"的基础形
式，如回鹘语中"佛"的原始词汇的语音结构即出现了 *bur-和 *but 两种基础形
式④，其语法形态另出现了具有鲜明的中国阿尔泰民族文化特色的"佛"＋"可汗"
的全新的组合变化，如《金光明最胜王经》中的 *burxan⑤ 等。中古蒙古语的类似词
例，则有着更加原始而神秘的宗教色彩和文化底蕴，早在成吉思汗时代，与蒙古帝国
的崛起有着不解之缘且在《蒙古秘史》中经常出现的圣山——"不儿ᵗ罕/不ᵍᵘ峏ᵗ罕"
山 *burqan——及其类似的地名和人名⑥，此前学界将其推定为"佛""萨满崇拜的神"
"萨满"三个并列的语义，并且特别强调秘史语境中使用的是第二个语义⑦，现在我们
可以完全确定，秘史中的这些词汇都是来源于回鹘语的 *burxan，只是由于成吉思
汗时代的蒙古先民作为后发民族，早期蒙古社会中的中古三夷教和中古三华教等
多元宗教文化尚处于混沌状态，故无法准确理解和系统诠释源自佛教的回鹘汗国

---

① 季羡林：《浮屠与佛》，《季羡林学术著作选集》，新世界出版社，2017 年，第 203～219 页。

② Harold Walter Bailey. *Dictionary of Khotan Saka.* Londan · New York · Melbourne：Cambridge University Press，1979，p. 272.

③ Badresaman Gharib. *Sogdian Dictionary*：*Sogdian-Persian-English.* Tehran：Farhangan Publications，2004，p. 115，p. 116，p. 332，p. 332，p. 333，p. 333，p. 333，p. 332，p. 331.

④ 季羡林：《再谈"浮屠"与"佛"》，《季羡林学术著作选集》，新世界出版社，2017 年，第 283～300 页。

⑤ 〔德〕冯·加班著，耿世民译：《古代突厥语语法》，内蒙古教育出版社，2004 年，第 52 页。

⑥ 〔日〕栗林均：《『元朝秘史』モンゴル語漢字音訳·傍訳漢語対照語彙》，東北アジア研究センター，2009 年，第 88、89 页。

⑦ 额尔登泰、乌云达赉、阿萨拉图：《〈蒙古秘史〉词汇选释》，内蒙古人民出版社，1980 年，第 157 页。

时期外来宗教词汇的原始语文含义，只能按照中世纪阿尔泰民族共同的原始信仰基础即萨满教的意识形态来理解，而元代的“不儿罕山”作为蒙元帝国时代的国家祭祀的神圣象征，因其始终作为抽象的专有名词来使用，故而始终未能赋予其准确的语文学解释，及至明代《华夷译语》①方才将“不儿罕”明确且清晰地对译为“佛”。

契丹语“佛”的语音系统和语法形态的起源与演化，不仅延续了从印度语族语言到吐火罗语族语言，再由伊朗语族语言到中世纪阿尔泰诸语言的清晰轨迹，而且还保持着中世纪阿尔泰诸语言的基本规律和基本特征，尤其是原始词汇的语音系统的基础形式的连续变化非常显著，而其语法形态的组合变化亦更加鲜明，这将是本文即将展开讨论的重点，至于契丹语的语法形态是否也出现了类似吐火罗语族语言的“佛”＋“天/神”或者突厥语族语言的“佛”＋“可汗”全新的组合形态，则有待未来对新旧史料和契丹大小字碑铭语文资料做进一步的发现和甄别，如契丹大字《多罗里本墓志》第 5 行出现的“兎五夫”曾一度被释义为“佛陀神”即“佛陀”＋“神”的组合形式，由于该组元字的组合，迄今仅见诸一例，暂时无法重复验证，且其所在前后文尚未完全释读通畅，因此我们对此持审慎之态度，本文于此暂时不予展开讨论②。目前，契丹语中“佛”的语音结构和语法形态，具体反映在契丹大字碑铭语文之上，承前所述，则主要有两种对应形式：

第一种形式，由刘凤翥先生率先发现和释读的单一元字拼写的“全”，即契丹大字《耶律昌允墓志》第 19 行出现的地名“全山”暨“佛山”之“佛”。刘凤翥先生根据蒙古语族语言“佛”的语音与表示“全部”的语音近似的特征，将该元字拟音为［bor］③。我们对此的补充是，如果进一步扩大中世纪和现代蒙古语族语言同源词汇的共时性和历时性的比较范围，如中古蒙古语《蒙古秘史》中的“全”不舌里 *büri、“共”孛仑 *bolun、“了”巴舌剌 *bara、“罢　废尽”把舌剌 *bara 等④；《穆卡迪玛特蒙古语词典》中的“一切　全部　所有”*bar，“告终　完毕　结束；浪费　用尽”*bara-⑤；《华夷译语》中的“了”巴舌剌八 *baraba-⑥；现代蒙古语族语言中的“全　都”正蓝旗 bur、布里亚特 bur、达斡尔语 bologu，“用尽　终结”正蓝旗 barax、布里亚特 barax、达斡尔

① 黄宗鑑：《〈华夷译语〉研究》，昆仑出版社，2014 年，第 276 页。

② 唐均：《契丹女真文字记录的佛陀名号及其所见辽金佛教异同》，《辽金佛教研究》，金城出版社，2012 年，第 82～88 页。

③ 刘凤翥、王云龙：《契丹大字〈耶律昌允墓志铭〉之研究》，《燕京学报》（新十七期），北京大学出版社，2004 年，第 61～99 页。

④ 〔日〕栗林均：《『元朝秘史』モンゴル語漢字音訳・傍訳漢語対照語彙》，東北アジア研究センター，2009 年，第 100、75～76、48～49、49～50 页。

⑤ 朝保鲁：《汉译简编穆卡迪玛特蒙古语词典》，内蒙古大学出版社，2002 年，第 175、12 页。

⑥ 黄宗鑑：《〈华夷译语〉研究》，昆仑出版社，2014 年，第 338 页。

语 baragu 等①。以上词例可以明显发现，它们的词根第一音节元音和词根居尾辅音并不稳定，词根第一音节元音存在圆唇元音 o/u 及其各种变化形式和展唇元音 a 的并立，词根居尾辅音存在边音 l 和颤音 r 的并立，而词根第一音节元音是展唇元音 a 的情况似乎更加普遍和持久，因此我们可以将契丹语中的"佛"即契丹大字碑铭语文中的元字"全"的拟音［bor］修订为［bor/bol 或 bar/bal］。

第二种形式，是我们最新发现和释读的两个元字拼写的"冂夬""否夬""否奥"等，即契丹大字《萧孝忠墓志》第 5 行出现的地名"冂夬山"暨"佛山"之"佛"、契丹大字《耶律习涅墓志》第 1 行出现的人名"否夬北伩"和第 30 行出现的人名"否奥北伩"暨"佛尚奴"之"佛"以及第 5 行出现的人名"否奥�仍"暨"佛夫人"之"佛"。我们认为，契丹大字与汉字双语合璧的《萧孝忠墓志》中"冂夬山"与"胡僧山"相互对应，而"胡僧"实际上即是"佛"之意，众所周知，元字"冂"通常用于拼写契丹语的中古汉语借词"拜"*puʌi② 的起首辅音拟音为［p］，而元字"夬"通常用于拼写契丹语的中古汉语借词"元帅"之"元"的韵母结构拟音为［ʌn］③ 而民族语则可能对应为［an］，合音*pan 乃是契丹语"佛"的修订拟音*bor/*bol 或*bar/*bal 的变体。以此类推，元字"否"按中古汉语"否"*pɪui④ 的起首辅音可以拟音为［p］，元字"奥"通常用于拼写契丹语的中古汉语借词"元帅"之"元"的韵母结构拟音为［ʌn］而民族语则可能对应为［an］，合音*pan 同为契丹语"佛"的修订拟音*bor/*bol 或*bar/*bal 的变体，进而可以推定契丹大字《耶律习涅墓志》出现的人名"否夬北伩"和"否奥北伩"为"佛尚奴"，按汉语语序当为"尚佛奴"，而人名"否奥夵仍"则为"佛夫人"，墓志中其子孙亦有"观音"之名，可以相互印证。

根据早前我们首倡和论证的——中世纪阿尔泰历史语文学的原理与方法——特别是中世纪阿尔泰诸语言的单元词汇的系统结构及其联动变化规律：中世纪阿尔泰诸语言的单元词汇的系统结构由"词根居首辅音""第一音节元音""词根居尾辅音"等三大标志性要素共同组成，其中"第一音节元音"处于核心与关键的地位，"第一音节元音"的变化是引发"词根居首辅音"和"词根居尾辅音"连续变化的根本性和决定性的因素，主导着"词根居首辅音"和"词根居尾辅音"的组合形态与变化形态，三者具有明显的联动变化规律，本质上反映的是中世纪阿尔泰诸

---

① 孙竹：《蒙古语族语言词典》，青海人民出版社，1990 年，第 143、178 页。按：笔者另将援引资料的元音 ɑ 统一转写为 a，下同。
② 刘凤翥：《部分契丹大字拟音》，《契丹文字研究类编》，中华书局，2014 年，第 447 页。
③ 刘凤翥：《部分契丹大字拟音》，《契丹文字研究类编》，中华书局，2014 年，第 444 页。
④ 〔日〕藤堂明保：《學研漢和大字典》，學習研究社，1978 年，第 221 页。

语言的 "元音和谐" "辅音和谐" 乃至 "元辅音连贯和谐" 的基本特征①，我们可以对契丹大字碑铭语文 "佛" 的两种形式在语文学上的渊源与演化、区别与联系，作如下解释：

词根第一音节元音。古印度语 "佛" *buddha，虽在印度语族语言的梵语 *buddha 和巴利语 *buddho 的语音结构与语法形态相对严密而整饬，但是在吐火罗语族语言的龟兹方言 *pud-、*pūd-和焉耆方言 *ptā-、*pät-其第一音节元音则逐渐呈现出不稳定的状态，出现了展唇元音 a 和圆唇元音 u 及其各种变化形式的并立，这种由于方言之间的差异而导致的元音之间的并立，在吐火罗语族语言的其他神祇名称中也是非常常见的，如皮诺先生（Georges-Jean Pinault）给出的列表："太阳神" 龟兹方言 *kaumñāakte、焉耆方言 *komñkät；"月亮神" 龟兹方言 *meññäkte、焉耆方言 *maññkät；"大地神" 龟兹方言 *keṃñäkte、焉耆方言 *tkaṃñkät 等②。吐火罗语族语言的元音并立的特征，一直延续到伊朗语族语言的于阗语 *bārsa-、*balysa-、*baysa-、*beysa-和粟特语 *bwt、*bwt-、*pwt′、*pwt-、*pwwt、*pwwt-、*pwtyy、*pwtty、*pwr-，当然不同语言各有侧重，于阗语侧重于展唇元音 a 及其变化形式而粟特语侧重于圆唇元音 u 及其变化形式，可谓形成了新的常态。中世纪阿尔泰诸语言，虽然回鹘语 *bur-和 *but 仿佛恢复到了古印度语的基本形式，这种情况实际上是受到了粟特语的直接影响使然，因而相对地固定为圆唇元音 u，但是契丹语的第一种形式的拟音 *bor/*bol 或 *bar/*bal 和第二种形式的拟音 *pan 则又重新暴露出圆唇元音 o 和展唇元音 a 的并立，这种情况完全符合古印度语族语言从吐火罗语族语言到伊朗语族语言的连续变化规律，同时也说明辽朝佛教的多元性，回鹘佛教不是其直接和唯一的语文学来源。

词根居首辅音。古印度语 "佛" *buddha，同样在印度语族语言的梵语 *buddha 和巴利语 *buddho 的语音结构与语法形态相对严密而整饬，但是在吐火罗语族语言的龟兹方言 *pud-、*pūd-和焉耆方言 *ptā-、*pät-其词根居首辅音则从印度语族语言的浊塞音 b 变化为清塞音 p，这是由于吐火罗语族语言的浊塞音不发达所导致的。吐火罗语族语言的词根居首辅音的清浊变化特征，反映到伊朗语族语言之中，则又呈现出浊塞音 b 和清塞音 p 并立且在不同语言中各有侧重的新特征：一方面，如于阗语 *bārsa-、*balysa-、*baysa-、*beysa-以浊塞音 b 为主导，并未延续吐火罗语族语言的清塞

---

① 辛蔚：《中世纪阿尔泰历史语文学研究：契丹小字 "福" 与 "祸" 的形音义之关系》，The Second Conference on Middle Period China 800 ~ 1400 i. e Second Conference on Middle Period Chinese Humanities，Leiden：Leiden University，2017. 修订稿参见辛蔚：《中世纪阿尔泰历史语文学研究：契丹小字碑铭语文 "福" 与 "祸" 的形音义之关系——纪念比利时神父梅岭蕊先生（Louis Kervyn）发现契丹文字 95 周年（1922 ~ 2017）》，《契丹学研究》（第二辑），商务印书馆，2022 年，第 260 ~ 287 页。

② 〔法〕皮诺撰，徐文堪译：《论吐火罗语中佛教术语的翻译》，《吐火罗人起源研究》，商务印书馆，2018 年，第 370 ~ 392 页。

音 p 的新形式，而是恢复到了印度语族语言的浊塞音 b 的旧形式。一方面，如粟特语
*bwt、*bwt-、*pwt′、*pwt-、*pwwt、*pwwt-、*pwtyy、*pwtty、*pwr-以清塞音 p 为主导，虽
然绝大部分形式延续了吐火罗语族语言的清塞音 p 的新形式，但是仍有少数形式恢复
到了印度语族语言的浊塞音 b 的旧形式，因而整体上仍呈现出浊塞音 b 和清塞音 p 并
立的特征。至于粟特语的清塞音 p 之所以代替浊塞音 b 在前述词例中占据主导地位，
根据贝利先生（Harold Walter Bailey）的解释，乃是因为粟特语通常使用清塞音 p 来拼
写外来语的浊塞音 b 之缘故①，不过我们认为贝利先生还忽视了一个非常重要的历史前
提，即吐火罗语族语言业已率先出现清塞音 p 代替浊塞音 b 的现象，而这种现象在一
定程度上势必渗透到粟特语。伊朗语族语言的这种浊塞音 b 和清塞音 p 并立的特征，
又被中世纪阿尔泰语族语言不同程度地继承下来进而影响深远。承前所述，中世纪阿
尔泰诸语言，回鹘语*bur-和*but 受粟特语的直接影响较为深刻，严格来讲应该是粟特
语众多形式中的*bwt 或*bwt-的延续，因而相对地固定为浊塞音 b，但契丹语的第一种
形式的拟音*bor/*bol 或*bar/*bal 和第二种形式的拟音*pan 则又重新暴露出浊塞音 b
和清塞音 p 的并立，这种情况完全符合古印度语族语言从吐火罗语族语言到伊朗语族
语言的连续变化规律。

　　词根居尾辅音。古印度语"佛"*buddha，同样在印度语族语言的梵语*buddha 和
巴利语*buddho 的语音结构与语法形态相对严密而整饬，但是在吐火罗语族语言的龟兹
方言*pud-、*pūd-和焉耆方言*ptā-、*pät-其词根居尾辅音则从印度语族语言单一而整
饬的浊塞音 d 变化为清塞音 t 和浊塞音 d 并立，进而在整体上呈现出塞音清浊并立
的特征，当然在不同语言中各有侧重，龟兹方言侧重于浊音而焉耆方言侧重于清
音。伊朗语族语言，虽然在形式上并没有直接保留和继承吐火罗语族语言的塞音清
浊并立的特征，但是在本质上却突破了塞音的限制，从而扩大了清浊并立的范围，同
样在不同语言中各有侧重，于阗语侧重于浊音而粟特语侧重于清音：一方面，如于阗
语*bārsa-、*balysa-、*baysa-、*beysa-由吐火罗语族语言的清塞音 t 和浊塞音 d 并立，变
化为边音 l 和颤音 r 并立，由于边音 l 和颤音 r 同属浊音，因此可以理解为词尾辅音的
"浊音化"。一方面，如粟特语*bwt、*bwt-、*pwt′、*pwt-、*pwwt、*pwwt-、*pwtyy、*pwt-
ty、*pwr-由吐火罗语族语言的清塞音 t 和浊塞音 d 并立，逐渐向清塞音 t 高度集中，从
而彻底颠覆了古印度语乃至印度语族语言的浊塞音 d，可以理解为词尾辅音的"清音
化"，另有少数颤音 r 的形式也不可忽视，可以说粟特语内部也形成了全新的清浊并立
的特征，即清塞音 t 和浊颤音 r。承前所述，中世纪阿尔泰诸语言，回鹘语*bur-和*but
受粟特语的直接影响较为深刻，双方的词根居尾辅音的清塞音 t 和浊颤音 r 并立的特征
完全吻合，对于回鹘语词根居尾辅音的清塞音 t 和浊颤音 r 并立的特征产生的原因，

---

① Harold Walter Bailey. Ed. By：Y. M. Nawabi：*Opera Minora*：*Articles on Iranian Studies*，Shiraz：Fo-
rozangah，1981，p. 103.

冯·加班先生（Annemarie von Gabain）指出，可能是突厥语族语言内部的方言差异①，这一发现非常重要，我们也会在下文详细论证，不过我们认为，方言差异只会在"共时性"层面起到强化和促进的作用，而不会是"历时性"层面的语文学根源，因为早在回鹘语之前的粟特语清塞音 t 和浊颤音 r 并立的特征已经非常显著了。契丹语的情况非常特殊，古印度语和印度语族语言的浊塞音 d 似乎难以寻觅，吐火罗语族语言的清塞音 t 和浊塞音 d 并立的特征也没有具体的体现和反映，而是与伊朗语族语言存在一定程度的关联性和差异性，并且整体上暂未发现清浊并立的特征，具体而言：契丹语的第一种形式的拟音 *bor/*bol 或 *bar/*bal 呈现出类似于阗语的边音 l 和颤音 r 并立的特征，而类似粟特语的向清塞音 t 高度集中且与浊颤音 r 并立的特征则暂未发现，至于契丹语的第二种形式的拟音 *pan 另在词根居尾辅音出现了非常特殊和罕见的鼻音 n。

以上，我们对于契丹大字碑铭语文"佛"的两种形式在语文学上的渊源与演化、区别与联系等问题，在完成中世纪阿尔泰历史语文学的单元词汇的系统结构的分析之后，针对第二种形式的词根居尾辅音出现的鼻音 n 的形成机制，可以再根据现代阿尔泰比较语文学的"语音学"和"形态学"两个维度来做进一步的阐释。

一方面，语音学维度。根据现代阿尔泰诸语言的词根居尾辅音的边音 l 和颤音 r 可以与鼻音 n 相互交替的语音学现象，推定契丹语的第一种形式的拟音 *bar/*bal 或 *bor/*bol 的词根居尾辅音的边音 l 和颤音 r 亦可以与鼻音 n 相互交替，进而演化为第二种形式的拟音 *pan，这种情况在现代阿尔泰诸语言及其方言之中，是非常常见的语音学现象，当然在具体语族中的发展程度各不相同，这里涉及两个层次的逻辑变化关系，先是第一层次的边音 l 和颤音 r 相互交替，然后是第二层次的边音 l 或颤音 r 以鼻音 n 为目标指向的相互交替，简易公式表达为 l/r≥n。分述如下：

蒙古语族语言：第一层次的双向交替较为充分，l≥r，如"树墩"正蓝旗 xudʒu: l/巴林右旗 xudʒu: l/陈巴尔虎 xodzu: lj/布里亚特 xozu: lj/达尔罕 xodʒu: l/喀喇沁 xœndʒu: l/鄂托克 xodʒu: lj/阿拉善 xodʒu: l/都兰 xudʒu: l/和静 xudʒu: l/达斡尔语 kodʒo: l/保安语 dzaloɢ≥东部裕固语 Gotor②，"狗头雕"正蓝旗 jol/巴林右旗 jol/陈巴尔虎 jol/布里亚特 jol/达尔罕 jol/喀喇沁 jol/鄂托克 jol/阿拉善 jol/都兰 jol/和静 jol/东部裕固语 jolo≥达斡尔语 χaʒar③；r≥l，如"肿"正蓝旗 xabdar/巴林右旗 xabdar/陈巴尔虎 xabdar/布里亚特 xabdar/达尔罕 xabdar/喀喇沁 xabdar/鄂托克 xabudar/阿拉善 xabdar/都兰 xabdar/和静

① Annemarie von Gabain：Buddhistische Türkenmission, *Asiatica*：*Festschrift Friedrich Weller*：*Zum* 65, *Geburtstag gewidmet von seinen Freunden Kollegen und Schülern*, Leipzig：Otto Harrassowitz, 1954, p. 171.
② 孙竹：《蒙古语族语言词典》，青海人民出版社，1990 年，第 358 页。
③ 孙竹：《蒙古语族语言词典》，青海人民出版社，1990 年，第 739 页。

xabdar/东部裕固语 χabdor≥达斡尔语 xaudal①，"威力"正蓝旗 sʉr/巴林右旗 sʉr/陈巴尔虎 xʉr/布里亚特 hʉr/达尔罕 sʉr/喀喇沁 sʉr/鄂托克 sʉr/阿拉善 syr/都兰 syr/和静 syr/东部裕固语 sor/土族语 sur≥达斡尔语 sulj/东乡语 uili②。第二层次的目标指向极不充分，r≥n 暂未发现，l≥n 则仅见诸一例，即"南　前面"达斡尔语 əməl≥正蓝旗 əmən/巴林右旗 əmən/达尔罕 ʉmən/喀喇沁 əmən/鄂托克 əmøn/阿拉善 əmøn/都兰 əmøn/和静 əmøn/东部裕固语 əlmø:③。

满通古斯语族语言：第一层次的双向交替较为充分，l≥r，如"无角牛"满语 moholo/锡伯语 mohol/赫哲语 mohol≥鄂温克语 mohor/鄂伦春语 mohor④，"烧烤"满语 şolo-/锡伯语 şolo-/鄂伦春语 ʃila-/赫哲语 ʃela-≥鄂温克语 ʃira-⑤；r≥l，如"小鲤鱼"满语 siri/锡伯语 şir/赫哲语 ʃiri≥鄂温克语 ʃili/鄂伦春语 ʃili⑥，"擤鼻子"满语 siri-/锡伯语 şirə-/赫哲语 ʃiri-≥鄂温克语 ʃile-/鄂伦春语 ʃile-⑦。第二层次的目标指向清晰明确，l≥n，如"种子猪"鄂温克语 atmal/鄂伦春语 atmal≥满语 taman/锡伯语 taman/赫哲语 taman⑧，"扇轴"鄂温克语 təmʉldʒi/鄂伦春语 təmʉldʒi≥满语 təmun/锡伯语 təmun/赫哲语 təmun⑨；r≥n，如"沙丘"鄂温克语 maŋkar≥满语 maŋkan/锡伯语 maŋkan/赫哲语 maŋkan⑩，"谋略"鄂温克语 bodor/鄂伦春语 bodor≥满语 bodon/锡伯语 bodon/赫哲语 bodon⑪。

突厥语族语言：第一层次的双向交替较为充分，l≥r，如"母鹿"维吾尔语 maral/哈萨克语 maral/柯尔克孜语 maral/乌兹别克语 maral/塔塔尔语 maral/图瓦语 maral≥西部裕固语 malar⑫，"纯净的"维吾尔语 sapal/柯尔克孜语 sapal/乌兹别克语 sapal≥图瓦语 ʃebɛr⑬；r≥l，如"往这边"维吾尔语 beri/哈萨克语 beri/柯尔克孜语 beri/乌兹别克

①　孙竹：《蒙古语族语言词典》，青海人民出版社，1990 年，第 312 页。
②　孙竹：《蒙古语族语言词典》，青海人民出版社，1990 年，第 617 页。
③　孙竹：《蒙古语族语言词典》，青海人民出版社，1990 年，第 544 页。
④　朝克：《满通古斯语族语言词汇比较》，中国社会科学出版社，2014 年，第 56～57 页。按：笔者另将援引资料的元音 ɑ 统一转写为 a，下同。
⑤　朝克：《满通古斯语族语言词汇比较》，中国社会科学出版社，2014 年，第 436～437 页。
⑥　朝克：《满通古斯语族语言词汇比较》，中国社会科学出版社，2014 年，第 68～69 页。
⑦　朝克：《满通古斯语族语言词汇比较》，中国社会科学出版社，2014 年，第 411～412 页。
⑧　朝克：《满通古斯语族语言词汇比较》，中国社会科学出版社，2014 年，第 44～45 页。
⑨　朝克：《满通古斯语族语言词汇比较》，中国社会科学出版社，2014 年，第 180～181 页。
⑩　朝克：《满通古斯语族语言词汇比较》，中国社会科学出版社，2014 年，第 18～19 页。
⑪　朝克：《满通古斯语族语言词汇比较》，中国社会科学出版社，2014 年，第 284～285 页。
⑫　中国突厥语族语言词汇集编委会：《中国突厥语族语言词汇集》，民族出版社，1990 年，第 126～127 页。按：笔者另将援引资料的元音 ɑ 统一转写为 a，下同。
⑬　中国突厥语族语言词汇集编委会：《中国突厥语族语言词汇集》，民族出版社，1990 年，第 212～213 页。

语 beri/塔塔尔语 beri/西部裕固语 berə≥图瓦语 belet①，"摩擦"维吾尔语 syrkɛ-/哈萨克语 syrke-/柯尔克孜语 syr-/乌兹别克语 syrkɛ-≥撒拉语 sala-②。第二层次的目标指向清晰明确，l≥n，如"六月"乌兹别克语 ijul≥维吾尔语 ijun/哈萨克语 jun/柯尔克孜语 ijun/塔塔尔语 ijun③，"障碍 干扰"柯尔克孜语 tosqo: l≥维吾尔语 tosqun/哈萨克语 tosqən/乌兹别克语 tosqin/塔塔尔语 tosqən④；r≥n，如"平安"图瓦语 amur/西部裕固语 amər≥维吾尔语 aman/哈萨克语 aman/柯尔克孜语 aman/塔塔尔语 isɛn⑤，"侄 甥"撒拉语 dʐi'ərzi≥维吾尔语 dʒijɛn/哈萨克语 dʒijen/柯尔克孜语 dʒe: n/乌兹别克语 dʒijɛn/塔塔尔语 dʒijen/图瓦语 dʒejin⑥。

我们认为，契丹语从第一种形式的拟音到第二种形式的拟音，完全符合前述现代阿尔泰比较语文学所展现出来的语音学规律。此外，前文还曾提及突厥语族语言内部的塞音 t 和颤音 r 并立，如果进一步扩大侦察和观测的范围，那么就会发现边音 l 和颤音 r 可以与清塞音 t 和浊塞音 d 实现交替，简易公式表达为 l/r≥t/d，这种情况在突厥语族语言中最为普遍和显著，可以视为其独有的语音学现象，具体而言：l≥t，如"树立"维吾尔语 tiklɛ-/乌兹别克语 tiklɛ-/塔塔尔语 tɨklɛ-≥哈萨克语 tikte-/柯尔克孜语 tikte-⑦；l≥d，如"出汗"维吾尔语 tɛrlɛ-/哈萨克语 terle-/乌兹别克语 terlɛ-/塔塔尔语 terlɛ-/撒拉语 derle-≥柯尔克孜语 terde-/图瓦语 terdi-⑧；r≥t，如"圈"哈萨克语 qora/塔塔尔语 qora/撒拉语 arən/西部裕固语 Guran≥维吾尔语 qotan/柯尔克孜语 qotan/乌兹别克语 qotan⑨；r≥d，如重量单位"两"维吾尔语 sɛr/哈萨克语 særi/柯尔克孜语 ser/

---

① 中国突厥语族语言词汇集编委会：《中国突厥语族语言词汇集》，民族出版社，1990 年，第 48、49 页。

② 中国突厥语族语言词汇集编委会：《中国突厥语族语言词汇集》，民族出版社，1990 年，第 238、239 页。

③ 中国突厥语族语言词汇集编委会：《中国突厥语族语言词汇集》，民族出版社，1990 年，第 94、95 页。

④ 中国突厥语族语言词汇集编委会：《中国突厥语族语言词汇集》，民族出版社，1990 年，第 268、269 页。

⑤ 中国突厥语族语言词汇集编委会：《中国突厥语族语言词汇集》，民族出版社，1990 年，第 30、31 页。

⑥ 中国突厥语族语言词汇集编委会：《中国突厥语族语言词汇集》，民族出版社，1990 年，第 100、101 页。

⑦ 中国突厥语族语言词汇集编委会：《中国突厥语族语言词汇集》，民族出版社，1990 年，第 256、257 页。

⑧ 中国突厥语族语言词汇集编委会：《中国突厥语族语言词汇集》，民族出版社，1990 年，第 282、283 页。

⑨ 中国突厥语族语言词汇集编委会：《中国突厥语族语言词汇集》，民族出版社，1990 年，第 416、417 页。

乌兹别克语 sɛr/塔塔尔语 sɛr/西部裕固语 ser≥撒拉语 sidər[①]。我们认为，突厥语族语言的 l/r≥t/d 和 l/r≥n 实际上是并列的语音学现象，并且具有典型意义，只不过对于中世纪阿尔泰诸语言而言，前者恰巧巩固了吐火罗语族语言的龟兹方言和焉耆方言的历史特征，后者则在契丹语的第二种形式中得到了切实验证，而中世纪阿尔泰诸语言的这两种重要的语音学现象，需要通过前述现代阿尔泰比较语文学的原理和方法方才得以系统且完整地呈现出来。

　　一方面，形态学维度。根据现代阿尔泰诸语言的词根居尾辅音的鼻音 n 可能是该词汇的词根内部所蕴含的更加古老和更加原始的动词词根或静词词根的属格或者表示集合意义的独立附加成分的特征，推定契丹语的第一种形式的拟音 *bor/*bol 或 *bar/*bal 可能是第二种形式的拟音 *pan 的来源和基础，这种情况在现代阿尔泰诸语言及其方言之中，也是非常常见的形态学现象，这里涉及三个阶级的逻辑变化关系，词根（或具有词根性质和地位的类词根）的边音 l 和颤音 r 直接暴露作为第一阶，词根的边音 l 或颤音 r 与鼻音 n 接续或可视为嵌入元音的零形式进而构成新的动词或新的静词作为第二阶，词根的边音 l 或颤音 r 与鼻音 n 之间嵌入元音进而构成新的动词或新的静词作为第三阶，简易公式表达为 l/r＋元音＋n[②]。分述如下：

　　蒙古语族语言：词根≥l/r＋元音[0]＋n≥l/r＋元音＋n 三阶变化显著。词根≥l＋元音[0]＋n≥l＋元音＋n，如"七十"正蓝旗 dal/巴林右旗 dal/陈巴尔虎 dal/布里亚特 dal/达尔罕 dal/喀喇沁 dal/达斡尔语 dal≥和静 daln≥东部裕固语 dalan/土族语 dalan[③]，"舌"正蓝旗 xəl/巴林右旗 xəl/达尔罕 xəl/喀喇沁 xil≥和静 keln≥东部裕固语 kelen/东乡语 kiəliən[④]；词根≥r＋元音[0]＋n≥r＋元音＋n，如"二十"正蓝旗 xœr/巴林右旗 xœr/达尔罕 xœr/喀喇沁 xœr≥和静 xørn≥东部裕固语 χorən/土族语 xurən/东乡语 qo-run[⑤]，"太阳"正蓝旗 nar/巴林右旗 nar/达尔罕 nar/喀喇沁 nar≥和静 narn≥东部裕固语 naran/东乡语 naran[⑥]。

　　满通古斯语族语言：词根≥l/r＋元音＋n 二阶变化显著。词根≥l＋元音＋n，如"马脖鬃"鄂温克语 dəl/鄂伦春语 dəl≥满语 dəlun/锡伯语 dələn[⑦]，"桑树"鄂温克语

---

① 中国突厥语族语言词汇集编委会：《中国突厥语族语言词汇集》，民族出版社，1990 年，第 232、233 页。

② 至于通常出现于短语或句子之中，边音 l 或颤音 r 与鼻音 n 接续，但不构成独立的新的动词或新的静词的现象，则属于句法学范畴，本文于此暂不展开讨论。

③ 孙竹：《蒙古语族语言词典》，青海人民出版社，1990 年，第 192 页。

④ 孙竹：《蒙古语族语言词典》，青海人民出版社，1990 年，第 340 页。

⑤ 孙竹：《蒙古语族语言词典》，青海人民出版社，1990 年，第 366 页。

⑥ 孙竹：《蒙古语族语言词典》，青海人民出版社，1990 年，第 500 页。

⑦ 朝克：《满通古斯语族语言词汇比较》，中国社会科学出版社，2014 年，第 74、75 页。

nimal≥满语 nimalan/锡伯语 nimalan①；词根≥r＋元音＋n，如"泉"满语 ʂəri/锡伯语 ʂər≥赫哲语 ʃirin②，"雨伞"锡伯语 sar≥满语 sarn/鄂温克语 sarn/鄂伦春语 sarn③。

突厥语族语言：词根≥l/r＋元音＋n 二阶变化显著。词根≥l＋元音＋n，如"一闪一闪地"维吾尔语 pal-pal/柯尔克孜语 bal-bal≥西部裕固语 Gələn-Gələn④，"收缩"维吾尔语 qorul-/哈萨克语 quwrəl-/乌兹别克语 qorul-/塔塔尔语 qowərəl-≥撒拉语 Gurlan-⑤；词根≥r＋元音＋n，如"藏红花"维吾尔语 zεpεr/柯尔克孜语 zapar/乌兹别克语 zεpεr≥哈萨克语 zapəran⑥，"毒"维吾尔语 zεhεr/柯尔克孜语 za:r/乌兹别克语 zεhεr/塔塔尔语 zaʒεr≥图瓦语 xoran⑦。

我们认为，契丹语从第一种形式的拟音到第二种形式的拟音，如果符合前述现代阿尔泰比较语文学所展现出来的这一形态学规律，那么第一种形式的拟音作为原始词根，其边音 l 和颤音 r 必须保留完整，同时必须在第二种形式的拟音的鼻音 n 之前嵌入一个元音或元音的零形式，然而第二种形式的拟音并没有出现边音 l 和颤音 r，这就在逻辑上破坏了作为原始词根的第一种形式的拟音的完整性，从而使得第二种形式的拟音的鼻音 n 彻底丧失了成为独立的附加成分进而认定为属格或复数的可能性。

现在，我们可以将中世纪阿尔泰历史语文学和现代阿尔泰比较语文学相互结合起来，基于我们发现和论证的单元词汇的系统结构与联动变化规律，即词根第一音节元音决定词首辅音和词尾辅音的变化特征，重新审查、推导和演绎契丹大字碑铭语文"佛"的两种形式的语文学逻辑：

古印度语的"佛"* buddha，通过举世闻名的丝绸之路体系，经由印度语族语言、吐火罗语族语言、伊朗语族语言、中世纪阿尔泰诸语言，实现了从喜马拉雅山南麓的印度次大陆到大兴安岭南麓的松漠之间的超越时空的持续演化与广泛传播，其语音结构和语法形态亦随之发生了非常深刻而剧烈的变化。契丹语在前述丝绸之路诸语言的外部因素和阿尔泰诸语言的内部因素的联合作用之下，出现了词根第一音节的圆唇元

---

① 朝克：《满通古斯语族语言词汇比较》，中国社会科学出版社，2014 年，第 84、85 页。
② 朝克：《满通古斯语族语言词汇比较》，中国社会科学出版社，2014 年，第 28、29 页。
③ 朝克：《满通古斯语族语言词汇比较》，中国社会科学出版社，2014 年，第 166、167 页。
④ 中国突厥语族语言词汇集编委会：《中国突厥语族语言词汇集》，民族出版社，1990 年，第 162、163 页。
⑤ 中国突厥语族语言词汇集编委会：《中国突厥语族语言词汇集》，民族出版社，1990 年，第 414、415 页。
⑥ 中国突厥语族语言词汇集编委会：《中国突厥语族语言词汇集》，民族出版社，1990 年，第 360、361 页。
⑦ 中国突厥语族语言词汇集编委会：《中国突厥语族语言词汇集》，民族出版社，1990 年，第 362、363 页。

音 o 和展唇元音 a 的并立，导致词根居首辅音的浊塞音 b 和清塞音 p 的并立，以及词根居尾辅音的边音 l 和颤音 r 的并立。根据古印度语的原始结构特征，尤其是词根第一音节的圆唇元音，始终存在于契丹语之前的几乎所有重要的大语族语言之中，可以推定契丹语的词根第一音节的圆唇元音应该也是其所有逻辑变化的起点和基础，其最理想的逻辑形式应该有两种：主要形式，词根第一音节元音的圆唇元音 o 与词首浊塞音 b 及词尾边音 l 或颤音 r 的结合，进而构成 *bol/*bor；次要形式，词根第一音节元音的展唇元音 a 与词首清塞音 p 及词尾边音 l 或颤音 r 的结合，进而构成 *pal/*par。同时，根据阿尔泰诸语言单元词汇的系统结构和联动变化规律，虽然词根第一音节元音的圆展与词首辅音的浊清可以在一定程度上形成相对而非绝对的组合关系，如主要形式的圆唇元音 o 与词首浊塞音 b 的组合，次要形式的展唇元音 a 与词首清塞音 p 的组合，但是由于词尾的边音 l 和颤音 r 同属于浊音，无法进一步与词首辅音乃至第一音节元音形成严密的和谐关系，因此主要形式和次要形式随即发生分流：主要形式的 *bol/*bor，由于词首和词尾同为浊音，其系统结构因辅音和谐得到进一步的强化和稳固，第一音节元音的圆展并立与是否稳定已经不再重要，进而形成契丹语的第一种形式的拟音 *bor/*bol 或 *bar/*bal；次要形式的 *pal/*par，由于词首和词尾的清浊对立，其系统结构既无法形成元音和谐或辅音和谐、也无法形成元辅音连贯和谐，反而更容易出现进一步的弱化和松动，在阿尔泰诸语言 l/r≥n 变动机制的影响之下，进而形成契丹语的第二种形式的拟音 *pan，而新出现的鼻音 n 只具有语音学意义不具有形态学意义。是故，契丹大字碑铭语文"佛"的第一种形式"全"［bor/bol 或 bar/bal］是元音不稳定的基础形态，而第二种形式"凸叀""否叀""否奥"［pan］则是打破元辅音连贯和谐之后的变化形态。

最后，需要特别指出的是，我们对契丹大字碑铭语文"佛"的两种形式即"全"［bor/bol 或 bar/bal］和"凸叀""否叀""否奥"［pan］的形音义之关系进行了全面而系统的分析和阐释，进而对与之相关的人名和地名实现了连环破译。首次将元字"全"的音值修订为［bor/bol 或 bar/bal（民族语）］，首次将元字"否"的音值推定为［p（汉语）］，首次将元字"叀"及其异体字"奥"的音值修订为［ʌn（汉语）/an（民族语）］，首次将契丹大字词汇"凸叀山"释读为"佛山"（即"胡僧山"）、首次将"否叀北化"和"否奥北化"释读为"佛尚奴"（即"尚佛奴"）、首次将"否奥亦仍"释读为"佛夫人"。此外，契丹大字元字的异体字（带"点"和不带"点"），出现在同一个词汇甚至是同一个人名之中，说明契丹大字元字的"点"书写形式与"性"语法范畴的关系可能并不强烈或者并不严密，则有待进一步研究。

附记：本文初稿创作于 2022 年 8 月，次年 11 月提交中国民族语言学会阿尔泰语言学专业委员会和内蒙古大学联合举办的"新时代中国阿尔泰语系语言研究全国学术研讨会暨中国民族语言学会阿尔泰语言学专业委员会年会"，并于大会第五组分论坛口头报告和小组讨论，属内蒙古社会科学院高层次人才新进博士科研支持专项基金项目"契丹大字碑铭语文与边疆考古研究"（2023SKYBS003）系列成果。

A study of medieval Altai historical philology: The phonetic structure and word formation of Khitan large script "Buddha" and its related problems
——To celebrate the 90th birthday of Prof. Liu Fengzhu

Xin Wei

Abstract: The Khitan large script for "Buddha" has two spellings, according to the history of this word in ancient India, in particular, from India language family to Tocharian language family, from Iranian language family to Altaic language family. Under the influence of both internal and external factors, the Khitan language has many characteristics of change. For example, the antithesis of rounded vowels and extend vowels in the first syllable of the root, the antithesis of clear consonants and voiced consonants at the beginning of a word, the antithesis between the border, trill, and nasal in the end of a word. The first form of Khitan spelling was the vowel unstable form. The second form of the Khitan spelling is the form after breaking the phonological harmony. On this basis, many personal names and place names in Khitan large script were deciphered successively.

Keywords: Khitan large script; Buddha; Tocharian language family; Iranian language family; Altai comparative philology

《摩尼赞美诗》宗教信息考

洪勇明

（新疆师范大学中国语言文学学院，乌鲁木齐，830017）

摘要： 本文以德国学者 F. W. K. Müller 转写的帕提亚文《摩尼赞美诗》为切入点，透析其中所包含的高昌回鹘时期摩尼教信息，意在完善学界对回鹘摩尼信仰的认识，弥补汉文记载的匮乏。同时，作者依据该文献，对汉文所录摩尼教知识，进行梳理，进而阐析高昌回鹘时期摩尼教的特点。基于上述宗教信息，可以看出：摩尼教进入吐鲁番以后，为适应当地的社会环境和精神世界，已经进行了一定的本土化改造，这也是入华宗教自适应的一种本能。因此，宗教的中国化是外来宗教的必由之路，也是其融入中华文化的必然之选。

关键词： 摩尼赞美诗　称谓　世俗　光明　忏悔

引　子

摩尼教为生于波斯萨珊王朝初期的摩尼（生于 216 年左右）所创立，它是以古代巴比伦宗教为基础，参酌了琐罗亚斯德教、佛教、基督教等教义而开创的新宗教，是彻底的二元教①。延载元年（694 年），摩尼教进入中原地区，其至迟 6 世纪已进入西域②。起初是从中亚地区楚河东（今吉尔吉斯斯坦境内）渐传入天山南路，并于公元763 年由洛阳传入漠北回鹘汗国。③

《摩尼赞美诗》残片是德国第二次吐鲁番考察队于 1904 年在新疆吐鲁番地区所得，其编号为 *T. Ⅱ. D. 135*（题记和祝福语）和 *M. 1*（赞美诗）。原作者为 *marišâd'ôrmizd*，后由传教士 *yazdâmad* 及其后人补充，并用帕提亚文抄写而成。赞美诗的初创地不明（似为帕提亚王朝领地），补充地为高昌（原作为摩尼教徒由波斯带至高昌，并在此受

---

① 〔日〕羽田亨著，耿世民译：《西域文明史概论》，中华书局，2006 年，第 139 页。
② 〔法〕沙畹著，冯承钧译：《摩尼教流行中国考》，商务印书馆，1927 年，第 2 页。
③ 陈垣：《摩尼教入中国考》，《陈垣学术论文集》，中华书局，1980 年，第 335 页。

宗教首领之命而抄写）；初作时间应在384/385年前（即 šâd'ôrmizd 卒前），补充时间应在漠北回鹘西迁的846年左右①。

对摩尼教的研究，原先主要依靠其反对派基督教、伊斯兰教的记载，而摩尼教因屡遭迫害，没有留下什么经典和资料。20世纪初，德国考察队在吐鲁番发现的摩尼教残片，为研究摩尼教打开一扇窗户。其中帕提亚文摩尼赞美诗以保存较好、资料齐全而著称。自20世纪伊始，学界就对《摩尼赞美诗》进行了全面研究。此项工作始于 F. W. K. Müller（缪勒），其间伦敦大学的 Mary Boyce（玛丽·博伊斯）的研究值得一提。

下文是以德国学者 F. W. K. Müller 的转写和德译本为基础，参照英国学者 Mary Boyce（*The Manichaean Hymn Cycles in Parthian*, *London*, 1975）的研究结果，本人对高昌回鹘时期有关摩尼教阶的称谓、信仰者的荣誉、教徒的风俗习惯以及摩尼教的光明崇拜、忏悔思想所做的一些探索。需要注意的是，高昌回鹘时期的摩尼教应当是漠北回鹘汗国和高昌当地摩尼教的混合形式。由于高昌地区的华化程度较高，加之漠北回鹘汗国的摩尼教源自中原，因此高昌回鹘时期的摩尼教也是深度华化的摩尼教。实际上，这种华化也为元明时期摩尼教在全国范围内的传播奠定了基础。

一　摩尼教阶称谓及等级

《摩尼赞美诗》的第一部分是祝福语和祝福对象。由于整理者是高昌回鹘政权的臣民，所以祝福对象中有很多回鹘官员，比如：*yltûzbâyțgin*、*sßγțûțûγ*、*yagân'apâ*、*Savag* 都统以及第二代 *Ügäsis*（乌介）*Sawtschi Muga* 达官阁下、*Tai Muga* 将军阁下等。但后两位官员的名字结构为：本名 + 摩尼教职务 + 回鹘官名，这显然是摩尼教给予其的教职 *Muga*。*Muga* 与 *ḥamôzâ* 的发音除第一个音节外，其余都相似，前者应当是后者的对音形式。除此之外，就是摩尼教团中的成员。依据先尊后卑的原理，这些名称依次是：*ḥamôzâ*（博学之士）、*'ispasag*（副主祭）、*maḥistag*（长老）、*xrôḥkvân*（传教士）等。敦煌出土汉文《摩尼光佛教法仪略》云：五级仪第四：第一，十二慕阇，译云承法教导者；第二，七十二萨波塞，译云侍法者，亦号拂多诞；第三，三百六十默奚悉德，译云法堂主；第四，阿罗缓，译云一切纯善人；第五，耨沙嚈，译云一切净信听者②。两相对比，可以看出：*ḥamôzâ*（慕阇）实际就是传播教义的教师、*'ispasag*（萨波塞）是监督教义的法官、*maḥistag*（默奚悉德）是主持寺院的高僧、*xrôḥkvân*（阿罗

① F. W. K. Müller. Ein Doppelblatt aus einem manichäischen Hymnenbuch. Phil. hist. Klasse. 1912 Abh. V, p4.

② 立面：《唐写经〈摩尼光佛教法仪略〉》，新浪图片，2020年，（2020 – 05 – 07）［2022 – 09 – 24］http：//k. sina. com. cn/article_ 6355241263_ p17acd492f02700qokg. html#p = 1

缓）是教化俗人的僧侣。至于耨沙喭（*niyôšâgĉân*），从其不在 *yazdâmad* 的祝福之列来看，其级别应当低于传教士。因此这一职务在高昌回鹘时期是否是摩尼教团所授的圣职值得商榷，进一步说，这一名称似为普通的世俗信徒（在家修行者）。摩尼教主居住在巴比伦，其下属共有十二个教区。每个教区有一位慕阇、六位拂多诞、三十位默奚悉德、数量不限的阿罗缓和耨沙喭。高昌回鹘时期的慕阇为 *mari'aryânšâ*、一位拂多诞叫 *mari dôšist*、一位默奚悉德名叫 *mari yišô' – 'aryâmân*。从这三个高级神职人员的名字来看，*mari*（因为摩尼就叫 *mari mani*）是显示其地位和身份的一个标志。

　　不过有两个称呼需要注意：*Chunžui* 和 *wām*，如听众的头领 *Tüzün Bilkä Chuntschui*、*Tüzün Silik Chunžui*、*Qutï Chunžui*、*Āt Chunžui*、*Dūchsch-āzād Chunžui*、*Friwà Chunžui*；听众 *Rēž Vanōwām Yischōwām*、*Vag'schē-wām*、*Rēž-kartsch Manak Bībī Ežnwām*、*Vartan-wām Chatun*、*Āzād-wām*、*Kāschāntsch Vanōntsch-wām*、*Yipargazan-wām* 等。摩尼教普通会员称为"旁听者"，即听众，他们虽然允许有妻子（或情人），抚养家庭，吃荤、饮酒等，但是有不少宗教仪式"旁听者"必须要遵守，而且他们必须得支持上帝的选民。因此，*Chunžui* 置于普通会员的头领之后，这表明其教职级别很低。如 *Qutï Chunžui*（名为幸运的 *Chunžui*）、*Āt Chunžui*（著名的 *Chunžui*）。在波斯的摩尼教组织架构中，未见到 *Chunžui* 一名。这一教职应当是回鹘摩尼教所设立，从读音上看可能来自汉文的"赎罪"，意为忏悔。《史记·平准书》：弘羊又请令吏得入粟补官，乃罪人赎罪[1]。公元 6 世纪，实力壮大的中亚摩尼传教团在首领萨特·奥尔米兹的领导下，跟位于巴比伦的摩尼教廷决裂，成为一个独立的教会，尊奉阿莫为开派祖师。不过萨特·奥尔米兹并没有自称中亚摩尼教教主，而是以登那瓦尔斯自称。登那瓦尔斯，意为"真正的、纯洁的"，汉文译文为"电那勿"，即僧侣，宣教师。摩尼教的《残经》引《应轮经》云：若电那勿等，身具善法……其明父者，即是明界无上明尊；其明子者，即是日月光明[2]。波斯摩尼教的教阶分为：教主、法师、主教、长老、执事、选民、听者，"电那勿"是一个不分教职等级的泛称，它涵盖上述 7 个等级，即"阿罗缓"（中古波斯语 *ardawan*、*dēnāwar*）。从 *Wām* 来看，其相当于 *ardawan* 的尾音节。但从 *Vartan-wām Chatun* 来看，*Wām* 应为居家修行者，与 *Chunžui* 一样，仅指女性听众。这或许是高昌回鹘时期摩尼教的一项创新，设置女性教职，也体现出高昌回鹘社会中女性地位的重要性。

二　摩尼教信仰者的荣誉称呼

　　摩尼教将光明和黑暗视作世界的本原，其中光明王国里充满着现实世界中人们所

①　司马迁：《史记》，中华书局，1982 年，第 1136 页。
②　罗振玉：《摩尼教残经一》，《国学丛刊》1911 年第 2 期，第 19 页。

向往的一切美好东西。主宰光明世界的是光明父子，他们集永恒、光明、威力和智慧于一体。在中际，黑暗入侵光明，一些光明分子为黑暗所消化。于是大明尊（光明之父）进行召唤，派出光明使者阻止黑暗的侵略[1]。《摩尼赞美诗》没有给予 ʾây ṭngriyδâ xût bûlmis ʾalp bilgâh ʾûγγûr xngâân（即喀喇巴逊碑铭上提到的漠北回鹘可汗）摩尼教廷的荣誉，只称其为"信徒的保护人，真理、万能的庇护人"。但却给第二代乌介 kâdôš 以 niγôšâgbêd（法官之首）的称号，该称号隶属于摩尼教廷居次席的未受圣职的僧侣。而 kâdôš 的周围人则被给予了"光明使者和光明分子"。"光明分子"是被黑暗所吞噬的善神的组成部分，也是人类灵魂的组成，似乎不是某种荣誉。而光明使者则是召之即出、不召即不存在的善神。摩尼自称是继琐罗亚斯德、佛陀、耶稣等被大明尊派到世间的最后一个使者[2]。因此，给 kâdôš 等人的名誉是非常高的。可见，*M1* 为 *D135* 的复制品，其作者应为 *yazdâmad*，并且 *yazdâmad* 也是第二代乌介所辖高昌回鹘政权的子民。普通的摩尼教信仰者被呼之为 niγôšâgčân（听众），而一些佚斥则被称为 niγôšqpaṭânč（听众之首）。但是令人惊诧的是，传教士 yazdâmad 竟以 yazd 自居。而在帕提亚语文献中，*yazd* 为神。如：*xrōštag yazd*（呼神）和 *padwāxtag yazd*（应神）。更令人吃惊的是他居然称其子 nixcarîg-rôšan 为"光明之子"。显然，这是摩尼教本土化的一个表现。

　　赞美诗的内容部分，其作者可能为 *mari šâd ʾôrmizd*。F. W. K. Müller 认为该人为摩尼教的一个领袖；在献给其的赞歌中称他为：*pws ʾy dwšyst ʾmʾny xwdʾwn*（主摩尼最喜爱的孩子）。这里有个矛盾：摩尼死于 274 年，而 *šâd ʾôrmizd* 亡于 384 年，二者似乎不应有联系（也可能是教徒对其的恭维吧）。在正文中，*šâd ʾôrmizd* 提出一系列称号，这些称号是对光明使者摩尼及其教徒的美誉。这些称号既体现摩尼教现实社会中的组织架构，又反映精神世界的神权体系，二者往往交织在一起。*šûbân*（牧人）置于 *rôšan*（光明）的前面，显然这一称呼是赋予光明或光明之神。*šûbân*（牧人）一名则源于基督教对耶稣的敬称。*mari zakû* 名字位于 *ʾamôcag* 之后，即教师 *mari zakû*。*ʾamôcag*（教师）依据对音应为摩尼寺庙中的阿拂胤萨，专知法事；但是 *ʾamôcag* 绝不能和 *ḥamôzâ* 相提并论。前者专司某一寺院，后者则控制某一教区。《唐会要》卷四十九载：贞元十五年，以久旱，令摩尼师祈雨[3]。*yazd bag mari* 中，*yazd* 和 *bag* 都是神。而 *mari* 往往与 *mani* 相连，一般理解为"主"，即摩尼主。用作尊号时，表示其为摩尼后人。*vizid-ag*（选中者）一名争议颇多，其职能众说纷纭。《摩尼光佛教法仪略》载：寺宇仪第五，每寺尊者，诠简三人；第一，阿拂胤萨，译云赞愿者，专知法事；第二，呼炉唤，译云教道者，专知奖劝；第三，遏换健塞波塞，译云月直，专知供施；皆须依

①　林悟殊：《摩尼教及其东渐》，中华书局，1987 年，第 12 页。
②　刘南强撰，林悟殊译：《摩尼教寺院的戒律和制度》，《世界宗教研究》1983 年第 1 期，第 26 页。
③　王溥：《唐会要》，中华书局，2017 年，第 562 页。

命。① 沙畹和伯希和认为：所谓诠简，就是选择、指派②。若依二人意见，则选中者就是摩尼寺院的管事僧众。但在诗中却说：四个选中者。无疑，其间矛盾昭然若揭。在高昌回鹘人的摩尼教寺院中，也未检出与 vizidag 相关信息③。圣·奥古斯丁（S. Augusting）将摩尼教徒分为五品：*Magister*、*Episcopus*、*Presbyter*、*Electus*、*Auditor*④，分别对应为：硕士、主教、长老、选民、法官。但是 *Fihrist* 则认为是：教师、仆人、管理者、正直者、听众。姑且不论谁是谁非，就拉丁语 *electus* 而言，其本义就是选择、选举。因此可以认定，中选者必须是在普通的摩尼传教士中产生，而非高级神职人员或一般信徒（听众）。至于 F. W. K. Müller 认为 yazdâmad 为选中者这一结论（他的依据是诗中有：我 yazdâmad 是活着的圣灵），理由似不充足。诗中出现 vizidag 处，多与 qêrbakar（善人）、râštêft（真理）、'ardâvâân（圣人）连用。同时，vizidag 还被誉为"活的圣灵"而受到歌颂。因此，vizidag 必定拥有很高的精神地位。在人类中，只有很少一部分人，即"被神选中者""真诚者""肉身成道者"和"光明使者"才可能将人身里的光明和黑暗分隔开；对于其余人，唯有他们通过善行和为"被神选中者"（中选者）效劳而成为"声闻者"（听众），才有希望投胎于"被神选中者"之身，以至于达到最终解脱⑤。从 vizidag 的对音上来看，其与汉文梵天（fantian）较为相似，可能是借自汉地佛教。梵天是婆罗门教、印度教主神之一，即创造之神，在佛教中为佛陀及佛教的护法，俗称四面佛。《百喻经·梵天弟子造物因喻》：梵天见其弟子所造之物，即语之言：汝作头太大，作项极小；作手太大，作臂极小⑥。章炳麟在《无神论》中指出：主惟神者，以为有高等梵天；主惟物者，以为地水火风皆有极微⑦。

三　摩尼教的世俗色彩

在《摩尼赞美诗》的首行，紧接着光明王国的健康、完美两个光明分子（它们是善的组成）之后的就是高昌回鹘政权的可汗，接下来就是对其王室、子孙、大臣的祝福。由此可见，高昌回鹘时期的摩尼教也与世俗政权有密不可分的关系。这一传统实际是沿袭摩尼创教初期的做法。242 年，摩尼在沙卜尔（sābuhr）一世登基时回归波斯

---

① 立面：《唐写经〈摩尼光佛教法仪略〉》，新浪图片，2020 年，（2020 - 05 - 07）[2022 - 09 - 24] http://k. sina. com. cn/article_ 6355241263_ p17acd492f02700qokg. html#p = 1

② E. Chavannes et P. Pelliot. Un traite manicheen retrouve en Chine, deuxieme Partie, fragment Pelliot et textes historigues. *Journal Asiatigue*, lle Ser 1. Janfeb. 1913, p. 15。

③ 耿世民：《新疆文史论集》，中央民族大学出版社，2001 年，第 354 页。

④ St. Augusting. De haeresibus，林悟殊：《摩尼教及其东渐》，中华书局，1987 年，第 112 页。

⑤ 莫尼克·玛雅尔著，耿昇译：《古代高昌王国物质文明史》，中华书局，1995 年，第 65 页。

⑥ 王月清：《百喻经》，中州古籍出版社，2018 年，第 135 页。

⑦ 章炳麟：《无神论》，《民报》1906 年第八号第 4 版。

传教，并以《沙卜拉干》（*sābuhragān*）为名创作了教义概要。由此沙卜尔皈依摩尼教，并允许摩尼在其加冕仪式上公开宣讲二宗三际论。同样，漠北回鹘汗国牟羽可汗在洛阳会见几个摩尼教牧师后，他就皈依了他们的信仰，并把这个宗教升格为他朝廷的必信宗教①。可以想象，摩尼教在漠北草原和高昌地区的传播，也是依托回鹘可汗而进行。当然，摩尼教对世俗政权的亲近，也与佛教利用皇权的做法类似。北魏道武帝（386～408 年）时，统摄僧徒的"道人统"（官名）法果和尚为了佛教的弘扬，发出："帝王即佛""能鸿道者，人主也""圣上即是当今如来，沙门宜应敬礼""我非拜天子，乃是拜佛耳"等言论。

摩尼认为世界的归宿是地球的最终毁灭，善恶的永远彻底分开。以这个思想为出发点，他严禁摩尼教僧侣结婚，因为结婚就要产生新的生命，这就意味着使光明分子再度受囚禁。所以，摩尼教实行严厉的禁欲主义。但在《摩尼赞美诗》中，我们却看到相悖的一面。传教士 *yazdâmad* 不仅有自己的儿子，还有其他子孙。此外，诗中还有 *garm*（情人）一词。加之诗中激荡的溢美之情，可以想象：*yazdâmad* 定是性情中人。在吐鲁番出土的粟特文书信（81TB65：1）中有：*βγ'y xypδ'wnty z -*'（*t*）［*y*］（作为神的我们主人的孩子们）。吉田丰认为这是比喻语法，因为摩尼教僧侣不允许有妻室。柳洪亮则认为：对吉氏的牵强解释，我以为难以令人信服②。杨富学认为：从历史记载看，不管是（回鹘）摩尼教徒还是佛教徒，其实对于戒杀、忌茹荤之类戒律的遵守都不是很严格的，乃生存环境使然③。并且，诗中祝福语中提到的"听众（信徒）的首领"的波斯语名字中，也可以看见对"爱"的膜拜。如：*Yîšô - yàn*（耶稣 - 示爱）、*Navê - yân*（新 - 示爱）等。

四　摩尼教的光明崇拜

许地山在《摩尼之二宗三际论》中指出：二宗，谓光明和黑暗，即善与恶④。即光明和黑暗是世界的本源，光明王国是洁净、和善、快乐，是美好的所在；而黑暗王国则充斥着污秽、愚痴、残暴，是邪恶的化身。《下部赞》载：光明普遍皆清净，常乐寂灭无动祖；彼受欢乐无烦恼，若言有苦无是处⑤。光明是摩尼教所崇拜的，光明王国是摩尼教徒的理想所在，因此赞颂光明是摩尼教徒的必行功课。在《摩尼赞美诗》中，对光明以及光明之神、光明使者、太阳的赞美之词比比皆是。如：*'ô tô vêndâm rôšan'axš*

① 〔德〕克林凯特著，赵崇民译：《丝绸古道上的文化》，新疆美术摄影出版社，1994 年，第 87 页。
② 柳洪亮：《吐鲁番新出土摩尼教文献研究》，文物出版社，2000 年，第 87 页。
③ 杨富学：《回鹘文献与回鹘文化》，民族出版社，2003 年，第 189 页。
④ 许地山：《摩尼之二宗三际论》，《燕京学报》1928 年第 3 期，第 36 页。
⑤ 芮传明：《东方摩尼教研究》，上海人民出版社，2009 年，第 384 页。

（我讴歌你，不可侵犯的光明）、'ô tô nêv xvadâcan cisp rôz（仁慈的主，你是所有的太阳）、'ôtôgriv rôšan'istâvâm（我们颂扬你，光明圣灵）等。可以说，整部赞美诗充满着对光明的景仰和歌颂，其中摩尼更是被视作光明，乃至光明之父。

中原地区及漠北的摩尼教信仰中，有关崇拜光明、崇尚白衣、严格素食等方面与佛教弥勒信仰有较多类似之处。弥勒一词源于梵文 "Maitreya" 或 "Maitrī"，原意为"慈爱"，弥勒也因此被称为"慈氏菩萨"。波斯的太阳神、光明之神密拉特与印度的太阳神、光明神密多罗同为一个词 Mitra；波斯语的"慈爱"与《奥义书》中的"慈氏"也为同一个词 Maitri，它们与梵文中的 Maitrī 几乎相同。这也表明，弥勒本身就是光明的化身，崇拜弥勒即是崇信光明。东汉安世高（Parthamasiris 约公元 2 世纪）所译《大乘方等要慧经》中包含弥勒信仰的内容，此应为中原弥勒信仰之始。弥勒崇拜在中原地区的盛行也逐步影响到中原的摩尼教，二者相互渗透非常明显。吐鲁番文书 M2 就直接将摩尼称作已经降临的弥勒佛，T. M. 389 也称摩尼的大弟子末阿莫在宣扬光明使者的佛性。因此，回鹘摩尼教中的光明崇拜，既是来自摩尼教本身的影响，又是中原佛教的潜在影响。此外，北魏期间就传入中国的祆教则起到推波助澜的作用，盖因祆教教义认为：宇宙中有代表光明的善神和代表黑暗的恶神相互斗争，人们应弃恶从善，崇拜光明。

五　摩尼教的忏悔思想

受佛教、基督教忏悔思想的影响，摩尼教也盛行忏悔行径。《下部赞》载："我今忏悔所，是身口意业，及贪嗔痴行，乃至纵贼毒心，诸根放逸；或疑常住三宝，并二大光明；或损卢舍巳，身兼五明子；于师僧父母、诸善知识，起轻慢心，更相毁谤；于七施、十戒、三印法门，若不具修，愿罪销灭！"[1] 吐鲁番出土的《摩尼教徒忏悔词》（nihusäklärning suyïn yazuqïn öküngu huastuanft）亦说："我们犯了多少罪。现在，我的天神！我们祈求从罪孽中解脱，请饶恕（我们的）罪过吧。"[2] 忏悔思潮的普遍流行，以至于在《摩尼赞美诗》中也可以看见其痕迹。如：'abaxšâh 'abar man yazdân（宽恕我，众神）、'abaxšâhêd 'ašmâ yazdân（请宽恕，你们众神）、'abaxšâh 'abar man yazd cazrg（宽恕我，伟大的神）、'abaxšâh farahêgar man bôžâgar（请宽恕，统治者，我的救星）。摩尼教最初的忏悔源于摩尼制作的清规戒律 – 忏悔十不当，即：忏悔虚伪、妄誓、为恶人作证、迫害善人、拨弄是非、行邪术、杀生、欺诈、不能信托及不使日月喜欢的行为。回鹘文《摩尼教徒忏悔词》是供俗家信徒"听众"使用，全文共分十五个部分，分述听者所需忏悔的十五个方面。这比摩尼的十不当多了五种，是回鹘摩

---

① 芮传明：《东方摩尼教研究》，上海人民出版社，2009 年，第 384 页。

② A. von Le Coq. Türkische Manichaica aus Chotscho. APAW. 1922, (03), p. 47.

尼教的创新，它们主要是不敬五神、走邪途、不遵守法规、不忏悔、不祭祀等。其中，有关不忏悔的具体事项就记载有：（第十三节）还有每月每天我们都应该向天神、向圣法、向圣洁的僧正们祈求把我们犯的罪，把我们造的孽解救。而我们（却）自主不自主地懒散、困惑，以有事为借口，没有为从罪孽中解脱而去（祈祷）①。

摩尼教在吐鲁番流传之前，忏悔思想已经在此生根发芽。例如作为忏悔行为的重要思想根源的佛教梵文经典《大方等陀罗尼经》的翻译就是在高昌进行的。如《出三藏记集》卷二载：《方等檀迟陀罗尼经》四卷，或云《大方等陀罗尼经》。又一部，凡四卷，晋安帝时，高昌郡沙门释法众所译出②。此外，吾人故知，诸如梵文《普贤行愿经》《大悲经》《金刚经》《金光明经》等佛教经文可以帮助人们认识到自己的错误和罪业，并引导人们进行自我反省和净化，而这些经文早在公元 4 ~ 6 世纪就被译成粟特文、和阗塞文、吐火罗文，并在西域流传。是故，吐鲁番摩尼教的忏悔思想必然受到西域佛教忏悔思想的影响，并进一步改造以适合当地的社会环境和精神世界。

六　摩尼教的审美追求

与其他宗教一板一眼的教义创作方式所不同的是：摩尼教追求文字、图案、纸张、语言的艺术性，甚至到达无以复加的地步。摩尼教对教义外观的苛求源自摩尼本人，其本身就具备很高的绘画才能③。而《摩尼光佛教法仪略》寺宇仪第五，五经堂之首即为经图堂，可见摩尼寺庙对美术的重视。诚如 F. W. K. Müller 所言，M1 为一叶复制品，使用朱笔书将帕提亚文写在上等的纸张上，模仿印度棕榈叶抄本制成。④ 文本文字工整，结构优美，笔迹清晰。虽为手写体，但绝不亚于木版印刷体。M1 两叶正反两面标题处饰以花朵，其中第一叶正面为四朵花，背面为五朵花；第二叶正反两面均为六朵花。所有花朵分布在标题四周，构成一幅和谐的画面。这种无根无柄花的象征意义是：信徒希望摩尼能够再生。这也从侧面反映了摩尼教的三际理论，即光明分子在被黑暗俘获后最终获救，重新返回光明王国。这种无根无柄花的描绘采用的是细密画的手法，后者是源于波斯的艺术形式。细密画（Miniature），顾名思义就是尺幅不大，描绘精致的绘画，通常用于书籍插画或器物装饰。细密画的历史渊源可以追溯到公元 3 世纪至 7 世纪波斯帝国的萨珊王朝时期。萨珊波斯艺术中用自然主义手法描绘动物形象和变形

---

① 李经纬：《古代维吾尔文献〈摩尼教徒忏悔词〉译释》，《世界宗教研究》1982 年第 3 期。

② 释僧佑：《出三藏记》，中华书局，1995 年，第 167 页。

③ 高永久：《西域古代民族宗教综论》，高等教育出版社，1997 年，第 247 页。

④ F. W. K. Müller. Ein Doppelblatt aus einem manichäischen Hymnenbuch. *Phil. hist. Klasse.* 1912Abh. Ⅴ，p. 4.

手法创作装饰及抽象图案的双重倾向，也作为波斯细密画的传统保持下来。细密画发展过程中又分别受到西方和中国绘画的影响，这些因素被波斯文化同化和吸收，形成了不同的阶段和流派。波斯细密画追求平面空间的视觉享受，运用阿拉伯几何和植物纹饰，并结合了中国的传统山水画技法，极具装饰性，也营造出一种"精神启示的氛围"。在空间表现上，细密画不囿于焦点透视，突出平面的超自然构图，艺术家的想象力充分得以施展。尤其需要注意的是，摩尼曾在中亚学习传教多年，可能正是在中亚和中国艺术的影响下，摩尼绘制了《大二宗图》，以绘本形式阐释教义，其更是被一些学者视为伊朗绘画的奠基者。事实上，M1 中的无根无柄花正是阿拉伯纹饰和中国山水画的结合物。

《摩尼赞美诗》的正文部分采用押头韵的形式，主要押 'ô、'a 韵，多采用祈使、倒装句，整篇诗文气势磅礴、跌宕起伏。头韵（Alliteration）是英语语言学分支 – 文体学的重要术语，是英语语音修辞手段之一，它蕴含了语言的音乐美和整齐美，使得语言声情交融、音义一体，具有很强的表现力和感染力。在分类学上，帕提亚文是一种印欧语言，属于伊朗西北语言群体。因此，采用 'ô、'a 韵的头韵方式，使得诗句在起首时声音洪亮。同时，大量的祈使和倒装句，又使得赞美的主体更加突出，语势更为强烈。

从诗歌文本的装帧上可以看出，高昌回鹘时期的摩尼教是追求美好的、追求外表的，并非与世隔绝、苦练修行的。如吐鲁番出土壁画上摩尼教徒，戴着白色便帽、用红色的带子系在下颚，梳着具有世俗贵族的长发式，服装色彩艳丽、质地华贵①。

结　语

从《摩尼教赞美诗》M1 所表现出的摩尼教信息来看，高昌回鹘时期的摩尼教特点是：继承摩尼基本教义，但按照回鹘文化特点和社会实际对教义进行改造；保留和发展摩尼教的混合性特征，更加突出折中性；由上而下的摩尼信仰能够包容下层阶级中不同宗教的存在等。诚然，我们也要看到：《摩尼赞美诗》与《摩尼光佛教法仪略》以及其他汉文记载的摩尼信息还有些许矛盾。究其原因，主要是由于摩尼教的异化以及高昌回鹘政权对其改造使然。但是必须明确的是，高昌回鹘时期的摩尼教是波斯摩尼教和中原摩尼教的融合，是适应回鹘社会发展需要的，是摩尼教中国化的表现。

---

① 　冯佳班著，邹如山译：《高昌回鹘王国的生活》，吐鲁番地方志编译室，1989 年，第 86 页。

附录：

《摩尼赞美诗》M1 汉语译文

首叶，序言＝第一段

[他们要派遣]健康和完好这两个"光明分子"，并且这二者满怀喜悦地成为我们的统治者，这些主人，首先是满心欢喜的光明"分子"、光明使者，他们将帮助"听众（信徒）"。Ai tängridä chut bulmïs alp bilgä Uigur changān 信徒的保护人，真理、万能的庇护人。（此诗）还要给他们的子孙和王室、王子和王妃。首先是 Yultuzbai 特勤、Ügä Pērōz 特勤、Chasār 特勤、Vazurgān 特勤、Tatar apa 特勤、Žirēft 特勤和 Nēv 特勤及他们的王子，还要给我的主人、有影响力的 Savag 都统，此外还给 Tschigschis、Tiräks，接下来给第二代 Ügä Kadosch Niyōšāgbēd（法官大人）及诸位光明分子和光明使者，还要给第二代 Ügäsis：Ötür 阁下、Sawtschi Muga（＝Buġa？Maġă？）达官阁下、智慧仁慈的 Batur 将军阁下、Tai Muga 将军阁下、Nižuk 将军阁下，这些主人以及那些有势力的人物，还有一些名字我没有提到，愿他们永远生活和存在下去，阿门！

还要给 Pantschkantī 大人、官员日泰将军 Sïrtusch Yägän 阿波、法官等光明使者、各位阿波、无数先知，此外还有法官：Maschiān Mahārādsch Ärklig Zāryūt Türk …还有 Tschīnāntschkantīd 大人、Tapïġlïġ 将军、Vaġschēmāch Tapmïsch 达官、Isik Ingi Itschräki Vanōmāch Ton 达官、Körtlä 啜、Tusutsch Yaglachar Ïnal Vanōschēr Amal Orungu Yaramïsch Iznatschu Pūdyān Gāv Pāch Isig Iznatschu Indum Taschāpat Yīschō varz Sīmäk Māchyān Tupa Fuschi、官员和啜 Bändäk Aspastē。还有 Äkütschik Sirtuschi（头衔？）、Yïttüg 啜、Nigōschāk（＝听众）达官、Kāschī Chschēt（＝大人）。Līfūtūschī Nigōschakpat（法官大人）、Parvāntsch Žawġu Līūlāng Chūmār 啜、Yīschōvarz Baġērēž 和 Charakul Lā 啜、Mahāyān、Kāvfarn、Tatschāpat、Frēschtvarz Tapmïsch（官衔？）、Tsū-sī-lāng Schēmgon Gōtam Nōimāch Chazān Žvānak Waġē-žvān、Tēnfrāt-schātak Vaġschēfarn、Baġēbīrat 还有城堡主人 Itschräki Itmisch Žim-tai-schi 回鹘 Tapmïsch、Lit Wïr 回鹘 Tapmïsch、Yawgu Taġarmi Tschapïsch、Ulugfuschi、Tangfuschi、Lafuschi、Ontschur Yīschōyān Āsag Tulïsch Yïnal Tamgan-达官；

还要给：Satōyān 法官大人、Rōchschyān Biāmanvarz 啜、Iznatschu Rēžyān Iltutġuvāntschīk Liūk Lātā、Lāžïh、Māchfarn 医生、翻译 Chutpāyan、Pauk Panchuan、Tsu Panchuan、Pārak Bōġ Lāfarn、Zernvāk Yāhm Yākī Toġarak Tschungui Fatak。这……大人佚斤 – 达干 Sinaamġā Nigōschakpat Yargan Anžirki（第一段到此结束）

首叶，背面＝第二段

Navēyān Ānlāu Vaġschē Chunzak Navēfarn、Visāk Vaġschēfarn、Waġānōt Tūnak Vahman 啜、医生、抄写者 Schpara Chara 啜、Alp 啜、Ati Yischōzēn Tolun 阿波、Pāusùng Vāsīndan Wāmyān Salīchān Kül 啜。并且还要给女性"听众"：听众的头领 Tüzün Bilkä Chuntschui（称 呼?）；Tüzün Silik Chunžui（称 呼?）；Qutï Chunžui；Āt Chunžui；Dūchsch-āzād Chunžui；Friwà Chunžui：Mängi Bag̣ 佚斤；Yāg̣ćux Yīšō Chwīk 佚斤；Wag̣ā Tai Chut 佚斤；听众的头领 Chut Chatun（称呼?），Qutluch Qïz Tohun Utuzmïsch Yagan-Chunžui，Farnwām Chūsand Chawz Sandūs Siu Siu；Rēž Vanōwām（称呼?）；Yischōwām；Vag̣schē-wām，Rēž-kartsch Manak Bībī Ežnwām；Vartan-wām Chatun，Āzād-wām；Kāschāntsch Vanōntsch-wām；Yïparg̣azan-wām；Tūg̣tān-schāh Ratnak Ymar Chatun；Itmisch Chatun；Botan Chatun；Zarg̣ōntsch Žāsmin Chatun：这些将有益于听众（信徒），（及其）兄弟和姐妹，大人和孩子，他们的肉体和灵魂将会受到安琪儿亲自保护，直到永恒。阿门，阿门！愿其发生！

　　在 500～640 年还诞生了光明使者，现在在……年，此后，他在巨大影响中产生，并在……（＝直到死亡）102～160 年再次产生（＝死亡）Marī Schād Ormizd，他是智者，创作了这些赞美诗，活泼的词汇和鲜明的曲调是完整的。抄写人是受宗教首领之命进行抄写的。他无法抗拒，直到死都在抄写。所以他不……和……. 他不是抄写了部分，某些赞美诗，而是全部，直到死都未抄完。未完成的部分在城堡的房间里延续和保存了许多年。之后，是我传教士 Yazd-āmad，当我看见这些未完成的赞美诗这样毫无用处地放着，于是再次命令我的子孙，亲人，我的儿子，高贵的 Nichvarigrōschan（光明之子）去完成。于是，他用有效的办法增加在宗教后代手里的赞美诗，门徒们重新为了圣灵而接受教导，并且借此学会教义，知识，传授，技能。所以此时此刻用博学之士 Yazd Marī Aryānschā 崭新和良好的兆头，并通过副主祭 Mārī Dōschist 等的运气和教士 Mārī Yīschō-Aryāmān 等的精心管理，依靠传教士 Yazd-āmad 等的勤勉，（信徒们）明智地，越来越多地凭借勤奋和操劳拥戴 Nichvarīg-rōschan，因此借助于温暖的情人和富有爱心的热情思想，他利用抄写员夜以继日地抄写，直到所有的都被尽善尽美地完成。同时，鉴于 Nichvarīg-rōschan 的笔迹，抄写人整理、排列和抄录……

第二叶，内容目录＝第三段	第二叶，内容目录＝第三段
向静寂……大地……	祝福太阳这个拯救者……
向集结和众神……	祝福太阳，首先向……
所以他属于我和……	太阳祝福。选中的善事……
主宰一切的光明，Mārī Mānī（摩尼）……	我们要祝福众神中最高的……
降临，我要写封信，	幸运（神），祝福你，太阳……
在百年之后的数年里……	我们要祝福和唱赞歌……
在五十年和……	我们要祝福统治者……
我的父亲登上天堂……	祝福圣徒，选中者……

噢　牧人，光明，哪个离开人世……

噢　伟大的教师 Mārī Zakū……

请宽恕这个本质，……

来到这里，看见他们的本质……

我们的父亲，（你是）善人和神……

［歌曲］关于死亡［＝挽歌演唱者］：二十。

（我）想念行善者（助人者）……

我歌颂你 Yazd Bag Mārī……

我赞扬和恳求你……

我讴歌你，光明（不可侵犯的）……

我请求你，光明之神……

神，我请求你，这使我……

神，我请求你，拯救我……

神，我请求你，你……

神，通过……赞美你……

你……我们将祝福你，选中者，善人……

噢　救世主，我恳求……

仁慈的主，你（是）所有的太阳……

我们呼唤你，不可冒犯的神……

你，这些人首先……

Yazd Mār Mānī，我要祝福你……

Yazd，我流露对你的崇拜……

父亲，我盼望你……

神，我盼望你……

我要赞美 Mārī Mānī……

允许我祝愿……

为了看见我，统治者……

给听众十道命令（指令）……

我呼吁你们……

哦，神，我恳请你……

哦，神，不可侵犯的 Mārī Mānī……

哦，光明之父，我们……

哦，幸运之父……

哦，助人者和……

对我们仁慈的光明……

不可冒犯的是受欢迎的太阳……

不可冒犯者是斋戒日，太阳之上……

不可侵犯者是太阳，祝福你……

不可侵犯者，走近……光明……

不可侵犯者，我们将获得你……

不可侵犯和仁慈受欢迎……

宽恕我，众神……

请宽恕，你们诸位天神……

宽恕我，伟大的神……

请宽恕，统治者，我的救星……

神，我们将请求你……

我们要向你提出请求，中选者……

你的名字（会被）颂扬……

我们为你歌唱，我们请求你……

我们要盛赞你，不可侵犯的神……

给救世主大量祝福……

请宽恕中意者，真诚者……

请宽恕教友，选中者……

请宽恕分子，听众（信徒）……

到这里来！宽恕他们的选中者……

来，教友们……

得到忧虑和教导……

得到来自神支持的消息……

宽恕我，伟大的神……

忧伤的集结给众教友，其他的……

忧虑的光明……

教友，到这里来，我们要祝福……

用你的聪慧指导我和……

教导和指示……

崇高的是太阳，他选择……

哦　指示我们的……

哦　众神的支持……

哦　闪亮发光的神 Mārī Mānī……

富有的统治者满怀欣喜，愉快的……

我们想念教友……

善良和不可冒犯的……

伟大的仁慈和慈爱

到这里来！你的本质迈步向外走

到这里来！我们将寻求解脱

到这里来！听，神，你是我的……

到这里来！听，听众……

来到这里，听众，听……

来到这里，本质登上光明之船……

光芒四射的光明来到……

休息地，（那是）舒适的地方，从前……

会面，美丽的天堂宁静……

逝去是所有的太阳和月亮……

浇灌我，美好的……

使者，来自父亲……

请允许我知道才华……

请允许我们涌向众神……

救救我，神 Mārī……

你是众神之首，我的朋友……

美好（永恒）和 Yamag 到来……

永恒之友来到……

消息如光传向我们……

尽管还需很多时刻才能到达大门……

来自……许多……

我们欢迎你，父亲 Mānī

我被迫离开，Pflanze……

我要在神的威名里走向……

不是……

你将拥有美好的事物，我的圣灵，

在那里，思念我的圣灵……

我们祝福安琪儿和众神……

太阳受到祝福，幸运的……

赐福与颂扬……

……我和来自……拯救我……

……我，神 Mārī Mānī……

向上攀登，全部四个选中者……

健康，平静，愉快是……

闪亮发光的神 Mārī Mānī……

太阳，祝福，颂扬……

星期一的太阳……

祝福快乐的太阳到来……

祝福太阳来到我们身边……

祝福闪亮的太阳来到这里，当……

闪闪发光的……来到我身边……

听我的发言，哦，美丽的……

听我们的请求，太阳你……

崇拜你，祝福你，太阳……

哦　亲切的光明之神。

颂歌［歌曲］：八和六十。

举目仰望你们，有功劳的人，……

对于光明圣灵，我们要……

对于你，光明神灵……

我们祝愿光明神灵……

请宽恕，你们……

请宽恕，诸位教友……

为你圣灵（而）准备……

圣灵，你和幸福一起到来……

众神圣灵，你和健康一起到来……

圣灵，你和利益一起到来……

光明圣灵，你和拯救一起到来……

这个圣灵来到，吸引……

这个圣灵来到，解救……

祝福你，高贵的圣灵……

祝福你，伟大的圣灵，起初……

祝福你，光明圣灵……

祝福你，光明圣灵……

祝福你，圣灵，解救者……

祝福你，光明圣灵……

祝福灵魂……

祝福所有的忧伤……

祝福教友，这……

向上攀登，选中者，（你们是）真理（之子）。

向上攀登，安琪儿……

你受到庄重、伟大的赞颂..

它就是那样！（＝阿门）伟大的才智……

教友如同……那么多……

贵人，（你是）多彩装扮的圣灵……

看见我的崇拜，听见我的歌声……

悠扬，婉转，嘹亮……

膜拜，歌颂你……

你得到隆重的赞扬……

教友，你们举目仰望和赞颂……

（教友）屈膝（叩拜），神，你看看……

吁请［歌曲］七和七十。

祝福和赞扬你，太阳……

祝福你，光芒耀眼的统治者……

祝福你，伟大的太阳……

祝福你，太阳，善事……

祝福你，太阳，光明解救了……

祝福你，太阳……

祝福你，这是我们的……

祝福太阳……

祝福太阳……

祝福深受欢迎的太阳……

祝福伟大的太阳……

祝福太阳，这太阳……

祝福太阳和时光……

祝福和歌颂……

我们要祝福和歌颂……

我们为你祝福，光明圣灵……

我们祝福神之圣灵……

教友，看见这些……

教友，到这里来！请宽恕……

教友，忧虑的……

哦　光明之子，圣人……

哦　选中者圣灵宣布……

哦　高贵的后代，哪一个是美丽的……

哦　贵人，拯救灵魂，每当……

忧愁和智慧……

来，教友，我们要歌唱……

来，我们要演唱赞美歌……

来，中选者，圣人……

来，中选者，真理……

到这里来，父亲中的智慧之子……

到这里来，我们将赞美光明圣灵……

你是赞颂的威严……

我们祝福你，活的圣灵……

你，光明圣灵，哪个是五……

我们颂扬你，光明圣灵……

圣灵，我们要称赞你，祝福……

赞美歌，圣灵

我们要请求你，我的圣灵被吸引……

我们要赞颂你，耶稣救世主……

圣灵，我们要讴歌你，祝福……

神，我们要歌唱你，卓越的……

我是活着的圣灵，所有……

我是它，偶像的指示……

我是圣灵，祝福者是哪个……

神，我要为你唱赞歌，拯救……

贵人，清廉者，辉煌者……

附记：本文系新疆维吾尔自治区社科基金重点项目"总体国家安全观视域下的新疆语言安全问题研究"（2023AZD002），"新疆大学社科基金培育项目——新疆中华民族共享文化符号研究（2022）"阶段性成果。

The Documentation of the Religious Information on "Manichaean Hymn"

Hong Yongming

Abstract: Taking the transcription of "Manichaean Hymn" by F. W. K. Müller as the beachhead, this article analyses the Manichaean information on Uyghur Khanate, intends to add the understandings to the Uyghur Manichaean belief for the researchers, and makes up the deficiencies in the Chinese document. At the same time, relying on this document, the author arranges the Manichaean knowledge in the Chinese books, and then discusses Uyghur Khanate Manichaean characters. Based on the above religious information, it can be seen that since the introduction of Manichaeism into Turpan, a certain degree of localization has been carried out to adapt to the local social environment and spiritual world, this is also a kind of instinct of self-adaptation of religion in China. Therefore, the localization of religion in China is the only way for foreign religions to integrate into Chinese culture.

Keyword: Manichaean Hymn; Denomination; Secularization; Rosy; Repentance

山东茌平教场铺遗址陶鬹用途的分子证据

吕楠宁[1,2]　马　明[3]　梁中合[3]　高　慧[4]　杨益民[2]

[1. 中国科学院脊椎动物演化与人类起源重点实验室、中国科学院古脊椎动物与古人类研究所，北京，100044；2. 中国科学院大学人文学院考古学与人类学系，北京，100049；3. 中国社会科学院考古研究所，北京，100101；4. 岛津企业管理（中国）有限公司，北京，100710]

摘要：陶鬹是海岱地区大汶口文化和龙山文化系统中最富特色的代表性器物之一，其型式演变和功能一直备受学界关注，但目前针对其功能的科技分析相对较少。本文对鲁西北地区教场铺遗址龙山文化时期的 11 件陶鬹残片展开有机酸和脂质的提取与分析，结果显示有机酸含量很低，脂质来源于动植物油脂和黍米，表明陶鬹的用途可能是炊煮肉汤或米粥等流食，暂无证据表明这些陶鬹为酒器。

关键词：教场铺遗址　陶鬹　有机酸　脂质分析　旱作农业

一　引言

"陶鬹"的命名源于中国第一部田野考古报告《城子崖》①，发掘者依据《说文解字·鬲部》中的记载"鬹，三足鬴（釜）也，有柄喙"②，将这类"具三足，有流有鋬"的器物统一命名为陶鬹，学界沿用此名称至今③④⑤。大多学者认为陶鬹起源于海

---

① 傅斯年、李济、董作宾等：《城子崖——山东历城县龙山镇之黑陶文化遗址》，中央研究院历史语言研究所，1934 年，第 65 页。
② （汉）许慎：《说文解字》，中华书局，2012 年，第 62 页。
③ 高广仁、邵望平：《史前陶鬹初论》，《考古学报》1981 年第 4 期，第 427～459 页。
④ 刘静、吕金泉：《原始社会陶礼器的造物设计——以海岱地区陶鬹为例》，《中国陶瓷》2022 年第 10 期，第 92～98 页。
⑤ 张北霞：《原始陶鬹考释》，《包装学报》2014 年第 2 期，第 45～49 页。

岱地区①②③④，部分学者认为太湖地区也是陶鬶起源探讨的对象⑤⑥⑦。对于陶鬶的功能，目前主要有三种观点：第一种观点是陶鬶为三足酒器，认为陶鬶用作斟酒器⑧、温酒器或饮酒器⑨⑩，或笼统地认为是酒器⑪；麦戈文采用科技手段在两城镇遗址的陶鬶中发现了酒石酸和酒石酸盐等，判断陶鬶是盛储一种含水稻、蜂蜜和水果等混合发酵饮料的酒器⑫。第二种观点认为陶鬶是炊器，用来盛放或煮流食⑬，并在大汶口文化晚期由实用器转变为礼器⑭。第三种观点认为陶鬶是烧水、储水的容器⑮⑯⑰，或兼具炊煮的功能⑱。总体来看，学界认为陶鬶的造型特点突出，袋足可以增大受热面积，流方便倾倒液体，鋬便于手提，应是一种加热液体的器物，但具体到加热的液体性质，相关科技分析开展的甚少。

新石器时代陶器往往与人的饮食关系密切，先民使用陶器炊煮动植物食材时，动

① 高广仁、邵望平：《史前陶鬶初论》，《考古学报》1981 年第 4 期。

② 刘静、吕金泉：《原始社会陶礼器的造物设计——以海岱地区陶鬶为例》，《中国陶瓷》2022 年第 10 期。

③ 赵燕姣：《陶鬶：中华史前文化的独特基因》，中国社会科学报，2021 年 6 月 24 日。

④ 邵望平：《铜鬶的启示》，《文物》1980 年第 2 期。

⑤ 黄宣佩：《陶鬶起源探讨》，《东南文化》1997 年第 2 期。

⑥ 张法：《三足酒器在远古中国的文化和美学内蕴——基于对鬶盉—鬶鬹—盉斝—鸡彝演进历程的探讨》，《首都师范大学学报（社会科学版）》2018 年第 1 期。

⑦ 吕琪昌：《尉迟寺出土陶鬶的启示》，《江汉考古》2006 年第 1 期。

⑧ 何茂红：《陶鬶的用途小考》，《艺术理论》2009 年第 4 期。

⑨ 刘心健、范华：《从陶鬶谈起》，《故宫博物院院刊》1979 年第 2 期。

⑩ 唐兰：《论大汶口文化中的陶温器——写在〈从陶鬶谈起〉一文后》，《故宫博物院院刊》1979 年第 2 期。

⑪ 张法：《三足酒器在远古中国的文化和美学内蕴——基于对鬶盉—鬶鬹—盉斝—鸡彝演进历程的探讨》，《首都师范大学学报（社会科学版）》2018 年第 1 期。

⑫ 麦戈文、方辉、栾丰实等：《山东日照市两城镇遗址龙山文化酒遗存的化学分析——兼谈酒在史前时期的文化意义》，《考古》2005 年第 3 期。

⑬ 周丽静、刘娜：《浅析胶州三里河遗址出土陶鬶》，《资治文摘（管理版）》2010 年第 5 期。

⑭ 何茂红：《陶鬶的用途小考》，《艺术理论》2009 年第 4 期。

⑮ 张北霞：《原始陶鬶考释》，《包装学报》2014 年第 2 期。

⑯ 侯珊珊：《大汶口文化时期陶鬶复制工艺实践探索》，山东艺术学院设计学院，2020 年，硕士学位论文，第 4 页。

⑰ 宋健：《大汶口文化晚期陶鬶演化初探——以孔子博物馆馆藏陶鬶为例》，《收藏与投资》2023 年第 3 期。

⑱ 赵燕姣：《陶鬶：中华史前文化的独特基因》，《中国社会科学报》，2021 年 6 月 24 日。

植物油脂会被陶器内壁孔隙吸附，这些微小的孔隙可以保护疏水性脂质不会被水浸流失[1][2][3]，故陶器炊煮过的动植物油脂会保存至今[4][5][6]。由此，可以通过提取并分析陶器吸附的脂质推断陶器功能和先民加工食物的活动[7][8][9]，该脂质分析方法已在国内外考古学领域得到广泛应用[10][11][12][13][14]。陶器内壁孔隙同样可以吸附有机酸，对可能存在的有机酸加以提取并定量分析可以区分粮食酒和果酒等发酵饮料，有机酸分析是目前鉴

①　EVERSHED R P. Biomolecular Archaeology and Lipids. *World Arch*, 1993, 25 (1): pp. 74 – 93.

②　HERON C, EVERSHED R P, GOAD L J. Effects of Migration of Soil Lipids on Organic Residues Associated with Buried Potsherds. *J Archaeol Sci*, 1991, 18 (6): pp. 641 – 659.

③　EVERSHED R P. Organic Residue Analysis in Archaeology: The Archaeological Biomarker Revolution. *Archaeometry*, 2008, 50 (6): pp. 895 – 924.

④　EVERSHED R P, PAYNE S, SHERRATT A G, et al. Earliest date for milk use in the Near East and southeastern Europe linked to cattle herding. *Nature*, 2008, 455 (7212): pp. 528 – 531.

⑤　DUNNE J, HOHN A, FRANKE G, et al. Honey-collecting in prehistoric West Africa from 3500 years ago. *Nature Communications*, 2021, 12 (1): pp. 22 – 27.

⑥　HAMMANN S, BISHOP R R, COPPER M, et al. Neolithic culinary traditions revealed by cereal, milk and meat lipids in pottery from Scottish crannogs. *Nature Communications*, 2022, 13 (1): p. 5045.

⑦　杨益民：《中国有机残留物分析的研究进展及展望》，《人类学学报》2021 年 40 卷第 3 期。

⑧　杨益民：《古代蛋白质分析在考古学中的应用》，《郑州大学学报（哲学社会科学版）》2016 年第 4 期。

⑨　杨益民：《古代残留物分析在考古中的应用》，《南方文物》2008 年第 2 期。

⑩　EVERSHED R P, HERON C, GOAD L J. Analysis of Organic Residues of Archaeological Origin by High-temperature Gas Chromatography and Gas Chromatography-Mass Spectrometry. *Analyst*, 1990, 115: pp. 1339 – 1442.

⑪　DUDD S N, EVERSHED R P. Direct demonstration of milk as an element of archaeological economies. *Science Reports*, 1998, 282: pp. 1478 – 1481.

⑫　HANSEL F A, COPLEY M S, MADUREIRAA L A S, et al. Thermally produced ω- (o-alkylphenyl) alkanoic acids provide evidence for the processing of marine products in archaeological pottery vessels. *Tetrahedron Lett*, 2004, 45 (14): pp. 2999 – 3002.

⑬　GANZAROLLI G, ALEXANDER M, ARNAU A C, et al. Direct evidence from lipid residue analysis for the routine consumption of millet in Early Medieval Italy. *J Archaeol Sci*, 2018, 96: pp. 124 – 130.

⑭　LUCQUIN A, GIBBS K, UCHIYAMA J, et al. Ancient lipids document continuity in the use of early hunter-gatherer pottery through 9,000 years of Japanese prehistory. *Proc Natl Acad Sci USA*, 2016, 113 (15): pp. 3991 – 3996.

定酒残留物的常用方法，目前该领域已有多项研究成果①②③④⑤⑥⑦。

鉴于此，为探究陶鬶的器物功能等考古学问题，本文选取了山东省茌平教场铺遗址龙山文化时期的数十件陶鬶残片作为研究对象，运用红外光谱、有机酸和脂质分析等手段，探讨陶鬶中是否含有酒残留物或动植物油脂成分。

二 材料与方法

（一）遗址与材料

教场铺遗址位于今山东省聊城市茌平区城南 20 千米的乐平铺镇教场铺村西北，南距赵牛河约 100 米，南距现代黄河约 20 千米（图一，a）。2001～2004 年，中国社会科学院考古研究所山东工作队等单位联合对该遗址进行了 3 次发掘，揭露了龙山文化时期的大量遗迹，出土了数量丰富的陶、石、骨器等遗物。根据最新测年数据，海岱龙山文化的绝对年代范围为 2400BC～1800BC⑧⑨⑩。由于不同地区文化发展进程不同，鲁西地区进入龙山文化的年代上限为 2200BC，鲁东地区进入龙山文化的年代则稍早，可达 2400BC⑪。

---

① 麦戈文、方辉、栾丰实：《山东日照市两城镇遗址龙山文化酒遗存的化学分析——兼谈酒在史前时期的文化意义》，《考古》2005 年第 3 期。

② MCGOVERN P E, ZHANG J, TANG J, et al. Fermented beverages of pre-and protohistoric China. *PNAS*, 2004, 101（51）: pp. 17593 – 17598.

③ MICHEL R H, MCGOVERN P E, BADLER V R. The first wine & beer. Chemical detection of ancient fermented beverages. *Analytical Chemistry*, 1993, 65（8）: pp. 408A – 413A.

④ GARNIER N, VALAMOTI S M. Prehistoric wine-making at Dikili Tash（Northern Greece）: Integrating residue analysis and archaeobotany. *J Archaeol Sci*, 2016, 74: pp. 195 – 206.

⑤ 杨益民、郭怡、马颖等：《出土青铜酒器残留物分析的尝试》，《南方文物》2008 年第 1 期。

⑥ LI J, YANG J, CAO J, et al. Characterization of liquor remains in Beibaie site, central China during the 8th century BCE. *Microchemical Journal*, 2022, 177, 107293.

⑦ 李敬朴、杨益民：《酒类遗存的残留分析——问题、方法与展望》，《东方考古》（第 22 集），科学出版社，2023 年，第 207～225 页。

⑧ 栾丰实：《试析海岱龙山文化东、西部遗址分布的区域差异》，《海岱考古》（第九辑），科学出版社，2016 年，第 401～411 页。

⑨ 韩建业：《龙山时代：新风尚与旧传统》，《华夏考古》2019 年第 4 期。

⑩ 王巍、赵辉：《"中华文明探源工程"及其主要收获》，《社会科学文摘》2023 年第 3 期。

⑪ 赵江运：《海岱龙山文化的扩散与传布研究》，山东大学历史文化学院，2021 年，博士学位论文，第 5 页。

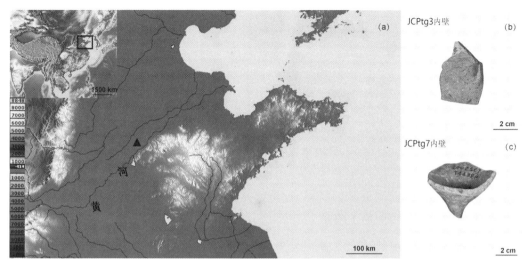

图一　教场铺遗址（▲）地理位置示意图（a）；
教场铺遗址出土陶鬶残片 JCPtg3（b）和 JCPtg7（c）的内壁照片

　　该遗址第一期（即龙山文化早期）典型单位少，出土器物较少。本研究从第二期（龙山文化中期中晚段）和第三期（龙山文化晚期）单位中挑选了 11 件陶鬶残片，部位包括腹片、袋足（图一，b）和足尖（图一，c）（表一）。按陶质分，陶鬶有夹细砂白陶（4 件）、夹细砂红褐陶（3 件）、泥质白陶（3 件）和泥质红陶（1 件）四类。按年代分，6 件陶鬶属于第二期，5 件属于第三期。其中 6 件陶片内壁附着有一层质地坚硬的白色物质。大部分陶片出土于灰坑和地层，少量陶片来自房址垫土。取样时大部分陶片仅有遗迹或地层单位编号，故表 1 中器物编号为实验室编号，遗迹或地层单位的编号与发掘报告一致。

表一　教场铺遗址陶鬶样品列表

实验室编号	出土单位	部位	陶质陶色	分期
JCPtg1	2002SCJT3840H335：1－1	袋足	夹细砂白陶	第二期
JCPtg2	2002SCJT3840H335：1－2	袋足	夹细砂白陶 *	第二期
JCPtg3	2002SCJT4333H350：1－1	袋足	夹细砂白陶 *	第二期
JCPtg4	2004SCJT1825F54 垫土②	腹片	夹细砂红褐陶 *	第二期
JCPtg5	2001SCJH122：6	足	夹细砂红褐陶	第二期
JCPtg6	2001SCJT3431⑪：1	袋足	泥质白陶 *	第二期
JCPtg7	2002SCJT4438④：1	足	夹细砂白陶	第三期
JCPtg8	2001SCJT3531⑧：1	袋足	泥质白陶 *	第三期
JCPtg9	2001SCJT3531⑧：2	袋足	泥质白陶 *	第三期
JCPtg10	2004SCJTG3H485	腹片	泥质红陶	第三期
JCPtg11	2004SCJT3540F50 垫土⑥：1	袋足	夹细砂红褐陶	第三期

　　注：* 代表内壁有白色硬质层状物。

（二）实验方法

傅里叶变换红外光谱分析。取下内壁一小块白色硬物并研磨成粉，加入适量溴化钾（KBr）粉末研磨均匀，烤干后压片测定。测定使用 Nicolet 6700（Thermo Scientific）傅里叶变换红外光谱仪（Fourier transform infrared spectrometer，FTIR），光谱范围为 4000～400cm^{-1}，分辨率为 4cm^{-1}，信号扫描累加 32 次。数据采用 OMNIC 8.0 软件处理。

有机酸的提取（Organic acid extract，OAE）参考已发表文献[①][②]。首先，分别将 11 件陶片内壁打磨掉约 1～2mm 以去除表面可能存在的污染，内壁附着水垢的样品先去掉水垢，继续打磨并收集内壁陶胎粉末 2g，其中 1g 用于有机酸提取，另 1g 用于脂质提取。然后，分别向 1g 陶胎粉末中加入 3mL KOH 溶液（1M），70℃加热 2h 后离心取上清液。随后，向上清液中加入 3.05mL HCl 溶液（1M），静置。最后，取 1mL 提取液并过滤，借助高效液相色谱 - 串联质谱仪（HPLC - MS/MS）进行质谱分析。提取过程中设置空白样品作对照。

为了准确测定样品的有机酸浓度，制备 9 个梯度浓度的混合溶液以建立标准浓度曲线，其中酒石酸、丁香酸、苹果酸、琥珀酸、富马酸的浓度均依次为 0.5、1、2、10、20、50、100、200、500mg/L，不同梯度中草酸和乳酸浓度依次为其他有机酸的 10 倍。测样采用岛津超高效液相色谱仪 LC - 30AD 与三重四极杆质谱仪 LCMS - 8050 联用系统，色谱条件如下：色谱柱为 Inert Sustain C18（2.1mm I. D. × 100mmL，2.0μm），流动相为 0.1%（v/v）甲酸水溶液（A）和乙腈（B），梯度洗脱程序为：0min，0% B；6 分钟，0% B；10 分钟，90% B；10.01min，0% B；16 分钟，停止。溶剂流速为 0.3mL/min，柱温设置为 40℃。进样体积为 5μL。质谱条件如下：ESI 源离子化模式，接口温度设置为 300℃，脱溶温度设置为 200℃，干燥气（空气）设置为 10.0L/min，雾化气体（氮气）设定为 3.0L/min，加热气（氮气）设定为 10.0L/min，加热模块温度设置为 400℃，碰撞能量为 15～20eV。多反应监测模式（MRM）下扫描前体离子和产物离子。

脂质的酸提取（Acid extract，AE）参考已发表文献[③][④]。向收集的 1 g 内壁陶胎粉

---

① LI J, YANG J, CAO J, et al. Characterization of liquor remains in Beibaie site, central China during the 8th century BCE. *Microchemical Journal*, 2022, 177, 107293.

② 李敬朴、胡兴军、王博等：《新疆出土唐代葫芦的有机残留物分析》，《中国科技史杂志》2022 年第 4 期。

③ 吕楠宁、王涛、郁金城等：《北京上宅遗址出土陶片的脂质分析与先民生计策略》，《中国科学：地球科学》2023 年第 8 期。

④ CORREA-ASCENCIO M, EVERSHED R P. High throughput screening of organic residues in archaeological potsherds using direct acidified methanol extraction. *Anal Methods-Uk*, 2014, 6（5）：pp. 1330 - 1340.

末中加入4mL甲醇和800μL浓硫酸进行甲酯化反应。然后，分三次共加入8mL正己烷萃取脂肪酸甲酯。最后，借助气相色谱－质谱仪（GC－MS）进行质谱分析，测样前加入10μg内标（三十六烷）进行定量。同样，提取过程中设置空白样品作对照。

气相色谱－质谱分析在 Agilent 7890A 系列色谱仪（Agilent Technologies，CA，USA）上进行，该色谱仪配有5975C Inert XL 质量选择检测器（Mass selective detector，MSD）和四极杆质量分析器（Agilent Technologies，CA，USA），配备 DB－5HT 色谱柱（30m×0.25mm×0.10μm；J&W Scientific，Folsom，CA，USA）。使用不分流进样模式，进样口温度保持在280℃，接口温度设定为300℃。载气为高纯度氦气，流量为1mL/min。柱温箱初始温度为50℃（保持2分钟），然后以10℃/min的速度升至320℃（保持5分钟），总运行时间为34分钟。电子能量为70eV，扫描范围为 m/z 50－650，离子源为 EI 源，温度为230℃。使用 NIST08 质谱数据库进行化合物搜索。

三　结果与讨论

（一）陶鬶内壁白色硬质层状物成分分析

本研究中6件陶鬶内壁附着一层质地坚硬的白色物质，为初步探测白色物质的成分，选取了其中1件陶鬶（JCPtg3）进行傅里叶变换红外光谱分析，其原理是分子中特定官能团吸收特定波长的红外射线后形成红外吸收光谱，由此可以表征化合物的主要官能团和分子结构[1]。本研究红外光谱结果显示（图二），样品 JCPtg3－W，即陶鬶样品 JCPtg3 内壁的白色硬质层状物，其红外光谱与文献报道中碳酸钙（$CaCO_3$）的红外光谱图较为一致[2][3]。其中1400cm^{-1}吸收峰由碳酸根离子（CO_3^{2-}）对称伸缩振动引起，1796cm^{-1}处的吸收峰由 $CaCO_3$ 分子中 O－C 拉伸引起，713cm^{-1}处的吸收峰是 OCO 弯曲引起的，872cm^{-1}处的吸收峰是 CO_3^{2-} 面外变形振动引起的，这些峰都暗示 $CaCO_3$ 的存在。其他吸收峰，如2517cm^{-1}、2875cm^{-1}、2982cm^{-1}和3400cm^{-1}处的吸收峰，也与该文献中碳酸钙的吸收峰较为一致。碳酸钙是水垢的主要成分，天然水富含大量溶解的钙离子和镁离子等无机矿物盐。当受热时，天然水中这些溶解的固形物会不断蒸发浓缩，当浓度达到饱和时就会产生沉淀，并附着在器壁上形成一层白色硬皮，即水

① 倪坤仪：《仪器分析》，东南大学出版社，2003年，第29～46页。

② GUPTA U，SINGH V K，KUMAR V，et al. Experimental and theoretical spectroscopic studies of calcium carbonate（$CaCO_3$）. *Materials Focus*，2015，4（2），pp. 164－169.

③ KLEINER O，RAMESH J，HULEIHEL M，et al. A comparative study of gallstones from children and adults using FTIR spectroscopy and fluorescence microscopy. *BMC gastroenterology*，2002，2（1）: pp. 1－14.

垢①②③。综上所述，陶鬶 JCPtg3 内壁的白色硬质层状物应为水垢，其主要成分是碳酸钙，说明该陶鬶曾经用来加热天然水，并在多次使用过程中形成了水垢。其他 5 件陶鬶内壁白色硬物的成分应与陶鬶 JCPtg3 的相同，也为水垢。

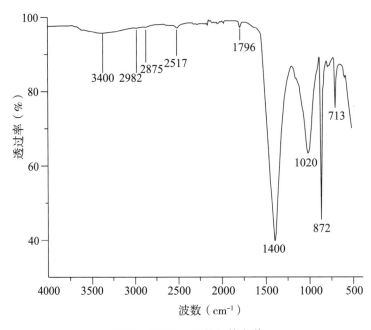

图二　JCPtg3 - W 的红外光谱

（二）有机酸分析

如表二所示，HPLC - MS/MS 分析结果显示，11 件陶鬶粉末中 7 种有机酸的浓度较低或未检出。其中，草酸均未检出，富马酸含量大多未达到检出限，其他有机酸浓度则较低。一般而言，果酒中苹果酸的含量较高，且酒石酸与苹果酸的相对含量可以区分葡萄酒与其他果酒。谷物酒中乳酸含量较高，原始啤酒（谷芽酒）中草酸含量较高④⑤。由此可知，该 11 件陶鬶中可能不含酒残留物，其用来存储果酒或者谷物酒的可能性较低。

---

① 鹿钦礼、马贵阳、王青梅等：《以地下水为水源的饮用水分层结垢分析》，《当代化工》2011 年第 1 期。

② 林宇铃：《工业锅炉水垢的形成、危害及处理方法》，《装备制造技术》2014 年第 8 期。

③ 范嗣英：《水垢及其控制》，《天然气工业》1983 年第 4 期。

④ LI J，YANG J，CAO J，et al. Characterization of liquor remains in Beibaie site，central China during the 8th century BCE. *Microchemical Journal*，2022，177，107293.

⑤ 李敬朴、胡兴军、王博等：《新疆出土唐代葫芦的有机残留物分析》，《中国科技史杂志》2022 年第 4 期。

表二　HPLC‐MS/MS 分析结果

样品 \ 有机酸	单位陶胎粉末中有机酸含量 W（μg/g）						
	酒石酸	丁香酸	苹果酸	琥珀酸	草酸	乳酸	富马酸
JCPtg1‐OAE	0.90	0.01	0.74	1.51	–	6.58	0.05 *
JCPtg2‐OAE	0.92	0.01	1.06	1.45	–	13.25	0.18
JCPtg3‐OAE	–	–	0.38	1.30	–	6.61	0.07 *
JCPtg4‐OAE	0.89	0.01	0.97	1.59	–	5.99	0.10 *
JCPtg5‐OAE	–	0.01	0.47	1.84	–	5.12	0.07 *
JCPtg6‐OAE	–	0.01	0.21	1.07	–	7.42	0.05 *
JCPtg7‐OAE	0.06	0.01	1.38	2.32	–	16.16	0.10 *
JCPtg8‐OAE	–	–	0.99	1.80	–	11.53	0.01 *
JCPtg9‐OAE	0.02	–	0.99	1.38	–	14.41	0.08 *
JCPtg10‐OAE	0.01	–	0.94	1.22	–	9.48	0.05 *
JCPtg11‐OAE	0.89	–	1.33	1.91	–	6.31	0.28

注：＊表示未达到检出限；－表示未检出或0。

（三）脂质来源

本文分析的11件陶鬶样品吸附脂质浓度范围为204.9～588.2μg/g（表三）。样品的主要脂质包括饱和脂肪酸（$C_{9:0}$－$C_{26:0}$）、少量不饱和脂肪酸（$C_{18:1}$，$C_{22:1}$）、系列二元羧酸（C_6－C_9），以及植物甾醇（Stigmastanol，豆甾醇），其中饱和脂肪酸中的棕榈酸（$C_{16:0}$）和硬脂酸（$C_{18:0}$）的含量占绝对优势，可以参考样品 JCPtg7‐AE 的部分离子流图（图三），其他样品的色谱特征与其相似。饱和脂肪酸和少量不饱和脂肪酸是常见的动植物油脂成分，二元羧酸是不饱和脂肪酸的氧化产物[1]，总体来看，以上脂类是动物和植物的常见油脂及其氧化降解产物[2]，表明存在使用陶鬶加热或盛放动植物油脂的行为。动植物油脂中饱和脂肪酸 $C_{16:0}$（Palmitic acid，P）和 $C_{18:0}$（Stearic acid，S）的相对含量存在一定差异，一般而言，纯动物油脂的 P/S 值往往小于1，纯植物油脂的 P/S 值会大于4，动植物油脂混合物的 P/S 比值介于1和4之间[3][4]。本研究中11件陶

① REGERT M, BLAND H A, DUDD S N, et al. Free and bound fatty acid oxidation products in archaeological ceramic vessels. *P Roy Soc B-Biol Sci*, 1998, 265 (1409): pp. 2027－2032.

② DUNNE J, EVERSHED R P, SALQUE M, et al. First dairying in green Saharan Africa in the fifth millennium BC. *Nature*, 2012, 486 (7403): pp. 390－394.

③ ROMANUS K, POBLOME J, VERBEKE K, et al. An evaluation of analytical and interpretative methodologies for the extraction and identification of lipids associated with pottery sherds from the site of Sagalassos, Turkey. *Archaeometry*, 2007, 49 (4): pp. 729－747.

④ DUNNE J, MERCURI A M, EVERSHED R P, et al. Earliest direct evidence of plant processing in prehistoric Saharan pottery. *Nat Plants*, 2016, 3: p. 16194.

片吸附脂质的 P/S 值范围为 1.3～1.7，表明这些吸附脂质的来源为动植物油脂混合物且动物油脂的比例相对较高。

此外，在 1 件陶鬲样品（JCPtg5 - AE）中检测到 Methyl dehydroabietate（脱氢松香酸甲酯）和 7 - Oxodehydroabietic acid，methyl ester（7 - 羰基脱氢松香酸甲酯），这两种二萜类化合物是松香酸（Abietic acid）的氧化产物，都具有松香烷的结构[1]；松香酸是新鲜松脂的主要成分，受热或接触空气会发生氧化反应生成以上两种萜类化合物，因此可以作为古代松脂的标记物[2]。与自然条件下的氧化降解产物不同的是，松脂受热后发生氧化反应的产物还包括惹烯（Retene），也因此惹烯被当作松脂受热的标记物[3][4]。本研究中未发现显著浓度的惹烯，因此推测本研究中检测到的这两种松香酸的氧化产物可能源自松脂在自然条件下的氧化降解而非受热。树脂自古以来就在日常生活中发挥着重要作用，可以用作香料、黏合剂、防水剂和密封材料[5][6][7]，还因其具有抗毒性和抗氧化性被添加到葡萄酒中[8][9][10]。本研究中发现的松脂可能是涂在陶鬲内壁的防水材料，也可能陶鬲作为松脂的盛储容器使用。松脂的发现与该遗址孢粉分析相

[1] CROFT S, COLONESE A C, LUCQUIN A, et al. Pine traces at Star Carr: Evidence from residues on stone tools. *J Archaeol Sci Rep*, 2018, 21: pp. 21 - 31.

[2] EERKENS J. The preservation and identification of Piñon resins by GC - MS in pottery from the Western Great Basin. *Archaeometry*, 2002, 44 (1): pp. 95 - 105.

[3] COLOMBINI M P, MODUGNO F. *Organic Mass Spectrometry in Art and Archaeology.* Wiley, 2009, p. 218.

[4] BELTRAN V, SALVADÓ N, BUTÍ S, et al. Ageing of resin from Pinus species assessed by infrared spectroscopy. *Analytical and Bioanalytical Chemistry*, 2016, 408 (15): pp. 4073 - 4082.

[5] MODUGNO F, RIBECHINI E, COLOMBINI M P. Aromatic resin characterisation by gas chromatography-mass spectrometry. Raw and archaeological materials. *J Chromatogr A*, 2006, 1134 (1 - 2): pp. 298 - 304.

[6] COLOMBINI M P, MODUGNO F, RIBECHINI E. Direct exposure electron ionization mass spectrometry and gas chromatography/mass spectrometry techniques to study organic coatings on archaeological amphorae. *Journal of Mass Spectrometry*, 2005, 40 (5): pp. 675 - 687.

[7] REUNANEN M, EKMAN R, HEINONEN M. Analysis of Finnish pine tar and tar from the wreck of frigate St. Nikolai. *Holzforschung*, 1989.

[8] MILLS J S, WHITE R. *The Organic Chemistry of Museum Objects.* London: Butterworth & Co, 1987, p. 96.

[9] MCGOVERN P E, GLUSKER D L, EXNER L J, et al. Neolithic resinated wine. *Nature*, 1996, 381 (6582): pp. 480 - 481.

[10] JERKOVIĆ I, MARIJANOVIĆ Z, GUGIĆ M, et al. Chemical Profile of the Organic Residue from Ancient Amphora Found in the Adriatic Sea Determined by Direct GC and GC - MS Analysis. *Molecules*, 2011, 16 (9): pp. 7936 - 7948.

符，即龙山文化时期该遗址的自然环境中存在松树[①]。

表三　教场铺遗址陶鬶样品的主要脂质

编号	脂质			动植物来源
	含量（μg/g）	主要脂质成分	P/S	
JCPtg1 - AE	588.2	SFA（$C_{10:0} - C_{20:0}$）；UFA（$C_{18:1}$）；DA（$C_8 - C_9$）	1.3	动植物油脂
JCPtg2 - AE	204.9	SFA（$C_{12:0} - C_{22:0}$）；UFA（$C_{18:1}$）；DA（C_9）	1.4	动植物油脂
JCPtg3 - AE	555.6	SFA（$C_{9:0} - C_{22:0}$）；UFA（$C_{18:1}$）；DA（$C_6 - C_9$）	1.3	动植物油脂
JCPtg4 - AE	537.6	SFA（$C_{12:0} - C_{24:0}$）；UFA（$C_{18:1}$）；DA（$C_8 - C_9$）	1.4	动植物油脂
JCPtg5 - AE	432.9	SFA（$C_{10:0} - C_{20:0}$）；UFA（$C_{18:1}$）；DA（$C_8 - C_9$）；Methyl dehydroabietate；7 - Oxodehydroabietic acid，methyl ester	1.4	动植物油脂，松脂
JCPtg6 - AE	526.3	SFA（$C_{10:0} - C_{20:0}$）；UFA（$C_{18:1}$）	1.3	动植物油脂
JCPtg7 - AE	324.7	SFA（$C_{12:0} - C_{26:0}$）；UFA（$C_{18:1}$）；DA（$C_8 - C_{11}$）；PTME（1，2，3）；Stigmastanol	1.5	动植物油脂，黍
JCPtg8 - AE	352.1	SFA（$C_{12:0} - C_{26:0}$）；UFA（$C_{18:1}$）；DA（$C_8 - C_9$）；PTME（1，2 trace）	1.4	动植物油脂，黍
JCPtg9 - AE	540.5	SFA（$C_{9:0} - C_{26:0}$）；UFA（$C_{18:1}$）；DA（$C_6 - C_9$）；PTME（1，2 trace）	1.7	动植物油脂，黍
JCPtg10 - AE	297.6	SFA（$C_{12:0} - C_{22:0}$）；UFA（$C_{18:1}$，$C_{22:1}$）；DA（C_9）	1.3	动植物油脂
JCPtg11 - AE	234.2	SFA（$C_{12:0}$，$C_{22:0}$）；UFA（$C_{18:1}$）；DA（C_9）	1.4	动植物油脂

SFA，saturated fatty acid，饱和脂肪酸；UFA，unsaturated fatty acids，不饱和脂肪酸；DA，dicarboxylic acids，二元羧酸；（Cn：x）中 n 表示碳原子个数，x 表示不饱和键个数；PTME：1，β-amyrin ME；2，miliacin；3，α-amyrin ME；P/S = Palmitic acid/Stearic acid；trace 表示含量较低。

基于荷质比为 m/z 189 的碎片离子，在 3 件陶鬶中发现 3 种五环三萜类化合物，即 β-amyrin ME（olean-12-en-3β-ol ME）、黍素（miliacin，olean-18-en-3β-ol ME）和 α-amyrin ME（urs-12-en-3β-ol ME）（图三，b）。黍素主要见于黍（broomcorn millet，*Panicum miliaceum*），其他两种化合物常与黍素在黍的脂质提取物中被共同检出，通常

---

① 齐乌云：《山东教场铺遗址的孢粉分析与当时人类的生存环境》，《科技考古》（第一辑），中国社会科学出版社，2005 年，第 109 ~ 119 页。

被用作黍的生物标记物①②③。现代模拟实验已经证明黍素可以被吸附到陶器内壁孔隙中④，因其结构特殊能抵抗生物降解可保存至今⑤。故推测，这 3 件陶鬶均吸附了加工过的黍米。

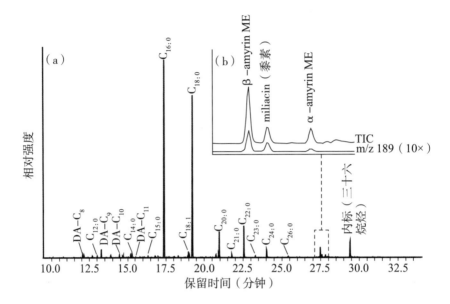

图三　JCPtg7 – AE 部分离子流图

（a）JCPtg7 – AE 主要脂质，DA 表示二元羧酸；（b）基于 m/z 189 检索到的三种五环三萜类化合物：β-amyrin ME，miliacin（黍素），α-amyrin ME；10 × 表示放大 10 倍。

（四）陶鬶功能的推测

红外光谱显示，陶鬶内壁附着的白色硬物为水垢，说明陶鬶曾用来加热天然水。

① BOSSARD N, JACOB J, MILBEAU C L, et al. Distribution of miliacin（olean – 18 – en – 3β – ol methyl ether）and related compounds in broomcorn millet（Panicum miliaceum）and other reputed sources：Implications for the use of sedimentary miliacin as a tracer of millet. *Org Geochem*, 2013, （63）, pp. 48 – 55.

② HERON C, SHODA S, BREU BARCONS A, et al. First molecular and isotopic evidence of millet processing in prehistoric pottery vessels. *Sci Rep – Uk*, 2016, 6（1）: p. 38767.

③ COUREL B, SCHAEFFER P, ADAM P, et al. Molecular, isotopic and radiocarbon evidence for broomcorn millet cropping in Northeast France since the Bronze Age. *Org Geochem*, 2017, 110: pp. 13 – 24.

④ HERON C, SHODA S, BREU BARCONS A, et al. First molecular and isotopic evidence of millet processing in prehistoric pottery vessels. *Sci Rep – Uk*, 2016, 6（1）: p. 38767.

⑤ JACOB J R M, DISNAR J – R, BOUSSAFIR M, et al. Pentacyclic triterpene methyl ethers in recent lacustrine sediments（Lagoa do Caçó, Brazil）. *Org Geochem*, 2005, 36（3）, pp. 449 – 461.

有机酸数据显示陶鬶内壁未吸附常被用来鉴定酒残留物的 7 种有机酸。脂质分析的数据显示出较高浓度的饱和脂肪酸（$C_{16:0}$ 和 $C_{18:0}$）等，说明陶鬶内壁吸附了动植物油脂，而且第三期的 3 件陶鬶内壁还吸附了黍米成分。综合判断，本研究分析的陶鬶可能曾用来炊煮肉汤或粥，如黍米粥等；这与《说文解字》中鬶即"三足釜"的观点一致，也与《五音集韵》中记载"鬶（镬也，通作鑴）"相符①，"镬"是一种炊器，因此这里的鬶也是炊煮器。综合来看，本研究中的陶鬶可能为炊煮器，支撑陶鬶用作盛酒或温酒器的证据尚不足。

本研究选取的陶鬶残片涵盖了夹砂陶和泥质陶，也涵盖了白陶和红陶，陶片出土背景涉及灰坑、地层和房址，部位包括腹片、袋足和足，部分陶鬶内壁附着水垢，年代包括龙山文化中期中晚段和晚期（分别对应教场铺遗址第二期和第三期遗存），然而比较之下未见各陶鬶内壁吸附的有机残留物成分存在显著差异。较明显的不同是仅在第三期陶鬶中发现了黍米的成分。教场铺遗址第三期的陶鬶大口、短流，口部以下即分档为粗大袋足，而第二期陶鬶为细袋足，相比之下第三期的陶鬶较适合炊煮米汤等。不过，以黍和粟这两种小米种植为代表的旱作农业起源于中国北方地区，海岱地区早在后李文化时期的遗址中就出土了黍遗存②；教场铺遗址的植物考古工作也表明，该遗址出土了粟、黍、稻和小麦等数量丰富的炭化农作物种子，先民实行以粟和黍为主体农作物的旱作农业生产③④，所以在第二期的陶鬶中未检测到黍遗存也可能是样品量少导致的概率问题。

陶鬶是海岱地区大汶口和龙山文化时期最具代表性的器物之一，不过教场铺遗址出土陶鬶的数量极少，占比远低于海岱核心地区的同期遗址，而且该遗址墓葬和祭祀坑的可辨器形中未见陶鬶，初步判断陶鬶在该遗址中可能不是礼器。教场铺遗址所在的鲁西北地区处在海岱文化区和中原文化区的交界地带，地理位置十分重要，两个区域的文化交流或许在陶鬶功能上有所体现，因此有必要将两个文化区的陶鬶功能展开比较研究。此外，海岱地区陶鬶的型式多种多样，其功能可能并不是统一的，譬如陶鬶的流、颈、腹和足的造型可能与液体的成分或稠度有关。因此有必要选取可辨别器形的陶鬶残片进行分析，将器物功能与器物型式、容量联系起来进行综合判断，以期得出更为细化的结论。

---

① （金）韩道昭著，宁忌浮校订：《校订五音集韵》，中华书局，1992 年，第 30 页。

② 赵志军：《新石器时代植物考古与农业起源研究》，《中国农史》2020 年第 3 期。

③ 赵志军：《两城镇与教场铺龙山时代农业生产特点的对比分析》，《东方考古》（第一集），科学出版社，2004 年，第 210 ~ 224 页。

④ 靳桂云、王春燕：《山东地区植物考古的新发现和新进展》，《山东大学学报（哲学社会科学版）》2006 年第 5 期。

四 结语

本文采用红外光谱、有机酸和脂质分析手段，对山东省茌平教场铺遗址出土的龙山文化中期中晚段和晚期的 11 件陶鬶残片展开残留物分析。分析结果显示，所有陶鬶内壁中指示酒残留物的有机酸浓度均较低，但动植物油脂信号明显，其中 3 件晚期的陶鬶内壁吸附了黍米的生物标记物黍素等，说明陶鬶被用来炊煮动植物做成的肉汤或米粥等流食，其作为酒器使用的证据不足；6 件陶鬶内壁的白色物质应为水垢。文化区域、出土单位和具体型式等可能是决定陶鬶功能的因素，因此结合陶鬶背景对其功能进行综合讨论，将会得出更加全面的认识。

附记：本项目受到国家重点研发计划（2022YFF0903800）、国家社科基金青年项目（23CKG003）和中央高校基本科研业务费专项资助。

Molecular Evidence for the Use of Pottery *Gui* from the Jiaochangpu Site, Chiping, Shandong, China

Lyu Nanning   Ma Ming   Liang Zhonghe   Gao Hui   Yang Yimin

Abstract: Pottery *Gui* is most characteristic and representative artifacts of the Da Wenkou culture and Longshan culture system in Haidai area, and its form evolution and function have always been of great concern to the academic community, with relatively few scientific and technological analyses of its functions. In this paper, the extraction and analysis of organic acids and lipids were carried out on the 11 sherds of pottery *Gui* from the Longshan culture period at the Jiaochangpu site in northwestern Shandong province. The results show that the lipids were derived from animal and plant fats and millet seeds, and no significant concentrations of organic acids were observed, suggesting that the use of pottery *Gui* may have been to cook soups and/or porridges of animal and plant fluids, and there is no evidence for the time being to suggest that the pottery *Gui* of this site were used as vessels of wine.
Keywords: Jiaochangpu site; Pottery *Gui*; Organic acids; Lipid analysis; Millet agriculture

钱塘江流域出土早期陶器的
成分与岩相分析

郁永彬[1,2]　吴　强[2]　熊　露[2]　方　涛[2]

（1. 国家文物局考古研究中心，北京，100013；

2. 景德镇陶瓷大学古陶瓷研究中心，景德镇，333403）

摘要： 中国钱塘江流域出土早期陶器研究备受关注，以往研究学者对跨湖桥和上山遗址出土陶器进行了有关科技分析研究，取得了显著的学术成果。本文对钱塘江流域部分遗址出土早期陶器开展了化学组成和岩相分析，讨论了这一地区上山、庙山、湖西和跨湖桥遗址出土陶器的技术特征及工艺发展脉络。结果显示，上山文化遗址（包括上山、庙山、湖西遗址）出土陶器原料的化学组成差别不大，且有一定规律可循；跨湖桥遗址陶器所使用的原料配方和上山文化遗址陶器有着显著差别。陶器中夹杂多种类型的颗粒，上山遗址陶器中含有石英、绢云母和长石类等矿物；庙山遗址陶器含有石英，长石及铁氧化物斑晶；湖西遗址陶器含有石英、长石、花岗斑岩岩屑、红色沉积岩岩屑及铁氧化物；跨湖桥遗址陶器含有石英、绢云母和长石类等矿物，并且有意识地掺和了炭化后的植物茎叶碎屑灰。研究结果对认识该地区早期考古学文化源流和早期人群交往交流和交融具有重要的学术意义。

关键词： 早期陶器　上山遗址　庙山遗址　岩相分析

一　引言

中国钱塘江流域早期考古学文化研究因上山文化、跨湖桥文化，而备受关注，近年来的考古新材料更加丰富了学术界对这一地区的认识①。1990~2010年，浙江省文物考古研究所对上山遗址、庙山遗址、湖西遗址和跨湖桥遗址进行了发掘或试掘。4处遗

---

① 赵辉：《跨湖桥遗址学术研讨会讨论纪要》，《中国文物报》2002年4月5日第7版。

址早期地层要早于同一地区的河姆渡遗址[①]，上山、庙山和湖西遗址均属于上山文化[②]，跨湖桥遗址属于跨湖桥文化，根据碳 - 14 测年数据可知，4 个遗址的年代分别为距今 11400~8600 年[③]、距今 11000~9000 年[④]、距今 9000~7000 年[⑤]和距今 8000~7000 年[⑥]。钱塘江流域早期新石器时代遗址出土陶器主要为夹炭陶，也有夹蚌陶或夹砂陶。大部分陶器表面有红色涂层，纹饰或装饰有刻划、拍印、戳印和彩绘等。主要器物类型有甑、钵、罐、平底盘、釜以及大口盆等。

以往学者对跨湖桥遗址和上山遗址出土陶片进行了相关考古学研究，取得了重要研究成果[⑦]。王海圣和李伟东[⑧]通过研究指出，上山遗址制陶原料中含有石英、绢云母和长石类等矿物；在上山文化早期，为改善成型性能防止陶器干燥以及烧制过程中开裂，采用加入大量草木灰来解决，而后期则加入大量的细砂粒；到上山遗址跨湖桥文化时期二者加入量同样较多，但加入的砂粒主要为粗砂粒。邓泽群和吴隽[⑨]通过研究指出，跨湖桥遗址陶器基本上都是夹炭陶，是由陶工在白云母、石英和长石等矿物构成的黏土中有意识地添加了事先燃烧炭化的植物茎叶碎屑灰，经加水拌和后形成的混合物于成形后烧制而成。这 4 个遗址在时间上重叠，制陶工艺是否存在传承，其异同点表现在何处，对河姆渡遗址制陶工艺有着怎样的影响等，均是值得研究的问题。为了认识钱塘江流域早期新石器时代考古学发展，本文对庙山和湖西遗址陶器进行化学组成分析，对上山、庙山和湖西遗址陶器进行显微岩相观察，再结合钱塘江流域出土早

---

① 夏鼐：《碳 - 14 测定年代和中国史前考古学》，《考古》1977 年第 4 期。

② 韩建业：《试论跨湖桥文化的来源与对外影响——兼论新石器时代中期长江中下游地区间的文化交流》，《东南文化》2010 年第 6 期。

③ 浙江省文物考古研究所、浦江博物馆：《浙江浦江县上山遗址发掘简报》，《考古》2007 年第 9 期。

④ 浙江省文物考古研究所、永康博物馆：《浙江永康庙山遗址试掘简报》，《东南文化》2018 年第 5 期。

⑤ 蒋乐平：《钱塘江流域的早期新石器时代及文化谱系研究》，《东南文化》2013 年第 6 期。

⑥ 浙江省文物考古研究所、萧山博物馆：《跨湖桥》，文物出版社，2004 年，第 11~20 页。

⑦ 孙瀚龙，蒋乐平：《浙江浦江上山遗址上山文化陶器类型学研究及相关问题》，《南方文物》2016 年第 3 期；王海圣、李伟东：《上山文化遗址出土陶器的科技研究》，《'09 古陶瓷科学技术 7——2005 年国际讨论会论文集》，上海科学技术文献出版社，2009 年，第 1~11 页；邓泽群、吴隽：《跨湖桥遗址陶器的研究》，《'05 古陶瓷科学技术 6——2005 年国际讨论会论文集》，上海科学技术文献出版社，2005 年，第 1~8 页；蒋乐平：《钱塘江流域的早期新石器时代及文化谱系研究》，《东南文化》2013 年第 6 期。

⑧ 王海圣、李伟东、蒋乐平等：《上山文化遗址出土陶器的科技研究》，《'09 古陶瓷科学技术 7——2005 年国际讨论会论文集》，上海科学技术文献出版社，2009 年，第 1~11 页。

⑨ 邓泽群、吴隽、吴瑞等：《跨湖桥遗址陶器的研究》，《'05 古陶瓷科学技术 6——2005 年国际讨论会论文集》，上海科学技术文献出版社，2005 年，第 1~8 页。

期陶器已有研究成果①，讨论各遗址出土陶器的技术特征及工艺发展历程，对认知该地区早期文化源流和早期人群交往交流和交融具有重要的学术意义。

二 样品来源

本文选取 41 件陶片，包括 23 件出土于湖西遗址，18 件出土于庙山遗址样品进行了化学组成分析，对上山、庙山和湖西遗址陶器进行了显微岩相观察，所选样品均为陶片，这些陶片大多不辨器形，其主要有两类：其一，陶片外表面呈橘黄色或红色，内部黑色，断面可见较多的大小颗粒，内表面有模糊的纹饰；其二，陶片表面红黄色，内部灰褐色或黑色，泥质，结构致密，内外均无纹饰。其中湖西和庙山遗址的 41 件样品由景德镇陶瓷大学古陶瓷研究中心测试，包括 23 件湖西遗址 ST1 探方④、③、②层出土陶片，和 18 件庙山遗址试掘探沟 TG 的⑥、⑤层以及 TG1 中 H2 和 H1 出土陶片样品。另外，本文辑录 56 件上山遗址早期前段、早期后段、晚期和跨湖桥时期样品，以及 40 件跨湖桥遗址早期、中期和晚期陶器样品化学组成数据以作对比分析[13]。

三 研究方法

景德镇陶瓷大学和上海硅酸盐研究所均使用美国 EDAX 公司生产的 Eagle-Ⅲ型能量色散 X 射线荧光光谱仪（energy dispersive X-Ray fluorescence，EDXRF）对陶器样品进行测试，仪器参数设置相同，使用的标样也相同；化学成分测试位置均为陶器断面黏土基质部位，夹砂陶避开掺和料颗粒，泥质陶选择相对均匀的泥质胎体。在测试过程中，管电流为 200μA，X 光管电压为 50kV，掠射和出射角分别为 65°和 60°，经毛细管光学系统聚焦后的光斑直径为 300μm。Si（Li）探测器采用 Al－Cu 合金的 AlKa 和 CuK 峰来标定能量刻度。为了确保测试的准确性和可比性，针对古陶瓷的元素和物相组成特点，采用传统陶瓷的烧制工艺研制了一套古陶瓷无损测试的 13 个专用系列标准参考物质，并用该仪器随带的软件 Delta－I 建立了各元素的标准曲线。

从样品边缘切下一小块，置于烘箱内，于 120℃温度下烘烤 12 小时，以排除样品所含的吸附水和部分层间水，这时，取出样品称重，将其重量记为 G1。再将样品按顺序放入电炉内加热 8 个小时，温度升至 700℃时保温半小时，这样样品所含的有机质得

---

① 王海圣、李伟东、蒋乐平等：《上山文化遗址出土陶器的科技研究》，《'09 古陶瓷科学技术 7——2005 年国际讨论会论文集》，上海科学技术文献出版社，2009 年，第 1~11 页。邓泽群、吴隽、吴瑞等：《跨湖桥遗址陶器的研究》，《'05 古陶瓷科学技术 6——2005 年国际讨论会论文集》，上海科学技术文献出版社，2005 年，第 1~8 页。

以充分氧化，这时，称得样品的重量为 G2。于是，由公式 L = ［（G1 – G2）/G1］×100% 便可估算出相应的烧失量 L。由于测试所得数据量较大，本文只列了各遗址样品测试结果的均值和标准差。

其次，本文对上山、庙山和湖西遗址出土的共 10 件早期陶器样品进行磨片处理，选取横截面制成厚度为 0.03mm 的光薄片，重点选取带陶衣的样品。再利用 Zeiss Axio Scope. A1 偏光显微镜对这 3 个遗址早期陶器样品光薄片进行显微观察，结合矿物学和岩石学等学科知识，识别这 3 个遗址陶器薄片样品"羼合料"偏光显微特征。

四　结果与讨论

1. 钱塘江流域陶器组成特征

钱塘江流域距今 10000 年左右陶器所使用的原料，大多为可塑性较强的普通易熔黏土。这些黏土的主要成分为 SiO_2（66.35% ~ 71.12%）、Al_2O_3（16.68% ~ 21.14%）、Fe_2O_3（3.72% ~ 7.54%）、CaO（0.73% ~ 1.92%）和 P_2O_5（0.13% ~ 3.7%）[①]，上山文化遗址出土陶片样本的元素组成见表一，通过比较可以发现上山、庙山和湖西遗址陶器原料组成差异不大，而跨湖桥遗址陶器组成与这 3 个遗址有一定的差异，如上山、庙山和湖西遗址陶器 Fe_2O_3 的含量相当，均值分别为 5.69%、5.66% 和 6.01%，而跨湖桥遗址陶器 Fe_2O_3 的含量有所降低，均值为 4.35%。由 EDXRF 分析结果（表一）结合图一可以看出，这 4 个遗址陶器原料的 P_2O_5 含量差异较大，反映了这几个遗址陶器原料的使用特征，越早的地层出土陶器夹炭越多，P_2O_5 含量越高，烧失量越大，上山遗址陶器的 P_2O_5 含量最高可以达到 3.7%，跨湖桥遗址陶器 P_2O_5 含量在 0.13% ~ 0.27%，而陶器中 P_2O_5 的含量主要来自于其中掺杂的有机物，表明其胎体中所含的有机物相当少，而上山文化遗址出土陶器有机物含量相对较高。

从上山、庙山、湖西到跨湖桥遗址，SiO_2 和 Al_2O_3 的含量依次增高，可能跟钱塘江流域地区先民认识制陶原料特征并加以处理有关。上山、庙山、湖西到跨湖桥遗址先民在黏土中掺杂大量的植物茎叶和稻壳等，使得陶器干燥后不易开裂，后期由于制陶经验的增加，先民们便对原料适当地进行处理，如淘洗和羼合砂粒，淘洗可以除去黏土中大颗粒的杂质，使其更易成型，且烧出来的陶器胎质更致密美观。很明显，上山、庙山、湖西到跨湖桥文化时期泥质陶的出现更是说明了这一问题。年代晚一些陶器中含有较多的砂粒，所以 SiO_2 含量增多，是先民为了提高陶器使用功能而有意加进去的，

① 郁永彬、熊露、方涛等：《浙江永康湖西与庙山遗址出土陶片对比分析》，《陶瓷学报》2022 年第 6 期（43 卷），第 1099 ~ 1104 页。

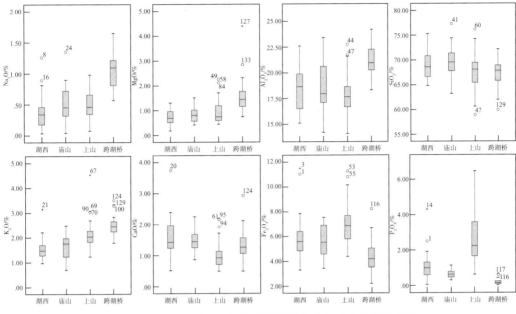

图一 钱塘江流域出土早期陶器样品主次量元素含量箱式图

表一 上山文化遗址出土陶片样本主次量元素组成的均值与标准差

文化遗址	样本数量	出土地层		Fe_2O_3	CaO	MgO	Na_2O	K_2O	SiO_2	TiO_2	P_2O_5	Al_2O_3	烧失量
湖西遗址	9	ST1②	均值/wt%	7.02	1.25	0.72	0.58	1.57	68.06	0.86	1.21	18.58	7.83
			标准差	2.63	0.41	0.32	0.31	0.32	2.12	0.15	0.65	2.37	
	8	ST1③	均值/wt%	5.52	1.80	0.73	0.26	1.49	69.50	0.77	1.35	18.34	8.21
			标准差	0.75	0.42	0.23	0.28	0.37	2.27	0.13	1.32	2.08	
	6	ST1④	均值/wt%	5.15	1.92	0.81	0.26	1.59	70.24	0.75	0.66	18.24	8.54
			标准差	1.43	1.10	0.38	0.18	0.80	4.75	0.08	0.45	2.54	
庙山遗址	3	TG⑤	均值/wt%	5.67	1.31	0.85	0.65	1.99	68.06	0.71	0.45	19.77	9.32
			标准差	2.07	0.17	0.32	0.66	0.44	4.16	0.13	0.03	3.17	
	5	TG⑥	均值/wt%	6.57	1.42	0.90	0.48	1.59	69.15	0.61	0.70	18.29	8.87
			标准差	1.07	0.47	0.36	0.18	0.54	2.37	0.07	0.12	2.44	
	5	TG1H1	均值/wt%	5.27	1.52	0.79	0.43	1.54	69.41	0.73	0.73	19.26	9.16
			标准差	1.46	0.21	0.32	0.20	0.65	3.06	0.22	0.38	2.46	
	5	TG1H2	均值/wt%	5.15	1.64	0.90	0.50	1.52	71.12	0.56	0.63	17.61	8.89
			标准差	0.74	0.53	0.34	0.34	0.50	4.39	0.02	0.22	2.72	

续表

文化遗址	样本数量	出土地层		Fe₂O₃	CaO	MgO	Na₂O	K₂O	SiO₂	TiO₂	P₂O₅	Al₂O₃	烧失量
上山遗址①	11	早期前段	均值/wt%	7.39	0.91	1.25	0.49	1.84	66.35	0.66	2.30	18.78	7.58
			标准差	1.04	0.24	0.48	0.23	0.26	3.14	0.09	1.27	2.13	
	15	早期后段	均值/wt%	6.76	1.05	0.79	0.52	2.05	67.37	0.64	3.20	17.80	7.12
			标准差	2.11	0.40	0.41	0.22	0.76	4.04	0.09	1.35	1.41	
	17	晚期	均值/wt%	7.54	0.73	0.84	0.53	2.23	68.94	0.61	1.83	16.68	8.82
			标准差	1.07	0.17	0.42	0.24	0.40	1.92	0.07	0.51	0.94	
	13	跨湖桥时期	均值/wt%	5.69	1.30	0.91	0.45	2.12	67.16	0.61	3.70	18.05	6.13
			标准差	0.84	0.43	0.38	0.22	0.43	3.63	0.12	1.79	1.57	
跨湖桥遗址②	7	早期	均值/wt%	3.72	1.32	1.51	1.05	2.40	67.69	0.66	0.13	21.14	4.34
			标准差	1.35	0.44	0.64	0.23	0.22	3.53	0.20	0.11	1.75	
	13	中期	均值/wt%	4.50	1.44	1.91	1.02	2.60	66.79	0.65	0.14	21.08	5.01
			标准差	1.11	0.52	0.84	0.35	0.39	2.70	0.24	0.07	1.82	
	20	晚期	均值/wt%	4.68	1.42	1.41	0.92	2.42	68.23	0.59	0.27	20.32	4.57
			标准差	1.33	1.06	0.47	0.35	0.48	3.10	0.07	0.23	2.59	

这样可以提高耐火度和防止破裂，便于蒸煮食物和盛放东西③。

　　对上山、庙山、湖西和跨湖桥遗址出土陶器的主、次量元素进行分析，发现当提取的 2 个主因子累计贡献率大于 84%的时候，所做的因子载荷散点图（图二）可以反映上山、庙山、湖西和跨湖桥遗址出土陶器在原料配方上的特征。由图二可以看出，这 4 个遗址的原料使用还是有一定的差别，上山、庙山和湖西遗址陶器因子分析散点相对聚在一个较大的范围内，跟这些遗址都出自同一考古学文化有关，说明上山文化不同遗址陶工可能有交流，这种交流体现在陶器原料配方、器形和装饰风格上。跨湖桥遗址陶器主成分分析（图二）显示，散点落在上山文化遗址陶器散点范围之外，表明跨湖桥遗址陶器所使用的原料配方和上山文化遗址陶器存在差异，从胎体包含的有机物可观察到二者配方存在差异。

① 王海圣、李伟东、蒋乐平等：《上山文化遗址出土陶器的科技研究》，《'09 古陶瓷科学技术 7——2005 年国际讨论会论文集》，上海科学技术文献出版社，2009 年，第 1~11 页。

② 邓泽群、吴隽、吴瑞等：《跨湖桥遗址陶器的研究》，《'05 古陶瓷科学技术 6——2005 年国际讨论会论文集》，上海科学技术文献出版社，2005 年，第 1~8 页。

③ 李家冶、张志刚、邓泽群等：《新石器时代早期陶器的研究——兼论中国陶器起源》，《考古》1996 年第 5 期，第 83~91、103、104 页。

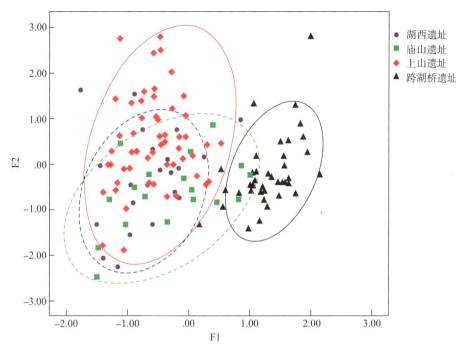

图二　上山文化遗址出土陶片的主、次量元素组成因子载荷图

注：F1 是主因子 1，F2 是主因子 2，提取的 2 个主因子累计贡献率大于 84%。

（根据湖西、庙山、上山和跨湖桥遗址陶器主成分分析散点图画 4 个圈，每个圈代表这类陶器主成分分析散点集中的区域，从图上可以看出，跨湖桥遗址陶器与其他几个遗址陶器离得的比较远，表明其制陶原料与其他几个遗址不同，可能是不同的工艺所致，亦可能是其原料地质背景不同。）

2. 钱塘江流域陶器岩相特征

岩相分析是对陶器矿物的定量和定性描述，往往关注较大的晶体组成，即黏土中自然存在的包含物或有意加入的羼和料[1]。上山遗址岩相显微观察结果见图三，上山遗址陶片样品 SS - 03 胎体在单偏光下呈黑褐色；可见红色沉积岩斑晶，其中可见细粒的石英、云母颗粒，见图三，a；另外，胎体中可见呈条带状分布的黑色颗粒，黑色颗粒主要沿着胎体孔隙外侧边缘分布，见图三，b；基质中含有大量的石英颗粒与少量的红色沉积岩碎屑，其他的呈隐晶质结构。陶衣在单偏光下呈黄褐色，主要呈隐晶质结构，其中可见细粒石英，玻璃相及少量红色沉积岩碎屑，见图三，f。陶片 SS - 08 胎体在单偏光下呈黑褐色，与样品 SS - 03 相比其中不含红色沉积岩，斑晶主要为石英与长石，长石发生明显的泥质风化，见图三，c；同时胎体中含有大量中、细粒的石英颗粒；胎体中出现部分黑色颗粒沿着孔隙边缘分布。陶衣在单偏光下呈黄褐色，主要含细粒石英与隐晶质基质组成，出现少量玻璃相。陶片 SS - 13 胎体在单偏光下呈黑褐色，斑晶

---

① Prudence M. Rice. *Pottery analysis*：*A source book.* Chicago：The University of Chicago Press，2015.

主要有红色沉积岩，铁氧化物与石英，见图三，d；同时胎体中含有大量中细粒的石英颗粒；胎体中出现部分黑色颗粒沿着孔隙边缘分布。陶衣在单偏光下呈黄褐色，主要含中细石英和隐晶质基质及少量中细粒红色岩屑组成，出现少量玻璃相；整体较胎体更为细腻。陶片 SS-26 胎体在单偏光下呈黑褐色，其中的黑色矿物颗粒与孔隙较前者有明显的增加，大的矿物斑晶含量明显降低，仅可见少量的石英及铁氧化物斑晶；基质可见中细粒石英及隐晶质物质，见图三，e。陶衣单偏光下整体呈黄褐色，整体较胎体更为细腻，可见部分细粒石英和少量黑色矿物颗粒，主要呈隐晶质结构①。

庙山遗址岩相显微观察结果见图四，岩相显微观察显示，庙山遗址陶片样品 MS-09 发育大量形状不规则的气孔，陶器胎体在单偏光下黑褐色，其中可见 2 种岩屑，一种单偏光呈暗红色呈浑圆状磨圆较好，其中可见少量细粒石英颗粒，见图四，a；另一种单偏光岩屑呈浅色，其中细粒石英，边沿发生玻化熔蚀。胎体中可见少量石英斑晶，基质中可见大量细粒石英；同时可见少量细粒黑云母，但多发生一定程度的泥质蚀变，见图四，b。陶衣在单偏光下呈浅黄褐色，其中斑晶胎体明显减少，呈隐晶质结构，局部可见少量玻璃相，见图四，e、f。陶片 MS-13 发育大量形状不规则的气孔；陶器胎体整体呈黑色，无明显的矿物颗粒，局部可见少量的石英，长石斑晶，见图四，c，同时可见部分黑褐色岩屑图。陶衣在单偏光下呈黄褐色，较薄（500μm），且分布不规则，可见黑褐色的岩屑，整体呈隐晶质结构。陶片 MS-27 胎体在单偏光下呈黑褐色，其中发育大量形状不规则的气孔；其中可见石英，长石，及铁氧化物斑晶；同时可见石英斑岩岩屑，且石英斑岩中长石发生了明显的风化作用；基质主要呈隐晶质结构，可见部分细粒石英。在胎体中出现大量黑色颗粒物，分布于基质与斑晶表面。陶衣在单偏光下呈黄褐色，斑晶类型与胎体一致，但其中无黑色颗粒物；且其中的气孔数量明显降低。陶片 MS-35 在单偏光下整体呈黄褐色，其中黑色夹层，在黄褐色胎体中可见红褐色沉积岩，石英，长石，黑云母斑晶；基质主要呈隐晶质结构，可见部分细粒石英颗粒，见图四，d。黑色部分孔隙明显增多，多被树脂填充，其中可见部分石英斑晶。在陶片表面有一层浅黄褐色陶衣，主要呈隐晶质结构，无明显的矿物颗粒。

岩相显微观察显示，湖西遗址陶片样品 HX-04 胎体在单偏光下呈黄褐色，出现大量斑晶，主要有石英、长石、花岗斑岩岩屑、红色沉积岩岩屑及铁氧化物；基质中主要含有中细粒石英及细粒的斑晶成分和隐晶质物质组成，见图五，a；陶衣在单偏光下呈红褐色，出现一些中细粒石英及粗粒的铁氧化物斑晶，见图五，b。陶片 HX-09 胎体在单偏光下呈红褐色，胎体中出现大量长石斑晶，且长石发生了明显的泥质蚀变；同时可见少量的花岗斑岩岩屑及红色沉积岩岩屑；另外胎体中还出现一定量的黑色颗粒物，可能为铁氧化物，见图五，c、d。陶衣呈黑红色，隐晶质结构，可见少量的细粒石英及黑色颗粒（可能为铁氧化物）。陶片 HX-22 胎体在单偏光下呈红褐色，胎体

① Carla M. Sinopoli. *Approaches to Archaeological Ceramics*, Plenum Press, New York. 1991.

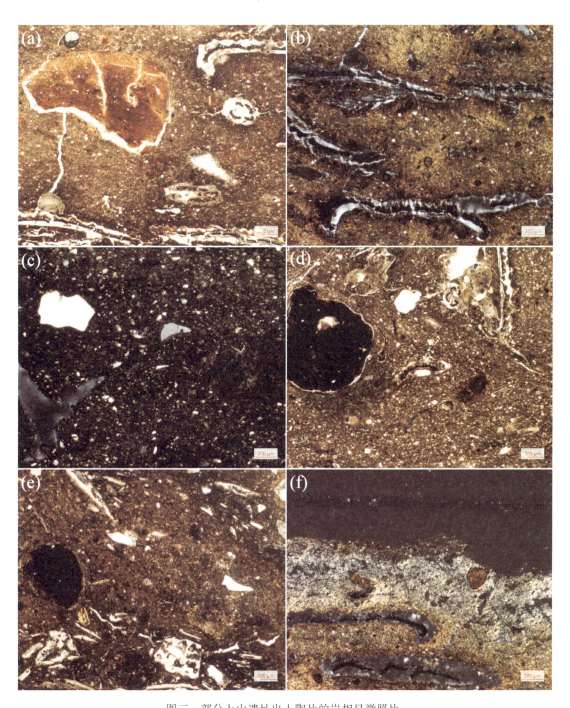

图三　部分上山遗址出土陶片的岩相显微照片

a、b、f. 上山遗址陶片样品 SS – 03　c. 上山遗址陶片样品 SS – 08　d. 上山遗址陶片样品 SS – 13　e. 上山遗址陶片样品 SS – 26

中出现，同时可见部分的花岗斑岩岩屑，花岗斑岩中长石发生明显的泥质蚀变；还可见红色沉积岩岩屑，同时胎体中还出现一定量的铁氧化物，可能为铁氧化物，见图五，

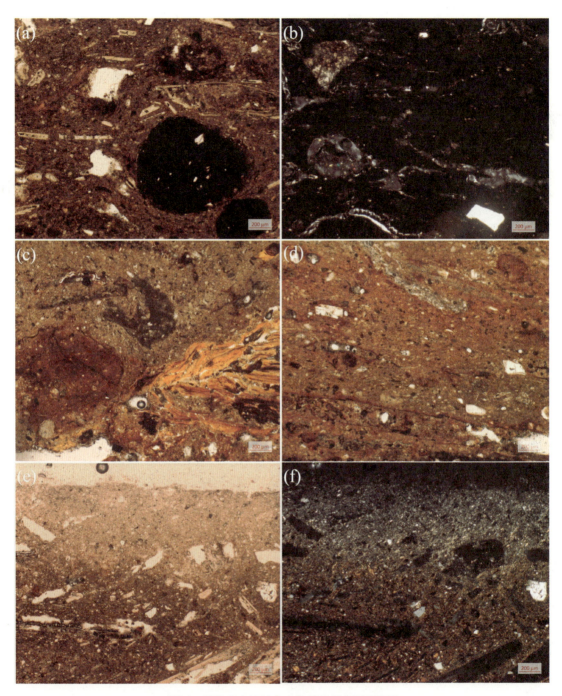

图四　部分庙山遗址出土陶片的岩相显微照片

a、b、e、f. 庙山遗址陶片样品 MS－09　 c. 庙山遗址陶片样品 MS－13　 d. 庙山遗址陶片样品 MS－35

e、f。一侧陶衣呈黑红色，隐晶质结构，可见少量的细粒石英及黑色颗粒（可能为铁氧化物）。一侧陶衣在单偏光下呈黄褐色，主要为隐晶质结构；可见少量细粒石英。

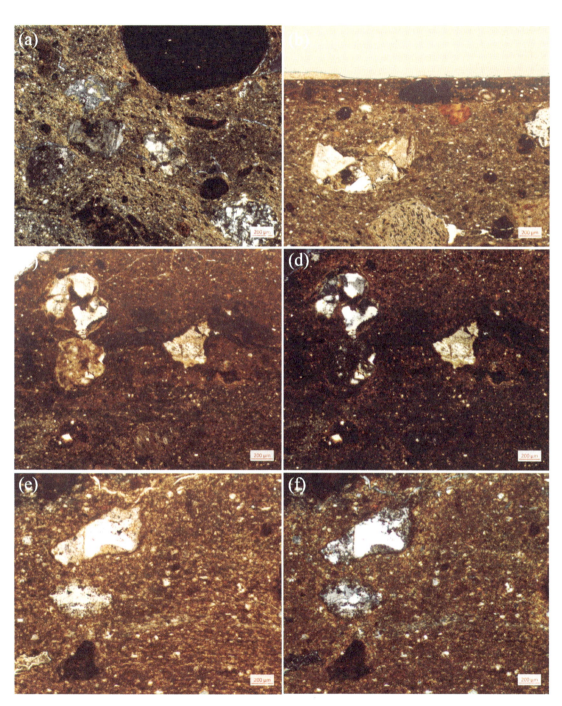

图五　部分湖西遗址出土陶片的岩相显微照片
a、b. 湖西遗址陶片样品 HX－04　c、d. 湖西遗址陶片样品 HX－09　e、f. 湖西遗址陶片样品 HX－22

　　研究表明，早期陶器的制作原料一般都是就地取土[①]，对于古代陶器中的羼杂颗粒物，最早应是黏土原料中固有的[②]。邓泽群指出，跨湖桥遗址陶器基本上都是夹炭陶，它们是由在白云母、石英和长石等矿物构成的黏土中，有意识地羼合了事先燃烧炭化后的植物茎叶碎屑灰，经加水拌和后形成的混合物经成型烧制成的[③]。王海圣指出上山遗址早期前段和后段主要为夹炭化后的植物茎叶和稻壳的陶器，而遗址晚期和跨湖桥文化时期的陶器则主要为含炭的夹石英砂颗粒的陶器；与跨湖桥遗址及河姆渡遗址陶器相似，上山遗址制陶原料中含有石英、绢云母和长石类等矿物，烧成温度也不高；在上山文化早期为改善成型性能以及为防止陶器干燥和烧制过程中开裂，采用加入大量草木灰来解决，而后期则加入大量的细砂粒，但到了上山跨湖桥文化时期则两者加入量都较多，但加入的砂粒主要是粗砂粒[④]。不管是泥质陶的出现，还是有意识掺入"羼合料"的夹炭陶或夹砂陶，都体现了上山、庙山、湖西和跨湖桥遗址制陶手工业随着时间的推移，在原料处理工艺上的进步。

五　结论

　　本文通过梳理上山和跨湖桥遗址陶器研究成果，讨论钱塘江流域上山、庙山、湖西和跨湖桥遗址出土陶器的技术特征及工艺发展脉络，得到如下结论。

　　（1）上山、庙山和湖西遗址陶器原料组成差异不是很大，跨湖桥遗址陶器组成与这三个遗址有一定的差异，表明前 3 个遗址的陶工可能有交流，这种交流体现在陶器原料配方、器形和装饰风格上，也有可能是这 3 个遗址附近的原料化学组成较为接近。上山、庙山和湖西遗址陶器 Fe_2O_3 的含量相当，均值分别为 5.69%、5.66% 和 6.01%，而跨湖桥遗址陶器 Fe_2O_3 的含量有所降低，均值为 4.35%。越早的地层出土陶器夹炭越多，P_2O_5 含量越高，上山遗址陶器的 P_2O_5 含量最高可以达到 3.7%，跨湖桥遗址陶器最低仅为 0.13%。上山、庙山和湖西遗址陶器原料使用接近，跨湖桥遗址陶器主成分分析散点落在上山文化遗址陶器散点范围之外，表明跨湖桥遗址陶器所使用的原料配方和上山文化遗址陶器有着差异，如跨湖桥陶器胎体中所含有机物相当少，而上山文化遗址出土陶器有机物含量相对较高。

---

①　郁永彬、吴隽、张茂林等：《南方地区若干典型遗址出土早期陶器工艺比较分析》，《文物保护与考古科学》2011 年第 4 期（第 23 卷），第 97～103 页。

②　郁永彬、方涛、熊露等：《黄陵寨头河战国墓地出土陶器的科技研究》，《陶瓷学报》2022 年第 4 期（第 43 卷），第 692～699 页。

③　邓泽群、吴隽、吴瑞等：《跨湖桥遗址陶器的研究》，《'05 古陶瓷科学技术 6——2005 年国际讨论会论文集》，上海科学技术文献出版社，2005 年，第 1～8 页。

④　王海圣、李伟东、蒋乐平等：《上山文化遗址出土陶器的科技研究》，《'09 古陶瓷科学技术 7——2005 年国际讨论会论文集》，上海科学技术文献出版社，2009 年，第 1～11 页。

（2）上山、庙山、湖西和跨湖桥遗址出土陶器中夹杂的颗粒种类多样。上山遗址制陶原料中含有石英、绢云母和长石类等矿物。庙山遗址出土陶器可见石英、长石及铁氧化物斑晶，石英斑岩中长石发生了明显的风化作用，在胎体中出现大量黑色颗粒物。湖西遗址出土陶器出现大量斑晶，制陶原料中主要有石英、长石、花岗斑岩岩屑、红色沉积岩岩屑及铁氧化物，基质中主要含有中细粒石英及细粒的斑晶成分和隐晶质物质组成。跨湖桥遗址陶器原料中含有石英、绢云母和长石类等矿物，并且有意识地掺和了炭化后的植物茎叶碎屑灰。

Composition and Petrography Analysis of Early Pottery Excavated from Qiantangjiang River Basin

Yu Yongbin　Wu Qiang　Xiong Lu　Fang Tao

Abstract: The research on early potteries excavated from Qiantang River Basin in China has attracted much attention. Previous scholars have made important achievements in the scientific and technological research on the potteries excavated from Kuahuqiao and Shangshan sites. This paper discusses the technical characteristics and the history of technological developments of the potteries unearthed at the Shangshan, Miaoshan, Huxi and Kuahuqiao sites in the Qiantang River Basin. This is based on the research results of the pottery at the Shangshan site and the Kuahuqiao site. The results show that there is little difference in the chemical composition of the raw materials of the potteries unearthed at the Shangshan cultural site, yet there are various kinds of mixed particles in the potteries which follow certain patterns. The raw material formula used by the pottery at the Kuahuqiao site is significantly different from that of the pottery at the Shangshan cultural site. Therefore, the research results are of academic significance for understanding both the origin and circulation of the early archaeological culture and the communication and integration of the early people in this area.

Keywords: Early pottery; Shangshan site; Miaoshan site; Petrography Analysis

稳定同位素视角下的商代古人食物结构差异化初步研究

赵士杰[1]　吴晓桐[2]

（1. 中国科学技术大学科技史与科技考古系，合肥，230026；

2. 中国人民大学历史学院考古文博系，北京，100872）

摘要： 除动植物考古和卜辞研究以外，碳、氮稳定同位素分析也是研究古人饮食和农业发展的重要科学依据。本文通过梳理中原和海岱地区的新石器时代晚期古人、黄淮地区先商至晚商周初时期古人的稳定同位素数据，对商代古人食物结构的时空变化规律进行总结。研究表明，从先商至晚商时期古人的植食始终以粟为主，小麦、大豆的贡献可能有增加的趋势。并且，晚商古人摄入了更多的陆生动物蛋白或鱼类，特别是家猪和绵羊，而这一变化应该是商代畜牧业进一步发展的结果。值得注意的是，晚商时期古人的植食和肉食在豫中、豫北、鲁中、鲁南地区不存在共时性差异。另外，稳定同位素和大植物遗存分析共同证明商代古人在豫中豫南、鲁南苏北地区改变了自新石器晚期以来"稻旱混作"的农业结构，趋向单一粟作发展，水稻在食物结构中显著减少。本研究证明稳定同位素在差异化研究中存在较大潜力。

关键词： 商代　稳定同位素　食物结构　农业结构

一　引言

商代是我国目前已知最早的有文字可考的朝代，其古人类饮食研究构成农史研究的关键课题。以往学界中主要以甲骨卜辞为研究对象，例如，孙怡让率先以卜辞作为第一手资料开展研究，其在《契文举例》中对卜辞内有关祈求谷物丰收的文字进行了解释①；1929 年，郭沫若发表了《中国古代社会研究》，其提出晚商畜牧业的繁荣程度

---

① （清）孙怡让著，楼学礼校：《契文举例》，齐鲁书社，1993 年，第 55 页。

已甚于农业耕作①；同期，胡厚宣首次针对商代农业进行了专门研究②。20 世纪 80 年代以降，随着考古工作开展的不断深入，对于古人饮食的相关研究渐以考古材料为对象，不同学者的讨论方向以多层次为特征，解决了许多历史学、考古学、民族学问题。例如，有学者对多年的考古工作进行了总结，以考古出土农具及农业遗迹为材料，对商代农事活动进行了研究③；亦有学者针对商墓出土的炊具，分析饮食与时代、地域和等级方面的关系，探讨了商代的饮食习俗④。随着多学科交叉研究的发展，植物考古、动物考古、古 DNA、稳定同位素、蛋白质组学等科技考古方法被广泛应用于古代人类生业经济研究，并且逐渐成为古人类饮食研究不可或缺的方法。其中，稳定同位素方法经过近四十年的发展，理论方法较为成熟，已经在农业发展和古人类饮食研究领域体现出巨大的优势。稳定同位素、考古研究等证据互相结合可以更加准确客观地了解关于人类生活历史的信息⑤。

稳定同位素能够直接反映人类或动物的饮食情况，即"我即我食"⑥。骨胶原 $\delta^{13}C$ 值和 $\delta^{15}N$ 值主要受个体生命后期骨骼形成或重塑期间摄入的饮食蛋白质的影响。该方法的原理是通过食物链的同位素变化在可测量的分馏方式下进行传递，并且被消费者体内的生物组织吸收。对于食物链底端的植物来说，$\delta^{13}C$ 值用于区分其生态系统，例如陆地和海洋，以及使用的不同光合作用途径。$\delta^{13}C$ 值用于研究饮食中的植食，主要用于区分以 C_3 作物（小麦、大麦、水稻、大豆）或 C_4 作物（粟、黍）为主食的生物⑦⑧。$\delta^{15}N$ 值则用于估计人和动物饮食中动物蛋白的摄入量，包括其肉食来源及营养级别等⑨。但是，$\delta^{15}N$ 值也受到各种环境因素的影响，包括降水量、平均气温、地质环境以及作物施肥等⑩。本文旨在通过以碳、氮稳定同位素分析为主，并结合动植物考古

---

① 郭沫若著作编辑出版委员会：《郭沫若全集·历史编·第一卷》，人民出版社，1982 年，第 19 页。

② 胡厚宣：《卜辞中所见之殷代农业》，《甲骨学商史论丛初集》，河北教育出版社，2002 年，第 595～810 页。

③ 唐云明：《河北商代农业考古概述》，《农业考古》1982 年第 1 期。

④ 王炜、张丹华：《商朝滋味——商代墓葬中的饮食遗存》，《大众考古》2019 年第 4 期。

⑤ 张雪莲、王金霞、冼自强等：《古人类食物结构研究》，《考古》2003 年第 2 期。

⑥ Kohn，M. J. You are what you eat. Science. 1999，283（5400）：pp. 335－336.

⑦ Van Der Merwe，N. J.，Vogel，J. C. ^{13}C content of human collagen as a measure of prehistoric diet in woodland North America. Nature. 1978，276（5690）：pp. 815－816.

⑧ Van Der Merwe，N. J.，Roosevelt，A. C.，Vogel，J. C. Isotopic evidence for prehistoric subsistence change at Parmana，Venezuela. Nature. 1981，292（5823）：pp. 536－538.

⑨ Bocherens，H.，Fizet，M.，Mariotti，A. Diet，physiology and ecology of fossil mammals as inferred from stable carbon and nitrogen isotope biogeochemistry：implications for Pleistocene bears. Palaeogeography，Palaeoclimatology，Palaeoecology. 1994，107（3－4）：pp. 213－225.

⑩ Christensen，B. T.，Jensen，J. L.，Dong，Y.，et al. Manure for millet：Grain $\delta^{15}N$ values as indicators of prehistoric cropping intensity of Panicum miliaceum and Setaria italica. Journal of Archaeological Science. 2022，139：105554.

研究，对商代古人食物结构的时空差异化进行考察。

二 商代古人食物结构的历时性和共时性

首先需要对商代古人的饮食情况分别从历时性和共时性方面进行初步把握。此处所指商代古人具体是商人亲族、受到商文化因素影响较大或者与商人亲族相融合的氏族，以及殷遗民。研究的空间区域是广泛受到商文化影响的华北地区，时间范围是从先商到晚商周初。由于商人的屡迁，因此，对于商代古人饮食的历时性观察也是基于多地的。并且，考古发现与同位素分析的不平衡造成数据分析的局限性，本文的共时性分析只是对晚商进行了初步观察（图一；表一）。

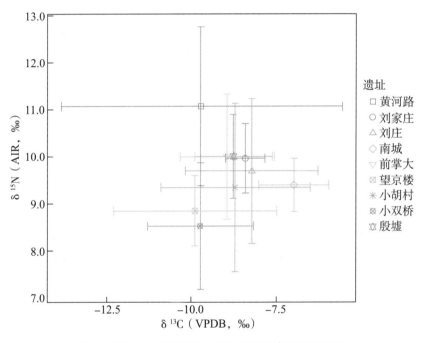

图一 商代古人骨胶原碳、氮稳定同位素误差柱状图

表一 商代古人类骨胶原碳、氮稳定同位素数据

遗址	时期	数量（个）	$\delta^{13}C \pm SD$（‰）	$\delta^{15}N \pm SD$（‰）
南城①	先商时期	76	-6.99 ± 1.03	9.40 ± 0.57

---

① Ma, Y., Fuller, B. T., Wei, D., et al. Isotopic perspectives ($\delta^{13}C$, $\delta^{15}N$, $\delta^{34}S$) of diet, social complexity, and animal husbandry during the proto-shang period (ca. 2000 – 1600 BC) of China. *American Journal of Physical Anthropology*. 2016, 160 (3): pp. 433 – 445.

续表

遗址	时期	数量（个）	$\delta^{13}C \pm SD$（‰）	$\delta^{15}N \pm SD$（‰）
刘庄①	先商时期	21	-8.22 ± 1.94	9.70 ± 1.54
望京楼②	早商时期	32	-9.89 ± 2.40	8.84 ± 0.74
小双桥③	中商时期	17	-9.73 ± 1.55	8.52 ± 1.35
黄河路④	殷墟二至三期	30	-9.71 ± 4.14	11.07 ± 1.68
殷墟⑤⑥	殷墟二至四期	65	-8.75 ± 1.13	10.00 ± 0.89
刘家庄⑦	殷墟二至四期	20	-8.40 ± 0.57	9.96 ± 0.74
小胡村⑧	殷墟二至四期	12	-8.70 ± 2.19	9.34 ± 1.79
前掌大⑨	晚商周初	35	-8.94 ± 1.38	10.00 ± 1.33

（一）植食的差异

植物考古研究表明中原地区在新石器时代晚期就形成了粟、黍、水稻、小麦、大

---

① Hou, L., Hu, Y., Zhao, X., et al. Human subsistence strategy at Liuzhuang site, Henan, China during the proto-Shang culture（~2000 – 1600 BC）by stable isotopic analysis. *Journal of Archaeological Science*. 2013, 40（5）：pp. 2344 – 2351.

② 桑哲承：《商代先民食物结构的初步研究——以河南新郑望京楼遗址为例》，江苏师范大学历史文化与旅游学院，2019 年，硕士学位论文。

③ Wang, N., Li, S., Hu, Y., et al. A pilot study of trophic level and human origins at the Xiaoshuangqiao Site, China（ca. 1400 BC）Using δD Values of Collagen. *Acta Geologica Sinica-English Edition*. 2017, 91（5）：pp. 1884 – 1892.

④ 王宁、王宇、陶思远等：《晚商中国（1250~1046BC）农业制度的优越性研究：来自考古稳定同位素的新证据》，《中国科学：地球科学》2021 年第 1 期。

⑤ 张雪莲、徐广德、何毓灵等：《殷墟 54 号墓出土人骨的碳氮稳定同位素分析》，《考古》2017 年第 3 期。

⑥ Cheung, C., Jing, Z., Tang, J., et al. Examining social and cultural differentiation in early Bronze Age China using stable isotope analysis and mortuary patterning of human remains at Xin'anzhuang, Yinxu. *Archaeological and Anthropological Sciences*. 2017, 9：pp. 799 – 816.

⑦ 宫玮：《济南大辛庄、刘家庄商代先民食物结构研究——植物大遗存与碳、氮稳定同位素结果》，山东大学文化遗产研究院，2016 年，硕士论文。

⑧ Wang, N., Jia, L., Si, Y., et al. Isotopic Results Reveal Possible Links between Diet and Social Status in Late Shang Dynasty（ca. 1250 – 1046 BC）Tombs at Xiaohucun, China. *Atmosphere*. 2020, 11（5）：451.

⑨ 张雪莲、仇士华、钟建等：《山东滕州市前掌大墓地出土人骨的碳、氮稳定同位素分析》，《考古》2012 年第 9 期，第 83~96 页。

豆"五谷"的种植制度，多样性的农业结构能有效抵御灾荒，使得中原地区能形成中国最早的王朝[①]。商代大植物遗存研究表明粟、黍一直是最主要的农作物，水稻、小麦、大豆在遗址中也有所发现，但是数量较少，占比较低。

商代古人骨胶原 $\delta^{13}C$ 值（$-8.5 \pm 2.1‰$）表明，其植食始终都是以 C_4 植物为主。结合大植物遗存研究（例如安阳郼邓[②]、郑州商城[③]、郑州小双桥[④]、安阳刘家庄[⑤]、大司空[⑥]、新安庄[⑦]、济南大辛庄[⑧]、刘家庄[⑨]）来看，该 C_4 植物主要为粟。独立样本 t 检验（$t = 7.7$，$df = 68.941$，$p < 0.05$）表明，豫北冀南先商时期（$-7.3 \pm 1.4‰$）古人 $\delta^{13}C$ 值显著高于豫中早中商（$-9.8 \pm 2.1‰$）。豫北冀南地区，先商 $\delta^{13}C$ 值与殷墟（$-8.75 \pm 1.1‰$）的显著差异（$t = 7.217$，$df = 159$，$p < 0.05$）表明先商古人较高的 $\delta^{13}C$ 值，同时排除"差异是由于地域因素导致的"可能。这表明先商古人植食中包含更多的 C_4 植物，早中商以后植食结构多样化开始得到体现。早中商古人 $\delta^{13}C$ 值与殷墟的显著差异（$t = -3.228$，$df = 68.382$，$p < 0.05$）则不是历时性的变化，有可能是豫中与豫北的地域差异导致的。因为豫中的早中商与晚商（$-9.4 \pm 3.7‰$）古人 $\delta^{13}C$ 值没有显著差异（$t = -0.64$，$df = 63.253$，$p = 0.524$）。晚商时期，豫中（黄河路、小胡村）、豫北（殷墟）、鲁中（刘家庄）、鲁南（前掌大）古人 $\delta^{13}C$ 值的单因素方差检验（ANOVA）表明没有显著差异（$F = 1.303$，$p = 0.275$）。

考古发现的早期小麦遗存在海岱地区、中原地区、西北地区已有 30 余处，至迟在距今 4000 年以前，小麦已经传入中国[⑩]。经过龙山时代的传入，到二里头时期小麦可能已经开始在中原地区种植[⑪]。关于小麦何时开始种植的问题，甲骨文的记载也许可以提供一个时间下限。也就是说，至少在距今 3000 多年前的商，小麦应该已经在种植农

① 赵志军：《中华文明形成时期的农业经济发展特点》，《中国国家博物馆馆刊》2011 年第 1 期。

② 刘焕、宋国定、李素婷：《河南郼邓遗址浮选碳化植物遗存分析》，《人类学学报》2021 年第 6 期，第 1063～1071 页。

③ 贾世杰、张娟、杨玉璋等：《郑州商城遗址炭化植物遗存浮选结果与分析》，《江汉考古》2018 年第 2 期。

④ 钟华、李素婷、李宏飞等：《河南省郑州市小双桥遗址浮选结果及分析》，《南方文物》2018 年第 2 期。

⑤ 王祁：《晚商农业及其生产组织研究》，中国社会科学出版社，2019 年，第 58、59 页。

⑥ 王祁：《晚商农业及其生产组织研究》，中国社会科学出版社，2019 年，第 58、59 页。

⑦ 王祁：《晚商农业及其生产组织研究》，中国社会科学出版社，2019 年，第 58、59 页。

⑧ 宫玮：《济南大辛庄、刘家庄商代先民食物结构研究——植物大遗存与碳、氮稳定同位素结果》，山东大学文化遗产研究院，2016 年，硕士学位论文。

⑨ 宫玮：《济南大辛庄、刘家庄商代先民食物结构研究——植物大遗存与碳、氮稳定同位素结果》，山东大学文化遗产研究院，2016 年，硕士学位论文。

⑩ 赵志军：《小麦传入中国的研究——植物考古资料》，《南方文物》2015 年第 3 期。

⑪ 郭荣臻、靳桂云：《中原地区先秦时期麦遗存的考古学研究》，《江汉考古》2019 年第 3 期。

业中占据一定地位。当前学界比较认同的观点是甲骨文中的"来"与"麦"都是指的麦类作物，但具体所指仍有争议。例如，"月一正曰食麦"（《合集》24440）指的是商人正月食麦的习俗，且甲骨文中称正月为"食麦"。由"食麦"上升为一种历法可见麦类作物在商代应该是比较常见[1]。另有"贞：弗其受来年"（《合集》10034），这是"求年"类卜辞。可见，至少商王朝统治阶级是重视麦类作物的。至于说为什么麦类作物并没有成为古人的主要植食，可能还与麦类本身的低产相关。

大豆的起源较晚，多数学者认为大豆起源于中国，有黄河中游起源说[2]、黄河下游起源说[3]、长江流域起源说[4]、多中心起源说[5]等，有学者考证黄河中下游大豆的起源时间大概在4000～3000年前[6]。所以，商代还是一个大豆栽培的时期，这一时期，野生大豆到栽培大豆过渡一直持续。当前学界对这一过渡时期的认识并不充分，同时大豆不易保存，这也就增加了植物浮选辨认的难度，因此有关商代大豆利用的情况要更多地依靠历史文献记载。王祯《农书》中对大豆在商代的利用提出的观点是"济世之谷""食而充饥，可备凶年；丰年可供牛马料食"。也就是说，大豆在商代会主要作为牲畜饲料。在古人食谱中，大豆只是辅助。

相比小麦及大豆来说，商增加水稻消费的可能性较低。竺可桢先生对中国近五千年气候的研究发现，商代气候较现在来说更温湿[7]，适合水稻的生长。但从植物浮选结果来看，水稻在商代遗址中出土率较低。且从甲骨卜辞的释读来看，学界对于"稻"的认识尚存较大争议，宋镇豪就曾以"稻"字在甲骨卜辞中出现较少为由，认为水稻在商代的种植不普遍。关于此方面的论述在后文第三部分具体呈现。

由于碳、氮稳定同位素分析并不具备在重叠数据内区分具体植物种类的能力，所以对于古人的食物结构来说，无法了解他们具体对某种作物的消费，但基于同位素、植物考古以及卜辞的证据可以充分证明商代古人在饮食中逐渐增加了对C_3植物的消费。促使这一消费趋势出现的最大原因可能是迫于人口压力，古人需要更多的食物来源维持生存。所以，从历时性来看，尽管粟始终都是商代古人的主要植食，但是其比重可能逐渐下降。也就是说，C_3植物小麦、大豆在古人饮食中的比重可能是增加的；从共时性来看，晚商时期黄河下游地区不同区域古人的植食没有较大差异。

① 范毓周：《关于商代麦类作物的几个问题》，《中国农史》2002年第1期。
② 王书恩：《中国栽培大豆的起源及其演变的初步探讨》，《吉林农业科学》1986年第1期。
③ 常汝镇：《关于栽培大豆起源的研究》，《中国油料作物学报》1989年第1期。
④ 王金陵：《大豆性状之演化》，《农报》1947年第5期。
⑤ 吕世霖：《关于我国栽培大豆原产地问题的探讨》，《中国农业科学》1978年第4期。
⑥ 郭文韬：《略论中国栽培大豆的起源》，《南京农业大学学报（社会科学版）》2004年第1期。
⑦ 竺可桢：《中国近五千年来气候变迁的初步研究》，《考古学报》1972年第1期。

（二）肉食的差异

商代古人骨胶原 $\delta^{15}N$ 值（9.7 ± 1.3‰）表明古人的蛋白消费是处于较高水平的。先商（9.5 ± 0.9‰）和早中商（8.7 ± 1.0‰）时期的古人 $\delta^{15}N$ 值存在显著差异（t = 4.338，df = 86.768，$p < 0.05$）。豫北冀南地区，先商与殷墟（10.0 ± 0.9‰）古人 $\delta^{15}N$ 值同样存在显著差异（t = – 3.817，df = 159，$p < 0.05$）。豫中地区，早中商和晚商（10.6 ± 1.9‰）古人 $\delta^{15}N$ 值存在显著差异（t = 5.73，df = 60.211，$p < 0.05$）。晚商时期，豫中、豫北、鲁中、鲁南古人 $\delta^{15}N$ 值的单因素方差检验表明没有显著差异（F = 2.093，p = 0.103）。无论是豫中还是豫北冀南，晚期古人 $\delta^{15}N$ 值均大于早期，这表明晚期古人摄入了更多的陆生动物蛋白或鱼类，而这一变化应该是商代畜牧业进一步发展的结果。然而，豫北冀南先商和豫中早中商的差异可能是不同经济模式的结果，有学者认为商先公的屡迁是迫于生计，也就是说，商人的活动是为了不断变换草场①。这种为适应自然环境的迁徙使先商的畜牧经济相比以定居农业为主的豫中商人更为发达。

当前，对商代畜牧的研究主要来自两方面的材料。一是对甲骨卜辞中的动物专字进行考察，二是对考古出土动物骨骼的分析。但需要特别注意的是，由于甲骨中的动物专字更多记录的是祭祀活动，专门为畜牧而卜者较少。所以，甲骨文字是否能真实反映商代的畜牧情况还值得商榷，更不应该将祭祀活动与饮食情况混为一谈。由此来看，通过对甲骨卜辞中动物专字数量的统计来直接讨论古人饮食和商代畜牧情况是不可取的。甲骨文字只能作为一种商代畜牧经济发展内容的旁证，其并不能作为商代畜牧经济发展程度划分的直接依据。鉴于此，对古人饮食的考察所主要依靠的应该是考古出土动物骨骼，且需要对出土的考古背景进行区分。在商代遗址中，出土动物骨骼以牛、羊、猪、狗、马为主，尽管古人对这些动物都存在不同程度的祭祀与饮食利用，但仍可发现其差别。牛在商代大量饲养，其主要应该是被用来祭祀。原因有三，第一，卜骨使用的多是牛的肩胛骨。第二，祭祀所用牛的数量可观。卜辞曾记载：登大甲牛三百（《怀特》904）、兄丁延三百牢（《合集》22274）、五十牛于王亥（《合集》722）、黄尹百牛（《合集》3498）。第三，牛骨随葬普遍，特别是在殷墟商墓中。除祭祀与随葬之外，商代都城遗址的地层中多见零散的牛骨，这些骨骼应该是古人食肉后所剩骨骼。器物上所见牛的形象也较多，如殷墟 M54 出土青铜牛尊，武官村 M260 出土铜牛，妇好墓出土 4 件玉牛和 2 件石牛，西北冈王陵区出土 1 件玉牛和 6 件石牛，墓主都具有较高的等级地位。所以，古人对牛的利用应该更多的是祭祀而非食用，即使食用，可能仅限于贵族阶级。

---

① 张渭莲：《商先公踪迹与商人起源考》，《历史研究》2019 年第 2 期。

对于羊来说，其依然存在祭祀与食用两方面，但是将羊用作祭祀的数量是远少于牛和狗的[1]。据相关研究，晚商时期可能出现了以供应城市居民羊肉为主要目的的专业化养羊经济[2]。这一专门化经济模式的出现除了是城市发展的产物，还表明古人对羊肉需求的增长。除此之外，这一点也见于考古出土，对孝民屯遗址出土羊骨的鉴定表明绵羊与山羊的可鉴定样本比例约为 26:1[3]，一般来说，绵羊的产肉量要大于山羊，且能够生产羊毛一类的副产品。妇好墓出土的两件玉羊头均带卷角，也是绵羊[4]。这些现象都表明古人利用较多的是绵羊，其用途大概以食肉为主。商代饲养家猪很普遍，商代遗址中猪骨出现频率颇高，其中在郑州二里岗商代遗址出土的骨料中就以猪骨为主[5]。也有发现随葬的猪骨，但以猪祭祀的数量则较少，猪主要就是被用来食用。至于狗和马的考古发现，很少见到有二者零散骨架，这说明狗和马作为随葬和祭品的可能性更高，食用的可能性较低。

综上对牛、羊、猪、狗、马的考察，古人可能获得了较多家猪和绵羊的肉食资源，这得益于畜牧经济的进一步发展。当然，这并不否定可能存在其他肉食资源的可能性，比如鸡，但因鸡骨不易保存导致目前对于商代家禽的了解较少[6]。另外，杨升南认为商代已经开始有意识地保护鱼类资源以供长期捕获食用[7]。因此，从历时性来看，先商比早中商古人摄入更多的动物蛋白，然而少于殷墟和豫中地区晚商古人类；从共时性来看，晚商时期黄河下游地区不同区域古人的肉食没有较大差异。

三 水稻在商代古人类食物结构中的减少

水稻作为中国最早驯化的农作物之一，发现史前水稻遗存的遗址分布非常广泛[8]。

---

① 袁靖、傅罗文:《动物考古学研究所见商代祭祀用牲之变化》,《科技考古文集》, 文物出版社, 2009 年, 第 164～174 页。

② 李志鹏:《晚商都城羊的消费利用与供应——殷墟出土羊骨的动物考古学研究》,《考古》2011 年第 7 期。

③ 李志鹏:《晚商都城羊的消费利用与供应——殷墟出土羊骨的动物考古学研究》,《考古》2011 年第 7 期。

④ 陈志达:《商代晚期的家畜和家禽》,《农业考古》1985 年第 2 期。

⑤ 河南省文物局文物工作队:《郑州二里岗》, 科学出版社, 1959 年, 第 35 页。

⑥ 陈志达:《商代晚期的家畜和家禽》,《农业考古》1985 年第 2 期。

⑦ 杨升南:《商代的渔业经济》,《农业考古》1992 年第 1 期。

⑧ He, K., Lu, H., Zhang, J., et al. Prehistoric evolution of the dualistic structure mixed rice and millet farming in China. *The Holocene*. 2017, 27 (12): pp. 1885–1898.

值得注意的是，豫中豫南地区（新砦[1]、东赵[2]、瓦店[3]、王城岗[4]等）水稻遗存的分布数量和豫北冀南相比显著较多。除此之外，新砦期的新密新砦遗址，水稻出土概率超过 80%[5]，出现了一种除粟、黍外，稻作占有一定地位的种植模式，植硅体方面的证据也支持这一观点[6]。商以后，郑州商城[7]、小双桥[8]的大植物遗存研究均发现水稻遗存，此时无论是从绝对数量还是出土概率上水稻均为次要地位，以粟为主的农业格局已经成熟。然而在豫北，郐邓未发现水稻遗存[9]，殷墟出现的水稻遗存极少[10]。这表明，豫中与豫北地区在对农业传统的吸收与发展上受到不同的影响。碳稳定同位素方面，豫中地区，汝州煤山人骨 $\delta^{13}C$ 值为 $-15 \pm 2.5‰$（$n=4$）[11]，郾城郝家台为 $-13.1 \pm 4.6‰$（$n=11$）[12]，瓦店为 $-11.5 \pm 2.4‰$（$n=20$）[13][14]，表明新石器时代晚期豫中古人类对水稻存在一定的消费。如前所述，商代时期则出现显著性的转变。

鲁南苏北地区史前水稻遗存的发现也较为普遍，从后李文化时期到龙山文化时期呈增多趋势，空间分布范围也逐步扩大，岳石文化时期水稻遗存数量减少[15]。这种特殊

---

① 钟华、赵春青、魏继印等：《河南新密新砦遗址 2014 年浮选结果及分析》，《农业考古》2016 年第 1 期。

② 孙亚男、杨玉璋、张家强等：《郑州地区东赵先民植物性食物结构及遗址出土部分陶器功能分析：来自植物淀粉粒的证据》，《第四纪研究》2018 年第 2 期。

③ 刘昶、方燕明：《河南禹州瓦店遗址出土植物遗存分析》，《南方文物》2010 年第 4 期。

④ 赵志军、方燕明：《登封王城岗遗址浮选结果及分析》，《华夏考古》2007 年第 2 期。

⑤ 北京大学震旦古代文明研究中心、郑州市文物考古研究院：《新密新砦：1999～2000 年田野考古发掘报告》，文物出版社，2008 年，484～494 页。

⑥ 姚政权、吴妍、王昌燧等：《河南新密市新砦遗址的植硅石分析》，《考古》2007 年第 3 期。

⑦ 贾世杰、张娟、杨玉璋等：《郑州商城遗址炭化植物遗存浮选结果与分析》，《江汉考古》2018 年第 2 期。

⑧ 钟华、李素婷、李宏飞等：《河南省郑州市小双桥遗址浮选结果及分析》，《南方文物》2018 年第 2 期。

⑨ 刘焕、宋国定、李素婷：《河南郐邓遗址浮选碳化植物遗存分析》，《人类学学报》2021 年第 6 期。

⑩ 王祁、唐际根、岳洪彬等：《安阳殷墟刘家庄北地、大司空村、新安庄三个遗址点出土晚商植物遗存研究》，《南方文物》2018 年第 3 期。

⑪ 周立刚：《稳定碳氮同位素视角下的河南龙山墓葬与社会》，《华夏考古》2017 年第 3 期。

⑫ 周立刚：《稳定碳氮同位素视角下的河南龙山墓葬与社会》，《华夏考古》2017 年第 3 期。

⑬ Li, W., Zhou, L., Lin, Y., et al. Interdisciplinary study on dietary complexity in Central China during the Longshan Period (4.5 – 3.8 kaBP): New isotopic evidence from Wadian and Haojiatai, Henan Province. *The Holocene*. 2021, 31 (2): pp. 258 – 270.

⑭ Chen, X., Fang, Y., Hu, Y., et al. Isotopic reconstruction of Late Longshan Period (ca. 4200 – 3900 BP) dietary complexity before the onset of state-level societies at the Wadian site in the Ying River Valley, Central Plains, China. *International Journal of Osteoarchaeology*. 2016, 26 (5): pp. 808 – 817.

⑮ 靳桂云、郭荣臻、魏娜：《海岱地区史前稻遗存研究》，《东南文化》2017 年第 5 期。

的作物布局为"稻旱混作"①，指的是鲁南苏北地区新石器时代古人食物结构中以稻、粟为主。稳定同位素的结果支持这一结论。例如，滕州西公桥人骨 $\delta^{13}C$ 值为 $-14.8 \pm 2.9‰$②、日照两城镇为 $-9.8 \pm 2‰$（来自羟基磷灰石）③、泰安大汶口为 $-10.1 \pm 1.5‰$④、邳州梁王城为 $-11.3 \pm 2.3‰$⑤，均表现出古人对水稻消费的信号。由于鲁南苏北地区尚未形成系统的商代植物考古研究，目前从大植物遗存研究方面没有定论，但稳定同位素的研究提供了科学的证据。造成商代当地人饮食中水稻减少有两种可能的原因，一是该地属于商代奄都范围或附近，还例如前掌大墓地属于殷遗民，受到商人饮食传统的影响，保留了食用粟、黍的习惯，较少摄入水稻；另一原因，这也许是受 4kaB.P. 气候事件的影响⑥，相对干冷的气候不适合水稻的生长，抑或是这一降温事件导致的异常洪水增多⑦，古人被迫迁离地势低平的平原，继而导致水稻的种植空间被压缩。因此，当地在距今 4000～3000 年之间农业结构发生了较大变化，从"稻旱混作"转变成为旱作农业区，水稻种植比例下降。不论如何，鲁南苏北商代古人饮食的变化为研究夏商周时期的农业变迁提供了非常重要的线索。

四　结　论

本文主要以碳、氮稳定同位素的分析方法，结合动植物考古研究，对商代古人食物结构和商代农业发展进行了初步研究。从历时性来看，先商至晚商时期古人的植食始终以粟为主，但晚期相较于早期古人植食中增加少量 C_3 植物，也就是说，小麦、大豆的贡献可能有增加的趋势，这可能与商代人口压力增大和商代农业发展的现实关联性有关。并且，晚商古人摄入了更多的陆生动物蛋白或鱼类，特别是家猪和绵羊，这一变化应该是定居农业后畜牧经济进一步发展的结果。值得注意的是，晚商时期古人

① 赵志军：《两城镇与教场铺龙山时代农业生产特点的对比分析》，《东方考古（第 1 集）》，科学出版社，2004 年，第 210～216 页。
② 胡耀武、何德亮、董豫等：《山东滕州西公桥遗址人骨的稳定同位素分析》，《第四纪研究》2005 年第 5 期。
③ Lanehart，R. E.，Tykot，R. H.，方辉等：《山东日照市两城镇遗址龙山文化先民食谱的稳定同位素分析》，《考古》2008 年第 8 期。
④ Chen，S.，Yu，Q.，Gao，M.，et al. Dietary evidence of incipient social stratification at the Dawenkou type site，China. *Quaternary International*. 2019，521：pp. 44–53.
⑤ Dong，Y.，Lin，L.，Zhu，X.，et al. Mortuary ritual and social identities during the late Dawenkou period in China. *Antiquity*. 2019，93（368）：pp. 378–392.
⑥ 张小虎、夏正楷、杨晓燕等：《黄河流域史前经济形态对 4kaB.P. 气候事件的响应》，《第四纪研究》2008 年第 6 期。
⑦ 夏正楷、杨晓燕：《我国北方 4kaB.P. 前后异常洪水事件的初步研究》，《第四纪研究》2003 年第 6 期。

的植食和肉食在豫中、豫北、鲁中、鲁南地区不存在共时性差异。另外，稳定同位素和大植物遗存分析共同证明商代古人在豫中豫南、鲁南苏北地区改变了自新石器晚期以来"稻旱混作"的农业结构，趋向单一粟作发展，水稻在食物结构中显著减少。另外，需要明确的是，本文以碳、氮稳定同位素为切入点对商代古人食物结构的研究主要是侧重时空差异化。实际上，对于差异化的讨论是复杂的，例如族别、性别、年龄、身份地位、遗址等级等，此类问题的解决需要稳定同位素数据的完善。本研究也证明稳定同位素在差异化研究中存在较大潜力。

The Preliminary Study on Food Structure Differentiation in the Shang Dynasty from the Perspective of Stable Isotopes

Zhao Shijie　　Wu Xiaotong

Abstract: In addition to zooarchaeology, phytoarchaeology and oracle inscriptions, the analysis of carbon and nitrogen stable isotopes provides a crucial scientific foundation for the exploration of ancient dietary habits and agricultural development. This paper presents an analysis of stable isotope data from the Late Neolithic inhabitants of the Central Plains and the Haidai region, as well as from the Prior to Late Shang period in the Yellow River and Huai River regions, to elucidate the spatiotemporal variations in the dietary structures of the Shang Dynasty. Our research indicates that from the Prior to Late Shang period, millet remained the dominant staple food, with a potential increasing trend in the contributions of wheat and soybeans. Moreover, during the Late Shang period, individuals exhibited a higher consumption of terrestrial animal proteins and fish, particularly from domestic pigs and sheep. This suggests an advancement in animal husbandry during the Shang Dynasty. It is noteworthy that no synchronous regional disparities in plant and meat consumption were observed during the Late Shang period in the areas of Central Henan, Northern Henan, Central Shandong, and Southern Shandong. Furthermore, corroborative evidence from stable isotope analysis and macrobotanical remains attests that in the Central Henan, Southern Henan, Southern Shandong, and Northern Jiangsu regions, there was a transition from the agricultural structure of "rice-dryland mixed cultivation" that had persisted since the Late Neolithic period, towards the promotion of a singular crop, millet, and a significant reduction in the dietary importance of rice. This study demonstrates the greater potential of stable isotopes in differential studies.

Keywords: Shang Dynasty; Stable isotopes; Food structure; Agricultural structure

山西省沁源县程壁石窟
病害调查与保护对策

赵　杰[1]　李　辉[2]　武　夏[1]

（1. 山西大学考古文博学院，太原，030006；

2. 山西省古建筑与彩塑壁画保护研究院，太原，030012）

摘要： 程壁石窟位于山西省长治市沁源县韩洪乡程壁村西南 11.8 千米，现存六窟。该石窟开凿于北齐和隋代，具有重要的历史价值和艺术价值。目前，程壁石窟整体病害情况比较严重，主要有裂隙、缺失、风化、结构失稳、生物病害、人为盗凿和刻划等自然和人为病害。基于文物病害现状，可以采取岩体加固、裂隙灌浆、表层封护，以及清理植物和表面的污渍、刻划痕迹，修建窟檐等保护措施，尽可能地减缓文物受损速度与降低受损程度。

关键词： 程壁石窟　病害调查　保护措施

程壁石窟位于山西省长治市沁源县韩洪乡程壁村西南 11.8 千米，地处乡道 Y009 旁山体西侧的半山腰上。石窟共六窟，东西向排列，整体坐北朝南，所在岩体东西总长 30 米，高 3.5 ~ 4.7 米。东侧第 1 窟正中位置的地理坐标为北纬 36°39′7.2″，东经 112°14′49.1″，海拔 1212 米。地层构造为古生界二叠系地层，岩体石质为泥岩夹砂岩，结构比较酥软，颗粒粗大，黏结性差。

《中国文物地图集·山西分册》记录其仅有一窟①。第三次全国文物普查时记载其有六窟，风化严重②。2021 年 1 月全国石窟寺专项调查时我院对该石窟进行了复查，全面掌握了石窟的现存情况。确认程壁石窟有六窟，在第 1、2 窟周围有七处佛龛，第 4、5 窟中间有一通石碑，第 1、2、3 窟外立面存七处题记，但石碑、题记均未见纪年。六窟均为方形窟，平顶。第 2 窟为空窟，其余各窟均开三壁三龛，壁面下方开凿低坛基。

---

① 国家文物局：《中国文物地图集·山西分册》，中国地图出版社，2006 年。

② 山西省文物局：《山西文物地图集：山西省第三次全国文物普查成果总汇》（光盘版），中国地图出版社，2012 年。

第 4、6 窟东壁由于空间局促只雕凿了四尊造像，其他各窟三壁均雕凿一铺五尊像。第 1 窟三壁为平顶龛，第 3、4、5、6 窟龛楣均为帐形龛。第 1、3、5 窟上方有方形椽眼，应为窟檐遗迹。

程壁石窟第 1~5 窟的窟龛形制、佛像题材、造像风格等与北齐时期响堂山石窟[1]、小南海石窟[2]、水浴寺石窟[3]等类似，当为北齐时开凿。第 6 窟正壁主尊的钩纽式袈裟出现时间较晚，在山西仅隋代开河寺摩崖大佛[4]有此类佛衣，该窟应为隋代开凿。

程壁石窟的造像和题记为研究该地区北朝晚期至隋代的历史文化以及交通地理提供了重要的资料。但目前该石窟也遭受着严重的损害，长期的风化作用使得题记大片剥落、造像多数残损；裂隙的发育导致石窟本体结构失稳、岩体缺失；佛像的头部遭人为盗凿或破坏，等等。本文将着眼于如何做好该石窟的保护工作，对存在病害进行分析，并提出保护建议，以期避免石窟遭受进一步的损害。

一　石窟现存病害

程壁石窟目前存在着比较严重的结构失稳、缺失、裂隙、风化、生物病害等自然损害，以及刻划和盗凿等人为损害。由于石窟距离沁源县乡道 Y009 不足 50 米，机动车行驶时产生的震动也会对石窟岩体结构产生不利影响。本次调查时第 1、4 窟已被泥土掩埋，虽经清理，但表面仍存部分泥渍。第 3、5、6 窟的内三壁及地面均有黄色泥渍，以及泥渍与水分结合形成的泥球。下面将详细介绍石窟外立面和各窟所存病害。病害图例依据《石质文物病害分类与图示》[5]绘制如下表示（表一）：

表一　病害图例

病害名称	裂隙	风化	缺失	植物病害	微生物病害	人为污染、刻划
图例						

---

① 陈传席：《响堂山石窟》，天津人民美术出版社，2014 年。

② 河南省古代建筑保护研究所：《河南安阳灵泉寺石窟及小南海石窟》，《文物》1988 年第 4 期。

③ 邯郸市文物保管所：《邯郸鼓山水浴寺石窟调查报告》，《文物》1987 年第 4 期。

④ 山西省古建筑保护研究所、北京大学考古学系石窟调查组：《山西平定开河寺石窟》，《文物》1997 年第 1 期。

⑤ 中华人民共和国国家文物局：《石质文物病害分类与图示》，文物出版社，2008 年。

（一）外立面（图一）

1. 裂隙

外立面裂隙主要有以下几处：

（1）第1窟的窟门上方东侧由门角向上存在一道裂隙，直到该岩石的末端。裂隙长56厘米，最宽处10厘米。

（2）第1窟的窟门上方正中存在一道裂隙，直到该岩石的末端。裂隙长71厘米，最宽处7厘米。以上两道裂隙已导致窟顶上方的岩体塌落，并形成了新的危岩体，对第1窟的安全状况形成威胁。

（3）第1、2窟中间存在一道裂隙，长129厘米，最宽处12厘米。

（4）第2窟外东侧崖壁存在一道裂隙，从窟门东侧中部向斜上方延伸至第1、2窟中间的裂隙并相交。裂隙长84厘米，最宽处4厘米。

（5）第2窟外立面上方的一道裂隙，从窟门左上角向斜上方延伸，长101厘米。该裂隙系构造应力所致，发育较深，并由外立面延伸到窟内壁面，对石窟结构的稳定构成了较大威胁。

（6）第2、3窟中间发育有一道纵向裂隙，长280厘米，最宽处达14厘米。裂隙内灌入泥土，生长有杂草和灌木。

（7）第3窟至第6窟窟顶上方发育有一道横向裂隙，为岩层之间的裂隙，长1119厘米，最宽处17厘米。

图一　程壁石窟外立面病害图

（8）第 5 窟外立面相较于第 4 窟突出了一部分，第 4、5 窟外立面中间有一道纵向裂隙，长 350 厘米，最宽处达 10 厘米。

（9）石碑的表面有两道风化形成的浅层斜向裂隙，位于石碑中部。

2. 缺失

程壁石窟除第 2 窟为空窟外，其余五窟的窟门上方和东侧岩体均有不同程度的缺失，窟门上方现均与窟顶等高。五窟窟门岩体缺失，很可能是窟门内侧原本雕凿了比较深或比较特殊的造像所致。第 3、4 窟的窟门西侧岩体同样缺失。第 2 窟窟门东侧有一块三角形状的岩体缺失，应为第 2 窟东侧裂隙发育导致的岩体结构失稳所致。第 4、5 窟中间的石碑，碑首西侧岩体缺失。

3. 风化

由于长期的风化作用，第 1、2 窟的外立面以及七处佛龛和七处题记的表层岩体脱落，露出了内部的岩体。佛龛造像仅具其形，面目难辨。题记字迹漫漶不清，大多不识。第 4、5 窟中间的石碑，有两道斜向裂隙将碑面分为三截，由于风蚀，起翘严重，字迹大多不存，仅下两截的左侧部分仍存字迹，但也模糊不清。

4. 生物病害

程壁石窟外立面有五处植物生长。第 1、2 窟中间的裂隙内有灌木生长；第 2、3 窟中间的裂隙中有两处生长有灌木，一处在顶端，根系已深入岩体内，一处在底端；第四处位于第 4、5 窟中间的石碑后方；第五处位于第 6 窟的西侧斜上方，接近外立面岩石的顶部。这些灌木枝根发达，根部深入岩体，持续破坏岩体，将导致裂隙扩大，使石窟的结构失稳情况更加严重。

5. 车辆经过产生震动

程壁石窟距离沁源县乡道 Y009 直线距离不足 50 米，道路上车辆往来频繁，相当一部分是重型的拉煤货车。它们行驶时产生的震动会导致石窟所在岩体裂隙的持续扩大，加剧岩体结构失稳。

（二）第 1 窟

1. 裂隙

（1）窟门上方的两道裂隙向窟内延伸，已经形成了大块危岩体，有倒塌和掉落的危险，对第 1 窟的文物安全和人员安全形成了较大的威胁（图二）。

图二　第 1 窟窟顶病害图

（2）第 1 窟北壁东侧造像的脚部向东、向下有一道弯曲的裂隙，延伸至东壁下方。裂隙长 36 厘米，最宽处 1 厘米（图三）。

（3）第 1 窟北壁西侧有一道纵向裂隙，从北壁顶部向壁面右下角方向发育[①]，穿过了最西侧造像的腿部和脚部，直到近地处终止。裂隙长 97 厘米，最宽处 1 厘米（图三）。

（4）第 1 窟窟内有一道很宽的裂隙贯穿窟内东西两壁及窟顶和地面，长 522 厘米，宽 15～21 厘米。裂缝内有泥土，生长有植物的根系。这道裂隙与东西两侧造像较近但并未伤及造像，应是开凿石窟时就存在小的裂缝，在开凿东西两壁造像时有意避开该裂缝，以后在地质作用和岩石内部应力作用下裂缝不断扩大，形成现在的规模（图二、四、五）。

（5）第 1 窟西壁主尊头像上方有两道裂隙交汇，纵向的一道由窟顶向下延伸至主尊南侧第一尊造像的头部附近，横向的一道由主尊头部上方向北延伸到西壁末端（图四）。

（6）第 1 窟东壁靠近窟门处有一道自上而下的裂隙，沿着窟门内侧发育，长 83 厘米。此裂隙发育较深，已形成空洞打通窟内外（图五）。

---

① 依据国家文物局 2021 年 7 月 16 日印发的《石窟寺考古报告编写体例指南》，确定洞窟遗迹描述的左右方位时，一般以主尊造像本身的左右作为参照标准。

图三　第 1 窟北壁病害图

2. 缺失

（1）第 1 窟北壁主尊和其东侧造像头部缺失，缺失面比较完整，应为人为刻意破坏。其余三尊造像的面部、主尊右侧自肩膀以下到手的部分、最东侧造像身体右侧自肩膀以下到脚的部分，表面岩体缺失，但残缺面比较粗糙，应为自然风化所致（图三）。

（2）第 1 窟西壁主尊及其北侧第一尊造像的头部缺失不见，断口比较整齐，系人为毁坏或盗凿。主尊的双手和右腿表面岩体缺失，露出了内部较为粗糙的岩体（图四）。

3. 风化

（1）第 1 窟北壁左上部分从窟顶到造像头部的表层，均遭风化而脱落，系粉末状风化（图三）。

（2）第 1 窟西壁南侧的两尊造像和最北侧的一尊造像，身躯受风化影响比较严重，为粉末状风化，残存面粗糙（图四）。

（3）第 1 窟东壁 5 尊造像及壁面表面受风化影响部分岩体脱落，为粉末状风化。造像的面部和身上的服饰已无法辨认，只留一佛二弟子二菩萨的大致轮廓（图五）。

图四　第 1 窟西壁病害图

图五　第 1 窟东壁病害图

（三）　第 2 窟

第 2 窟为空窟，窟内四壁无雕凿痕迹，原应为禅窟。外立面上开有四处佛龛，窟门东侧有题记残存，窟门两侧雕凿力士。窟内地面覆盖有较厚的泥土层，泥土厚度已经超过了窟门的门槛。

1. 裂隙

窟门外上方崖壁的裂隙向窟内延伸，经窟顶直到北壁地面，长 360 厘米，最宽处达 16 厘米。该裂隙贯通了窟内外，在窟门、窟顶处形成了大块危岩体，严重威胁石窟的稳定性。这道裂隙在窟顶和北壁又发育出众多细小的裂隙，导致窟顶和北壁部分岩体的掉落缺失（图六）。

2. 缺失

窟门东侧有一块三角形的岩体缺失，应为窟门东侧裂隙发育导致的岩体结构失稳所致（图六）。

图六　第 2 窟外立面病害图

3. 风化

窟门外两侧的四处佛龛，由于风化作用，造像的面部和服饰几不可辨。窟门东侧的题记漫漶不清，释读困难（图六）。

（四）第 3 窟

1. 裂隙

（1）窟顶到北壁的一道裂隙，由窟门顶部左上角向北壁延伸，直到北壁主尊的头部西侧附近。裂隙长 170 厘米，最宽处 1 厘米（图八）。

（2）西壁上方的一道裂隙，从窟顶与西壁交界处向下延伸到帐形龛的下方，长 31 厘米（图七）。

2. 缺失

（1）除东壁最南侧造像头部仍存外，该窟三壁其余十四尊造像的头部均已缺失，残存面比较粗糙，应为人为毁坏或盗凿（图七、八、九）。

（2）北壁主尊造像肘以下到脚部、东侧第一尊造像的身体大部、西壁主尊南侧造像和东壁主尊南侧造像的身体大部岩体缺失，系长期风化造成（图七、八、九）。

图七　第 3 窟西壁病害图

图八 第 3 窟北壁病害图

图九 第 3 窟东壁病害图

3. 风化

第 3 窟东壁坛基表面、主尊造像和南侧两尊、北侧一尊造像的表面，由于风化影响造成岩体脱落，残存面比较粗糙，造像的面部和服饰漫漶不清（图九）。

4. 霉菌

第 3 窟北壁裂隙两侧滋生有黑色的霉菌，延伸到主尊造像右手手肘部分，面积约 0.4 平方米。其形成原因为水从裂隙渗入，致使岩体表面易于霉菌生长（图八）。

（五）第 4 窟

1. 缺失

（1）北壁除主尊西侧造像外，其余四尊造像的头部均缺失，主尊造像的缺失面比较光滑，应为人为盗凿所致；东侧两尊造像的头部连同所在壁面被人为切割，切割面比较平整，露出了石窟后面的泥土（图一一）。

（2）西壁南侧四尊造像的头部全部缺失，应为人为破坏所致，残存面比较粗糙（图一〇）。

图一〇　第 4 窟西壁病害图

（3）东壁主尊北侧两尊造像头部缺失，残存面比较粗糙（图一二）。

（4）北壁与西壁相交处的帐形龛下部缺失了一部分岩体，露出了内部的岩石（图一〇）。

2. 风化

三壁岩体均有大面积风化脱落，表现为粉末状风化，露出了内部粗糙的岩体（图一〇、一一、一二）。

图一一　第 4 窟北壁病害图

图一二　第 4 窟东壁病害图

（六）第5窟

1. 缺失

（1）西壁主尊及其北侧两尊造像的头部完全缺失，残存面比较光滑，应为人为盗凿所致。最南侧的菩萨像风化现象严重，表层岩体基本脱落全无，只有双脚残存部分（图一五）。

（2）北壁五尊造像的头部全部缺失，残存面粗糙，应为人为盗凿或破坏。北壁东侧帐形龛的下垂部分表面残缺，残存面粗糙（图一四）。

（3）东壁五尊造像的头部全部缺失，残存面粗糙，有砍砸的痕迹。主尊施禅定印的双手缺失，腿部表面岩体缺失，露出了内部粗糙的岩体。东壁南侧帐形龛的下垂部分表面缺失部分岩体，残存面比较粗糙（图一六）。

2. 风化

（1）西壁帐形龛下方一直到坛基表面风化严重，岩体脱落，造像表面漫漶不清，难以识别具体细节，残存面较粗糙，为粉末状风化和风化裂隙起翘的混合型。西壁窟门附近的风化边界线与太阳射入的光线界极为贴合，可见太阳辐射对石质文物风化的影响（图一五）。

（2）东壁坛基表面受风化影响，岩体表层脱落，病害种类为粉末状风化（图一六）。

3. 人为刻划

窟顶和三壁帐型龛表面遭人为涂抹、刻划，留有黑色和白色的题记，部分较为规整的墨书题记为清代所留（图一三～一六）。

（七）第6窟

1. 裂隙

西壁窟门内存在一道纵向裂隙，从帐形龛楣延伸到坛基，长52厘米。该裂隙沿窟门与西壁的夹角发育，应为石窟内岩体应力导致的裂隙（图一九）。

2. 缺失

（1）北壁五尊造像的头部、东壁主尊及两侧各一尊造像的头部全部缺失，残存面

图一三　第 5 窟窟顶病害图

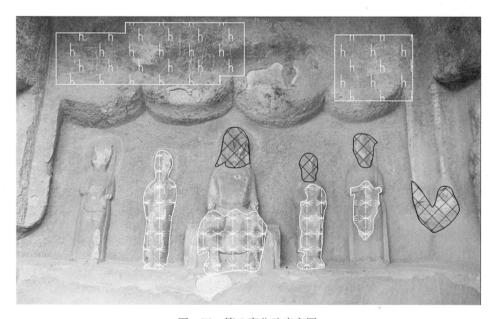

图一四　第 5 窟北壁病害图

光滑，有凿痕，应为近几年人为盗凿。北壁主尊双臂以下到腿部表面岩体缺失。东壁最北侧造像全部缺失，残存面比较粗糙（图一八、二〇）。

（2）西壁由于风化严重，自帐形龛以下到坛基的表面，岩体缺失，五尊造像仅存轮廓（图一九）。

图一五 第 5 窟西壁病害图

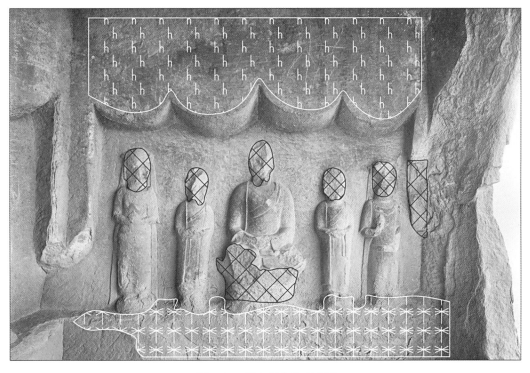

图一六 第 5 窟东壁病害图

3. 风化

除西壁表面整体受风化影响程度严重，该窟窟顶靠近窟门的部分有大片的粉末状风化现象（图一七、一九）。

4. 人为刻划

北壁帐形龛楣表面有较多划痕，杂乱无章（图一八）。

图一七　第 6 窟窟顶病害图

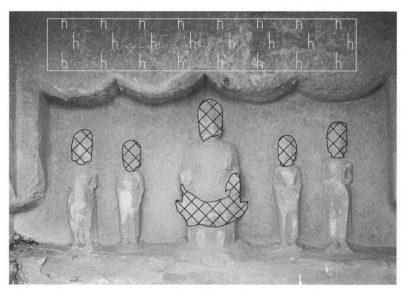

图一八　第 6 窟北壁病害图

图一九　第 6 窟西壁病害图

图二○　第 6 窟东壁病害图

（八）病害评估

首先，石窟目前面临的最大风险是裂隙和缺失形成的岩体结构失稳。其中第 1、2 窟的窟顶因裂隙形成了体积较大的危岩体。此外每个窟内还有多道长短不一的裂隙，裂隙纵横交错，汇聚在一处时易发生坍塌缺失。这些裂隙和缺失对石窟造成了巨大的伤害，破坏了石窟造像的文物本体，威胁到了石窟的安全保存。裂隙发生的原因有岩体内部的应力作用、地质沉降导致的岩体变形、裂隙内的植物生长以及汽车经过时产生的震动等。

其次，石窟的风化现象比较严重，特别是第 1、2 窟外的佛龛与题记和第 4、5 窟中间的石碑风化影响严重。题记大片脱落、空鼓起翘，佛龛造像表面漫漶不清，仅能看出大致轮廓。同时，风化也导致了窟内造像的损坏，大量重要信息缺失。风化的原因主要是自然原因，石质文物内部不同矿物质成分的比热容不同，膨胀收缩率也不同，膨胀收缩体积的不同必然导致岩体的开裂脱落。第 5、6 窟的西壁可以明显看出风化脱落界线沿着太阳直射的光线边界分布，即为佐证。

再次，石窟外立面有灌木生长。这些灌木根系发达，根部深入岩体，持续破坏岩体，将导致裂隙扩大，使石窟的结构失稳情况更加严重。

最后，由于无人进行长时期的看护，刻划与盗凿现象严重，多尊造像的头部被完整地凿毁，第 1 窟北壁、西壁主尊的头部，第 3 窟三壁造像的头部，第 4 窟北壁主尊及东侧两尊造像的头部，第 5 窟三壁造像的头部，第 6 窟东壁主尊的头部，等等，均被切割或凿毁。还有第 5、6 窟存在着的人为刻划，这些都对程壁石窟的保存造成了巨大的伤害。

总之，程壁石窟目前存在的病害种类多、面积大、危害程度深，且各种病害错综复杂，相互影响。裂隙在岩体表面发育，相互交错，形成危岩体，造成岩体缺失。严重的风化，也会引起岩体的缺失，加之岩体表面酥脆，更容易引发裂隙。岩石产生裂隙后，落入泥土，植物在其中生长，根系不断发育，又会加剧裂隙的发育。裂隙、缺失、岩体结构失稳、风化和生物病害相互影响，形成复合病害，给石窟保护工作带来了很大的困难。

二　保护措施

程壁石窟目前存在的病害有种类多、数量多、面积大以及危害性大、病害原因复杂等特点。造成病害的原因很大程度上是自然气候等因素，且程壁石窟的石质为比较酥软的黄色砂岩，颗粒大、黏结性差，各种病害对其破坏性更大。根据其病害特点及原因，参考云冈石窟五华洞①、洛阳龙门石窟②、响堂山石窟③、四川石窟及摩崖造像④等的修复，遵循文物保护修复的原则，即不改变文物原状⑤、最低人为干预原则、可逆性原则、与环境统一原则、符合文物内在要求原则、文物自身材料老化结果清晰可辨的原则、预防永远优于弥补的原则⑥，提出以下修复保护措施。

在修复保护工程开启前应先进行详细调查，拣选石窟附近掉落的石块，进行对比。尽量收集齐石窟所属的岩石，尤其是第1、2号窟附近的石块。第1窟外立面的部分题记所在的岩体呈片状脱落，如果能够收集到带有题记的岩石，将对石窟有更新的认识。

生物病害方面，应当首先清理石窟外立面上生长的植物。在清理过程中宜先将暴露在岩体外的植物部分清理，切忌用物理方法生拉硬拽，以防对石窟岩体产生更大的破坏。对于已经深入岩壁内的植物根系，特别是第2、3窟中间的植物根系，由于已经生长多年，且岩壁内部根系错综复杂，需先使用生物制剂让植物根系死亡再行处理。

对于程壁石窟第1、2窟顶部的岩体结构失稳现象，建议使用锚杆加固和预应力加固技术，将危岩体与主体岩石连接，降低石窟垮塌的危险性。在第1窟外立面打三个锚眼，插入锚杆，使第1窟的前半段岩体与后面山体的岩石连接，加强稳固性。对于宽度在1厘米及其以上的裂隙建议进行灌浆处理，注入更适合砂岩材质加固的PS－F浆液⑦。对宽度在1厘米以下的裂隙，使用环氧树脂进行加固。

针对石窟表面风化严重的情况，国内大多数石窟保护采用的是使用环氧树脂溶液滴在风化的石质表面形成一层保护层，从而加固风化岩体表面的办法。高平市大佛山摩崖造像的修复则采用了另一种保护措施。摩崖造像所在的岩体表面被喷上了一层细腻的黄色颗粒物涂层，该涂层能隔绝外部空气，在一定程度上维持内部岩石本体的温

①　唐智亮：《固结灌浆在保护云冈石窟石质文物遗址的应用研究》，吉林大学建设工程学院，2013年，硕士学位论文。

②　联合国教科文组织驻华代表处、洛阳市文物局：《龙门石窟保护修复工程报告》，文物出版社，2011年。

③　李丽慧、杨志法、牟会宠等：《邯郸北响堂寺3号石窟的工程科学亮点研究》，《岩土力学》2004年第9期。

④　何发亮：《四川石窟及摩崖造像主要问题及其治理对策》，《2010年全国工程地质学术年会暨"工程地质与海西建设"学术大会论文集》，2010年。

⑤　云俊：《"不改变文物原状的原则"是文物保护和维修的根本原则》，《东南文化》1999年第1期。

⑥　国际古迹遗址理事会中国国家委员会：《中国文物古迹保护准则》，文物出版社，2015年。

⑦　郭青林、王旭东、范宇权等：《砂砾岩石窟灌浆材料PS－F机制研究》，《岩石力学与工程学报》2009年增刊第2期；李最雄、张虎元、王旭东：《PS－F灌浆材料的进一步研究》，《敦煌研究》1996年第1期。

度，对石质文物起到了良好的保护作用；再配合适当的做旧，可以较好的达到"修旧如旧"的效果。程壁石窟的风化处理在一定程度上可以借鉴该做法，既能有效保护风化的岩石，又不破坏石窟的原生风貌。

程壁石窟第 1、3、5 窟的外立面上方有方形椽眼，应为石窟前的窟檐遗迹。利用这些椽眼，可以再次修建窟檐①，同时在石窟顶部修建顶棚②，以防渗水。修建窟檐可以遮挡雨水，阻止阳光直接照射在文物本体上，从而在一定程度上减弱风力对石窟的作用，也可以使石窟内的温度和湿度维持在一个变化较小的范围内，减弱因温湿度变化而产生的风化破坏。当然建筑的风格应与石窟保持一致，并与周围环境相符合。

最后，清理石窟表面的泥渍和人为涂写、刻划的痕迹③，尽可能还石窟以本来面貌。

三　结语

程壁石窟因地理位置偏僻，现场管理缺乏，存在着裂隙、缺失、风化、结构失稳、生物病害、泥渍污染、人为盗凿和刻划等病害，它们破坏了石窟的文物本体，威胁到了石窟的安全保存，破坏了石窟的原生风貌。依照我国文物保护修复原则，结合有关文物修复实例，可以采用岩体加固、裂隙灌浆、表层封护，以及清理植物和表面的污渍、刻划痕迹，修建窟檐等保护措施，减缓文物受损速度与降低受损程度。同时，加强现场看护也迫在眉睫，避免再次遭受人为盗毁。

附记：

本文为国家社会科学基金冷门绝学专项项目（团队项目）"山西古代造像碑所见民族交融史料的整理与研究"（编号 20VJXT002）、山西大学 2021 年度研究生教育创新计划项目校级项目（编号 2021242）阶段性成果。

---

① 崔光海：《广元千佛崖摩崖造像保护建筑试验段设计方案》，《世界建筑导报》2019 年第 4 期。
② 李建厚：《龙门石窟窟龛保护修缮工艺研究》，《河南科技大学学报（社会科学版）》2019 年第 5 期。
③ 何静：《浅谈去除石质文物表面涂鸦的几种方法》，《石材》2016 年第 6 期。

Investigation on Diseases of Chengbi Grottoes in Qinyuan County, Changzhi, Shanxi

Zhao Jie　Li Hui　Wu Xia

Abstract: The Chengbi Grottoes is located in 11. 8 kilometres southwest of Chengbi Village, Hanhong Township, Qinyuan County, northwest of Changzhi City, which is in the southeast of Shanxi province. There are six caves in Chengbi Grottoes. The grottoes was excavated from the Northern Qi Dynasty to the Sui Dynasty and has grand scale, rich content and exquisite carving. In January 2021, the investigation team found that Chengbi Grottoes had serious diseases during the special survey of the Cave Temple. The current diseases mainly include structural instability, weathering, biological diseases, vibration damage caused by cars, and man-made carvings. Based on the survey and the existing technical means, the investigation team proposed methods to repair the cave temple, such as bolt reinforcement, grouting, surface reinforcement, construction of cave eaves, and construction of canopies.

Keywords: Chengbi Grottoes; Diseases; Protection

《貔子窝》[*]（节选）

滨田耕作[1]著 孙郡菅[2] 赵静芳[2]译

（1. 京都大学，京都；2. 北京联合大学考古研究院，北京，100191）

摘要：《貔子窝》于 1929 年出版。全报告共分十六章，分别对貔子窝地区的单坨子以及高丽寨遗址进行调查发掘，随后对出土遗物进行了整理和分析，最后将两个遗址的年代以及彼此的关系进行分析，最终就当时的居民族群等问题进行探讨。本文对《貔子窝》报告中的部分章节进行了翻译。

关键词： 貔子窝 东方考古学协会 史前遗迹

一 序说

旅顺、大连地区貔子窝境内东老滩附近史前遗址的调查发掘工作开始于十余年前。八木奘三郎曾在碧流河流域的三岛子贝丘遗址中发现了石器、陶器，特别还发现了彩陶[1]。在此之前，岛村孝三郎在大连滨町贝丘发现了与之类似的彩陶[2]，不仅如此，旅顺的大台山贝丘也有相似的彩陶发现[3]。由此，我们对这种彩陶格外关注，进而开始对貔子窝附近地区进行更加完备的调查。这样的调查，想必定会对东亚考古学的发展作出贡献。自 1926 年做出调查发掘计划以来，终于在 1928 年 4 月，实现了这一计划[4]。

此次发掘是由东亚考古学会与"关东厅"博物馆共同主持，参加此次发掘的东亚考古学会成员有：东京大学副教授原田淑人、文学部考古教研室田泽金吉、驹井和爱，理学部人类学教研室宫坂光次；京都大学教授滨田耕作、文学部讲师小牧实繁，并由岛田贞彦作为助手；同会干事岛村孝三郎、小林胖生随队解决其他事务。另外，当地博物馆方面派出馆长内藤宽、馆员森修以及一名助理；朝鲜方面派出小泉显夫参与此次发掘，该地区最初的调查发掘者八木奘三郎先生也前来参观指导。

我们于 4 月 27 日乘船到达大连，于 4 月 29 日从普兰店出发，经过貔子窝，赶往距发掘地约一里的东老滩。第二天早上前往遗址所在地进行踏查，并确定发掘方法，当

---

[*] 本文旨在为中国东北地区史前考古研究提供原始资料，译文有改动。本文观点仅为原作者观点。

天下午便开始了发掘工作。发掘的这两周时间，我们走出了盐田。有时因为下雨或者强风会被迫暂停半天工作，但是最终还是顺利完成了发掘，并于五月十五日下午返回貔子窝。在此期间北京考古学会成员、北京大学教授马衡、陈垣以及北京历史博物馆馆员罗庸、董光忠参观了杉村勇造对东道的发掘，并且亲自发掘了其中一个地点；苏联考古学者托洛玛契夫也前来参观。

出土的遗物被我们送往了京都大学文学部考古学教研室，将在滨田耕作教授的指导下，由岛田贞彦、田泽金吾两位负责，文学学士水野清一协助，逐步整理研究，接下来我们会对遗址的性质以及发掘的过程进行论述，对遗物进行记录，最后判断其考古学年代以及背后蕴含的考古学价值[5]。

二　东老滩附近遗迹的地形及地质

该遗址位于与奉天省庄河相邻的旅顺、大连地区东北的边缘，貔子窝城区东北方向约四里，近碧流河河口，前方与一峡状小台地相连，有三个小岛散布在滩涂。我们发掘的地点就位于离台地最近的那个小岛。在行政区划分上，东老滩乡与碧流河乡以台地和岛之间的小河为界，所以，台地属于貔子窝辖区内的东老滩乡的火神庙屯，而小岛属于碧流河乡的杏树房屯[6]。如今，如果站在台地上远眺，回首就能看见后面有着火神庙祠画般纹路的花岗岩山丘蠹立在那，向前远眺，泥沙绵延，隐约可见干岛子的轮廓，收回目光，三座小岛在近处以鼎立之势散布于滩涂。然后，西南方有连着一望十里的盐田，还能看见星星点点的风车迎风转动，也是一幅美丽的风景。

关于这个小岛和台地的地质年代，可以联系到一起来看，因为二者的地质地貌是相同的，即由于辽东半岛脊岭山脉两侧不断下降而形成的丘陵。这表明该地貌已发育至老年阶段。丘陵自台地的边缘一直向东北方向绵延，直到碧流河的河口。台地西南方东老滩的周围区域则是可以作为盐田的湿润平地或者是一个直到最近才被海水淹没的"滩涂"。丘陵台地南侧的岩石上新打上来的波浪痕迹清晰可见，这说明这里正好是曾经的海岸，而且该地高度大致与海平面平齐，再次印证了这里是海岸的事实。

此外，我们对附近的地质情况进行了勘察（图一），勘察范围大致西起赵家屯，东至碧流河口，正好将此次要发掘的地点包含在内。勘察结果表明，辽东半岛大部分地质都是由古生代的沉积岩构成。而即将发掘的区域，岩石构成则以片麻岩和花岗岩为主。而且，台地地壳是由贯穿了花岗岩岩脉的黑云母状片麻岩构成的。在岩层之上年代最晚的冲积层中，我们发现了人类的遗物，这也是意料之中的事。但是，在台地南部的某一处，我们还发现了闪长岩喷出，因此该区域的岩石构成还包括了像闪长岩、片麻岩等坚硬的泥灰质板岩。这些岩石是制作石斧以及其他石器的原料，在后面我们会进行介绍。事实上，很多遗址也都发现了这样的岩石构成[7]。

关于台地和小岛，当地人也叫不出它们的名字。因此，为了方便称呼，我们为该

图一　单坨子及高丽寨远望图
（滨田写生，原报告图版第一）

遗址进行命名。相传台地曾是高丽人的城寨，所以命名为高丽寨。至于小岛，因为地图上把三座小岛中的其他两座叫双坨子，所以我们就把它命名为单坨子。后面的报告内容也将统一用这两个名字称呼。

……

一五　单坨子与高丽寨两遗址的关系及年代

以上就是从单坨子岛到高丽寨台地发掘出土遗物的全部记录，接下来，我们将对这些遗物进行比较，研究这两个遗址的关系并且判断其年代。然而，我们的研究问题的方法，无外乎就是对这两个遗址出土的遗物性质以及发掘情况进行综合考量，由于没有特殊的证据证明其关系和年代，所以我们就必须反复查看之前对各个遗物的描述，才能推导出其年代及其关系。

1. 石器

石器方面，我们并没有看出两个遗址有什么特别大的差异。与高丽寨台地相比较而言，单坨子岛上的石器要丰富一些，而且制作精巧者更多（图二）。就像我们发现的那件大型石剑（图二，1），就暗示着单坨子岛当时的石器制作已经达到了鼎盛；与之相反，高丽寨台地的石器可能就代表了石器制作在当时已进入衰颓期（图三）。两个遗址中发现的骨角器都比较少，因缺乏资料，遗址间的骨角器比较研究较难开展。

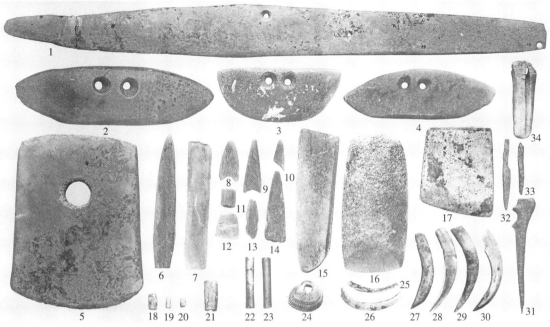

图二　单坨子遗址出土石器（原报告图版第一九）

图三　高丽寨遗址出土石器（原报告图版第三七）

2. 陶器

单坨子岛以磨光陶器 (日文原稿作 "研磨土器") A 种为主要陶器 (图四),
除此之外还有在 A 种陶器上施彩的彩陶 (图五)。高丽寨台地则以 B 种陶器 (也
就是以鬲瓿形器为代表的陶器) (图六、七) 以及属于汉式系统的 C 种灰陶 (日
文原稿作 "黝色土器") 及其变种为主 (图八、九); 虽然仍有 A 种陶器, 但是其
意义已经没有那么重要了。而且, 单坨子岛发现彩陶, 却没有发现 C 种陶器。我
们仅仅找到了少量 B 种陶器的碎片, 再结合层位关系以及其他出土遗物的情况,
即单坨子岛没有金属器和古钱币, 而高丽寨台地却大量出土金属器和古钱币。通
过以上事实, 我们猜测的结果不外乎是, A 种陶器年代最早, B 种次之, C 种年代
最晚 (表一)。

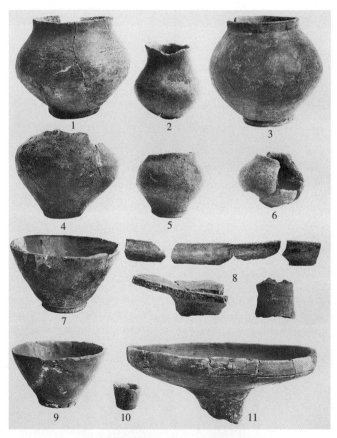

图四 单坨子遗址出土 A 种陶器完整器
(原报告图版第二二)

图五　单坨子遗址出土 A 种彩陶
（原报告图版第二五）

图六　高丽寨遗址出土 B 种陶器完整器
（原报告图版第三九）

图七　高丽寨出土 B 种陶器残片
（原报告图版第四〇）

表一　单坨子及高丽寨遗址出土陶器种类表[①]

系统	陶器种类		数量	
			单坨子	高丽寨
（Ⅰ）先史系统陶器	A_1	各色磨光陶器	大量	-
	A_2	彩陶	少量	-
	A_3	陪葬陶器	少量	-
	A_4	各色磨光陶器	-	少量

① 译者注：该表译自《貔子窝》第十一章，注释［8］。

系统	陶器种类		数量	
			单坨子	高丽寨
（Ⅱ）汉式系统陶器	B	灰色粗陶	微量	大量
	C_1	灰色细陶	-	大量
	C_2	席纹灰陶	-	少量
	C_3	夹滑石的陶器	-	少量

3. 金属器

单坨子岛仅出土了一个青铜碎片（图一○），而高丽寨台地却有很丰富的金属器遗存，包含大量的青铜器（图一一）、铁器（图一二），数量之多，无法全部发掘。这些事实说明单坨子岛遗址所处的时代为新石器时代末期，而高丽寨台地属于石器和青铜器、铁器一同使用的新石器时代最末期，也许可以直接说是处于铜石并用时期（eneolithicperiod）。而且，该地的青铜器多数属于所谓的汉式，台地还出土了一片水晶（图一三）①，也基本可以推断为汉代遗物[8]。

4. 古钱币

进一步讲，我们在高丽寨台地发现了作为中国历史时期产物的青铜钱币，根据其铸造年代，可判断该遗址年代为周末到汉初，也就可以确认其年代上限应该为公元前 2 世纪到前 1 世纪。而且，从其他遗物可以推测出，该遗址的实际年代不会晚于这个上限太久。

基于以上考古学观察，我们终于归纳总结出了这样的结论，即貔子窝碧流河畔这两个位置相近的遗址的年代多少是有先后关系的，但同时，这两处遗址的遗物又是有重合的。所以，我们认为，这两个遗址的文化类型也绝对不是毫无关系，年代也不会相隔很远。虽然在单坨子岛仅发现了极少量的 B 种陶器以及一片青铜碎片，但也可以作为非常有力的证据证明两个遗址之间存在文化交流和接触。而根据高丽寨台地出土发现的古钱币，可认定该遗址的年代为周末至汉初，也就是相当于公元前 200 到公元 100 年之间，因而，我们推测单坨子岛文化的年代要较高丽寨台地早很多（可能不到数百）年。

接下来，我们就研究当中遇到的问题进行讨论。即两个遗址位置接近，为什么他们的文化存在差异？换言之，为什么单坨子岛的文化没有被高丽寨台地遗址所继承，

①　译者注：原报告中描述，该水晶片为钴蓝色，长约 9 分（3 厘米），宽 2 分（0.67 厘米），厚约 5 厘（0.17 厘米）。并且，原作者指出，关于该水晶片的来源，不能排除后期混入的可能。原作者还提出类似遗物殷墟也有出土并在日本东京大学收藏，但具体出土地及年代不详。

图八　高丽寨遗址出土 C 种陶器口沿部碎片（原报告图版四六）

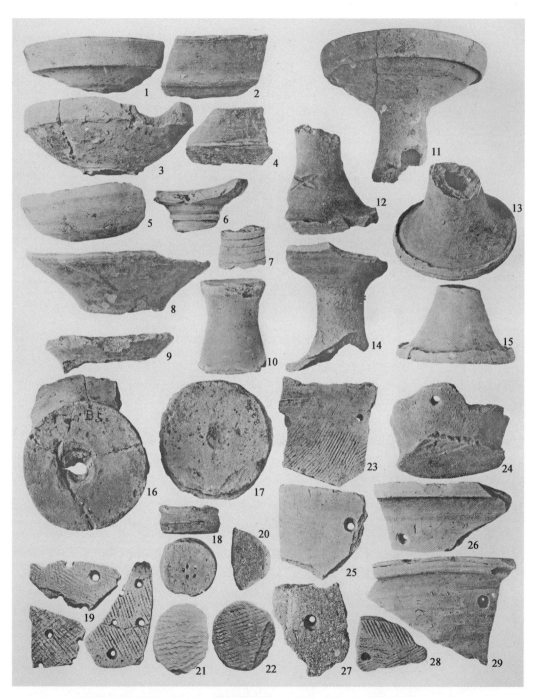

图九　高丽寨遗址出土 C 种陶器高柄豆（高杯）残片（原报告图版五〇）

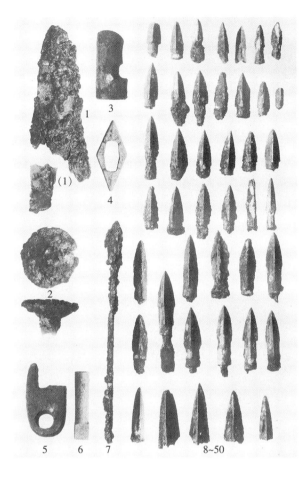

图一〇　单坨子遗址出土青铜片
（原报告图版第二一，19）

图一一　高丽寨遗址出土铜器
（原报告图版第五四）

又或者说，为什么高丽寨台地遗址没有单坨子岛的文化存在？这个问题看起来似乎颇为简单，但是究其缘由，绝不简单。我们认为这个问题的其中一个解释就是，两个遗址的特殊地形。

　　就像这篇报告开头说的那样，如今单坨子岛就是滩涂上的一个孤丘。在涨潮时，单坨子岛与大陆上的高丽寨台地之间会有一苇水流，堪堪隔断两地的联系，甚至有时海水会围绕整个岛屿，这是大家都明了的事实。这座岛虽面积广阔，但岛顶适宜人类居住的不过区区二三十平方米，周围大多数都是悬崖，划船涉水过去也不够方便，而且把岛屿作为独立的居所，过于狭小不便，必须有连续的一片陆地作为"背地"。况且还有更加合适居住的台地就在该处附近相距仅百十步，所以我们无法想象为什么一定要选择这里作为居住地。因此，我们认为，单坨子岛上有人居住的时候，岛上的情况一定比现在好，尤其是和陆地的交通联系方面，一定更加便利，更容易渡过海水和泥泞的滩涂。同时，考虑到在单坨子岛形成了贝丘，我们推测，当时的海水水位应该没有今天这么高。因此，我们可以想象，最早单坨子岛和双坨子岛与大陆分离的时候，那正是悠久的地质时代，到了后面的先史时代，小岛与台地还有低平的鞍部相连，

图一二　高丽寨遗址出土铁器
（原报告图版第五五）

图一三　高丽寨遗址出土水晶片
（原报告卷首图版，8）

所以此时从大陆台地到小岛的交通还是比较自由的。同时，也因为碧流河的冲积层比今天薄，说明当时海水也在拍打着小岛和台地的海岸。而且，那个时候，人们会住在海角的末端，也就是乘船出海打鱼最便利的地方，就像如今的当地居民一样。我们的脑海里不禁浮现出当时小村子里日日夜夜俭朴生活的男女、孩童以及他们饲养的牲畜，还有两三艘被遗弃在沙滩上的小船，就像现在生活在这里的人一样。

石器时代的人生活在单坨子岛，也可以说，在那个时代，人们以这座岛为中心生活。当然，也不能说完全没有人在台地上生活。可能像少数的 B 种陶器和一个铜片这样的遗物，是在这个时期的末尾，由受到新文化影响的大陆地区传入的（不过，这些遗物是该岛在无人居住后，台地居民或者是偶尔上岛的人留下的这种可能也要纳入考虑）。但是，如果单坨子岛长期持续这样的状态，以 B 种和 C 种陶器为代表的文化，也就是带有铜器、铁器的新文化一定也传到了单坨子岛上。可是，这个新文化的遗物在岛上几乎不存在，这就暗示了当时的大陆与岛之间的交通状况还不如当今便利，这里不适合人类的原始居住。然而，这次代替单坨子岛（作为居住地）的是高丽寨台地突出的海角，而且，聚落在此扩张、繁荣，并且受到了中原文化的影响使用铜器、铁器，甚至钱币（包括明刀、一刀钱甚至半两钱）也开始传入（图一四），由此分析高丽台地上的文化年代可追溯至公元前 1～2 世纪，这是最稳妥的、最令人信服的说法。

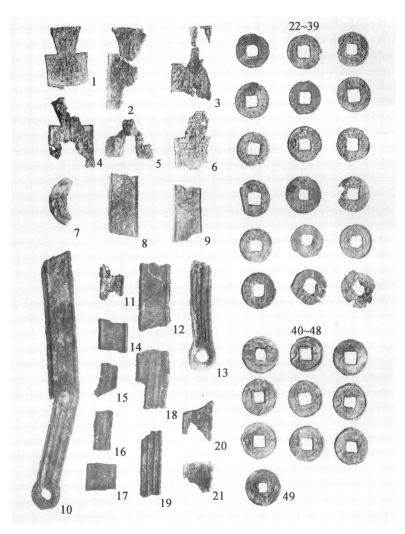

图一四　高丽寨遗址出土古钱币（原报告图版第五七）
1～6. 方足布　7. 半两钱　8～20. 明字刀　22～29. 一刀钱（原文缺 21 号器物说明）

如上所述，当时的海平面较现在稍高了几尺，如果考虑到海平面高度的问题，就可以很好的解释单坨子岛因何失去了与大陆的交通联系。而且，如今正处于陆地不断隆起，海平面不断下降的地壳运动周期。这里的海陆运动在两三千年前与现在正好是相反的，这一说法得到了地质学家的肯定，所以这一点毋庸置疑[9]。但是，我们最难解释的一点就是之前所描述的"单坨子岛上的遗物包含层中，包含着薄薄的幼体贝壳层的沉积层"的成因。就像黑田君说的，那个贝壳层中的贝类全部在暗礁之上，或许这些贝类是有栖息于平静滩涂的习性，因此，这里的贝壳就不是岛上居民食余产生的。而且，因为这个地层一定是水中自然沉淀堆积形成的，这说明海水深度到这里已经有一段时间了。而现在，该层的顶部位于滩涂地平面上30尺。如果海平面上升到这个高度，那么毫无疑问，高丽寨的B沟所在地也会像这里一样沉入海中。如果说，海平面曾经上升超过三十尺再像如今这样下降，恢复到原位，如此大的地壳运动，在近两千年的历史时期突然发生的话，一定是一件绝无仅有的事件[10]。因此，别说是这里，就是与之临近的地方甚至中国东北全境，都很难找到充分的证据来证明曾有过这样的地质运动，这就很难得到令人信服的结论。而且，我们认为或许这个贝壳堆积层的成因是海水突然上涌，所产生的海浪一次冲积形成的，但这样就与刚才所说的"贝种喜居平静滩涂处"相矛盾。如果这个地层真的是由海浪冲积一次形成的，那么刚刚的地层形成原因分析是否就存在疑问了呢[11]。

就像这样的问题，解决起来是颇为困难的，但是，事实上，这不是我们作为考古学者主要解决问题的范围。我们不过就是研究了区区几尺范围的海平面升降、陆地地壳运动的"地质学者"，凭借着这些很容易达成共识的地壳变动，推测出当时单坨子岛与高丽寨台地之间交通联系不便，并以此推测出当时这里不适合作为原始居住地。而对于单坨子岛遗物包含层中的冲积层的成因问题，我们寻求了地质等相关学科专家的帮助，我们认为这里可能成为研究当地在历史时期一次重大地壳运动的资料，又或许，我们期待着未来会有人提出有其他巧妙的解释。

一六　貔子窝遗址发掘的考古学价值——结论

我们对貔子窝东老滩会碧流河流域的高丽寨、单坨子两个遗迹的发掘及出土遗物情况描述如前文所述，我们也由此推测出两个遗址的年代及其关系，至此，该报告就接近尾声了。这两处遗址作为当时人类的居住地，一个处于新石器时代末期，另一个处于由石器时代到金属时代的过渡期。像这样的遗址，不止在貔子窝，旅顺、大连等中国东北南部其他地区也有发现，例如大石桥市的蟠龙山等。通过金石并用的现象以及出土像明刀（币）一类的古钱币考证出绝对年代的遗址，在此之前，鸟居博士就有发现。因此，从这一点来看，这个遗址就是具有着中国东北南部地区普通地貌的史前遗址系列中的一个，并不一定是新类型的遗迹，而且就遗迹本身而言，相较于八木在此之前进行调查、向我们介绍的，并没有什么新的发现。尽管如此，这个遗址的发掘也不是毫无意义。其意义就在于，对这样的遗址，之前我们并没有机会尝试进行比较精细且完整的学术调查，从而使研究结果更明确。我们认为，正是这样的调查研究，为考古学界提供了更加令人信服的资料。并且，对于之前了解得不是很清楚的彩陶，我们又有了新的发现，而且，还增加了鬲甗等多种器形的新资料。这次的新发现最终会愈加巩固亚洲陶瓷学（日语原稿作"土器论"）（ceramography）基础，这是我们从中得到的最重要的成果。

对于该遗迹绝对年代的判断，得益于我们发现的中国古钱币，我们据此大致推测出遗迹的年代。而且，因为岛与台地的遗址年代相隔若干年，我们也意识到要特别重视文化阶段（phase）的辨别。另外，其年代互相接近，又没有实际证据证明两处遗址分属不同的民族，所以我们只能先认为两地是属于同一族属的居住地。那么这样一来，我们就会紧接着提出当时的居民是什么人种、属于什么民族这些问题。而在单坨子岛偶然发现的两个墓葬中的人骨，无疑就是最有力的证明材料。根据清野博士等针对人骨的研究结果，我们发现，这两具人骨与现代朝鲜人和现代中国人关系较远，但与辽宁沙锅屯以及河南仰韶村的人骨较为接近，这就意味着我们基本上可以认定当时就有中原居民在此居住生活[12]。但是话又说回来，不能直接草率地说这两具人骨所属的民族就构成了整个遗址或者是遗址一带的全部史前民族。而且，出土人骨所属的民族和史料记载居住在古代东北地区的肃慎氏（后称挹娄、勿吉）等民族的关系，也必须进行考证[13]。

鸟居博士通过对早期中国东北南部地区石器时代遗物的研究，认为这些遗物属于《晋书》等史料中提及的肃慎氏，也就是通古斯族（西伯利亚或中国东北的蒙古民族）的残余部族。根据砖墓、贝墓①等墓葬类型，可以推测出后来也有来自中原的居民移居过来。这确实是最有说服力的一个说法[14]。肃慎氏无疑是通古斯族的遗部，但是他们是否在周末汉初之际就生活在这里？这一问题，有没有文献学、考古学、人类学的证据？对于这一问题，我认为，在汉武帝设立辽东四郡之前，就有中原居民流入并影响该地文化。也就是说，汉武帝时期中原文化的壮大也只局限于自身民族的发展。而在魏子窝，首次实现了对其他民族的文化传播。我们对仅有的人骨进行研究的结果也为其做出旁证，说明这种猜想还是有一定可能性的。而出土的中原文化中原有的鬲鬶形陶器以及大量周末汉初古钱币，就可以说明所谓民族文化交流已经开始。与其说把这些看作是文化影响的结果，倒不如说是民族融合的标志[15]。于是，我们根据魏子窝附近的石器时代遗址，推测出生活在该遗址的部族就是像肃慎这样的通古斯民族，其本地要素稍微浓厚一些，但却受到中原文化影响极深。这正是人骨研究和考古学文物研究给我们的直接结论。总而言之，我们一般把汉民族的形成、发展放在史前时期，而不是一些学者过去所认为的那样，到了历史时期才开始进行交流。史前或许就是中原文化发展壮大、对外交流的高峰时期之一[16]。

那么，无论该地区居民所属哪一民族这一问题最终是怎样的结论，这个遗址所展

① 译者注：原作者在报告的第八章《单坨子墓葬及其遗物》中列举了汉代前后墓葬的六种形式：堆石葬、石棚葬、石棺葬、砖室墓、石椁石室墓、贝墓。其中，贝墓是以不同大小的海蛎、蛤蜊、海螺等壳筑成的墓室。

示的文化，都有很明显的中国周末汉初的特点，即诸如有孔石斧一类的中原石器、像鬲甗这种中原特有的陶器、青铜器，以及周末汉初的钱币。这些东西不能被认为是简单的进口品（就像日本的青铜器、铜原料或其他进口装饰品），通过这些表面上文化影响的现象，可以推断出这些东西在当时已经进入了他们的生活。但是，另一方面，乍一看与中国固有文化和西方文化都毫无关系的彩色陶器的存在，该如何解释呢？随着中国及其他地方考古学调查的发展，这些彩陶可能本身存在于中原居民生活区，只是我们不知道罢了。或者也有可能是属于另一种西方文化的系统。无论如何，就像遗物反映的那样，当时的居民构成以渔民、猎户为主。通过这些我们就可以大体上窥探到他们的实际生活。而且，他们应该没有丰富的艺术和宗教生活，因为诸如日本石器时代土偶这样的东西一件都没有出土，这一点我们能看到，也能想象到。然而，文化生活贫困的聚落，在东亚文化史上并没有什么重要意义。事实上，中原居民在辽东半岛沿海地区逐渐拥有了自己的属民，或许这里就是受到中原文化影响的地方，所以像这样的遗迹应该也不过是其中一例而已。而且，在古代，这里是山东到朝鲜半岛的必经之地。沿海交通的开辟，最终吸引了像朝鲜乐浪这样的拥趸，并最终与之建立起文化交流。金属文化涌入朝鲜、日本可以看作是这种文化交流的结果。那样的话，我们可以说，这个在貔子窝上默默无闻的遗址，逐渐让当地原住民出现在中华文化的照耀之下；并且在东亚文化开创的历史上，这个遗址可以说起到了最有趣的作用。

---

[1] 参考八木奘三郎著《满洲旧迹志》上卷（1924 年）第 7 页、第 65 页。贝冢及文化层一览表中记载"贝冢、台地、貔子窝辖区内碧流河屯三岛子出土大量陶器、石器"。1914 年以后开始的土地调查是从踏查过该地的人员处得知有遗物出土后，组织开展的。

[2] 参考岛村孝三郎《大连滨町贝冢记》（1916 年 3 月）

[3] 森修：《旅顺辖区内山头村大台山遗迹》，《考古学杂志》第 17 卷第 2 号。

[4] 1926 年 7 月，岛村、滨田二人因东亚考古学会事宜前往北京，归途参观此遗址，并进行了预备调查工作。

[5] 岛田彦贞撰写了以《貔子窝遗迹发掘记》为题的发掘简报（《民族》第二卷第六号）。另外，主要出土遗物分别在 1927 年 12 月的东京东亚考古学会以及 1928 年 4 月的京都东亚考古学会年会进行展览，以供参观。另外，我们还将遗物和发掘情况照片制作成明信片（一组六枚）发行。

[6] 八木奘三郎只记载了该遗址位于碧流河屯。

[7] 参照村上钣藏《中国东北南部地区地质预查图说明书》（1912 年）、青地乙治《大连图幅说明书》以及《中国东北南部地区地质及矿产资源》（Geol. Instit. , S. M. R. , Dairen, 1926）等。

[8] 水晶在中国秦汉时期已经出现，朝鲜金海贝冢发现的珠玉就是一个确凿的证据（参考滨田、梅原《金海贝冢调查报告》，朝鲜 1914 年古迹调查报告）。

[9] 根据新带国太郎所著的《关于貔子窝三岛子古坟附近的地质情况》（前言）以及他与别人合著的《中国东北南部地区地震和地壳运动》（Geol. Survey S. R. M. Dairen, 1929）等文章，他认为地基有一定程度的隆起和沉降，但是在该地点，基本上可以否认有三十尺以上的大幅度升降。

[10] 相反，东京大学理学部地理学教室的花井重次说根据观察到的结果，他不认为最近有地基隆起。关于这些议论的详细内容，已超出本报告的讨论范围，不过多赘述。

[11] 但是堆积层中的花岗岩砾尖角较多，这就不能认为该地层是长期的海浪冲刷造成的，所以说，关于地层成因还是可能更倾向于津浪说。

[12] 参考了清野、金关、平井三位的论文。

[13] 关于肃慎氏的记载，在《晋书》第九十七卷中的东夷传较为详细，原文如下，以供参考："肃慎氏一名挹娄，在不咸山北，去夫余可六十日行。东滨大海，西接寇漫汗国，北极弱水。其土界广数千里，居深山穷谷，其路险阻，车马不通。夏则巢居，冬则穴处。父子世为君长。无文墨，以言语为约。有马不乘，但以为财产而已。无牛羊，多畜猪，食其肉，衣其皮，绩毛以为布。有树名雒常，若中国有圣帝代立，则其木生皮可衣。无井灶，作瓦鬲，受四五升以食。坐则箕踞，以足挟肉而啖之，得冻肉，坐其上令暖。土无盐铁，烧木作灰，灌取汁而食之。俗皆编发，以布作襜，径尺余，以蔽前后。将嫁娶，男以毛羽插女头，女和则持归，然后致礼娉之。妇贞而女淫，贵壮而贱老，死者其日即葬之于野，交木作小椁，杀猪积其上，以为死者之粮。性凶悍，以无忧哀相尚。父母死，男子不哭泣，哭者谓之不壮。相盗窃，无多少皆杀之，故虽野处而不相犯。有石砮，皮骨之甲，檀弓三尺五寸，楛矢长尺有咫。其国东北有山出石，其利入铁，将取之，必先祈神。周武王时，献其楛矢、石砮。逮于周公辅成王，复遣使入贺，尔后千余年，虽秦汉之盛，莫之致也。及文帝作相，魏景元末，来贡楛矢、石砮、弓甲、貂皮之属。魏帝诏归于相府，赐其王傉鸡锦罽、绵帛。至武帝元康初，复来贡献。元帝中兴，又诣江左贡其石砮。至成帝时，通贡于石季龙，四年方达。季龙问之，答曰："每候牛马向西南眠者三年矣，是知有大国所在，故来一云。"

[14] （该说法来自）鸟居博士所著的《旅顺、大连地区调查报告》（前言）。另外，就此问题，八木奘三郎也将自己观点发表在他《中国东北地区考古学》中的几篇文章中。但是，现在我们不宜置身这些争论之中。

[15] 滨田（耕作）在《东亚文明的始源》对该问题进行了修正和增补，并且于1928年11月在京都大学进行演讲，并在《历史与地理》杂志（第二十三卷第一号）上刊登了文章。

[16] 安特生等也在《中华远古文化》《甘肃考古记》（前言）等文章中提出了同样的观点。

Pi-tzu-wo(Excerpt)

Hamada Kosaku

Abstract: *Pi-tzu-wo* was published in 1929. The review is divided into 16 chapters, respectively on the investigation and excavation of the Dantuozi and Gaolizhai ruins in the Pi-zi-wo, then the unearthed relics were sorted out and analyzed, and finally the age of the two sites and the relationship between each other were analyzed, and the question of which ethnic group the inhabitants belonged to at that time is discussed. This article translates some chapters of the review.

Keywords: Pi-zi-wo(Pi-tzu-wo) ; Oriental Archaeology Association; Prehistoric site

彩版

1. M4 墓室

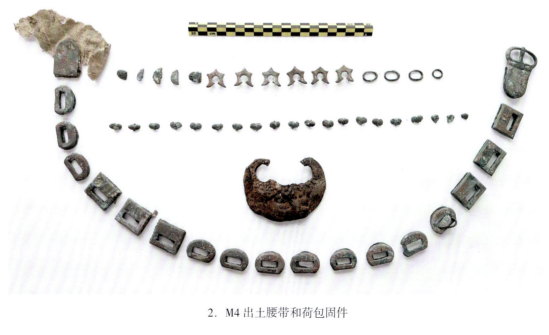

2. M4 出土腰带和荷包固件

彩版一　新疆霍城县切德克苏墓地M4

1. 巴音沟墓地局部

2. 巴音沟 M75 出土铜刀

3. 巴音沟 M88 出土单耳带流罐

4. 巴音沟 M83 出土钻木取火器

彩版二　巴音沟墓地及出土器物

1. 巩乃斯 M26 出土兽纹金饰

2. 巩乃斯 M25 出土铜马镫

4. 巩乃斯 M4 出土察合台钱币

3. 巩乃斯 M25 出土铜镜

彩版三　巩乃斯墓地出土器物

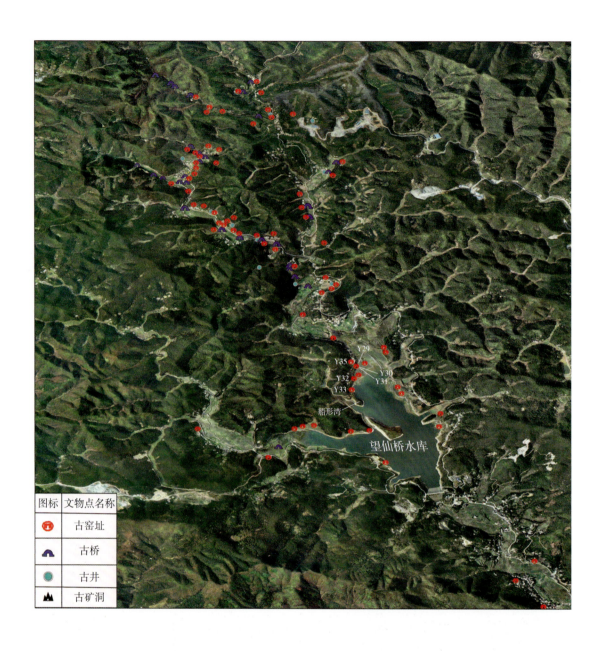

图例

图标	文物点名称
🔴	古窑址
⌂	古桥
⬤	古井
▲	古矿洞

Y29
Y35
Y32　　Y30
Y33　　Y31
船形湾
望仙桥水库

彩版四　醴陵沩山窑业遗存分布图

1. Y29 产品废弃堆积

2. Y30 窑壁

彩版五　沩山窑船形湾段窑址情况

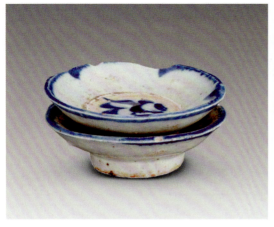

1. 青花敞口碟 Y29 采：1

2. 青花侈口杯 Y29 采：2

3. 青花瓷镇 Y29 采：7

4. 白釉罐盖 Y29 采：5

5. 垫饼 Y29 采：3

6. 酱釉瓷缸 Y30 采：2

7. 垫饼 Y30 采：1

彩版六　沩山窑船形湾段Y29、Y30采集遗物

1. Y31 窑床

2. 青花敞口碗 Y31 采：1

3. 青花敞口碗 Y31 采：2

彩版七　沩山窑船形湾段Y31及采集遗物

1. 青花敞口碗 Y31 采：15

2. 青花碟 Y31 采：18

3. 青花杯 Y31 采：3

4. 白釉敞口杯 Y31 采：6

5. 白釉勺 Y31 采：11

6. 白釉器盖 Y31 采：13

彩版八　沩山窑船形湾段Y31采集遗物

1. Y32 窑床

2. 青花侈口大碗 Y32 采：2

3. 青花侈口大碗 Y32 采：10

彩版九　沩山窑船形湾段Y32及采集遗物

1. 青花敞口碗 Y32 采：1

2. 青花敞口碗 Y32 采：8

3. 祭蓝釉侈口盏 Y32 采：4

4. 青花器盖 Y32 采：12

5. 玲珑瓷青花碗 Y33 采：9

彩版一〇　沩山窑船形湾段Y32、Y33采集遗物

1. Y33 废弃堆积

2. 青花敞口碗 Y33 采：5

3. 青花盘 Y33 采：8

彩版一一　沩山窑船形湾段Y33及采集遗物

1. 青花烛台 Y33 采：10

2. 青花器盖 Y33 采：4

3. Y35 窑壁

彩版一二　沩山窑船形湾段Y35及Y33采集遗物

1. 青花敞口碗 Y35 采：2　　　　　　　2. 青花敞口碗 Y35 采：4

3. 青花侈口盏 Y35 采：7　　　　　　　4. 青花盘 Y35 采：11

5. 青花杯 Y35 采：12　　　　　　　　6. 白釉碗 Y35 采：6

彩版一三　沩山窑船形湾段Y35采集遗物